William den Boer

JACÓ ARMÍNIO E A TEOLOGIA DO DUPLO AMOR DE DEUS

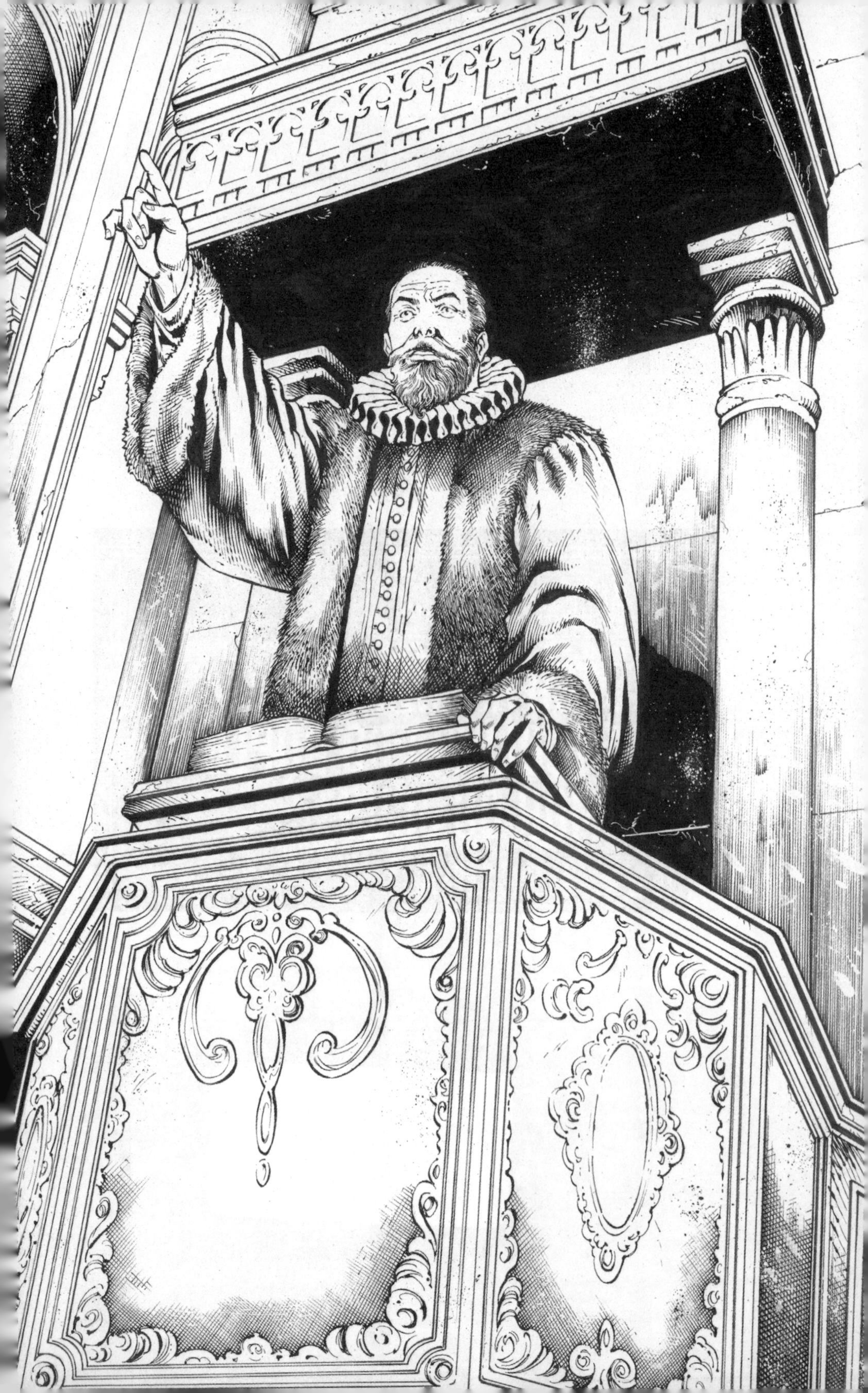

William den Boer

JACÓ ARMÍNIO E A TEOLOGIA DO DUPLO AMOR DE DEUS

Dados Internacionais de Catalogação na Publicação (CIP)

Ficha Catalográfica elaborada por Simone da Rocha Bittencourt – 10/1171

B672j Boer, William den.
      Jacó Armínio e a teologia do duplo amor de Deus / William den Boer ; [tradução de] Carmo Júnior ; [revisado por] Daila Eugênio. – Natal, RN: Editora Carisma, 2020.
      480 p. ; 15,5 x 23 cm.

      ISBN 978-65-990138-5-0

      1. Teologia. 2. Jacó Armínio. 3. Duplo amor de Deus. I. Júnior, Carmo. II. Eugênio, Daila. III. Título.

CDU: 224

Direitos de Publicação

© Vandenhoeck & Ruprecht GmbH & Co. KG, William A. den Boer, God's Twofold Love, Göttingen 1980.

Esta edição em português foi licenciada com todos os direitos reservados para Editora Carisma, mediante permissão especial. De acordo com a Lei 9.610/98 fica expressa e terminantemente proibida a reprodução total ou parcial desta obra, por quaisquer meios (eletrônicos, mecânicos, fotográficos, gravação e outros), sem a prévia e expressa autorização, por escrito, de Editora Carisma LTDA, a não ser em citações breves com indicação da fonte.

carisma
EDITORA

Caixa Postal 3412 | Natal-RN | 59082-971
editoracarisma.com.br
sac@editoracarisma.com.br

Créditos

Direção Executiva: *Luciana Cunha*

Direção Editorial: *Renato Cunha*

Tradução: *Carmo Júnior*

Revisão: *Daila Eugênio*

Capa: *Anderson Junqueira*

Ilustração/Capa: *José Luís Soares*

Inker: *J. P. Mayer*

Diagramação: *Marina Avila*

Composição Gráfica

Fonte: *Nocturne Serif*
Papel: *Pólen 70g/m²*

Edição

Ano: *2020*
Primeira edição
Impresso no Brasil

SUMÁRIO

17	**Abreviações e Siglas**
19	**Prefácio**

1. INTRODUÇÃO

21	**1.1. Introdução histórica**
21	1.1.1. A vida e a obra de Jacó Armínio
35	1.1.2. Outras obras de Armínio
53	1.2. Estudos acadêmicos recentes
61	**1.3. Método**
69	**1.4. Resumo e conclusão**

Parte I
A teologia de Jacó Armínio

CAPÍTULO 2

A justiça de Deus na teologia de Armínio I: prolegômenos

73	**2.1. O conceito de "justiça"**
73	2.1.1. O princípio básico: a cada um o que lhe é devido
78	2.1.2. Justiças retributiva e punitiva
81	2.1.3. Justiça e sua relação com a misericórdia
82	2.1.4. Justiça e sua relação com liberdade
88	**2.2 A justiça de Deus na estrutura da teologia de Armínio**
88	2.2.1 A justiça de Deus: um conceito estruturalmente determinante na teontologia

93	2.2.2 O conceito fundamental para a religião
103	2.2.3 O conceito essencial da teologia de Armínio
104	**2.3 O conhecimento da justiça de Deus**
105	2.3.1 O conceito de Armínio sobre a Escritura
108	2.3.2 O intelectualismo de Armínio
109	2.3.3 A justiça de Deus: um tema frequente e importante
111	2.3.4 A certeza da teologia
115	2.4 Resumo e conclusão

CAPÍTULO 3

A justiça de Deus na teologia de Armínio: Deus, Criação, Pecado e Evangelho (Evangelium)

118	**3.1 A justiça como atributo divino**

118	3.1.1 A relevância e função dos atributos de Deus
126	3.1.2. Implicações para os atos criadores e providenciais de Deus
154	**3.2 A justiça de Deus e o (cair em) pecado**
164	**3.3 A justiça de Deus e o Evangelho (*Evangelium*): Cristo, predestinação e pacto**
165	**3.3.1. Cristo como o fundamento do novo pacto e da predestinação**
176	**3.3.2. O objeto da predestinação**
193	3.3.3. A Perseverança e seus meios concedidos por Deus
205	3.3.4. A presciência divina e o conhecimento médio na doutrina arminiana da predestinação
212	3.3.5. O sistema de quatro decretos da predestinação na Declaração de 1608
215	**3.4. Resumo e conclusão**

CAPÍTULO 4

A justiça de Deus na teologia de Armínio III: o fundamento primário da religião

238	**4.2. A relação entre as duas declarações fundamentais de Armínio**
240	**4.3. Salvação**
240	**4.4. Segurança da fé**
251	**4.5. Resumo e conclusão**

CAPÍTULO 5

Armínio e a teologia reformada

253	**5.1. Elementos controversos da teologia de Armínio**
253	5.1.1. Predestinação: absoluta ou condicional?

255	5.1.2. A operação da graça: resistível ou irresistível?
262	5.1.3. Expiação: particular ou universal?
265	5.1.4. A vontade humana: escrava ou livre?
276	5.1.5. Santificação, perseverança e segurança: *securitas* ou *certitudo*?
280	**5.2 Armínio em relação às doutrinas características da teologia reformada**
280	5.2.1 Queda, pecado original e pecado
284	5.2.2. A essência e necessidade da graça
287	5.2.3. Fé
288	5.2.4. Justificação
292	5.2.5. Santificação e boas obras
294	**5.3 Resumo e conclusão**

Parte II
A recepção e o contexto histórico-teológico da teologia de Jacó Armínio

CAPÍTULO 6

A recepção da teologia de Armínio na Conferência de Haia (1611)

297	**6.1 Introdução, método e estudos acadêmicos**
297	6.1.1. Introdução e método
301	6.1.2. Estudos acadêmicos
306	**6.2. *Iustitia Dei* e *Duplex Amor Dei* na Conferência de Haia**
306	6.2.1. Predestinação
326	6.2.2. A importância e função de Cristo e a expiação

337	6.2.3. Segurança da salvação e a justiça de Deus
338	6.2.4. A graça e a operação da graça
364	6.2.5. Perseverança
378	6.2.6. *A questão*
396	**6.3. Resumo e conclusões**

CAPÍTULO 7

Contexto teológico da teologia de Armínio

398	**7.1. Introdução**
400	**7.2. Voluntarismo, intelectualismo e o conhecimento da justiça de Deus**
400	7.2.1. O voluntarismo de Calvino
408	7.2.2. A essência de Deus
410	7.2.3. A incompreensibilidade da justiça de Deus
415	7.2.4. Resumo e conclusão

420   **7.3. O debate sobre a causa do pecado: Deus é o *autor do pecado*?**

422   7.3.1. A Idade Média

426   7.3.2. O século XVI

456   7.3.3. Resumo e conclusão

CAPÍTULO 8

462   *Conclusões*

468   **Bibliografia**

ABREVIAÇÕES E SIGLAS

Como regra, as abreviações deste livro estão de acordo com o *IATG 2. Internationales Abkürzungsverzeichnis für Theologie und Grenzgebiete* (*Lista Internacional de Abreviações para Teologia e Delimitações*), de S.M. Schwertner. A lista abaixo inclui apenas aquelas abreviações não encontradas em Schwertner ou que dela escapam. Veja a bibliografia para detalhes adicionais nos títulos citados abaixo:

A31A	Apologia 31 Articuli (em: Arminius, *Opera theologica*)
AAC	Apêndice AC (em: Arminius, *Opera theologica*)
AC	Amica cum D. Francisco Iunio de praedestinatione per litteras habita collatio (em: Arminius, *Opera theologica*)
AN	Articuli Nonnulli (em: Arminius, *Opera theologica*)
A9R	Análise cap. IX ad Roman. (em: Arminius, *Opera theologica*)
HICR	*História da Igreja e Cultura Religiosa*
CO	Calvino, *Calvini Opera*
DLGTT	Müller, *Dictionary of Latin and Greek Theological Terms*

D7R	*De vero et genuino sensu cap. VII epistolae ad Romanos dissertatio* (em: Arminius, *Opera theologica*)
DRCH	*Dutch Review of Church History*
EP	*Examen modestum libelli, quem D. Gulielmus Perkinsius apprime doctus theologus edidit ante aliquot annos de praedestinationis modo et ordine, itemque de amplitudine gratiae divinae* (em: Arminius, *Opera theologica*)
Ep.Ecc.	Limborch/Hartsoecker, *Praestantium ac eruditorum virorum epistolae ecclesiasticae et theologicae*
ETG	Arminius, *Examen thesium D. Francisci Gomari de praedestinatione* (1645)
HaC	*Letter to Hippolytus a Collibus* (em: Arminius, *Opera theologica*)
HSC	*Schriftelicke Conferentie* (1612)
OR	Oratio (em: Arminius, *Opera theologica*)
PrD	Disputationes Privatae (em: Arminius, *Opera theologica*)
PuD	*Disputationes Publicae* (em: Arminius, *Opera theologica*)
ST	Tomás de Aquino, *Summa Theológica*
TNK	*Tijdschrift voor Nederlandse Kerkgeschiedenis*
UP	University Press
Z	Zwingli, *Sämtliche Werke*

PREFÁCIO

Embora seja frequente e amplamente debatida, a teologia de Jacó Armínio (1559-1609) não tem recebido a atenção acadêmica que se poderia esperar. Aqueles que pertencem a uma igreja reformada não raramente ouvirão os nomes de Armínio e seu famoso oponente Gomarus. Nessa comunidade, "Armínio", "arminianos" e "remonstrantes" tendem a ser retratados como heréticos. Para os reformados, é uma questão de vida ou morte o debate sobre a função decisiva do livre arbítrio por sua natureza muito hostil à noção da livre graça ao custo da soberania divina, que encontra simpatia até mesmo entre eles próprios. Por esse motivo, as pessoas frequentemente (com ou sem razão) apontam para o apelo do movimento evangélico aos crentes reformados hoje como um exemplo da atração que o pensamento arminiano continua a exercer. Não apenas na Holanda, mas no mundo inteiro, uma parte considerável do cristianismo não católico e não luterano identifica-se como "arminiana" ou "calvinista".

Dada essa influência extraordinária da teologia de Armínio, é ainda mais surpreendente como pouca pesquisa foi conduzida a seu respeito. Somente a partir dos anos 1980, o mundo acadêmico tem visto algum movimento nessa linha. Esta minha pesquisa — uma tese de doutorado defendida em 27 de junho de 2008, na *Theological University Apeldoorn* (Universidade Teológica Apeldoorn) — pretende contribuir para compreender a teologia de Armínio ao focar no tema teológico que está em seu próprio fundamento.

A primeira parte deste estudo pressupõe que o tema principal da teologia de Armínio reside na defesa cuidadosa da justiça de Deus. A segunda parte analisará a receptividade de sua teologia nas discussões entre os remonstrantes e os contrarremonstrantes durante a Conferência de Haia (*Haagsche* ou *Schriftelicke Conferentie*) de 1611. Finalmente, a teologia de Armínio será situada no contexto do debate do século XVI referente à causa do pecado e a relação de Deus com o mal.

O debate envolvendo Armínio e o Sínodo de Dort (1618-1619) fascina-me por anos, porque toca na essência da confissão cristã. Eleição, a obra expiatória de Cristo, graça, a apropriação da salvação e a função humana nesse processo, perseverança e segurança, chamado e proclamação, todos eram temas acalorados no século XVII e os cristãos continuarão a refletir a respeito deles existencialmente.

Eu gostaria de expressar minha gratidão a Herman Selderhuis, meu supervisor de tese, bem como editor das séries Teologia Histórico-Reformada da editora Vanderhoeck & Ruprecht, por aceitar essa obra para publicação em suas séries. Albert Gootjes deve ser agradecido por seus esforços e competência em produzir a tradução.

O apóstolo Paulo conclui Romanos 9-11 (os capítulos que durante eras têm sido de importância central para a reflexão sobre a obra da eleição divina) com gratidão e louvor. O quanto é apropriado citar essas palavras novamente no começo deste estudo e, no fim do processo que o produziu, para expressar minha gratidão a Deus, reconhecendo os limites de nosso conhecimento e compreensão humanos. É minha oração que este estudo resulte em gratidão e louvor magníficos ao meu Senhor e Deus.

Ó profundidade da riqueza da sabedoria e do conhecimento de Deus! Quão insondáveis são os seus juízos, e inescrutáveis os seus caminhos! "Quem conheceu a mente do Senhor? Ou quem foi seu conselheiro?" "Quem primeiro lhe deu, para que ele o recompense?" Pois dele, por ele e para ele são todas as coisas. A ele seja a glória para sempre! Amém (Rm 11.33-36 - NVI).

Nunspeet, junho de 2010
William den Boer

1. INTRODUÇÃO

1.1. Introdução histórica

1.1.1. A vida e a obra de Jacó Armínio

Jacó Armínio,[1] ou Jacob Harmensz, nasceu em Oudewater, na província de Utrecht, em 1559. Seu pai morreu aproximadamente no mesmo período. O sacerdote Theodorus Aemillius (até 1574) e, em seguida, Rudolphus Snellius, foram seus tutores. Snellius levou Armínio consigo a Marburg, onde estudou e mais tarde ensinou lógica ramista,[2] para

---

[1] *Arminius* de BANGS (1971) permanece como um excelente estudo sobre a vida e obra de Armínio e foi corrigido e ampliado em diversos aspectos por Eef Dekker em sua dissertação (*DEKKER, Rijker dan Midas*). Veja também HOENDERDAAL, "Jacob Arminius"; HOENDERDAAL, "Life and Struggle"; HOENDERDAAL, "Arminius, Jacobus/Arminianismus"; BAKHUIZEN VAN DEN BRINK, "Arminius te Leiden". Muitos sumários e avaliações dos estudos biográficos e teológicos sobre Armínio que surgiram antes de 1991 já foram publicados e eu, em geral, sigo o que foi mencionado por MULLER: *God, Creation and Providence* (1991), *DEKKER, Rijker dan Midas* (1993), WITT, *Creation, Redemption and Grace* (1993), STANGLIN, *Assurance* (2007) e CLARKE, *Ground* (2006), cf. STANGLIN, "Arminius and Arminianism: An Overview of Current Research", 3-16. No momento, não parece haver necessidade de um novo estudo biográfico de Armínio. Por essa razão, não fornecerei um panorama abrangente, mas um esboço da vida e obra de Armínio com foco especial nos pontos relevantes desse estudo. Para uma bibliografia anotada abrangente das obras de Armínio, veja STANGLIN/MULLER, "Bibliographia Arminiana", 263-290.

[2] Ramo da filosofia concebido por Petrus Ramus (1515-1572). Ramus nasceu em 1515 em uma pobre, mas, segundo ele, ilustre família que viveu em uma pequena aldeia na

que Armínio pudesse estudar no Pedagógio. Durante essa estadia em Marburg, Oudewater foi totalmente incendiada por tropas espanholas, que também mataram seus habitantes, incluindo a mãe de Armínio, a irmã e os irmãos mais velhos.

Em 23 de outubro de 1576, Armínio matriculou-se na universidade de Leiden, que foi estabelecida em 3 de outubro de 1574, sendo seu décimo segundo aluno. À parte dos assuntos que faziam parte das artes liberais, Armínio muito provavelmente também frequentou as aulas de teologia durante esse tempo.

A Associação de Lojistas (*Kramersgilde*) de Amsterdã posteriormente apoiou Armínio para que ele prosseguisse seus estudos no estrangeiro, com a condição de que servisse à Igreja da cidade após concluir os estudos.

Em 1º de janeiro de 1582, Armínio matriculou-se na Academia de Genebra para ser aluno de Teodoro Beza. Ele o fez novamente em 10 de dezembro de 1584, tendo retornado a Genebra algum tempo antes de 27 de agosto daquele ano. Nesse interregno – muito provavelmente porque previu problemas em Genebra por ministrar aulas particulares em lógica ramista[3] – Armínio defendeu publicamente teses em oito ocasiões na Basileia, começando em setembro de 1582. Esses debates aconteceram sob a presidência de Johann Jakob Grynaeus (1540-1617), que ficou bastante impressionado pela inteligência de Armínio.

Armínio interrompeu sua segunda estadia em Genebra somente uma vez, com uma jornada a Zurique. No verão de 1586, foi para a Itália, onde passou cerca de sete meses na universidade de Pádua, estudando

---

Picardia, não muito longe de Noyon, o local de nascimento de seu contemporâneo, João Calvino (1509-1564). A lógica, de acordo com a perspectiva ramista e estoica, faz parte da filosofia. Ramus rejeitou a definição aristotélica da lógica como um *habitus instrumentalis*, uma vez que uma atitude instrumental poderia ser considerada um efeito da lógica, mas não equivalente a ela. Em vez disso, ele definiu a lógica como *ars bene disserendi*, a arte de discutir ou analisar corretamente alguma coisa. Consequentemente, Ramus pensava que a lógica era sobre ser, o que tornava a metafísica supérflua. Fonte: *Stanford Encyclopedia of Philosophy*, acessado em 09/08/2019 em https://plato.stanford.edu/entries/ramus [N. do E.].

[3] DEKKER, *Rijker dan Midas*, 23.

com o renomado Jacopo Zabarella (1532-1589). Antes de partir para Amsterdã, no outono de 1587, onde foi ordenado pastor em 27 de agosto de 1588, Armínio mais uma vez viveu alguns meses em Genebra.

É muito provável que, por volta de 1590, tenha sido solicitado a contestar dois pastores de Delft, Rignaldus Donteclock[4] e Arent Cornelisz,[5] que haviam refutado Dirck Volckertsz Coornherts sobre conceitos da predestinação que estavam em desacordo com os de Beza. Esse detalhe, juntamente com vários outros,[6] nos permite concluir que foi em torno do ano 1590 que Armínio começou a duvidar da correção do conceito de Beza sobre a predestinação.[7] Entretanto, nem Coornhert, nem Donteclock, tampouco Cornelisz, parecem haver considerado alternativas aceitáveis. E assim, a partir de 1590 em diante, Armínio se dedicou incansavelmente ao trabalho de descobrir o que ele pensava ser o conceito bíblico da predestinação.

De 6 de novembro de 1588 a 30 de setembro de 1601, Armínio pregou sobre a carta de Paulo aos Romanos. Seu colega de Amsterdã, Petrus Plancius (1552-1622)[8], contestou sua exegese de Romanos 7 (1591) ao acusá-lo de pelagianismo, de extrema dependência dos pais da igreja, de se afastar da Confissão Belga e do Catecismo de Heidelberg, de perfeccionismo e, de conceitos errados da predestinação.[9] Armínio reagiu

---

[4] BLGNP 2, 173-176.

[5] BLGNP 4, 104-107.

[6] Veja DEKKER, *Rijker dan Midas*, 28

[7] Cf. Carta de Armínio a Grynaeus, 23 de março de 1591, em: BRANTIUS, *Historia Vitae Arminii*, 23-27. Nessa carta, Armínio explica a Grynaeus quais controvérsias surgem desses tópicos como (o objeto da) predestinação, livre escolha e pecado original. Armínio pede a Grynaeus, por quem ele tinha grande respeito, por conselho. A carta contém, além disso, uma confissão de Armínio: "Credo in unico Christo salutem nostram positam, hujus nos mera gratia per Spiritus Sancti efficaciam fide participes fieri ad remissionem peccatorum et vita renovationem" (Confio somente na segurança de Cristo, pois somos resultado da simples eficácia da graça do Espírito Santo, que compartilha conosco a fé, a remissão dos pecados e a vida renovada).

[8] BLGNP 3, 291-295.

[9] DEKKER, *Rijker dan Midas*, 31.

com seu trabalho *De vero et genuino sensu cap VII epistolae ad Romanos dissertativo* (Do Sentido Verdadeiro e Genuíno do Capítulo 7 da Epístola aos Romanos), publicado primeiramente em 1612, explicando que o "eu" de Romanos 7 não é uma pessoa regenerada, nem "puramente" não regenerada, mas alguém que pela obra do Espírito Santo ficou sob a lei, e está, portanto, em processo da regeneração.[10] Uma seção importante desse trabalho receberá análise extensiva no tópico 3.3.3.

Em 1593, Plancius novamente levanta objeções à exegese de Armínio, dessa vez sobre Romanos 9. Sabemos como Armínio compreendeu esse capítulo segundo os registros existentes do presbitério, das deliberações que foram originadas pelas objeções de Plancius[11] e especialmente da longa carta, publicada postumamente, que escreveu a Gellius Snecanus,[12] em 1596, sobre o recente comentário de Romanos 9. A característica distintiva da exegese de Armínio é considerar que a justificação pela fé deve também orientar a exegese dos capítulos 9 a 11 da epístola paulina, sendo este seu escopo geral. Para ele, Jacó é o tipo daqueles que procuram ser justificados pela fé em Jesus Cristo, enquanto Esaú representa aqueles que rejeitam o Evangelho e tentam ser justificados pelas próprias obras da lei. Deus elege o primeiro grupo, enquanto o segundo é o objeto da reprovação.[13] Por essa razão, Dekker descreve o conceito de Armínio, sobre de predestinação, como uma "predestinação por propriedade" (*eigenschappen-predestinatie*). Deus elege aqueles que têm a propriedade da fé e condena aqueles que têm a propriedade da incredulidade. Na seção 3.3.2, não apenas ampliaremos o conceito de Armínio, conforme encontrado em sua carta a Snecanus, mas também consideraremos o nível da precisão descritiva proposta por Dekker.

---

[10] Cf. a exposição em SELDERHUIS, *Handboek*, 415.
[11] BANGS, 149; DEKKER, *Rijker dan Midas*, 31-32.
[12] BLGNP 2, 213-215.
[13] Cf. a exposição em SELDERHUIS, *Handboek*, 416.

Em 10 de dezembro de 1596, Armínio conheceu Franciscus Junius (1545-1602), professor em Leiden.[14] Esse encontro levaria a uma extensa troca de correspondência entre os dois, focando particularmente no objeto da predestinação. Desse intercâmbio epistolar, que ocorreu em diferentes estágios durante o ano de 1597, fica evidente que Armínio está acima de tudo interessado na ideia de que o pecado cometido por livre arbítrio deve ser pressuposto no objeto da predestinação. Armínio não pode conceber como Deus poderia, de outra forma, não ser considerado responsável pelo pecado e pela origem do mal. Cópias dessas cartas, que foram publicadas postumamente como *Amica cum D. Francisco Iunio de praedestiantione per litteras habita collatio* (*Correspondência sobre a predestinação com o amigo D. Franciscus Junius mantida por carta*) (1613), parecem haver circulado à forma de manuscrito e já em 1597 foram vistas por muitos indivíduos, incluindo Plancius.[15]

É extraordinário que nessa fase da vida e obra de Armínio, seu conceito de predestinação claramente já tivesse a forma que continuaria a ter, embora suas obras existentes não tivessem quase nenhuma análise sobre livre arbítrio, e decerto, nenhuma exposição cuidadosamente diferenciada. A eleição de cristãos, a reprovação de incrédulos, o pecado pressuposto no objeto da predestinação — todos são temas que dizem respeito à relação de Deus com o pecado e com o mal. Armínio chama de "blasfemadores da bondade e justiça de Deus" aqueles que defendem que o pecado procedeu necessária e infalivelmente do decreto divino. Como será demonstrado extensamente neste estudo, o foco na bondade de Deus e, especialmente em sua justiça, manteve-se como marca da teologia de Armínio até sua morte em 1609.

Entre 1599 e 1602, Armínio escreveu seu *Examen modestum libelli quem D. Gulielmus Perkinsius apprime doctus tehologus edidit ante aliquot annos de praedestinationis modo et ordine, itemque de amplitudine gratiae divinae* (*Análise modesta dos livretos que particularmente o teólogo erudito, o*

---

[14] BLGNP 2, 275-278.
[15] BLGNP 3, 292; DEKKER, *Rijker dan Midas*, 33 n. 72.

Dr. William Perkins, publicou anos antes da ordem e modo da predestinação, bem como da amplitude da graça divina) uma "coleção variada de argumentos e citações".[16] Nessa obra, Armínio contesta extensamente a obra de William Perkins (1558-1602),[17] *De praedestinationis modo et ordine, et de amplitudine gratiae diuinae Christiana et perspicua disceptatio* (*O debate transparente do modo e ordem da predestinação e amplitude da divina graça cristã*) (1598), que o último havia escrito contra a obra de Nicholas Hemmingius (1513-1600), *Tractatus de gratia universali* (*Tratado da graça universal*) (1591).[18] Da forma como Armínio corrige o resumo de Perkins de partes desse tratado, fica claro que estava muito familiarizado com a obra. Conforme Dekker, a *Examen Perkinsiani* (Análise sobre Perkins) e os *pro gradu* (*debates escritos*) constituem a obra mais importante de Armínio. É particularmente em *Análise sobre Perkins* que ele revela seus discernimentos teológicos. Por essa razão, podemos afirmar que a estrutura de sua teologia já está realmente ali pelo tempo em que a posição como professor fica em evidência".[19] Essa observação está correta, contudo, como foi notado anteriormente, o mesmo poderia ser dito sobre a correspondência com Junius, mesmo que ela focasse mais estritamente no objeto da predestinação, enquanto a *Análise sobre Perkins*, tratava de tópicos muito mais amplos.

Quando Franciscus Junius e Lucas Trelcatius Sr.[20] faleceram em 1602, Franciscus Gomarus (1563-1641)[21] foi o único professor remanescente de teologia em Leiden. No entanto, os convites para que Armínio fosse nomeado para preencher uma das vagas, provocaram protestos daqueles que tinham suspeições concernentes à sua ortodoxia. Gomarus também protestou, quase que indubitavelmente persuadindo outros.

---

[16] DEKKER, *Rijker dan Midas*, 38.

[17] RGG 5, 224; VAN BAARSEL, *Perkins*.

[18] FRANDSEN, "Hemmingsen", 18-35. Para Hemmingius (Niels Hemmingsen), veja: RGG⁴ 3, 218.

[19] DEKKER, *Rijker dan Midas*, 37-38

[20] BLGNP 6, 315-317.

[21] BLGNP 2, 220-225.

Porém, uma "conferência amigável" entre Gomarus e Armínio, ocorrida em 6 e 7 de maio de 1603, na presença de apoiadores e oponentes da nomeação, satisfez Gomarus completamente. A despeito dessas diferenças, ele não duvidou mais da ortodoxia de Armínio nos fundamentos da doutrina. Isso é notável, dado que os tópicos levantados durante essa conferência não incluíam apenas a exegese de Romanos 7, mas também seus conceitos sobre livre arbítrio, contingência, sobre a vontade de Deus, presciência e predestinação.[22]

Após um exame, em 19 de junho de 1603, Armínio defendeu suas teses de doutorado *De natura Dei* (*Da natureza de Deus*), em 10 de julho de 1603. Dekker chama essas teses de "uma das fontes mais ricas, mas ao mesmo tempo mais compactas para uma compreensão diferenciada da teologia de Armínio". A seção 4.1 demonstrará que, e como, Armínio, já em seu primeiro evento público, expressou claramente seu conceito sobre a justiça de Deus. Em termos de conteúdo, o duplo amor de Deus agora está totalmente presente.

Em 11 de julho de 1603, Armínio proferiu seu discurso na ocasião de receber o seu diploma de doutor em Teologia, falando do sacerdócio de Cristo. A seção 3.3.1 mostrará que o teor desse discurso público é de fundamental importância para a teologia de Armínio como um todo.

Isso também é verdadeiro devido a três discursos inaugurais nos quais Armínio, em setembro de 1603, estabeleceu o tom de sua obra como professor. Neles — sobre prolegômenos teológicos: o objeto, o autor, meta e certeza da teologia — a retidão e justiça de Deus têm um lugar central (veja especialmente 2.2.2).

O lugar central e fundamental de Cristo na predestinação, assim como a primazia do amor de Deus por justiça em seu duplo amor por justiça e humanidade (*duplex amor Dei*), recebem atenção no tratamento exaustivo das teses de Gomarus sobre a predestinação, o *Examen thesium*

---

[22] Veja, por exemplo, DEKKER, *Rijker dan Midas*, 39, e STARREVELD, "Verslag", 65-76. Para o período de Armínio na universidade de Leiden e suas relações profissionais ali, veja especialmente STANGLIN, *Assurance*, 23-35.

Gomari (*Análise das teses de Gomarus*). Em resposta ao debate relativo à predestinação que acontecia sob a presidência de Armínio, em 7 de fevereiro de 1604, de acordo com o período regular, Gomarus realizou seu próprio debate sobre a predestinação em 31 de outubro, fora do período regular, algo que era incomum, embora não fosse algo inédito.[23] Esse foi o primeiro sinal claro de discórdia entre os dois professores. A obra, *Análise das teses de Gomarus*, de Armínio, publicada em 1613, revela muito sobre seu ponto de partida teológico, bem como sobre seu método. Os temas mais significativos são a justiça de Deus e a cristologia. O pecado, causa da separação entre Deus e a humanidade, precisa ser primeiramente removido por meio de Cristo, antes que a predestinação aconteça como o meio de restaurar a humanidade diante de Deus. O decreto do Pai, para enviar o seu Filho, a fim de restaurar o que estava perdido não é, portanto, predestinação em si mesma, mas necessariamente a precede. Armínio também considera se a predestinação como compreendida por Gomarus, Calvino e Beza, não torna Deus o autor do pecado, algo que, segundo ele, de "todas as blasfêmias que podem ser proferidas contra Deus, é a mais séria".[24]

As diferenças na Universidade de Leiden logo disseminaram inquietação nas igrejas. Classis Dordrecht solicitou ao sínodo Holanda do Sul que pusesse fim à controvérsia na academia, bem como na agitação mais ampla na igreja. Em meados de 1605, contudo, parecia haver um bom relacionamento entre Gomarus e Armínio.[25] Eles conseguiram

---

[23] DEKKER, *Rijker dan Midas*, 44 n. 141.

[24] ETG 154 (III 654-655). Onde for aplicável, as referências às traduções inglesas das obras de Armínio serão registradas entre colchetes. Essas se refem à reimpressão (!), publicada por Baker Book House (1991), de *The works of James Arminius*, traduzidas por James Nichols e William Nichols, 3 vols. (vol. 1-2, Londres: Longman, Hurst, Rees, Orme, Brown and Green, 1825-1828; vol. 3, Londres: Thomas Baker, 1875). A referência à edição reimpressa é significativa porque ela corrige um erro de paginação no volume 1 da edição do século XIX. Na reimpressão de Baker, os discursos ocupam as páginas 321-770, ao contrário das páginas 257-706 como no original. Traduções são extraídas da mesma, com modificação onde for necessário.

[25] Cf. BANGS, *Arminius*, 270; Letter from Arminius to Wtenbogaert, June 7, 1605, Ep.Ecc. 77.

tranquilizar os curadores da universidade, alarmados pela possibilidade de interferência sinodal nas relações internas da universidade, com uma declaração que eles assinaram juntos com Trelcatius e Cuchlinus, em 10 de agosto. Nessa declaração, concordaram que não havia diferença alguma em relação às doutrinas fundamentais.[26]

Ao fim de agosto, o sínodo da Holanda do Sul decidiu honrar o pedido de Classis Dordrecht para solicitar aos curadores que questionassem os três professores de teologia concernente aos temas controversos. Em 9 de novembro, os representantes sinodais Lansbergius[27] e Festus Hommius[28] apresentaram nove questões à Faculdade, mas o último se recusou a cooperar. No entanto, Armínio conseguiu analisar essas nove questões e, próximo ao fim de 1605, escreveu seu *Responsio ad questiones novem* (*Resposta às nove questões*).[29] As questões dizem respeito a temas como a relação entre eleição e fé, pecado original, boas obras, o caráter gracioso da fé, segurança, perseverança e a possibilidade de perfeição. Para nossa presente investigação, o que é particularmente importante é que, no contexto do segundo ponto, é perguntado se, na suposição de

---

[26] "*Ex Gestis Academicis. Professores facultatis Theologicae, quum ipsis relatum esset, Classem Dordracenam hac gravamen forma conceptum inter caetera posuisse, Quum in Ecclesia et Academia Leidensi, rumor sit, controversias quasdam circa doctrinam reformatorum Ecclesiarum obortas esse, censuit Classis, necessarium esse, ut de iis controversiis quam tutissime citissimeque, componendis Synodus deliberet, ut schismata omnia et offendicula qua inde oriri possunt, tempstive amoveantur, conservaturque unio Ecclesiarum reformatarum contra adversariorum calumniam; D.D. Curatoribus et Consulibus sciscitantibus, num qua ipsis controversiae istiusmodi essent perspectae, re inter se primum examinata seorsim perpensaque, unamimiter responerunt: Optasse se, a Classe Dordracena melius ordinatiusque in hac re actum esse: Inter studiosos quidem opinari se plura disputari, quam ipsis gratum sit; inter se vero, hoc est facultatis Theologicae professors, nullum discrimen, quod quidem constet, esse in fundamentis doctrinae. Daturos quoque operam, ut quae inter studiosos disputations istiusmodi obortae sunt mnuantur. Actum X. Aug. Anno 1605. Subscripsere, Iacobus Arminius pro tempore Rector Academie. Franciscus Gomarus. Lucas Trelcatius*". ARMINIUS, *Disputationes Magnam partem S. Theologiae complectentes*.

[27] BLGNP 4, 292-293.

[28] BLGNP 2, 251-254; WIJMINGA, *Festus Hommius*.

[29] Essas questões foram reproduzidas (às vezes em forma abreviada) em: DEKKER, *Rijker dan Midas*, 45.

que Deus determina e governa todas as coisas, inclusive os atos perversos dos seres humanos para fins bons, era preciso concluir que Deus é o autor do pecado. Concordamos absolutamente com Dekker ao notar que particularmente essa questão "foi considerada por Armínio da mais suprema relevância. Sua resposta para essa pergunta foi que 'sim', e isso é argumentado amplamente em diferentes contextos de todas as suas obras".[30] Podemos apenas deduzir por que Armínio, em uma carta a Johannes Wtenbogaert[31], sobre essas nove questões, analisa cada uma delas, exceto esta segunda concernente à autoria divina do pecado. Foi exatamente porque eles estavam de acordo com esse ponto que Armínio não sentiu necessidade de dedicar mais uma palavra a isso?[32] A questão 5 também é importante. Aqui se pergunta se Deus tem o direito de exigir fé daqueles que, por meio da queda no pecado, não são mais capazes de exercer fé por si mesmos e, se Deus, concede graça suficiente a todos a quem o Evangelho é proclamado para que sejam aptos a exercer fé se assim desejarem. Essas questões revelam que os representantes sinodais tinham uma boa compreensão a respeito dos temas que envolviam a controvérsia na qual Armínio havia se enredado.

Em maio de 1607, um grupo de pastores se reuniu para planejar a realização de um sínodo nacional.[33] Os representantes não incluíram apenas Armínio, mas também Gomarus, Wtenbogaert, Johannes Bogerman[34] e Sibrandus Lubbertus.[35] *A preparação do concílio* pode ser considerada "um marco histórico na história dos debates remonstrantes",[36] porque ela marcou o fim da pré-história. Aqui, as duas partes foram capazes de avaliar o potencial de cada uma e, opiniões divergentes foram

---

[30] DEKKER, *Rijker dan Midas*, 46.
[31] BLGNP 2, 464-468; ROGGE, *Wtenbogaert*.
[32] Letter to Wtenbogaert, December 31, 1605, Ep.Ecc. 81 (I 179-180; II 69-71).
[33] Veja DE GROOT, "Conventus", 129-166.
[34] BLGNP 2, 73-76.
[35] BLGNP 1, 143-145.
[36] DE GROOT, "Conventus", 163.

expostas e defendidas, resultando em desunião ainda maior. O debate se intensificou e também se tornou conhecido além das fronteiras da Holanda, particularmente com as cartas que Lubbertus enviou para os teólogos fora da República Holandesa. Ele enviou cartas relatando sobre o Concílio para Paris, Heidelberg, Escócia, Genebra e Zurique. Armínio e Wtenbogaert, por outro lado, fizeram tudo que puderam para contestá-lo. As suas reclamações sobre as alegações disseminadas contra eles, que trouxeram para os próprios estados da Holanda, levaram à decisão dos estados de convocar Armínio e Gomarus a comparecerem diante do Supremo Concílio para explicarem seus conceitos.[37] Essa reunião aconteceu em 30 e 31 de maio de 1608.[38]

A carta que Armínio escreveu, em 5 de abril de 1608, a Hippolytus A Collibus, embaixador do Palatinado na Holanda, não deve somente ser considerada um bom resumo de seus conceitos a respeito dos diversos temas debatidos,[39] mas ela também fornece discernimento considerável para a ideia de afastamento para sua teologia. Ela fala não apenas sobre a necessidade de evitar alguma linha de raciocínio que aponte como consequência a autoria divina do pecado e do mal, mas também sobre a função normativa da justiça para os atos de Deus. No fim de sua carta, Armínio acrescenta estar cansado de ser sobrecarregado com novas reclamações diariamente e ter que respondê-las.

Que Armínio não estava exagerando fica evidente nas listas[40] que circularam de 1606 em diante, que mencionavam heresias que ele (e em menor extensão, Adrianus Borrius[41]) era acusado de promover. Em 1608, ele conseguiu obter essa lista, que agora estava inflada com 31 artigos e, os responde em sua *Apologia D. Iacobi Armini adversus artículos quosdam theologicos* (*Defesa do senhor Jacó Armínio contra certos artigos teológicos*).

---

[37] DE GROOT, "Conventus", 162-164. Cf. HOENDERDAAL, *Verklaring*, 9-15.
[38] Veja abaixo.
[39] Cf. DEKKER, *Rijker dan Midas*, 46.
[40] Cf. HOENDERDAAL, *Verklaring*, 12.
[41] BLGNP 2, 84-85.

Sua defesa provavelmente não foi publicada oficialmente, mas, a forma manuscrita, de todo modo, já era conhecida no fim de 1608.[42] Aqui, ele repetidamente ressalta o contexto no qual fez certas declarações e, também observa, sobre a falta de precisão com a qual conceitos atribuídos a ele foram formulados. Em acréscimo aos temas que surgiram na primeira lista de nove questões, os 31 artigos também tratam sobre *necessidade* e *contingência*, bem como sobre a exata significação da expressão "graça suficiente".

Retornando a 30 e 31 de maio de 1608, vemos Armínio e Gomarus comparecerem diante do Supremo Concílio, para exporem, cada qual, seus conceitos de modo a chegarem a um entendimento mútuo, e "verificar se poderiam mudar a condição de, simples acordo, para o estado de amizade fraternal e, assim, estenderem a mão como sinal de comunhão".[43] Considerando que Gomarus se recusou a dar explicação diante de um governo secular, a decisão alternativa foi que ambos responderiam um ao outro por escrito. Quando, no fim das discussões após essa decisão,[44] o presidente do Supremo Concílio anunciou aos Estados que as diferenças não concerniam aos artigos fundamentais de salvação, Gomarus protestou e alegou que não ousaria comparecer diante do tribunal de julgamento divino com esses conceitos. Armínio respondeu não saber de algum desvio confessional ou, em relação à Escritura, que tivesse cometido, dispondo-se a apresentar defesa diante de um sínodo nacional, ou um provincial ou, diante dos Estados. Um requerimento assim foi enviado a Armínio, em 20 de outubro de 1608, para que comparecesse diante dos Estados da Holanda e apresentasse,

---

[42] Veja DEKKER, *Rijker dan Midas*, 47, n. 155 e 156. Para o texto (e a tradução holandesa), veja DEKKER, *Rijker dan Midas*, 273-276 (apêndice 5).

[43] Como citado em HOENDERDAAL, *Verklaring*, 16: *"amuado* para ver se alguém poderia se mover para um acordo de amizade fraternal e tratamento mútuo". "sulcks te sien of men se tot accoord broederlijcke vrundschap ende onderlinge hantgevinge kon bewegen".

[44] Dekker nota que Armínio escreveu suas objeções em 26 teses e Gomarus em 31. Ele argumenta que os artigos de Armínio podem ser lidos como um primeiro rascunho do *Verclaringhe*. DEKKER, *Rijker dan Midas*, 49 n. 165.

ali, uma declaração de seus sentimentos. Armínio o fez em 30 de outubro. Ele próprio, mais tarde, afirmou que havia declarado publicamente seus conceitos. A declaração de Armínio foi então redigida e endereçada aos Estados, tendo sido publicada pela primeira vez em 1610.

A *Declaração dos Sentimentos* (*Verclaringhe*) é a última narrativa extensa que existe na qual o próprio Armínio escreveu seus conceitos sobre os temas debatidos. Nas atas dos Estados da Holanda, a partir de 30 de outubro de 1608, encontramos um registro conciso de suas principais preocupações:

> Após os eventos deste concílio, conforme registrados acima, hoje compareceu ao mesmo concílio, o Doutor Jacó Armínio, doutor e professor na Universidade de Leiden. Depois da costumeira exortação para que declarasse seus pensamentos publicamente sobre os temas que ele pensava, declarou — sob a leal garantia feita a ele pelo Concílio, que os fatos que revelaria, não seriam comunicados no presbitério ou em qualquer outro concílio da igreja, na universidade ou no púlpito — que a predestinação e suas consequências são os temas mais importantes, isto é, que Deus determinou desde a eternidade criar a imensa maioria das pessoas para a destruição e a minoria para a salvação sem qualquer consideração de suas obras, como é ensinado na Universidade de Leiden. Ele disse que isso conflita com a natureza de Deus e que essa doutrina, portanto, não era o fundamento da salvação cristã [...].[45]

---

[45] Citado em HOENDERDAAL, *Verklaring*, 18: "Achtervolgende voorgaende aenschrijven deser Vergaderinge, is huyden in deselve verschenen Doctor Jacobus Erminius, Doctor ende Professor in de Universiteyt tot Leyden, en heeft op de vermaninge aen hem volgende het gedaene aenschrijven, rondelijck te willen verklaeren, op hetgene hij in bedencken hadde, geseyt ende verklaerdt, dat op de vaste verseeckeringhe die hij hem vertrouwde, van dat het geene haer geopent soude werden, niet en soude gebracht werden in Classikale, ofte andere Kerckenvergaeringe, in de Universiteyt, nochte op den

De acordo com essas atas, portanto, a dificuldade primordial de Armínio é com uma doutrina da predestinação que ensina a criação para a destruição e por essa razão está em conflito com a natureza de Deus. Os conteúdos da *Declaração* confirmam que ela de fato foi um resumo preciso. A *Declaração* não é apenas a última obra de Armínio, mas, em vários aspectos, ela também representa a expressão mais completa e consistente de sua convicção. Precisamente, devido ao contexto em que a declaração foi redigida, um certo elemento retórico não está ausente nela.[46] No entanto, mesmo quando isso é relevado, é preciso concluir que, na *Declaração*, Armínio tem mais do que preocupações puramente retóricas e não está ali para tentar persuadir sua audiência, que era formada mais em política que em teologia, com argumentos sólidos e convincentes. A *Declaração* é também muito significativa em razão de seu conteúdo teológico. Isso não se deve tanto a novos temas que surgem, mas porque Armínio ali expressa seus conceitos claramente, em alguns casos, de uma forma que não vemos em seus primeiros escritos.[47]

No início de 1609, Armínio adoece seriamente devido à tuberculose que já enfrentava por muitos anos. Em 25 de julho, ele ainda conduz um debate público a convite, que acaba se tornando o último. Uma "conferência amistosa" entre Gomarus e Armínio, organizada

---

Predickstoel het meeste te wesen, het stuck van de Praedestinatie ende gevolge van dien; als te weten, dat Godt van eeuwigheyt af besloten hadde, het meerendeel der Menschen te scheppen tot verdoemenisse, ende het andere minderdeel ter saligheyt, sonder eenigh aensien der Wercken, gelijck sulcks in de Universiteyt van Leyden werde geleert, ende dat hij seyde sulcks te strijden tegen Godes natuyre, ende daerom die Leere niet en was het fondament der Christelijcker Salichheyt [...]".

[46] Em minha opinião, isso também se deve à terminologia "menos incisiva" do que, por exemplo, no *Examen Perkinsiani*, como igualmente notado por DEKKER, *Rijker dan Midas*, 51. Que Dekker, com base nisso, questiona se a *Verclaringhe* pode servir como um resumo exato e completo do pensamento de Armínio, pode ser atribuído ao seu próprio interesse e preferência pela precisão sistemática.

[47] Só nesse sentido limitado, Hoenderdaal está correto, quando, em referência à *Declaração*, ele repara que tem a impressão de que, no período inteiro do conflito, os conceitos definitivos de Armínio foram formados somente mais tarde. HOENDERDAAL, *Verklaring*, 14.

pelos Estados, em 13 de agosto, o motiva.⁴⁸ Entretanto, no transcorrer da conferência, Armínio se sentiu tão enfermo que precisou retornar ao lar. Em 12 de setembro, ele escreve aos Estados que muito provavelmente não será capaz de cumprir sua promessa de escrever tudo uma vez mais. Morre pouco mais de um mês depois, em 19 de outubro, com não mais do que 50 anos de idade.

A guerra panfletária que havia começado continuou inalterada.⁴⁹ O debate agora se tornara público e já havia resultado em uma polarização que até mesmo a morte de Armínio não poderia dar um fim. Em janeiro de 1610, cerca de 40 pastores se reuniram em Gouda, sob a liderança de Wtenbogaert. Foi ali que se criou a remonstrância como defesa da posição de Armínio, tornando-se causa de sério tumulto, obrigando a conferência organizada pelos Estados a discutir seus termos. Essa conferência, que ficou conhecida como a Conferência de Haia, bem como os registros das discussões que aconteceram ali, receberão atenção na segunda parte deste estudo.

1.1.2. Outras obras de Armínio

Precisamos ainda ressaltar as obras existentes de Armínio que não foram mencionadas na pesquisa biográfica citada há pouco. Essas incluem seu "caderno de anotações" (*aantekeningenschrift*)⁵⁰ e, particularmente, os debates que aconteceram sob sua presidência na Universidade de Leiden. Por fim, a correspondência de Armínio que já foi referida anteriormente, e que, ocasionalmente, pode ser citada como uma categoria separada.⁵¹

---

⁴⁸ Veja o relato dessa conferência em uma carta de Hommius A Lubbertus, que pode ser encontrada em WIJMINGA, *Festus Hommius*, Apêndice G. A Seção 4.1, deste livro, tratará dessa carta.

⁴⁹ Cf. HAKKENBERG, *Controversy*.

⁵⁰ DEKKER, *Rijker dan Midas*, 52.

⁵¹ A maioria das cartas existentes para e de Armínio, inventariadas por DEKKER, *Rijker dan Midas*, 256-259 (Apêndice 1), pode ser encontrada em Ep.Ecc. MARONIER, *Arminius*, and BANGS, *Arminius*, que fizeram uso extenso delas em suas biografias e muitas cartas

Articuli nonnulli

Esse caderno contém mais de 200 declarações ou considerações soltas de Armínio, e foi primeiramente publicado em 1613, como *Articuli nonnulli*.[52] Originalmente, as teses foram marcadas com certos sinais para indicar concordância ou discordância, mas essas marcas não foram incluídas em nenhuma edição impressa. Consequentemente, falta-nos certeza com respeito ao conceito de Armínio das teses registradas, e esse fator deve ser levado em consideração quando se usa o *Articuli nonnulli*. Entretanto, há tantos paralelos entre essas teses e outros escritos dele, que seu conceito sobre quase tudo pode ser determinado virtualmente com certeza absoluta.

Debates e autoria

Para a maioria das fontes disponíveis sobre a teologia de Armínio, não há dúvidas relacionadas à autoria e/ou se os conteúdos de fato refletem o ponto de vista de Armínio. Contudo, um tema difícil, que em minha opinião não pode ser resolvido, é a autoria dos debates acadêmicos ocorridos em Leiden sob a presidência de Armínio, de 1603 a 1609, e que constituem uma porção significativa desses escritos existentes. Na *Opera theologica* (1629), os 25 debates públicos, e os 79 privados, cobrem um total de 258 páginas. As pesquisas de Stanglin nesses arquivos, "desenterraram" outros 36 debates desconhecidos até então, que também pertencem ao período em que Armínio exerceu a função de professor. Sua extensa discussão sobre o tema da autoria para os debates é uma contribuição relevante.[53] No que segue, eu também tratarei dessa questão, mas chego a uma conclusão diferente. Depois disso, eu apoiarei minha

---

foram total ou parcialmente traduzidas por James e William Nichols nas suas anotações para a tradução das obras de Armínio.

[52] O título completo é *Articuli nonnulli diligenti examine perpendendi, eo quod inter ipsos Reformatae Religionis Professores de iis aliqua incidit controversia*.

[53] STANGLIN, Assurance, 36-58. Veja também, STANGLIN, *The Missing Public Disputations*.

conclusão com mais argumentação e, finalmente, também apresentarei suas consequências.

No entanto, primeiro, será necessário propor uma definição clara do que é compreendido neste estudo pela palavra "conceito" (compreensão, significado, opinião). Dado que estamos tentando descobrir os temas teológicos mais profundos e pessoais de Armínio (cf. 1.3), por "conceito", expressamos a convicção completa e pessoal de alguém. Compreendido dessa forma, "conceito" está em contraste com uma exposição dessa convicção pessoal em que, seja qual for a razão relacionada à forma e/ou conteúdo (*e.g.* por causa da precaução), a situação na qual essa exposição foi apresentada, precisa ser considerada. Aqui, o contexto, a audiência, o impacto esperado, ou a reação desejada, desempenham uma grande função. O que queremos dizer é que nessa situação, a conexão entre a convicção de uma pessoa, e a exposição pública dessa convicção, pode se distanciar a tal ponto, que a última, em um sentido direto, não representa a primeira. Não é preciso afirmar que a distinção extraída aqui entre conceito/convicção e expressão é algo teórico e que, na prática, a diferença é mais gradual. E mais, aqueles que trabalham com registros escritos têm apenas a expressão escrita de uma convicção pessoal, e precisam proceder da pressuposição que o autor pretende expressar sua convicção pessoal abertamente, e que esse autor, exceto onde a situação permite pensar o contrário, não intenciona enganar posteriormente os leitores e pesquisadores.

Quando esse ponto de vista metodológico é aplicado concretamente ao caso de Armínio, ele tem consequências importantes. As circunstâncias nas quais as obras atribuídas a Armínio foram produzidas, variam amplamente. Suas obras do século XVI (publicadas postumamente), suas cartas pessoais a amigos, colegas e conhecidos, que não foram produzidas para publicação, além de suas notas pessoais, podem todas virtualmente, sem reservas, ser classificadas como "convicção pessoal". Entretanto, especialmente depois de sua designação como professor, Armínio cada vez mais, em termos de intensidade e número de pessoas, estava sob pressão devido às polêmicas e suspeitas dirigidas contra ele. Por conseguinte, quando se lê suas declarações públicas desse período, deve-se considerar seriamente a precaução com a qual ele abordará os tópicos controversos. E, no caso dos debates, há também os temas de gênero e autoria. A *Declaração de sentimentos* de Armínio, que ele fez diante dos Estados da Holanda em 1608, forma um tipo de "categoria média". Armínio prometeu falar publicamente de suas convicções mais profundas sob a condição de que o corpo governamental, que era em geral favorável a ele (sua audiência ali), não tornaria pública sua declaração. Embora fosse pública e feita em um contexto polêmico, a necessidade de expor uma explanação clara e direta, juntamente com a promessa de sigilo por aqueles presentes, teria inspirado confiança em Armínio para falar abertamente e sem dissimulação. Uma comparação de seus conteúdos com outras fontes "não suspeitas", demonstra muito provavelmente, que Armínio tenha falado abertamente e sem restrição.

Com respeito aos debates, Rouwendal escreveu o seguinte:

> Por volta de 1250 em diante parte da tarefa normal de cada *magister* (mestre, professor) foi a organização regular dos debates. O *magister* designava um tópico (*quaestio*: questão) que era tratado durante um debate. Ele então elaborava um número de teses (*articuli*) sobre esse tópico. Um aluno designado previamente (*respondens*: respondente) teria que responder às objeções (*objectiones*) dirigidas contra ele por outros alunos. Anotações eram feitas das objeções e respostas, de modo que a conclusão do debate era uma coleção disponível de ambas, que o *magister* usava para a determinação definitiva (*determinatio*: determinado; ou *solutio*: solução) que às vezes continuava no dia seguinte, mas geralmente na semana seguinte. A essa determinação também era conferida o título de *disputatio* (debate). Entretanto, esses debates escritos não apresentavam um registro

literal do transcurso dos próprios debates e precisavam ser distinguidos deles.⁵⁴

O fato de que nem sempre é possível determinar com absoluta certeza se era o *mestre* ou os *respondentes* que escreviam o debate ou se era uma mistura dos conceitos do *mestre* e dos *respondentes* apresenta problemas consideráveis para a questão da autoria.⁵⁵ Essa falta de certeza se aplica a ambos os tipos de debates — *pro gradu* (escrito) e *exercitii gratia* (discutido)⁵⁶ — e, como regra, desaparece apenas se o título explicitamente indica quem foi o autor desse debate particular. A citação seguinte da história de Willem Otterspeer, da Universidade de Leiden, é ilustrativa:

> O autor das teses não era sempre, como há muito tempo se pensa, o presidente do debate, mas preferivelmente o próprio defensor. Contudo, esses debates eram frequentemente mais um assunto de cópia diligente do que de pensamento original e a literatura na qual as teses eram baseadas limita-

---

⁵⁴ ROUWENDAL, "Leerwijze", 57: "Vanaf ongeveer 1250 behoorde het met regelmaat organiseren van disputaties tot de vaste taak van elke magister (meester, professor). De magister gaf een onderwerp (quaestio: vraagstuk) op dat tijdens een dergelijke disputatie behandeld werd. Hij stelde over dit onderwerp een aantal stellingen (articuli) op. Een van te voren aangewezen student (de respondens; beantwoorder) diende de door andere studenten aangevoerde tegenwerpingen (objectiones) te beantwoorden. Zowel de tegenwerpingen als de antwoorden werden genotuleerd zodat men aan het einde van de disputatie van beide een verzameling had, die de magister gebruikte voor de definitieve beantwoording (determinatio; beslissing, of solutio: oplossing) van het probleem, meestal op de volgende collegedag. Deze op schrift gestelde beantwoordingen kregen ook de naam disputatio. Zulke geschreven disputaties gaven echter geen letterlijk verslag van het verloop van een disputatie en moeten derhalve onderscheiden worden van het gebeuren zelf."

⁵⁵ Cf. e.g. FREEDMAN, "Process": "Debates eram realizados normalmente por um presidente (praeses) juntamente com um ou mais respondentes (respondens; respondentes) e com um ou mais oponentes; na maioria dos casos, a autoria dos debates não é especificada".

⁵⁶ Um debate *pro gradu* é realizado com propósitos de obter diploma acadêmico; os debates *exercitii gratia* eram aqueles realizados para propósitos de instrução e prática na habilidade de debater.

va-se a um número de fontes facilmente acessíveis. Debates privados e debates coligidos sob o nome do professor, por outro lado, sempre eram redigidos pelos *presidentes*.[57]

Para os propósitos de catalogação, a regra geral é de fato identificar o *presidente* como o autor, a menos que haja fortes indicações do contrário. Há muito a ser dito sobre isso, ainda mais porque o *mestre* sempre foi considerado o responsável pelo conteúdo dos debates que eram realizados sob sua presidência. Entretanto, quando os debates são planejados para fins de análise e descrição do pensamento de um *mestre*, uma porção maior de certeza é necessária. Não há qualquer razão para presumir que os problemas da autoria do debate não se aplicam àqueles que eram realizados sob a presidência de Armínio.

Em sua discussão de autoria, Stanglin considera que os argumentos de Ahsmann[58], que, contra a suposição usualmente comum e aparentemente em contraste com a prática da maioria das universidades,[59] defende que, no período estudado por ela (1575-1630) em Leiden, a regra era que o próprio aluno formulava as teses.[60] Os argumentos de Ahsmann podem ser resumidos como seguem: 1. Muitos debates inéditos foram encontrados à forma de manuscrito da mão dos *defensores*. 2. Uma carta de um estudante de Direito em que ele afirma que escrevia as próprias teses. 3. Petrus Cunaeus, professor de Direito em Leiden, menciona com frequência os debates de alunos sem mencionar o nome do *presidente* e, em seu diário, escreve que certo estudante escreveu (*conscripserat*) 156 teses — a suposição que a coisa extraordinária é o amplo número de teses ao invés da autoria do aluno. 4. A página da dedicatória sugere a autoria do aluno, como a *carmina gratulatoria* (poemas gratulatórios),

---

[57] OTTERSPEER, *Groepsportret*, 236. Otterspeer se baseia em AHSMANN, Collegia.
[58] AHSMANN, *Collegia*, 311-323
[59] STANGLIN, *Assurance*, 47, cf. n. 114.
[60] STANGLIN, *Assurance*, 47.

escrita pelos alunos colegas que comumente encerrava os debates com elogio à erudição dos *respondentes*.

Stanglin considera fracos os dois primeiros argumentos de Ahsmann, enfatizando o fato de que o estudo dela concerne à lei da Faculdade. Ele assim sugere que os argumentos dela não podem simplesmente ser transferidos para a Faculdade de Teologia. Para Stanglin, o quarto e mais consistente argumento de Ahsmann, perde força por esse fato. "Ao contrário da indicação de sua autoria, o aluno simplesmente se dedica e é elogiado por seu desempenho em face à oposição".[61] Stanglin conclui que,

> mesmo se o texto das teses debatidas não se originasse com o aluno, o sucesso do debate dependia de sua habilidade em se defender contra as objeções com apelos à própria autoridade bíblica ou tradicional e com argumentação inteligente, lógica. Seu desempenho, o ápice dos anos de educação, era corretamente dedicado àqueles que influenciaram o treinamento que tornou a defesa possível. Portanto, as dedicações e poemas congratulatórios, ao invés de prover evidência para a autoria do aluno, pode ser visto como coerente com a evidência de autoria professoral.[62]

Stanglin considera os debates como "representações precisas" da teologia de Armínio e resume a "evidência convincente" na forma de quatro argumentos: 1. Em sua carta para Hippolytus a Collibus, bem como na *Declaração*, o próprio Armínio se refere aos seus debates públicos. "Sem dúvida, Armínio não indicaria que os magistrados inquirissem sobre sua teologia para a composição dos alunos". Também em cartas aos seus amigos, Armínio afirma a autoria de certos debates. Jamais diz o nome dos *respondentes* ou sugere que o aluno fez algum tipo de contribuição. 2. O *presidente*, no caso de Armínio, regularmente defendeu as

---

[61] STANGLIN, *Assurance*, 49.
[62] STANGLIN, *Assurance*, 50.

teses contra a *oposição*. "A defesa que Armínio apresenta não serve para recuperar a reputação do aluno, mas para livrar suas próprias teses das acusações de heterodoxia"[63]; 3. os debates realizados sob a presidência de Armínio e seus colegas foram considerados pelos contemporâneos como a composição dos professores. Para estabelecer esse ponto, Stanglin aponta para a observação de Wtenbogaert de que os debates privados de Armínio podem ser considerados um tipo de teologia sistemática.[64] Além disso, debates foram publicados sob o nome de seus autores:

> Embora as páginas dos títulos dos debates originais tivessem os nomes do professor presidente e do respondente, os professores mesmos eram elogiados ou criticados pelo conteúdo dos debates. A responsabilidade de um professor pelo conteúdo da hipótese não se limitava a um tipo de supervisão geral da forma do debate, mas sua responsabilidade se estendia aos mínimos detalhes.[65]

Em todos os casos em que os mestres eram abordados pelo teor dos debates, eles "nunca criticavam o conteúdo dos debates sobre a produção do aluno. Este silêncio parecia evitar alguma noção de que os alunos contribuíssem com algo significativo para o texto das teses impressas"[66]; 4. uma comparação dos debates com outros escritos do mesmo professor, como também com outros debates realizados pelo mesmo professor a respeito do mesmo assunto, demonstra "similaridades notáveis" e "muita similaridade" ou "dependência verbal", sugerindo assim um autor comum.

Depois desses argumentos em favor da autoria professoral, Stanglin expõe duas "ressalvas legítimas":

---

[63] STANGLIN, *Assurance*, 52.
[64] A validade e uso desse argumento serão analisados adiante.
[65] STANGLIN, *Assurance*, 53.
[66] STANGLIN, *Assurance*, 53.

1. Os dois primeiros debates que Armínio presidiu contêm "algumas coisas que não estavam exatamente de acordo com suas próprias opiniões". Se o testemunho de Bertius deve ser aceito, "então há debates públicos que Armínio presidiu que, além de não ter participado, tampouco confirmou completamente". Portanto, como podemos estar certos da autoria de algum debate público? Stanglin ressalta que aqui estamos lidando com uma situação única e, que essa exceção, de fato confirma a norma da autoria professoral. E mais,

> dado que os próprios debates se tornaram cada vez mais um meio de polêmica na Faculdade, é seguro presumir que Armínio somente tolerou a autoria do aluno como uma concessão para alunos que ainda não estavam acostumados com sua supervisão.[67]

2. Uma segunda *ressalva* é baseada em uma carta para Wtenbogaert em que Armínio escreve a respeito de certo debate que ele mesmo redigiu, e que Wtenbogaert deveria estar apto a perceber isso, dado estilo e estrutura do debate.

Contudo, no *pós-escrito*, Armínio escreve: "Eu também acrescento outras teses a serem debatidas amanhã, que eu não, mas os respondentes reuniram, apenas com muitos poucos dados alterados e acrescentados por mim" (*Addo etiam alias theses cras diutandas, quas non ego, sed ipse Respondens confecit, pauculis a me tantum mutatis et additis*). Aqui, temos assim clara evidência que pelo menos um debate foi escrito pelo próprio respondente. Stanglin admite que se deve ter um nível de precaução com respeito à autoria, mas acrescenta que a "declaração de Armínio ainda falha em desconstruir minha hipótese". Ele apresenta as seguintes razões: 1. é razoável para Armínio notar explicitamente que ele foi autor de certo debate, precisamente porque inclui com a carta um

---

[67] STANGLIN, *Assurance*, 55.

debate que ele próprio não escreveu; 2. Armínio também indica que fez várias correções, confirmando que o que está escrito não conflita com seu próprio conceito; 3. isto também prova que Armínio

> admitiu a amplitude de autoria em tópicos menos controversos, como a natureza humana de Cristo. É difícil imaginá-lo permitindo que um aluno formulasse teses sobre a predestinação ou qualquer outro tópico explicitamente soteriológico, que provavelmente estaria sob precisa investigação de seus colegas professores.

Stanglin também conclui que,

> à luz da impressionante evidência de que a autoria professoral sobre a prática dos debates públicos na Faculdade de Teologia de Leiden, era a regra durante o tempo de Armínio, podemos afirmar com segurança que os debates são retratações precisas do pensamento do professor presidente.[68]

Stanglin deseja aplicar o "critério da continuidade", de modo que deve haver dúvida somente se o debate conflita com outro do mesmo professor. Mesmo que o aluno seja o principal autor, segundo Stanglin, deve-se ainda presumir que "absolutamente nada contido nas teses contradiria a opinião do professor".[69]

A principal objeção contra o conceito de Stanglin é que, na maioria dos casos, um nível elevado de certeza, mas não de certeza absoluta, pode ser alcançado. Todo debate presidido por Armínio demonstrará, mais ou menos claramente, traços de seu envolvimento, também quando criado por um aluno. No entanto, quando tentamos determinar as particula-

---

[68] STANGLIN, *Assurance*, 57-58.
[69] STANGLIN, *Assurance*, 58.

ridades da própria teologia de Armínio, seu "conceito", como definido anteriormente, a natureza do debate como um instrumento pedagógico e, a incerteza autoral, tornam os debates de Armínio inadequados como fonte básica de material. Contudo, até mesmo quando a autoria é estabelecida sem qualquer nível de dúvida, ela *consequentemente* garante que os conteúdos desse debate sejam representativos do pensamento do autor. Segundo a conclusão mencionada outrora, é claro que Stanglin considera uma resolução para a questão de autoria ao mesmo tempo que estabelece essa da representatividade de pensamento. Isso é uma conexão frágil em uma série consistente de argumentos para a autoria professoral. Além disso, é formidável que Stanglin, mesmo mais tarde, argumente que há certa ambiguidade no estilo do debate em si. Essa observação, correta por sinal, deveria tê-lo tornado mais cuidadoso quando se trata do valor dos debates e das conclusões baseadas neles:

> Há um nível de ambiguidade inerente no estilo de debate em si mesmo. Como ressaltado acima, as teses são frequentemente declaradas tão sucintamente que elas requerem bastante elucidação e contextualização para revelar as divergências latentes de pensamento, que indubitavelmente seriam mais notáveis quando o debate fosse realizado publicamente. Enquanto os teólogos protestantes confiavam na linguagem e categorias bíblicas que são ambíguas e imprecisas, a terminologia nos debates sempre indeterminou os temas debatidos. Portanto, Armínio pode estar empregando nomenclatura e causas idênticas àquelas dos outros teólogos de Leiden, mas não necessariamente pretendendo um sentido idêntico em cada aspecto.[70]

---

[70] STANGLIN, *Assurance*, 111; cf. 44: "A forma escrita dos debates tendia a ser menos controversa que as realizações públicas, onde os oponentes esperavam levantar objeções e pressionar os respondentes por mais precisão doutrinária". Essa e outras observações similares sobre a natureza dos debates tornam declarações caricatas, como os "debates são a chave para compreender a teologia de um professor" (STANGLIN, *t*, 44), questionáveis.

Mas não é apenas o estilo acadêmico-pedagógico do debate que impõe cuidado com a representatividade de pensamento. O contexto polêmico também e as relações tensas entre os professores são de grande significado. Eles farão com que Armínio seja cuidadoso quanto a expor seus conceitos publicamente e no contexto de um debate. Mais de uma vez, Armínio explicitamente recusou expor seu conceito abertamente sobre certos temas quando ele foi solicitado a fazê-lo. Ele repetidamente condicionou isso a comparecer diante do governo, a quem ele, como professor, era fundamentalmente responsável. É digno citar mais uma vez as atas dos Estados da Holanda do dia 30 de outubro de 1608:

> Prosseguindo os eventos desse concílio, conforme registrados acima, compareceu hoje no mesmo concílio, o Doutor Jacó Armínio, doutor e professor na Universidade de Leiden. De acordo com a exortação costumeira em declarar seus pensamentos publicamente sobre os temas que estava refletindo, ele afirmou (sob a leal confirmação comunicada a ele pelo concílio de que os fatos que ele revelasse não seriam transmitidos ao presbitério ou a qualquer outro concílio da igreja, na universidade ou no púlpito) [...].[71]

Esse mesmo cuidadoso e reservado Armínio expressaria seus conceitos divergentes aberta e livremente durante os debates públicos (e privados), se isso desnecessariamente chamasse a atenção para ele e o desacreditasse? As pessoas seguramente estariam prontas para ata-

---

[71] Citado em HOENDERDAAL, *Verklaring*, 18: "Achtervolgende voorgaende aenschrijven deser Vergaderinge, is huyden in deselve verschenen Doctor Jacobus Erminius, Doctor ende Professor in de Universiteyt tot Leyden, en heeft op de vermaninge aen hem volgende het gedaene aenschrijven, rondelijck te willen verklaeren, op hetgene hij in bedencken hadde, geseyt ende verklaerdt, dat op de vaste verseeckeringhe die hij hem vertrouwde, van dat het geene haer geopent soude werden, niet en soude gebracht werden in Classikale, ofte andere Kerckenvergaeringe, in de Universiteyt, nochte op den Predickstoel [...]."

car quaisquer declarações imprudentes feitas durante os debates, mas, precisamente nesses debates realizados publicamente, há tão pouco que poderia despertar suspeitas de heterodoxia, que o próprio Armínio, livremente se referiu a elas, como em sua carta a Hippolytus a Collibus e em sua *Declaração*. Para se defender, ele recorre ao que havia declarado nos debates públicos "escritos por mim" — "*a me conscriptas*" ("eu escrevi").[72] Entretanto, isso não significa que, por essa razão, nesses debates, encontramos o "conceito de Armínio". Ele pode bem ter se referido aos debates não controversos e realizados publicamente especificamente para reduzir suspeita.

Também é muito compreensível que Armínio não se distanciaria abertamente do conteúdo dos debates que presidiu. Afinal, eles eram, tanto acessíveis, quanto consistentemente incontroversos,[73] de modo que duvidar da autoria, ou distanciar-se dos conteúdos, suscitaria dúvidas sobre a dependência de Armínio de partes dos debates das quais ele se distanciaria, que, por sua vez, causaria dúvidas quando à representatividade dos debates para o seu conceito como um todo. Uma passagem da carta que Armínio escreveu ao amigo íntimo, Borrius, sobre o debate público *De libero hominis arbítrio, eiusque viribus* (*A liberdade de escolha, a sua força*), é bastante ilustrativa a esse respeito. Essa carta de fato prova que a autoria não implica que os conteúdos são necessariamente representativos dos conceitos do autor:

> Eu transmito a vocês minhas teses sobre a livre escolha [do livre arbítrio] que formulei desta maneira [cautelosa], porque considerei que assim elas conduziriam à paz. Não avancei em nada que considero seria aliado à falsidade.

---

[72] HaC 938 (II 690).

[73] Isso foi provado uma vez mais bem depois da morte de Armínio, no calor do conflito entre os remonstrantes e os contrarremonstrantes, com a publicação em 1614 das quatro séries dos debates de Leiden presididas por Gomarus, Armínio e Trelcatius Jr. Cf. STANGLIN, *Assurance*, 43. "A teologia de Leiden, representada na quarta *repetição*, foi considerada como uma declaração relevante do currículo teológico-acadêmico, pois foi publicada como o *Syntagma disputationum theologicorum* (*Tratado da discussão teológica*), em 1615."

Mas me calei sobre algumas verdades, que eu poderia ter publicado. Pois sei que uma coisa é silenciar a respeito de uma verdade e outra coisa é declarar uma mentira; a última jamais é lícito praticar, enquanto a primeira é ocasionalmente, nem sempre, um recurso.[74]

É concebível que poderia haver uma diferença entre a versão escrita do debate e o que aconteceria durante a defesa oral e isso fica claro em uma carta que Armínio escreveu a Wtenbogaert em que ele evoca um debate sobre o primeiro pecado de Adão e Eva, deduzindo a necessidade de ser cuidadoso para não assimilar o debate como representação do pensamento do autor sem restrição. Armínio escreve:

> Eu mesmo formulei essas teses, como você facilmente perceberá do estilo e ordem delas [*ex stilo et ordine*]. Tive bastante liberdade em formulá-las, mas entreguei-me a uma liberdade ainda maior no transcurso do debate. Porquanto, eu abertamente refutei [*confutavi*] a necessidade e estabeleci [*stabilavi*] contingência diante de Gomarus e Trelcatius. Eu desejei que você estivesse presente.[75]

Quando Armínio informa em suas cartas que ele havia escrito certo debate e, como citado há pouco, pelo menos uma vez indica que isso deveria ser claramente reconhecível quanto ao estilo e ao teor, o mínimo que se infere disso, é que ele nem sempre é, por definição, o autor.

Anteriormente, referimo-mos ao apelo de Armínio aos debates que ele havia escrito em sua carta a Hippolytus A Collibus e, a *Decla-*

---

[74] Carta a Borrius, 25 de julho de 1605, Ep.Ecc. 78 (I 267-268.300.302; there I 267). Armínio aqui se refere a PuD XI (II 189-196).
[75] Carta a Wtenbogaert, 3 de Agosto de 1604, Ep.Ecc. 70 (I 176-177; II 150-151; there II 150); cf. STANGLIN, *Assurance*, 56. Armínio aqui se refere a PuD VII (II 150-157).

ração, ressaltando que isso não é, por si só, uma razão surpreendente para concordar que esses debates representem sua convicção pessoal.

Uma parte do terceiro argumento de Stanglin, deve ser tratada separadamente. Trata-se de sua afirmação de que os debates privados de Armínio foram planejados como a base para um tipo de teologia sistemática.[76] Ele aponta para o título que eles receberam em sua publicação póstuma: *Disputationes privatae, de plerisque Christianae religionis capitibus, incoatae potissimum ab auctore ad corporis theologici informationem*.[77] Clarke dá um passo além[78] quando concorda com a opinião de James Nichols — anteriormente rejeitada por Muller[79] — baseada primariamente em uma carta de Armínio a Wtenbogaert, de 1599, afirmando estar engajado em estabelecer uma ordem para uma sinopse do *loci* teológico e considera evidente, "que essa *Synopsis* é substancialmente o mesmo que os *Debates Privados,* iniciado alguns anos antes que Armínio fosse considerado ou, se considerou, para o cargo em Leiden".[80]

---

[76] STANGLIN, *Assurance*, 39: "No caso de Armínio, pelo menos sabemos que a coleção de seus debates privados serviu como a base da teologia sistemática que jamais terminou de escrever". Cf. 67: "A despeito de sua intenção de fazê-lo, Armínio jamais ordenou e reuniu sua *loci* em um livro separado para publicação [...]. Contudo, porque há uma relação estreita entre *loci* e os debates nos quais Armínio se envolveu, esses termos podem ser usados de forma intercambiada quando se referirem aos tópicos teológicos que Armínio tratou no contexto da universidade".

[77] STANGLIN, *Assurance*, 39, n. 86: "Este fato é evidente no título completo" com referência ao prefácio de Nichols em *Works* (II 318).

[78] CLARKE, Ground, 40-42.

[79] MULLER, *God, Creation, and Providence*, 50.

[80] CLARKE, Ground, 41. Isso com base em uma carta a Wtenbogaert, 18 de fevereiro de 1599, Ep.Ecc. 44 (conforme traduzido por Clarke): "Estou engajado em formular uma ordem para uma sinopse dos Lugares Comuns da Teologia (*Synopsi locorum Theologiae*); eu determinei reler todos os teólogos antigos e modernos que estão disponíveis e que podem ser obtidos [...]. Estou começando com a doutrina de Deus que é a primeira ordem em dignidade na teologia. Nisto, vou considerar a natureza e pessoas". BANGS, "Introdução" em *Works* I, xviii, é da opinião de que os debates privados foram de fato uma tentativa de formular uma "obra de teologia", mas considera duvidosa a conexão de Nichos com o que Armínio estava escrevendo em 1599.

Entretanto, é difícil verificar porque Armínio começaria a escrever e preparar debates privados quando não havia expectativa de um professorado. O intento também de escrever uma sinopse do *loci* teológico não é necessariamente associado aos debates posteriores, embora a pesquisa e os materiais coletados desde o início sem dúvida seriam úteis para outros fins como a composição de teses para os debates privados. Mais um argumento poderia ser mencionado ainda, a saber, que Armínio informou a Wtenbogaert de sua intenção de escrever uma sinopse e que o último se referiu a essa mesma intenção em seu prefácio — admitidamente assinada pelos nove órfãos de Armínio, porém é mais provável que fosse escrita por Wtenbogaert — à exegese de Armínio de Romanos 7:

> A essas considerações, podemos acrescentar que nosso pai se determinou, se Deus o concedesse vida e tempo, escrever um sistema da totalidade da religião cristã, extraindo-o não dos lagos estagnados do Egito, mas das fontes puras de Israel e deixar registrado para sua influência. Como ele não pôde cumprir seu propósito, em parte devido a muitos de seus compromissos e em parte por causa da natureza de sua enfermidade, você tem aqui, no lugar de outro trabalho, o presente comentário. Pois de nenhuma outra forma o desígnio de nosso pai pode agora ser cumprido.[81]

Entretanto, seria esperado que Wtenbogaert publicasse não o comentário de Armínio sobre Romanos 7, mas seus debates privados. Assim, o próprio Wtenbogaert não estabelece uma linha divisória entre os debates privados e a sinopse planejada por Armínio e, com isso, toda conexão direta entre os dois desaparece.

Stanglin também aponta para o prefácio de Wtenbogaert da obra de Armínio sobre Romanos 7 para apoiar seu terceiro argumento concernente à intenção de Armínio com seus debates privados. Ele também recorre a

---

[81] DR7 822 (II 486).

Carl Bangs, embora o último apenas se baseie em Nichols e não forneça apoio adicional. Além disso, em 1612, Wtenbogaert observou que os debates privados de Armínio continham um tipo de esboço sistemático de teologia. Contudo, isso se mantém como a opinião de Wtenbogaert, nada dizendo a respeito das próprias intenções de Armínio.[82] Isso é igualmente verdadeiro para o título conferido aos debates privados de Armínio na publicação deles, pois não está claro quem foi o responsável por isso.

Ao examinar os fatos, parece que a conexão sempre extraída entre a intenção de Armínio em escrever uma sinopse do *loci* teológico e, dos debates privados posteriormente realizados sob sua presidência, origina-se da literatura secundária e tem pouco ou nenhum fundamento nas fontes primárias. Com isso, a primeira datação de Clarke dos debates privados pode também ser descartada. As implicações dessa primeira datação para a comparação que sempre é feita entre os (primeiros) debates públicos de Armínio e (mais tarde desenvolvidos) os privados são óbvias.[83] A confiança de Stanglin no testemunho de Wtenbogaert é questionável, porém muito pouco especulativa. No entanto, seu conceito pouco serve para fortalecer sua posição sobre a autoria do debate e, particularmente, sobre a questão quanto a se os conteúdos são, ou não, exposições da convicção pessoal do autor.

Como analiso, os debates não podem, como tais, ser usados enquanto fonte primária para uma análise e exposição cuidadosas do pensamento do professor sob cuja presidência foram realizados.

---

[82] STANGLIN, *Assurance*, 44, n. 101.

[83] Cf. CLARKE, Ground, 41: "Essa influência parece um equívoco, simplesmente não é digna de mencionar, exceto que a abordagem teológica de Muller é consideravelmente influenciada por sua convicção que os Debates Privados não remontam a antes de 1603 de alguma forma e ocorrem geralmente mais tarde do que os Debates Públicos, em que os últimos são sobre o mesmo assunto". Clark aqui cita MULLER, *God, Creation, and Providence*, 212: "Considerando que [...] os Debates Públicos quase que invariavelmente parecem ter sido um primeiro esboço [do sistema] e os Debates Privados um aperfeiçoamento, a ausência da doutrina da criação nos primeiros [...] aponta para as teses dos Debates Privados como uma primeira tentativa de definição doutrinária, talvez faltando o polimento [das] teses finais sobre a essência e atributos de Deus".

Eu baseio isso nos seguintes argumentos: 1. a incerteza com respeito à autoria; e 2. mesmo no caso de certeza com respeito à autoria, há incerteza persistente em relação a se os conteúdos dos debates realmente representam ou não o ponto de vista do autor naquela época. A implicação é, claro, que muito do material que por séculos foi usado sem qualquer questionamento — embora no caso de Stanglin com cuidadosa análise — como fonte da teologia de Armínio desaparece. Sem dúvida, para a maioria, os debates contêm os conceitos de Armínio, ou pelo menos não conflitam com eles. Essa última observação até certo ponto modera as ramificações do ponto de vista que adoto em meu estudo da análise daqueles que usam os debates como fonte primária.

Por outro lado, o que foi dito em outro momento, não significa que os debates não serão referidos de maneira alguma, como exposição fiel dos conceitos de Armínio. Entretanto, não há bastante fundamento para considerar os debates e outros escritos, para os quais as dificuldades e dúvidas anteriormente mencionadas não se aplicam, como fonte no mesmo nível. Para o propósito de estudar a teologia de Armínio, os debates serão usados como fontes de importância secundária. O uso deles será moderadamente restrito e, a princípio, esses debates jamais atribuem algo a Armínio que não possa ser encontrado em seus escritos e, certamente não, quando conflitam com os conteúdos de seus artigos.

Os debates são, sem dúvida, relevantes para a atmosfera na qual Armínio expôs e desenvolveu seu pensamento teológico. E quando contêm os mesmos conceitos encontrados em outro contexto, são úteis como confirmação. Finalmente, eles podem ser usados para detectar, com certo grau de certeza, conceitos de Armínio que não podem ser delineados em outros escritos.

O fato de que o presente estudo não usará os debates que foram realizados sob a presidência de Armínio como fonte primária, tem consequências das quais serão mais tarde especificadas, ou seja, se foram determinantes para as conclusões finais (veja capítulo 8).

1.2. Estudos acadêmicos recentes

A pesquisa sobre Armínio assumiu uma direção definitiva e nova particularmente com a obra de Richard Müller no fim dos anos 1980, bem como com a dissertação de Eef Dekker (1993). Antes desses estudos, a teologia de Armínio foi quase que exclusivamente abordada de acordo com os cinco pontos mais controversos, conforme expressados na *remonstrância* (1610), os debates que se seguiram a isso, e, finalmente, as decisões tomadas no Sínodo de Dort (1618-1619). Mais regra do que exceção, os pesquisadores excluíram elementos particulares da totalidade do pensamento de Armínio e, portanto, os usaram para os seus próprios propósitos. O resultado foi que, por séculos, o "Armínio histórico", assim como a "totalidade" de sua teologia, e com isso as raízes mais profundas dos primórdios do século XVII, conflitaram com a predestinação e temas relacionados, foram ocultados do conceito. Muller, Dekker e, mais recentemente, F. Stuart Clarke e Keith Stanglin, colocaram um fim nessas abordagens. As suas análises dos primeiros estudos de Armínio são adequadas,[84] de modo que será suficiente me concentrar na pesquisa mais recente. Adiante, será apresentada uma visão geral dos resultados e direções mais importantes desde 1980. Por fim, uma visão global, forma a transição e introdução ao presente estudo.

Muller demonstrou que Armínio foi um escolástico protestante, bem como conhecedor das discussões teológicas contemporâneas, não apenas nos círculos reformados, mas também nos círculos luteranos e romanistas. Armínio foi também muito versado na teologia patrísti-

---

[84] MULLER, *God, Creation, and Providence*, 3-14; DEKKER, *Rijker dan Midas*; CLARKE, *Ground*, 1-9; STANGLIN, *Assurance*, 2-10; 2: "A quantidade escassa e a qualidade sempre deficiente da erudição que lida com Armínio são surpreendentes". Cf. STANGLIN, "Arminius and Arminianism: An Overview of Current Research", 3-16. Veja também WITT, *Creation, Redemption and Grace*, 187-210; MULLER, "Christological Problem", 145. HICKS, *Theology of Grace*, a.o. 1-3.25. Os primeiros estudos referidos aqui incluem: LAKE, "Theology of Grace"; HOENDERDAAL, "Theologische betekenis"; DELL, *Man's Freedom and Bondage*; SLAATTE, *Arminian Arm*; BROWN, *Analysis of Romans* 7; HUGGINS, *Romans* 7.

ca e medieval. Ele trabalhou ecleticamente com suas fontes, mas sua teologia pode ser caracterizada primariamente como um tomismo modificado.[85] Ele foi, assim, parte do escolasticismo reformado conforme se desenvolveu no seu tempo, e, essa observação, deve encerrar definitivamente com a descrição de Armínio como um antiescolástico na tradição bíblico-humanista.[86] Com isso, o contraste absoluto que tem sido esboçado entre o humanismo bíblico e o método escolástico, deve ser considerado como uma formulação a-histórica.[87]

O foco de Muller nos conceitos de Armínio sobre as doutrinas de Deus, criação e providência, demonstra que esses *loci* geralmente não controversos são de fundamental importância para a compreensão de sua teologia. As escolhas que Armínio fez nesses *loci* têm consequências, e provocam posições controversas sobre as quais ele se tornou infame. Mais tarde, Muller abandonou sua cuidadosa descrição inicial de Armínio como um "teólogo da criação", mas apontou o lugar relevante que a doutrina da criação ocupa em seu pensamento. "A autolimitação divina" é inerente na doutrina criacional de Armínio, e constitui uma das conclusões mais importantes na obra de Muller, bem como de seu

---

[85] MULLER, *God, Creation, and Providence*, 39; STANGLIN, *Assurance*, 158.

[86] Cf. STANGLIN, *Assurance*, 3-4: "Longe de ser antiescolástico, a erudição mais recente corretamente demonstra, em acréscimo a ser um teólogo bíblico e humanista, Armínio, como seus amigos e inimigos contemporâneos, foi teologicamente treinado no método escolástico e não se opunha a usar esse treinamento habilmente para o seu benefício. Até mesmo uma leitura superficial de suas obras demonstra sua continuidade com o desenvolvimento do escolasticismo protestante". Para os métodos teológicos de Armínio, veja STANGLIN, *Assurance*, 58-70; 64: "Os próprios contemporâneos de Armínio reconheceram amplamente sua habilidade em lógica". Na mesma página, o conceito da "erudição mais antiga que Armínio era mais um humanista bíblico do que um escolástico" é também rejeitado como infundado. Veja adicionalmente, MULLER, "Arminius and the Scholastic Tradition".

[87] Cf. VAN ASSELT, "Protestantse scholastiek", 65-66, que sobre o aspecto da relação entre escolasticismo e humanismo indica o estudo relevante de KRISTELLER, *Renaissance Thought*.

aluno Raymond A. Blacketer, contestada depois por Dekker. Minha pesquisa demonstrará que o último estava, de fato, correto em sua crítica.

Nessa dissertação (1993), Eef Dekker fez uma cuidadosa análise sistemática do pensamento de Armínio sobre liberdade, graça e predestinação. Sua repetida afirmação de que a teologia de Armínio é, às vezes, incoerente e inconsistente, de modo que não pode ser sempre determinado precisamente o que Armínio pensava sobre certo tópico, procede do próprio sistema usado como padrão por Dekker, e imposto de fora, na teologia de Armínio.[88] Por conseguinte, os aspectos históricos e sistemáticos nem sempre são facilmente distinguíveis. Entretanto, Dekker fez contribuições significativas para a pesquisa sobre Armínio, dentre elas, a observação de que Armínio está continuamente preocupado em manter dois níveis de liberdade para as ações humanas. Sobre essa base, Dekker chama Armínio de um "teólogo da liberdade". Essa descrição também pode ser contestada, e será tratada mais adiante.

Foi também em 1993, que William G. Witt, defendeu sua dissertação sobre Armínio. Seu inédito e volumoso trabalho,[89] que não faz uso do estudo expressivo de Muller (1991), em geral fornece uma boa descrição da teologia de Armínio. Wiit descreve Armínio primariamente como um teólogo tomista, e identifica a fonte do afastamento de Armínio da principal corrente da teologia reformada, acima de tudo, em seu inte-

---

[88] Cf. VAN DEN BRINK, "Armer", 15.17, sobre a metodologia de DEKKER, *Rijker dan Midas*. Van den Brink argumenta que Dekker identifica nas obras de Armínio dilemas que teriam sido inteiramente estranhos a ele: "Não teria sido muito melhor deixar Armínio falar por si primeiro, testar sua teologia contra sua própria estrutura conceitual e espelhar o todo apenas no último recurso aos desenvolvimentos contemporâneos da lógica? De qualquer forma, isso seria mais claro metodicamente. Agora, desde o início, considerações históricas e sistemáticas se misturam de uma maneira um tanto estranha". "Was het niet veel beter geweest om Arminius eerst eens voor zichzelf te laten spreken, zijn theologie toetsend aan zijn eigen begrippenkader, en het geheel pas in laatste instantie te spiegelen aan hedendaagse ontwikkelingen in de logica? Dat zou methodisch in elk geval helderder geweest zijn. Nu lopen historische en systematische overwegingen van het begin af aan op een soms wat wonderlijke manier dooreen".

[89] WITT, *Creation, Redemption and Grace*.

lectualismo, como oposto ao voluntarismo que era mais prevalecente entre seus contemporâneos. Essa é uma interpretação interessante, e será tratada mais extensamente nos tópicos 2.3.2 e 7.2 deste livro.

Em 2006, Keith Stanglin defendeu uma dissertação escrita sob a supervisão de Richard Müller sobre a segurança da fé na ótica de Armínio.[90] Sua tese é que a principal causa para o afastamento de Armínio, da principal corrente da teologia reformada, foi preservar a segurança da fé. Os conceitos divergentes de Armínio sobre outros temas como predestinação e livre arbítrio, foram, portanto, uma consequência, não a causa. Armínio defendia que a doutrina reformada da predestinação levava ao desespero (*desperatio*), ou à negligência (*securitas*). Afirmou-se que ele presumiu sua doutrina da *certeza* contra aqueles dois.[91] Stanglin situa Armínio em seu contexto na Universidade de Leiden e seus colegas de então. A comparação constante da teologia do holandês com a de

---

[90] STANGLIN, *Assurance*.

[91] A seguinte citação claramente ressalta a principal conclusão de Stanglin: "Tentativas de compreender a teologia de Armínio em continuidade e descontinuidade com a teologia reformada são incompletas sem reconhecer a função importante da doutrina da segurança. A rígida conexão causal que Armínio deduziu entre a teologia reformada e a experiencia problemática da segurança entre os cristãos é uma das bases fundamentais em sua polêmica, capacitando-o a associar sua rejeição da predestinação incondicional à rejeição da tradição do desespero e segurança. Armínio afirmou que a soteriologia reformada inclinava as pessoas para esses dois vícios e era desta forma deficiente com problemas irremediáveis. Sua polêmica contra a teologia reformada e a construção de um Sistema distintivo deve, portanto, ser visto à luz dos problemas que ele identificou na doutrina da segurança da salvação". STANGLIN, *To Comfort the Afflicted*, 229–230. Cf. STANGLIN, *Assurance*, 10: "Esse estudo revelará a importância central da segurança como fator decisivo no pensamento e polêmica de Armínio e explora a conexão entre segurança, predestinação e a doutrina de Deus [...] o sistema soteriológico de Armínio [...] foi planejado para garantir plena segurança de salvação aos cristãos. Na realidade, esse livro demonstrará que o interesse de Armínio na doutrina da segurança e seu engajamento no debate relevante sobre esse tema pode muito bem ser um fundamento importante e estímulo de sua polêmica contra certos aspectos da teologia reformada de seu tempo. A reação dele contra o supralapsarianismo, tradicionalmente considerado como o começo da polêmica de Armínio é em si mesmo a consequência de seu pensamento concernente à verdadeira segurança da salvação".

seus colegas Gomarus, Trelcatius e Cuchlinus, provê bom discernimento para as diferenças entre eles, como também a ampla concordância geral em muitos do *loci*. A vantagem dessa abordagem é que as diferenças estão no contexto original deles todos, produzindo assim um panorama equilibrado e realista. Entretanto, por várias razões, a conclusão de Stanglin sobre o tema principal de Armínio, não pode ser sustentada. Uma avaliação de seus argumentos será transmitida adiante nas seções que lidam com os conceitos de Armínio sobre segurança (veja 4.4 e 5.1.5).

Com a versão publicada da dissertação de F. Stuart Clarke (2006), outra tentativa foi feita para caracterizar a teologia de Armínio. Sob o título *The ground of election: Jacobus Arminius' doctrine of the work and person of Christ* (*A base da eleição: a doutrina de Jacó Armínio da obra e pessoa de Cristo*), Clarke mostra que a pessoa e obra de Cristo assumem uma função fundamental na teologia de Armínio, e formam a base para sua compreensão da predestinação, graça e outras doutrinas. Embora Clarke reconheça[92] que Armínio viu a cristologia conectada com a justiça de Deus, como a satisfação dessa justiça realizada pela expiação de Cristo, é a *conditio sine qua non* para a distribuição da graça divina, ele ainda não conferiu à justiça do Pai, o lugar e a função que merece. Conforme mostraremos adiante, a cristologia se torna um tema importante para Armínio exatamente em razão da impossibilidade da teologia evangélica sem a satisfação da justiça divina. Depois, porém, de identificar essa função da justiça de Deus no pensamento de Armínio, Clarke ignora a importância dessa justiça para muitos outros aspectos relevantes da teologia de Armínio, e, contrariamente, volta sua atenção para a cristologia. É nesse aspecto que o estudo de Clarke falha. No entanto, em muitos outros aspectos, sua obra apresenta uma exposição equilibrada da teologia de Armínio.

Em *Simon Episcópio's doctrine of original sin* (*A doutrina do pecado original de Simon Episcópio*) (2006), Mark A. Ellis compara Episcópio

---

[92] Cf. e.g. CLARK, *Ground*, 34.36.

e Armínio em seus conceitos sobre o pecado original. Sua exposição acerca da compreensão de Armínio é, em geral, correta e presume que isso certamente será o mesmo para Episcópio, que é o principal assunto de sua obra; esse estudo comparativo oferece algumas perspectivas altamente interessantes. Entretanto, não podemos adotar as conclusões de Ellis. Por outro lado, ele observa que há "diferenças significativas entre Armínio e Episcópio em conteúdo e método". Por outro lado, ele conclui que essas diferenças "não são porque Episcópio abandonou Armínio, mas porque seguiu e desenvolveu os impulsos metodológicos e teológicos que ele recebeu de seu mestre".[93] Porém, em termos de teologia reformada, as diferenças que Ellis identificou são de natureza bastante fundamental para admitir sejam caracterizadas apenas como um desenvolvimento lógico. Por exemplo, em conexão com o conceito de graça concebido por Episcópio, Ellis escreve que Episcópio preservou sua necessidade; Deus pode apenas prover o sacrifício necessário pelos pecados e, somente a graça, pode conduzir uma pessoa ao arrependimento. Contudo, Ellis também ressalta que a função da fé é radicalmente alterada em comparação com Armínio. Episcópio focou no arrependimento e nas boas obras mais do que na obra da salvação. "Em sua insistência no arrependimento e obras, Episcópio parece ter abandonado a justificação pela graça por meio da fé apenas".[94] Um dos desenvolvimentos que podem ser traçados no pensamento de Episcópio é que ele ainda fala do Espírito Santo como a *graça de Deus nos (primeiros) debates, enquanto (posteriormente) nas Instituições Teológicas* a única coisa que parece ser afirmado é que a graça é necessária para levar as pessoas ao arrependimento. Para os demais, a obra do Espírito Santo está ausente. "Sua ausência na seção sobre a redenção e graça foi uma variação radical de Armínio e seus

---

[93] ELLIS, *Episcopius*, 185.
[94] ELLIS, *Episcopius*, 165.

escritos prévios".⁹⁵ Ellis conclui que uma linha consistente de pensamento que prevalece nas obras de Episcópio é a de que ele "insistiu que graça e misericórdia eram moderadas por justiça e imparcialidade".⁹⁶ O que Ellis parece ignorar é o fato de que a ênfase que Armínio conferiu precisamente neste contexto sobre Cristo, fé e imputação se alterou em Episcópio para a exigência de arrependimento e boas obras. As seguintes conclusões extraídas por Ellis são também difíceis de conciliar com sua afirmação de que o pensamento de Armínio percebeu seu desenvolvimento lógico em Episcópio:

> Entretanto, ele [Episcópio] mudou de forma consideravelmente dramática em relação à doutrina do pecado original. Ao contrário de começar com o pecado original e mover-se dos pecados pessoais, como ele e Armínio haviam feito antes, ele focou nos efeitos da rebelião pessoal contra Deus. O pecado e a escravidão não procederam da natureza caída, mas dos atos pecaminosos. [...] Ele enfaticamente afirmou a necessidade da morte substitutiva de Cristo como um sacrifício propiciatório pelo pecado; contudo, a função da fé havia mudado, senão desaparecido. A mensagem se tornou a do arrependimento e ele não mais conferiu uma função dinâmica ao poder do Espírito Santo para vencer o domínio do pecado.⁹⁷

Parece um tanto forçado quando Ellis, por um lado, identifica "uma mudança radical" na teologia e método de Episcópio e, por outro, sustenta que o Episcópio "maduro" pode ainda ser considerado o legítimo herdeiro da teologia de Armínio, a despeito das diferenças relevantes que ele acabou de descrever. Parte do problema pode originar-se da com-

---

⁹⁵ ELLIS, *Episcopius*, 165.
⁹⁶ ELLIS, *Episcopius*, 166.
⁹⁷ ELLIS, *Episcopius*, 166.

preensão errônea de Ellis daquilo que Armínio expressa quando considera a teologia como prática, não teórica. Ellis escreve: "Outra implicação da conexão de Armínio a respeito do intelecto e vontade com os deveres religiosos levaram ao que se tornou uma marca de sua teologia, que a teologia não é especulativa, mas prática. O intelecto precisa receber a revelação, mas sempre com o objetivo de viver em justiça e santidade".[98] O conhecimento teórico é a respeito do conhecimento como tal, enquanto o conhecimento prático é direcionado para seu efeito. Para Armínio, o caráter prático da teologia implica em estimular a adoração a Deus e o cumprimento das metas estabelecidas por ele. Portanto, para Armínio, a "prática" não significa em primeiro lugar que ela é direcionada para a santidade e estilo de vida, mas antes à adoração a Deus e somente através disso "viver em justiça e santidade". Em minha opinião, houve certamente uma alteração significativa de Armínio para Episcópio. Essa alteração pode ser caracterizada como a "fé e justificação" de alguém para "arrependimento, santificação e boas obras".

    Os estudos sobre a teologia de Armínio dos últimos 20 anos forneceram muita informação sobre seu pensamento, bem como um discernimento mais profundo do mesmo. Por ora, eles continuarão a visar mais pesquisa. Retornando a 1993, Dekker já salientou que particularmente a obra de Muller foi pioneira. Esses esforços realmente exigem respeito. Entretanto, há razões significativas para não considerar a pesquisa sobre a teologia de Armínio exaustiva. Particularmente as descrições diferentes da teologia de Armínio, assim como a busca por suas estruturas e temas ainda não produziram resultados convincentes. Em minha opinião, toda erudição precedente omitiu o tema principal de Armínio que está na própria raiz de seu abandono da maioria de seus colegas reformados. Esse tema também representa a conexão entre os vários temas e descrições que foram propostos nos estudos acima mencionados.

---

[98] ELLIS, *Episcopius*, 67.

1.3. Método

Devido a este estudo focar na característica definida ou no *tema* da teologia de Armínio, eu decidi seguir uma abordagem analítica. Depois de escolhidas as fontes, elas serão analisadas em ordem cronológica. Essa abordagem também torna possível traçar quaisquer desenvolvimentos que possam haver no pensamento de Armínio.[99] É muito útil também traçar os temas com os quais Armínio se ocupou, bem como as razões que o levaram a escrever a respeito daqueles temas particulares, assim como a ser capaz de discernir os temas por trás do desenvolvimento de sua teologia. As primeiras obras de Armínio são também de interesse porque elas são cada uma e todas elas escritos que não foram publicados até depois de sua morte. Ali, encontramos suas primeiras reflexões que durariam pelo período da vida dele, que estão disponíveis apenas a uns poucos. Ser apto a compreender por que, mais tarde como professor em Leiden, Armínio submeteu-se a muita crítica sobre certos elementos de sua teologia é muito importante para descobrir e seguir as origens, desenvolvimento e contexto dos conceitos pelos quais ele foi criticado.

Nesse aspecto, parece bastante apropriado ressaltar as considerações metodológicas de Peter Opitz em sua monografia sobre as *Décadas* de Bullinger.[100] As questões que Opitz enfrentou em seu estudo sobre Bullinger são amplamente comparáveis às circunstâncias que encontrei em meu estudo da teologia de Armínio. O método também pelo qual Opitz escolheu à luz do estado de pesquisa pode ser aplicado com bons resultados a um estudo sobre Armínio. Depois de explicar o *status* da pesquisa, Opitz ressalta "que o tempo ainda não é propício para uma exposição abrangente da teologia de Bullinger, que seria capaz de depender de incontáveis estudos focados e discussão por especialistas

---

[99] Para mais sobre essa abordagem e os resultados da pesquisa das obras de Armínio do século XVI, veja DEN BOER, "Defense or Deviation?".

[100] OPITZ, *Bullinger*.

no assunto". Opitz está disposto a tentar "ir até ao cerne de sua posição e assim formular certo discernimento do perfil teológico de Bullinger". Uma das dificuldades que Optiz encontrou foi a falta de literatura secundária, que o forçou a empregar em seu estudo, acentuada ênfase nas fontes primárias. A interação com fontes secundárias está limitada a vários exemplos isolados.[101] Essa circunstância e o método usado por Opitz se aplicam ao presente estudo sobre Armínio também. Devido à clareza e por ser tão altamente aplicável, citarei a conclusão de Opitz em sua totalidade:

> Em vista do atual estado de coisas, um método sugere-se que começa analiticamente e tenta desenvolver uma abordagem da exegese de várias passagens importantes no *Décadas*, que por sua vez leva à descoberta dos argumentos centrais e aos temas teológicos amplos; temas que precisam, contudo, ser provados novamente daquelas mesmas passagens. No sentido do conceito de Dietrich Ritschl (formulado particularmente para a linguagem religiosa) das "declarações normativas" ou "axiomas implícitos" na exposição de Bullinger da doutrina "reformada", estamos procurando por ideias fundamentais que forneçam orientação do contexto por assim dizer. Essas ideias se tornam visíveis em conceitos e formulações, que sempre surgem e em momentos cruciais, das passagens bíblicas que Bullinger repetidamente recorre, mas também em temas e complexidades temáticas que têm relevância especial. Se se deseja tentar e descobrir o pensamento de Bullinger de dentro para fora, isto não pode ser uma questão de reexaminá-lo de um critério externo já disponível, nem de abandonar o círculo hermenêutico referido acima.

---

[101] OPITZ, *Bullinger*, 14.

Em contraste, seu método deve permitir-se ser guiado metodicamente por essa pesquisa e, assim, alcançar uma "compreensão controlada", que continuamente permanece em contato também com a própria terminologia de Bullinger sem permanecer rigorosamente ligado a ela.[102]

Além do mais, Opitz pode "seguir a função [necessária] das ênfases teológicas de Bullinger nos contextos histórico e histórico-dogmático [...] apenas seletivamente e nos passos determinados pelo próprio Bullinger".[103] Uma diferença entre a obra de Opitz, e este meu trabalho, é que não nos limitamos a uma obra, mas examinaremos a inteireza do *corpus* de Armínio. Enquanto Opitz postula "que da noção de 'comunidade' uma perspectiva unificadora pode ser distinguida na reflexão teológica de Bullinger",[104] pois Armínio argumentará que isso consiste na *justiça de Deus*, tendo lugar no conceito mais amplo do *duplo amor de Deus*.

---

[102] OPITZ, *Bullinger*, 16: "Angesichts dieser Sachlage legt sich ein Vorgehen nahe, das zunächst analytisch einsetzt und aus der Exegese einzelner wichtiger Textpassagen der Dekaden eine Frageperspektive zu entwickeln versucht, die zum Auffinden zentraler Argumentationen und übergreifender charakteristischer theologischer Züge führt; Züge, die sich dann allerdings wieder an den Einzeltexten bewähren müssen. Im Sinne von Dietrich Ritschls im Blick auf religiöse Sprache überhaupt formulierter Thesen von den "regulativen Sätzen" bzw. "impliziten Axiomen" wird in Bullingers Darstellung der "reformatorischen" Lehre nach gleichsam steuernd im Hintergrund stehenden Leitgedanken gesucht. Solche werden sichtbar in Begriffen und Formulierungen, die wiederholt und an entscheidender Stelle auftauchen, an Bibelstellen, auf die Bullinger wiederholt rekurriert, aber auch in Themen und Themenkomplexen, denen besonderes Gewicht beigemessen wird. Will man Bullingers Denken gleichsam von innen heraus aufzuschliessen versuchen, kann es weder darum gehen, es von einem bereits vorhandenen externen Kriterium her zu untersuchen, noch aus dem eben angedeuteten hermeneutischen Zirkel auszusteigen. Ziel muss es vielmehr sein, sich methodisch geleitet darin zu bewegen und so zu einem "kontrollierten Verstehen" zu gelangen, das in stetem Kontakt auch mit Bullingers eigener Begrifflichkeit steht, ohne ihr dabei verhartet zu bleiben".

[103] OPITZ, *Bullinger*, 16.

[104] OPITZ, *Bullinger*, 17.

Ao seguir esse método, farei uma tentativa, até onde for possível, para chegar a uma interpretação da intenção autoral[105] da teologia de Armínio. A credibilidade dos resultados produzidos por este estudo será buscada, não apenas na racionalidade do argumento, e na consistência da totalidade, mas também em sujeitar o tema identificado, ao critério da consistência. Para a tese subsistir, deve ser demonstrado que esse tema é consistente com a inteireza da teologia de Armínio e com a forma que ele analisou as diferentes correntes teológicas de seu tempo.

Quando eu analisei o que Armínio escreveu, pude identificar o tema fundamental não apenas das observações explícitas, mas também implicitamente da estrutura e aspectos de afastamento que marcam sua teologia. Dos títulos apresentados para várias subseções, já ficará evidente aquele que eu considero ser o tema determinante da teologia de Armínio. *Iustitia*, ou retidão e justiça, se mostrará o atributo divino predominante no pensamento de Armínio e, juntamente com a teontologia, são de relevância fundamental para a forma e conteúdo da maior parte da outra *loci*. Essa tese, de que a justiça de Deus é o tema fundamental da teologia de Armínio, será desenvolvida logicamente. Sua importância para a estrutura e partes constituintes da teologia de Armínio, também será esboçada.

Escolhemos concluir, tanto quanto possível, como independente o modelo teológico de Armínio. O contexto histórico e teológico desempenha uma função do início ao fim, ao passo que as circunstâncias polêmicas confirmarão que os contemporâneos de Armínio também receberão atenção. Entretanto, no interesse de atingir um conceito sobre a teologia de Armínio, livre de todas as distrações, evitei uni-lo com outros modelos teológicos. A comparação constante com seus contemporâneos, como Stanglin propôs, tem a vantagem de consistentemente atrair a atenção para o que é particular nos conceitos de

---

[105] Cf. LORENZ, *Constructie van het verleden*, 83-102.

Armínio. A desvantagem, contudo, é que poderia transparecer que seus conceitos são significativos ou interessantes apenas quando se afastam daqueles dos outros. Porém, sua teologia como tal merece ser descrita e analisada como um todo coerente. Por essa razão, tentei analisá-la em seu contexto histórico, como ele próprio, Armínio, a teria analisado.

Um fator que está na base dessa decisão é que é difícil determinar o valor real de uma comparação com outro teólogo. Para quem, ou para que a norma, esteja de acordo com o que alguém pode ser julgado para determinar se, seus conceitos particulares, devem ser considerados diferentes ou divergentes?

Por essa razão, questões como "quem mais disse isso?", "quais argumentos seus oponentes apresentaram contra esse ponto?" ou, " o que Gomarus, Lubbertus, Hommius etc., pensavam a esse respeito?", foram intencionalmente ignoradas pela maioria. Entretanto, o contexto histórico-teológico de Armínio será tratado explicitamente na Parte 2 por meio de uma análise da Conferência de Haia e, além disso, por uma tentativa de situar o aspecto definido de sua teologia no contexto mais amplo da teologia do século XVI. O Capítulo 5 também contém uma "comparação" sob certos aspectos entre Armínio e "a Reforma".

A expressão "a Reforma" pode ser defendida impropriamente. Na própria tradição reformada havia "trajetórias diferentes [...]. Está claro que a teologia reformada não foi um todo uniforme, nem certamente monolítica".[106] Van Asselt aponta para o método recorrentemente usado "Calvino contra os calvinistas" nos estudos sobre o escolasticismo protestante:

> O tratamento de uma doutrina particular por um autor escolástico posterior é comparado à mesma doutrina em Calvino. Esse método produz — já do próprio fato que há uma diferença no gênero entre os escritos de Calvino e o

---

[106] VAN ASSELT, "Protestantse scholastiek", 66.

gênero escolástico das obras dogmáticas do século XVII
— o resultado desejado sem falhar. E mais, a pesquisa está
focada na influência de *um* teólogo, que é então defendida
como normativa para o desenvolvimento futuro inteiro.
Esse método, entretanto, não considera a complexidade e
grande variedade da (pós-Reforma) teologia reformada e seu
tradicional contexto histórico-existencial (*Sitz im Leben*).
A pesquisa demonstra, no entanto, que não havia apenas
uma teologia reformada, mas trajetórias múltiplas, uma
série de teologias reformadas no século XVI.[107]

Não há algo como "A Reforma", e essa observação também complica estudos comparativos. É muito simples descartar Armínio como um desvio *da* teologia reformada por meio de umas poucas comparações. De fato, é facilmente possível e certamente mais realista situá-lo no espectro do movimento reformado do século XVI. O termo "movimento" aqui aponta para o caráter multifacetado, dinâmico e sempre evolutivo da teologia que se originou da Reforma.[108]

---

[107] VAN ASSELT, "Protestantse scholastiek", 66: "Men vergelijkt de behandeling van een bepaald leerstuk door een latere scholastieke auteur met de behandeling van datzelfde leerstuk door Calvijn. Een dergelijke procedure levert - alleen al vanwege het verschil tussen het genre van Calvijns geschriften en het scholastieke genre van de zeventiende-eeuwse dogmatische geschriften - bij voorbaat al het gewenste resultaat op. Men concentreert bovendien het onderzoek op de invloed van één theoloog, die als maatgevend wordt beschouwd voor de gehele latere ontwikkeling. Deze procedure houdt echter geen rekening met de complexiteit en grote variatie van de (postreformatorische) gereformeerde theologie en haar traditiehistorische 'Sitz im Leben'. Onderzoek wijst uit dat er niet één, maar meer trajecten waren, een reeks van gereformeerdere [sic] theologieën in de zestiende eeuw".

[108] Cf. MULLER, "Arminius's Gambit", 252: "Há, como indicado nos exemplos iniciais de Calvino e Bullinger, um espectro de opinião na teologia reformada dos séculos XVI e XVII. Não é o caso que havia uma doutrina monolítica reformada da predestinação e enquanto é certamente verdadeiro que a doutrina de Calvino representa uma das formulações mais estritas do decreto divino e talvez a formulação que seja menos sensível

Um outro argumento favorável a proposição de um modelo independente de Armínio, tanto quanto possível, é o fato mencionado anteriormente de que ele é, coerentemente concebido como um remonstrante, e assim, é estudado da perspectiva do Sínodo de Dort (1618-1619), a despeito do fato de que ele sequer viveu para ver a *remonstrância* de 1610, não importa os cinco pontos que o Sínodo mais tarde redigiria contra os remonstrantes. Especialmente no mundo anglo-saxão, "arminianos" e "calvinistas" ainda estão em polos opostos. Mais provavelmente porque, no século XVIII, os irmãos Wesley, em reação aos "calvinistas" em geral, e particularmente à ala de Whitefield do movimento metodista, "acolheram e se orgulharam de sua identidade como arminianos".[109] Inúmeros exemplos poderiam ser fornecidos do que o nome "Armínio" veio a significar. Enquanto alguém usa esse nome com orgulho, para outro é uma abominação. Questão totalmente diferente, no entanto, é saber se as visões teológicas associadas a Armínio realmente têm alguma coisa a ver com o Armínio "histórico".

O objetivo do presente estudo exige primeiramente um esclarecimento dos conceitos envolvidos. Por essa razão, o capítulo 2 é dedicado aos prolegômenos relacionados à justiça de Deus na teologia de Armínio. Atenção será primeiramente conferida aos sentidos diferentes do conceito de "justiça" e sua relação com outros temas na teologia de Armínio (2.1). Em seguida, a função que a justiça de Deus tem na estrutura da teologia de Armínio será traçada para apresentar uma primeira impressão da importância que ela tem para seu conceito da doutrina de Deus e para sua teologia como um todo (2.2). Isso por sua vez será seguido por um

---

às discussões tradicionais da permissão divina e a causalidade secundária, é também o caso que seus conceitos foram moderados na tradição reformada pelas formulações mais sensatas de Vermigli e Musculus. Em relação ao sucessor de Calvino, Teodoro Beza, devemos reconhecer (contrário a muito da opinião aceita) que Beza amenizou em parte o impacto dessa doutrina da predestinação ao ressaltar, muito mais que Calvino, o conceito da permissão divina e a função da causa secundária".

[109] RICHEY, "Methodists", 3. Cf. PETERSON/WILLIAMS, *Arminian*, and WALLS/DONGELL, *Calvinist*.

estudo da questão importante, por certo para a teologia daquele período, sobre o conhecimento da justiça de Deus, isto é, o aspecto epistemológico da *justiça de Deus* no pensamento de Armínio. O propósito não é apenas elucidar o quanto era importante esse aspecto da doutrina de Deus para a teologia de Armínio, mas também irradiar alguma luz sobre como foi possível que um tópico como a justiça de Deus, que era de fato discutido, mas fundamentalmente incontroverso, ainda estaria na raiz dos famosos debates (2.3).

O Capítulo 3 explica como o conceito de Armínio sobre a justiça de Deus era influente em muitas partes principais de sua teologia: as doutrinas de Deus, criação e providência, (a queda no) pecado e o Evangelho (3.1-3).

O Capítulo 4 foca no conceito de Armínio quanto ao *duplo amor de Deus* como o fundamento da religião, bem como na função primária que a justiça ocupa ali. A teologia de Armínio é estritamente resumida nesse conceito e a relevância e significado que a função da justiça de Deus tem em sua teologia se tornou evidentemente visível. O material analisado nos capítulos 2 e 3 encontra estreita ressonância no capítulo 4. Os capítulos 2 até o 4 constituem a essência do estudo inteiro e exploram a teologia de Armínio principalmente da perspectiva de seu *tema*.

A relação de Armínio com a teologia reformada forma o assunto do Capítulo 5. Os elementos controversos em sua teologia serão primeiramente tratados (5.1): predestinação, a operação da graça, expiação, vontade, santificação, perseverança e segurança. Esses elementos serão esboçados sem um foco especial que a função da justiça de Deus tem. Há duas razões para isso. Em primeiro lugar, essa abordagem servirá como um exame sobre o que precede. Um foco somente nos elementos controversos nos fornece a mesma imagem como uma análise da teologia inteira de Armínio? E quais são as consequências da resposta para essa questão, se positiva ou negativa? Em segundo lugar, e quanto ao processo da primeira, essa abordagem é importante para a questão da recepção da teologia de Armínio e de seu *tema,* por aqueles que rejeitaram ou o seguiram nas doutrinas debatidas. Eles ainda tinham um bom entendimento da real intenção de Armínio quando focaram nos aspectos controversos? E eles reconheceram claramente o bastante o caráter (divergente) dos elementos não controversos em sua teologia que, no entanto, estavam ou poderiam ter estado na raiz dos elementos controversos?

No tópico 5.2, os pontos de vista de Armínio sobre vários assuntos típicos para a teologia reformada serão examinados. Isso revelará muito evidentemente que jamais houve algo como "a Reforma". Também, de acordo com os conceitos de Armínio que serão tratados nesse capítulo, ficará claro que havia espaço para diferenças de opinião. Em conexão com vários tópicos importantes na teologia reformada, traçaremos onde Armínio permaneceu nesse espectro amplo do protestantismo reformado. Esses tópicos dizem respeito a concepção de Armínio sobre a queda no pecado e, o pecado (original), a essência e necessidade de graça, fé, justificação, santificação e boas obras.

A Parte 2 desse estudo haverá de considerar a recepção e o contexto histórico-teológico da teologia de Armínio com base nos resultados alcançados na Parte 1.

O capítulo 6 traça a extensão que o tema principal de Armínio — *a justiça de Deus* — e sua formulação teológica — o duplo amor de Deus — tiveram no debate documentado sobre a remonstrância, isto é, na Conferência de Haia (1611), que se tornou determinante para os debates conforme continuaram.

No Capítulo 7, tenta-se estabelecer a teologia de Armínio de uma forma significativa no contexto das discussões do século XVI sobre a justiça de Deus.

Um resumo e conclusões provisórias são acrescentados no fim de cada capítulo. Conclusões finais serão extraídas no Capítulo 8.

1.4. Resumo e conclusão

O Capítulo 1 começa com uma introdução histórica na forma de uma breve visão global da vida de obra de Jacó Armínio (1559-1609). Aqui, torna-se claro que, por anos, há um foco consistente na justiça de Deus, mesmo quando há uma escalada da tensão na universidade, igreja e na República Holandesa em conexão com os conceitos de Armínio. O que o motiva continuamente é a cuidadosa evitação de linhas de raciocínio, cuja consequência é tornar Deus o autor do pecado e do mal. Sua *Declaração de sentimentos* (1608) contém a narrativa mais absoluta e mais desenvolvida de suas convicções, particularmente como formulada no conceito do duplo amor de Deus (*duplex amor Dei*).

Com respeito às fontes, argumenta-se que os debates públicos e privados realizados sob a presidência de Armínio não podem ser usados como fonte de material primário para um estudo como esse. Os debates não são sem alteração representativas dos conceitos de Armínio.

Com respeito ao estado da pesquisa, foi demonstrado que todos os estudos na teologia de Armínio ignoraram que, o tema fundamental de seu pensamento está na própria razão de seu afastamento da teologia de seus colegas reformados.

Em termos de método, esse estudo segue uma abordagem analítica e cronológica. Um argumento é formulado para ilustrar que o tema fundamental da teologia de Armínio reside na essência da justiça divina (*iustitia Dei*), arraigado no conceito mais amplo do *duplo amor de Deus*. Uma tentativa será feita para expor um modelo teológico independente de Armínio na medida que isso for possível.

PARTE I

A teologia de Jacó Armínio

CAPÍTULO 2

A justiça de Deus na teologia de Armínio I: prolegômenos

2.1. O conceito de "justiça"

2.1.1. O princípio básico: a cada um o que lhe é devido

O princípio básico (*una essentia*) do que Armínio compreende por "justiça" é, o *suum cuique tribuere*[110] (retribuir a cada um o que lhe é devido) que remonta a Aristóteles[111] e Cícero[112] e serviu como sua definição básica ao longo dos séculos também para a teologia.[113] A justiça opera no con-

---

[110] Cf. AC 539 (III 134): "Simili illustrabo. Iustitia in Deo est una essentia, suum nempe cuique tribuens: obedienti quod ipsius est ex divina promissione, et peccatori quod ipsius est ex comminatione. Ex eo autem, quod iustitia obiecto applicat retributionem poenae, necessario colligitur obiectum illud poena dignum, et propterea peccato obnoxium esse [...]." Veja também *Verklaring*, 77 (I 624).

[111] ARISTOTLE, *Ethica*, 1129a-b.

[112] Cf. MCGRATH, *Iustitia Dei*, 16-17.74

[113] Cf. o comentário de Calvino sobre Êxodo 3.22 em que sua definição de justiça aparece em ligação estreita com seu voluntarismo: "Quibus videtur haec ditandi populi ratio iustitiae Dei parum consentanea, parum ipsi considerant quam late pateat iustitia de qua loquuntur. Fateor eius esse proprium, tueri ius suum cuique, prohibere furta, damnare fraudes et rapinas." E um pouco mais abaixo: "Neque tamen hoc modo eum facio exlegem, etsi supra omnes leges eminet eius potestas, quia tamen voluntas eius certissima est

texto de um relacionamento com alguém ou algo mais, e tem como alvo a integridade (*aequitas*).[114] Justiça significa o que cada pessoa recebe que lhe é devido e, para Armínio, na relação entre Deus e a humanidade, ela significa o que a vontade obediente recebe o que lhe é devido de acordo com a promessa de Deus, assim como pecadores recebem o que lhe é devido conforme as ameaças divinas. Com a descrição acima, também somos introduzidos a vários termos que pertencem ao campo semântico de "justiça". Esse campo determina o significado e magnifica o conceito de "justiça" no pensamento de Armínio. As palavras "obediência" e "pecado" ou "desobediência" apontam para o caráter legal de justiça: justiça pressupõe uma lei em vigor. "Recompensa" e "ameaça" procedem de um contexto pactual. Ambos, lei e pacto, contêm promessas que as duas partes envolvidas podem fazer ou as regras que uma parte pode impor à outra. Além disso, justiça, lei e pacto podem existir somente onde há espaço para liberdade. Isso pode ser ilustrado pelas seguintes consequências da possibilidade de pecado, ou desobediência, como deduzido na lei ou pacto. Para Armínio, não deve haver qualquer dúvida quanto ao fato de que o pecado pode somente ser pecado se ele puder ser evitado. Quando há coerção ou necessidade, a ausência da aptidão de fazer escolha, não se pode falar de pecado ou desobediência (veja 2.1.4). Sem liberdade, não há algo como obediência ou desobediência. Como consequência, sem liberdade não há lei ou pacto nem há justiça. Não há espaço para promessas, ameaças, exortações, ou algo parecido. Igualmente, a recompensa e a punição, à medida que estão inseparavelmente ligados à uma lei e assim à justiça, estão fora de cogitação.

O conceito de justiça é, portanto, intimamente associado a várias questões que estão de fato tão estritamente unidas que nenhum elemento desse sistema pode ser desfeito sem consequências que se estendam também a outros elementos. A justiça está, portanto, na essência desse

---

perfectae aequitatis regula, rectissimum est quidquid facit: atque ideo legibus solutus est, quia ipse sibi et omnibus lex est". (CO 24,49).

[114] Cf. ARISTOTLE, *Ethica*, 1137a-1138a sobre a relação entre justiça e igualdade.

nexo. Quando um dos tópicos conectados à justiça é examinado, um ou mais dos outros tópicos também ressoam por causa da conexão deles à justiça. Como exemplo, quando Armínio fala sobre pecado, sua compreensão do conceito de justiça significa que pressupõe liberdade e lei também e, por isso, também um legislador, recompensa, punição etc.

Tendo estabelecido isso, chegamos à essência deste estudo: o conceito de justiça de Armínio. Esse conceito é bastante fundamental para sua teologia, que deveríamos tentar manter o todo em vista. Por essa razão, antes que continuemos a mencionar muitas outras conotações importantes que se relacionam com os conceitos que envolvem justiça, fazemos bem em retornar à definição básica com a qual esse capítulo começou. A essência de justiça é que cada um recebe o que é devido. Quando se trata de imparcialidade ou equidade (legal) na relação com outra pessoa ou coisa, como uma regra, a primeira coisa que surge é a relação humana mútua, a relação ética ou moral da pessoa com a lei ou com Deus, ou além disso, a relação de Deus com a humanidade. Todos esses elementos podem ser encontrados na teologia de Armínio, mas a base de sua reflexão sobre a justiça e sua aplicação à teologia está na própria justiça essencial de Deus. Nele, não há, é claro, nenhuma relação com outra pessoa ou coisa. Por essa razão é importante lembrar que Deus não tem tanto a justiça como atributo, mas, ao invés disso, que ele é justiça,[115] conforme ampliaremos mais adiante. Uma vez que a justiça essencial de Deus é estabelecida, é possível extrair as implicações para a forma na qual as faculdades e habilidades divinas estão relacionadas umas às outras, e como elas atuam (veja 2.2.1 e 3.1).

Lógica

Também a lógica, incluindo o princípio de não contradição, está intimamente associada à justiça. A lógica é uma lei[116] eterna, não criada, a qual

---

[115] Cf. BECK, *Gisbertus Voetius*, 359-380.
[116] EP 691-693 (III 354-358).

tudo e todos estão vinculados; ela governa todos os fatos e possibilidades e, assim, toca também naquilo que é arbitrário, não ordenado e inesperado. O "preto" é e permanece "preto", não podendo, nem repentinamente, ser chamado de branco; "sim" é e permanece "sim", não se alterando repentinamente para "não". Esse princípio se aplica de uma forma especial à distinção feita no campo dos fatos entre necessidade e contingência.[117] Particularmente sobre esse aspecto, Armínio se mostra cuidadoso e consistente. Um dos erros mais sérios que você poderia cometer é confundir e misturar questões necessárias e contingentes. Contingência é totalmente livre de necessidade; somente uma ligação necessária em uma série inteira de causas contingentes torna, o efeito final, necessário também.[118] O extremo rigor de Armínio nessa questão se deve profundamente ao seu cuidado com relação à justiça de Deus. Caso houvesse a menor associação necessária entre Deus e o pecado humano dentro de uma sucessão de causas contingentes, ou que o pecado fosse necessário e inveitável, Deus passaria a ser o autor do pecado, e o pecado deixaria de existir.[119] Na teologia, algo que conflita com a lógica e o pensamento ordenado, logo resultará em absurdos e blasfêmia. Armínio sempre observa isso quando aponta para o que ele considera linhas de raciocínio, logicamente falhas, usadas por seus colegas na universidade.

---

[117] A31A 140 (I 751): "Necessarium et Contingens dividunt totam Entis amplitudinem". ETG 32 (III 552): "necessarium et contingens integram entis amplitudinem dividunt".

[118] A31A 141 (I 752). Cf. AC 503 (III 81-82): "Ille sciat contingentiam et necessitate non respectibus, sed integris essentiis dissentire, totamque entis amplitudinem dividere; et propterea conincidere non potest. Necessarium est quod non potest non fieri; contingenter sit, quod potest non fieri".

[119] Cf. AC 595 (III 213-214). Não há, portanto, um conjunto de leis morais que se aplique a Deus e outro que se aplique às pessoas. Uma e a mesma coisa não podem ser moralmente boas se realizadas por Deus, mas moralmente erradas se realizadas por uma pessoa, desde que se considere a distinção que há entre Deus como Criador e legislador e as pessoas como suas criaturas, no que se refere à obrigação de obediência.

Ordem

O tema da "justiça e lógica" naturalmente coincide com o da "justiça e ordem". No pensamento, há certa ordem e o mesmo é verdadeiro em ser. A lógica implica uma ordem lógica, e esta se adapta ao objeto. Um exemplo relevante da insistência de uma progressão de pensamento lógico na teologia de Armínio, relacionado à sua preocupação com a justiça de Deus, é que essa justiça deve primeiro ser satisfeita no sacrifício de Cristo, antes que Deus possa amar um pecador para salvação. Em primeiro lugar, não está de acordo com a justiça de Deus amar um pecador no sentido absoluto (sem qualquer tipo de condição), isto é, sem sua justiça ser satisfeita. Em segundo lugar, não está de acordo com a honra devida a Cristo quando assume apenas uma função subordinada em relação à salvação humana como o meio de executar a vontade absoluta de Deus para salvar a humanidade (veja 3.3.1.).[120]

Harmonia

Com esse último ponto, também tocamos na próxima característica da justiça, que sempre procura realizar o que é totalmente correto em relação ao seu objeto; ela procura o que é "adequado". Os verbos *decere* (adequar, estar de acordo com) e *convenire* (concordar com) são regularmente usados por Armínio para indicar que algo está, ou não, de acordo com a natureza de um objeto ou sujeito particular.[121] Armínio usa os verbos auxiliares *posse* (ser capaz) e *debere* (dever), com ou sem o advérbio de negação "não", para o mesmo propósito. O que é extraordinário nos escritos de Armínio é que ele, às vezes, afirma que Deus *não pode fazer* algo ou, que ele *tem que fazer*. Ou não é adequado para Deus ou para um de seus atributos, ou Deus tem que fazer, ou não pode fazer algo,

---

[120] Veja *Verklaring*, 85-86 (I 630-631); ETG 136 (III 640): "quia peccatum separat hominem a Deo, at praedestinatio ad salutem est unionis: ergo causa separationis meritoria amovenda prius". Cf. ETG 137 (III 640).

[121] Veja, por exemplo, EP 741-743 (III 430-432); cf. AN 950 (II 709), onde *costume* também está associado à *justiça*.

porque ele é quem é, porque algo se encaixa ou não com sua natureza ou revelação, ou com o objeto, ou com a natureza do objeto dos atos de Deus. A relação com a justiça aqui, é clara: justiça confere a cada um o que é lhe devido. Para expressar de outro modo: a justiça confere e tem que conferir o que é adequado ao seu objeto, não podendo fazer outra coisa. "Harmonia" parece ser uma descrição apropriada desse atributo de justiça. Justiça assim assegura que há harmonia entre o objeto e o sujeito, garantindo todas as conexões relacionais existentes no objeto, no sujeito, e entre o objeto e o sujeito.

2.1.2. Justiça Retributiva e Punitiva

No tópico anterior foi demonstrado que, dificilmente pode-se falar a respeito do princípio básico, ou essência da justiça, sem entrar concretamente nas diversas formas que a justiça pode adquirir precisamente, porque sua essência é, dar a cada um o que lhe é devido, assumindo a forma apropriada ao objeto. De igual modo, as várias relações entre justiça e uma série de outras questões já foram mencionadas anteriormente, dada importância essencial para o conceito de justiça como um todo. Aqui, lidaremos explicitamente com as manifestações mais importantes de justiça: retributiva (recompensadora) e a justiça punitiva (vingança). Depois disso, trataremos de muitas outras relações importantes da justiça (2.1.3. e 2.1.4).

Justiça retributiva (recompensadora)

Uma das formas mais importantes na qual a justiça se manifesta é a recompensa. A justiça opera no contexto da lei e pacto de Deus e sobre esta base se manifesta entre outras formas como a justiça retributiva. Uma distinção adicional deve também ser extraída entre a recompensa legal e evangélica. A primeira opera no contexto do pacto das obras. Onde a lei das obras se aplica, a recompensa é concedida de acordo com o mérito adquirido. Deus prometeu a Adão felicidade magnífica sob a condição de perfeita obediência às suas exigências. Depois que esse pacto se tornou ineficaz devido à queda em pecado, as recompensas legais não foram mais possíveis. O novo pacto de graça, ou evangélico (*foedus*), que Deus estabeleceu após a Queda (com base no pacto com o Filho, em que se determinou que o Filho como Mediador satisfaria as demandas da justiça de Deus no lugar da humanidade), exatamente como o antigo pacto, tem suas demandas. Entretanto, essas demandas têm um caráter evangélico. A justiça retribuidora não mais recompensa de acordo com o mérito, mas de acordo com "a graça de Deus em Jesus Cristo, que Deus o tornou, para nós, justiça e santificação".[122] Isso é verdadeiro também para as boas obras dos cristãos. Eles também não são recompensados, exceto pela "graça, unida com a misericórdia e por causa de Cristo".[123]

Visto que Deus, em amor, pôs os pecados da humanidade em seu próprio Filho, todos aqueles que creem nele, são livres do pecado. Eles recebem a recompensa da justiça deles. Embora tenham pecado, serão considerados justos em Cristo.

Justiça punitiva (vingança)

O oposto da justiça retribuidora é a justiça punitiva. Aqueles que transgridem e desobedecem às exigências da lei e pacto de Deus recebem a punição que merecem. A justiça punitiva se aplica apenas aos pecadores. No conceito de Armínio, o objeto da punição é, portanto, um pecador que merece a punição, em razão do pecado cometido voluntária e desnecessariamente, e a despeito do requisito necessário e suficiente da graça divina.[124]

---

[122] AC 470 (III 34).
[123] HaC 964 (II 729): "Ex gratia, misericordia iuncta, et propter Christum". Cf. AC 471 (III 35).
[124] AC 585-586 (III 200). Cf. EP 649 (III 290): "at homo vires a Deo accepit sufficientes ad persistendum contra insultum Satanae, et numinis ipsius assistentia suffultus fuit".

Armínio, nesse contexto, continuamente adverte contra o perigo que percebe se aproximar. Alguns, entre os quais Armínio identifica Calvino como um exemplo, consideram que a manifestação da justiça punitiva de Deus é necessária. No entanto, a conexão entre a justiça punitiva e o pecado, implicaria que o pecado deve, nesse caso, ocorrer necessariamente. A partir de uma série de deduções lógicas, Armínio também conclui que o que foi dito anteriormente sugere que a criação não se torna nada, exceto um meio que serve à execução do decreto de predestinação. O argumento é formulado como segue: o decreto concernente à queda no pecado deve preceder ao decreto da criação ao invés de ocorrer entre a criação e a queda. Do contrário, o que se conclui necessariamente é que a criação (nesse caso, a queda) não teria sido planejada por Deus na criação, fato que seria impossível. Pressupor que a manifestação da justiça punitiva de Deus é necessária implica a necessidade do (a queda em) pecado, que por sua vez implica que a criação é um meio para executar o decreto de predestinação.[125] A necessidade de pecado tem implicações enormes não apenas para a doutrina da criação, mas também para a antropologia e a teontologia, particularmente a justiça divina. Para Armínio, um conceito apropriado sobre a justiça punitiva é extremamente importante, porque nisso muitos temas teológicos são reunidos.

A reprovação também é uma manifestação da justiça punitiva de Deus.[126] No contexto do pensamento de Armínio, essa observação tem a consequência que o conceito da reprovação deve satisfazer todas as condições que pertencem à justiça punitiva. A condição mais importante é que o objeto da reprovação pode somente ser daqueles que pecaram de acordo com o livre arbítrio.

---

[125] *Verklaring*, 103 (I 652).
[126] AC 471 (III 34).

2.1.3. Justiça e sua relação com a misericórdia

Justiça e misericórdia em princípio parecem ser polos opostos e em certas tradições há muito tempo existentes são compreendidas dessa forma.[127] Por essa razão, a compreensão de Armínio da relação entre esses dois conceitos será investigada agora.

Misericórdia (*misericordia*) é a transmissão de algum bem com respeito ao pecador miserável. É evidente, então, que misericórdia (justamente como justiça punitiva, veja 2.1.2.) presume pecado e misericórdia em seu objeto. Para Armínio, isso também implica que misericórdia não pode ser considerada um dos atributos essenciais de Deus, mas ao contrário, que ela é uma aplicação especial da bondade de Deus na medida que é bondade transmitida àqueles na miséria. Isso também ressalta a relação mais fundamental entre misericórdia e justiça: Deus somente pode ser misericordioso quando sua justiça é satisfeita; ou, a justiça de Deus o impede de ser misericordioso sem primeiramente ser justo. "A bondade é uma afeição [ou disposição] em Deus para transmitir seu próprio bem até onde sua justiça considera e admite ser conveniente e apropriada".[128] Portanto, a misericórdia pressupõe não apenas o pecado, mas também que a justiça foi satisfeita.

O preço que Cristo, o Mediador, pagou pelos pecados é a condição para Deus ser capaz de demonstrar e oferecer sua misericórdia aos pecadores. Sem essa satisfação, Deus não apenas não *deseja* perdoar pecados, ele também *não pode*. Isso explica porque as manifestações da misericórdia de Deus, como a oferta do evangelho e a proclamação de perdão de pecado por meio da fé em Cristo, jamais existem separadas da relação com a justiça. Ao pecador, Deus não pode oferecer perdão de pecados e exigir fé em Cristo, se esse pecador, primeiramente, não sa-

---

[127] Veja, por exemplo, VAN SLIEDREGT, Beza, 275-277. Cf. BC art. 16, onde a eleição procede da misericórdia de Deus e a reprovação de sua justiça. Armínio afirma também em PrD XXI (II 352), embora muito cuidadosamente (*commodo aliquo sensu ut quodam respectu*), que justiça e misericórdia podem ser opostas uma a outra.

[128] *Verklaring*, 78 (I 624).

tisfez a justiça divina, isto é, se Cristo não morreu por ele. O conceito de Armínio sobre a extensão e intenção da expiação de Cristo e sua posição no conflito que surgiu a esse respeito, estão diretamente associados à relação mútua entre justiça e misericórdia (veja 3.3.1.).

No tópico 4.1. será demonstrado que a relação entre justiça e misericórdia é um ponto de partida basilar para *o duplo amor de Deus*, o conceito fundamental para a teologia de Armínio em sua totalidade.

Devido a inteireza, também deve ser mencionado que não pode haver algo como uma manifestação necessária da misericórdia de Deus, porque isso implicaria a necessidade de pecado (veja 2.1.2., sobre a manifestação necessária da justiça punitiva de Deus).

2.1.4. Justiça e sua relação com liberdade

Conforme já foi notado no tópico 2.1.1., justiça pressupõe liberdade. O conceito de Armínio sobre a relação entre justiça e liberdade é de importância crucial para a compreensão de sua teologia na íntegra.

Já em Aristóteles, encontramos a afirmação de que a justiça pressupõe liberdade. Nenhum ato pode ser justo ou injusto, a menos que o ato tenha sido realizado com pleno conhecimento e da própria vontade de alguém; não pode haver ignorância ou coerção.[129] Como notado antes, justiça, liberdade e muitos outros conceitos estão todos rigorosamente relacionados em um nexo causal. Se esse nexo fosse estabelecido hierarquicamente, a liberdade seria classificada de modo muito superior. Não pode haver recompensa, nem punição, quando o que deve ser recompensado ou punido ocorre sob coerção ou necessariamente. A justiça também pressupõe lei, e lei pressupõe liberdade, de modo que não haveria algo como "bem" e certamente não haveria "mal", se isso que é chamado "mal" fosse inevitável.

---

[129] ARISTOTLE, *Ethica*, 1109b-1111b.1134a.1135a.1136a.

Quando tudo ocorre necessariamente, incluindo o pecado e a queda, é Deus que é o autor do pecado, é Deus que realmente peca, é de fato o único que o comete e, portanto, o pecado não é mais pecado.[130] Se presumirmos que Deus compele ao mal, devemos compreender que isso significa que ele o faz por meio da obra de Satanás, de uma forma que pode facilmente ser conciliada com sua justiça.[131] Se alguém não pode crer, mesmo se ele ou ela desejem, e se além disso não pode sequer desejar crer, ele ou ela não podem ser punidos justamente (*iure puniri*) por essa incredulidade.[132]

Quando a fé opera por meio de uma força irresistível, e quando essa fé é irresistivelmente sustentada, de modo que alguém é salvo necessariamente de acordo com o decreto, nem a predestinação para a salvação, nem a predestinação para a morte eterna, são de alguma forma justas ou imparciais. Essas são as objeções que Armínio sustenta contra todos aqueles que ensinam a predestinação incondicional.[133]

Com o termo "predestinação incondicional", refiro-me à doutrina da predestinação em que a eleição e a reprovação são realizadas sem qualquer condição; para expressá-la com as próprias palavras de Armínio: "sem qualquer consideração de pecado ou incredulidade (*citra ullum peccati vel infidelitatis respectum*), fé ou justiça, sem considerar o decreto de alguma justiça ou pecado, obediência ou desobediência".[134]

Poderíamos falar recorrentemente de uma "doutrina de predestinação absoluta". Entretanto, esse termo não descreve precisamente o

---

[130] EP 694 (III 359); A31A 143-144 (I 760-762).

[131] EP 708 (III 380): "isto modo, qui facile cum iustitia ipsius conciliari potest".

[132] EP 754 (III 448).

[133] Carta a Wtenbogaert, 31 de janeiro, 160, Ep.Ecc. 81 (II 71); cf. HSC 32 sobre Nicasius vander Schuere.

[134] Veja, por exemplo, EP 689 (III 351): "Deum nudo et absoluto decreto, citra ullum peccati vel infidelitatis respectum, certos homines eosque paucos elegisse: reliquam autem hominum multitudinem eodem decreto reiecisse, quibus Christum non dedit, et quibus Christi mortem utilem esse noluit". Veja também EP 627.689-690.694 (III 258.351-352.359); *Verklaring*, 70.82.87 (I 618.628.632); RQ9 184 (II 64-65). Cf. MAHLMANN, "Prädestination", 1174.

conceito que considera a presciência de Deus sobre o pecado como uma condição necessária para reprovação. Embora os termos "supralapsarianismo" e "infralapsarianismo" ainda não estivessem (exatamente) em uso no tempo de Armínio, usarei, algumas vezes, para efeito de clareza, o termo "supralapsarianismo" para o conceito em que o objeto é o homem não caído, e a queda, um meio para a execução do decreto. Todas as variações da doutrina da predestinação contra as quais Armínio protestou pelas razões observadas anteriormente — se elas mais tarde seriam classificadas como supralapsarianismo ou infralapsarianismo —, neste estudo, serão referidas coletivamente com o termo "doutrina da predestinação incondicional". Quando Armínio usa o termo "absoluta" para descrever também seu próprio conceito de predestinação, isso não se aplica à sua doutrina como um todo, mas apenas a dois dos quatro decretos pelos quais essa doutrina é abrangida (veja 3.3.5.).[135]

A justiça permanece de pé, ou cai, com liberdade e contingência. Por essa razão, espera-se que Armínio dedique especial atenção a esses temas, bem como ao *livre arbítrio (liberum arbitrium)*. Ele não supõe que a liberdade é independente e, por essa razão, também não pressupõe que ela seja exercida independentemente (cf. 5.1.4). Nem ela está, como tal, em conflito com a graça, mas é tão intimamente ligada ao conceito de justiça, que não pode existir sem a liberdade. Um único exemplo será suficiente para ilustrar a estrita conexão entre os conceitos de justiça, liberdade e graça. Só pode haver graça (*misericordia*) onde há pecadores presos na miséria. A miséria pressupõe pecado, pecado pressupõe uma lei e justiça e, portanto, também a liberdade. Por essa razão, Armínio conclui que somente pode haver graça onde há real transgressão de uma lei aplicável, isto é, o pecado que foi cometido livremente, mas que poderia ter sido evitado. Em síntese, a graça não apenas pressupõe justiça e lei, mas também liberdade.

A liberdade verdadeira, que se constitui em um risco verdadeiro, exclui por definição qualquer forma de necessidade - não somente a

---

[135] *Verklaring*, 104 (I 653); cf. RQ9 184 (II 64-65).

necessidade de imposição, mas também a necessidade inevitável (*necessitas inevitabilis*), que mantém a concordância espontânea (*spontaneus assensus*), no entanto, ainda assim, afasta a liberdade.[136] Portanto, para Armínio, a espontaneidade não se constitui liberdade. Conforme ele a compreende, espontaneidade condiz muito bem com algo que é natural ou absolutamente necessário e não é suficiente para a responsabilidade.[137] Eef Dekker define liberdade "real" como "liberdade da necessidade" ou "liberdade de indiferença" e cita Armínio: "A liberdade da vontade consiste nisso: quando todos os requisitos para querer ou não querer estão determinados, o homem ainda é indiferente para querer ou não querer, para querer isso ao invés daquilo".[138]

Para Armínio, os conceitos técnicos "liberdade quanto ao seu exercício" (*quoad exercitum*) e, "liberdade quanto às espécies de ação" (*quoad speciem actionis*), juntos formam a liberdade completa da vontade.[139] Em sua dissertação, Dekker argumentou convincentemente que Armínio está diligentemente preocupado em proteger dois níveis de liberdade para as ações humanas: a liberdade de Deus e a da humanidade. Sob esse fundamento, Dekker identifica Armínio como um "teólogo da liberdade".[140] Entretanto, precisamente porque Armínio pensa que liber-

---

[136] EP 708-711 (III 381-384).

[137] Carta a Wtenbogaert, 31 de janeiro, 1605, Ep.Ecc. 81 (II 71).

[138] AN 952 (II 712): "Libertas arbitrii consistit in eo, quod homo positis omnibus requisitis ad volendum vel nolendum, indifferens tamen sit ad volendum vel nolendum, ad volendum hoc potius, quam illud".

[139] EP 733 (III 417-418): "Ex hac explicatione apparet creaturam peccantem actum peccati committere plena libertate voluntatis, tum quoad exercitium, tum quoad speciem actionis, quibus duobus omnis voluntatis libertas circumscribitur. [...] Libertas enim quoad exercitium est, qua potest velle et agere, et volitionem actionemque suspendere. [...] Libertas quoad speciem actionis est, qua potius hunc quam illum actum vult et agit". Cf. DEKKER, *Rijker dan Midas*, esp. 135-136.

[140] Dekker, *Rijker dan Midas*, 59: "[É Armínio] fazer a cada dois graus de liberdade. Ele está totalmente comprometido em garantir precisamente esse segundo grau de liberdade, o próprio espaço para a liberdade humana. Nesse sentido, ele pode ser chamado de "teólogo da liberdade"." "[Het is Arminius] steeds te doen om de twee graden van vrijheid. Hij zet zich volledig in om juist die tweede graad van vrijheid, de eigen ruimte

dade não é algo a ser buscado como um fim em si mesma e, certamente, não por por uma questão de autonomia e autodeterminação, conforme Dekker mesmo de fato ressalta,[141] eu considero essa caracterização inadequada e um tanto confusa. A principal preocupação de Armínio ao defender a liberdade, é com a justiça, principalmente a de Deus. A subseção a seguir, irá explorar ainda mais o lugar que a justiça de Deus recebe na estrutura e conteúdo da teologia de Armínio.

Com respeito à liberdade e responsabilidade, Armínio assume uma posição que se afasta significativamente da posição de Peter Martyr Vermigli, conforme adotada pela antiga ortodoxia reformada. No livro III, *Ética*, capítulo 1, Aristóteles trata dos critérios para a responsabilidade. O conceito de *hekousion* (voluntário) é de fundamental importância, mas o sentido de *hekousion* é ambíguo e varia entre liberdade da vontade e, espontaneidade.[142] Luca Baschera demonstrou que Vermigli, cujo comentário sobre *Ética* de Aristóteles foi muito influente, "tende a compreender *hekousion* como 'espontâneo', tornando, portanto, a simples espontaneidade o critério para uma ação ser considerada como imputável".[143] Ele "deriva de sua análise do texto de Aristóteles uma definição negativa de *voluntário* como 'ausência de coerção' e 'espontaneidade'.

---

voor de menselijke vrijheid, te waarborgen. In die zin kan hij 'theoloog van de vrijheid' worden genoemd". Veja também p. 237. Cf. criticism in CLARKE, Ground, xvii: "Minha segunda ideia, escrever sobre as doutrinas de Armínio da graça e predestinação, já havia sido feito por Dekker; mas Dekker já as havia situado no contexto do livre arbítrio, o que considerei que estava errado e ainda considero".

[141] DEKKER, *Rijker dan Midas*, 155-156 e *passim*.

[142] ARISTOTLE, *Ethica*, 1109b-1110b. Veja ARISTOTLE, *Ethica*, ed. PANNIER & VERHAEGHE, 339.

[143] BASCHERA, "Vermigli", 329. Veja também JAMES, *Vermigli and Predestination*, 81-89; STROHM, *Ethik*, 104: "Aristóteles não apenas especifica as principais questões e distinções fundamentais na doutrina da vontade, mas também determina a apresentação da visão reformada da vontade não livre." "Aristoteles gibt nicht nur die Hauptfragen und grundsätzlichen Unterscheidungen in der Willenslehre vor, sondern er bestimmt auch die Darlegung der reformatorischen Auffassung vom unfreien Willen".

Esse conceito de voluntário forma a condição suficiente para uma ação ser considerada livre e, portanto, imputável ao agente".[144]

Em contraste com Armínio, Vermigli defendeu que as pessoas não têm *liberdade de indiferença*. Elas pecam espontaneamente e, portanto, voluntariamente nesse sentido limitado. "Vermigli tem êxito em conciliar necessidade e liberdade em termos de necessidade como certeza. Acima de tudo, essa conciliação é devida a uma noção particular de liberdade como ausência de coerção ou como espontaneidade".[145]

Essa diferença fundamental entre Armínio e, pelo menos a corrente principal da ortodoxia reformada, sobre a natureza da liberdade na qual responsabilidade e justiça dependem, teve enormes consequências. Os oponentes de Armínio consideraram a liberdade de indiferença pós-queda não apenas como impossível, mas também desnecessária para a responsabilidade humana pelo pecado; necessidade, inevitabilidade e espontaneidade, não excluem umas às outras e, a espontaneidade, ou a ausência de coerção, foi considerada suficiente para a responsabilidade. Armínio não aceitou esse conceito de liberdade e, por isso, teve que atribuir liberdade de indiferença à vontade humana para manter a responsabilidade e a justiça.[146] Essa diferença fundamental de opinião contribuiu significativamente para o fato de que as diferenças parecerem ser insolúveis.

---

[144] BASCHERA, "Vermigli", 331. Baschera demonstrou que a interpretação de Vermigli de Aristóteles sobre a liberdade e a responsabilidade foi muito influente para a ortodoxia reformada, embora VAN ASSELT, *Reformed Thought on Freedom*, forneça muita informação sobre o desenvolvimento de seus conceitos. Veja, por exemplo, TE VELDE, "Zanchi on Free Will": "Para o estado do homem depois da queda, a liberdade da vontade é mantida, mas em um sentido mais limitado. Não há mais liberdade de toda necessidade, mas somente da coerção (violenta). Isso ainda é um tipo importante de liberdade, porque conserva intacta a responsabilidade do homem por suas obras e porque protege Deus da acusação de ser o autor do pecado (real)". Cf. STROHM, *Ethik*, 442. Veja também GOUDRIAAN, *Reformed Orthodoxy and Philosophy*, 173-187.

[145] BASCHERA, "Vermigli", 334; cf. 340.

[146] Cf. PuD IX (II 177); X (II 188-189); DEKKER, *Rijker dan Midas*, 134-135.234.

2.2 A justiça de Deus na estrutura da teologia de Armínio

A justiça de Deus tem uma função importante na estrutura da teologia de Armínio em três níveis. O primeiro concerne à justiça de Deus conforme ele é em si mesmo. Quem é Deus em sua natureza ou essência e qual a função o atributo de justiça tem (2.2.1)? O segundo nível concerne à função extraordinária que Armínio confere à justiça como conceito fundamental para a religião em geral, razão pela qual ela se torna distintiva para sua própria teologia (2.2.2). O terceiro nível concerne à atenção constante que Armínio confere à justiça de modos separados dos dois primeiros, que já são bastante fundamentais. A justiça se mantém um tema consistente, proeminente e difuso como um elemento essencial na teologia de Armínio, fomentado por sua função na doutrina de Deus e como o fundamento da religião (2.2.3).

2.2.1 A justiça de Deus: um conceito estruturalmente determinante na teontologia

Antes de descrevermos a posição de Armínio, seria útil expor uma breve pesquisa da história do conceito de justiça na tradição que forma o contexto para a aplicação desse conceito por Armínio. Nessa tradição, Aristóteles, Agostinho, Anselmo e Aquino foram os principais atores. Algumas das principais características serão esboçadas adiante.

História do conceito de justiça

Já Platão (424-348 a.C.) atribuiu à justiça importância entre as quatro virtudes cardeais. Entretanto, ele a considerou o fundamento de todas as outras virtudes e de fato incluía todas elas. Aristóteles (384-322 a.C.), que dedicou um capítulo separado para a justiça em sua *Ética*, assimilou o conceito de Platão. Em sua compreensão, justiça é a virtude perfeita, a mais sublime de todas as virtudes. Toda virtude é incorporada na justiça.[147] Contudo, Aristóteles limitou a justiça ao pertencimento de outro e por essa razão atribuiu-lhe um lugar no contexto jurídico em que ela tem uma função distributiva. "Igualdade" é o princípio básico,[148] de modo que Aristóteles pode definir "justiça" como uma virtude pela qual cada um recebe o que é devido conforme determinado pela lei; injustiça é um bem estranho que alguém recebe, não de acordo com a lei. A definição legal de justiça de Ulpianus (m. 228) se tornou normativa. Ele definiu justiça como a vontade constante e perpétua de conceder a cada pessoa o que é justamente dele: *Iustitia este constans et perpetua voluntas ius suum unicuique tribuendi*.[149]

Ao longo da história, essas definições se conservaram normativas para a teologia, ética e política. Na ética patrística, justiça também está incluída entre as virtudes cardeais. Agostinho também conservou as quatro virtudes cardeais como virtudes cívicas. A justiça procura dar a cada pessoa o que é devido (*sua cuique tribuere*) e é a harmonia de todas as virtudes.[150]

Na Idade Média, o conceito de justiça foi considerado de três perspectivas: a justiça de Deus (teontologia), a justificação do pecador

---

[147] ARISTOTLE, *Ethica*, 1129b.

[148] ARISTOTLE, *Ethica*, 1131a.

[149] ARISTOTLE, *Ethica*, 1129b-1130a; HAUSER, "Gerechtigkeit", 330-331.

[150] HAUSER, "Gerechtigkeit", 332: "Da justiça, cuja tarefa é dizer, dar a cada um o seu, por meio do qual existe no homem uma certa ordem justa da natureza", "Iustitia, cuius munus est, sua cuique tribuere, unde fit in homine ipso quidam iustus ordo naturae"; HÖDL, "Gerechtigkeit V", 424: "Na conexão mútua das quatro virtudes com as três forças/partes da alma, a justiça é medida e meio, correspondência e equilíbrio (harmonia) das forças e virtudes da alma. [...] Justiça é a totalidade das virtudes". "In der wechselseitigen Verknüpfung der vier Tugenden mit den drei Seelenkräften/-teilen ist die Gerechtigkeit Maß und Mitte, Entsprechung und Ausgleich (Harmonie) der Kräfte und Tugenden der Seele. [...] Gerechtigkeit is das Ganze der Tugenden".

(soteriologia) e a justiça humana moral (ética). Os conceitos próprios foram adotados da filosofia antiga.[151]

Anselmo de Cantuária (1033-1109) prestou uma contribuição independente para o desenvolvimento do conceito de justiça. Ele falou de uma *retidão* ontológica, na qual, tudo que existe, compartilha e somente por isso algo se torna "justo". A justiça moral, também arraigada na liberdade real, é determinada por essa *retidão*. Somente a vontade que preserva sua justiça por causa da justiça em si mesma pode ser chamada justa. Isso constitui a essência da justiça.[152]

Deus é o único que não é determinado por uma *retidão* não essencial. Deus não apenas tem justiça, mas ele é justo em sua própria essência. Anselmo insiste nisso até mesmo em sua obra *Cur Deus homo?*, na qual a justiça parece, como Hauser diria, impor certa necessidade em Deus. Anselmo resolve o conflito aparente com os atributos divinos, tais como entre justiça e misericórdia, ao apontar para a unidade essencial no ser de Deus e, desse modo, para a coincidência misteriosa de todos os atributos. Aqui, Hauser, cuja descrição eu concordo, refere-se claramente à *simplicidade de Deus*.[153]

Tomás de Aquino (1225-1274) foi alguém que deu forma ao conceito clássico de justiça. Deus é a fonte de justiça. Entretanto, a justiça no sentido de um dos atributos de Deus é muito mais do que um conceito filosófico. Tomás ainda sobrepõe justiça à misericórdia, pois justiça apenas distribui a bondade abundante de Deus: "Um ato de justiça divina sempre pressupõe um ato de misericórdia, e é encontrado nela". (*Opus autem divinae iustitiae semper praesupponit opus misericordiae et in eo fundatur*). Para Tomás, a justificação do pecador claramente se origina da bondade de Deus.

---

[151] Para a história do conceito da *justiça de Deus* na tradição escolástica e em Lutero, veja BORNKAMM, "Iustitia dei", 1-25.

[152] ANSELM, De veritate, Capitulum XII, p. 152: "Iustitia igitur rectitudo voluntatis propter se servata"; cf. ANSELM, *De libertate Arbitrii*, 78.

[153] HAUSER, "Gerechtigkeit", 332.

Em sua ética, Tomás escreve elaboradamente sobre a justiça como virtude moral. Usando a definição de Ulpianus, ele se baseia nos conceitos de Aristóteles[154] e atribui à justiça, como virtude fundamental, uma importância entre os hábitos adquiridos, que então tem uma aplicação mais estrita por sua relação com o outro (*est ad alterum*) e devido ao princípio de imparcialidade (*debitum secundum aequalitatem*).[155]

Conforme Tomás, há uma conexão direta entre justiça e vontade, porque um ato justo exige obediência e, portanto, conhecimento e uma livre escolha:

---

[154] Cf. ST II/II, q.58, a.12 sobre a justiça como a mais excelente de todas as virtudes: "Respondeo dicendum quod si loquamur de iustitia legali, manifestum est quod ipsa est praeclarior inter omnes virtutes morales, inquantum bonum commune praeeminet bono singulari unius personae. Et secundum hoc philosophus, in V Ethic., dicit quod praeclarissima virtutum videtur esse iustitia, et neque est Hesperus neque Lucifer ita admirabilis. Sed etiam si loquamur de iustitia particulari, praecellit inter alias virtutes morales, duplici ratione. Quarum prima potest sumi ex parte subiecti, quia scilicet est in nobiliori parte animae, idest in appetitu rationali, scilicet voluntate; aliis virtutibus moralibus existentibus in appetitu sensitivo, ad quem pertinent passiones, quae sunt materia aliarum virtutum moralium. Secunda ratio sumitur ex parte obiecti. Nam aliae virtutes laudantur solum secundum bonum ipsius virtuosi. Iustitia autem laudatur secundum quod virtuosus ad alium bene se habet, et sic iustitia quodammodo est bonum alterius, ut dicitur in V Ethic. Et propter hoc philosophus dicit, in I Rhet., necesse est maximas esse virtutes eas quae sunt aliis honestissimae, siquidem est virtus potentia benefactiva. Propter hoc fortes et iustos maxime honorant, quoniam fortitudo est utilis aliis in bello, iustitia autem et in bello et in pace." Cf. ST II/II, q.58, a.5. De acordo com Tomás, concordando com o conceito de Aristóteles sobre justiça abrangendo toda virtude, justiça é uma virtude geral. Para o sentido em que justiça pode ser chamada de geral, cf. ST II/II, q.58, a.6: "Hoc autem modo, secundum praedicta, iustitia legalis dicitur esse virtus generalis, inquantum scilicet ordinat actus aliarum virtutum ad suum finem, quod est movere per imperium omnes alias virtutes. Sicut enim caritas potest dici virtus generalis inquantum ordinat actus omnium virtutum ad bonum divinum, ita etiam iustitia legalis inquantum ordinat actus omnium virtutum ad bonum commune. (...) Et sic oportet esse unam virtutem superiorem quae ordinet omnes virtutes in bonum commune, quae est iustitia legalis, et est alia per essentiam ab omni virtute".

[155] HAUSER, "Gerechtigkeit", 331-333; HÖDL, "Gerechtigkeit V", 428. Cf. MACINTYRE, *Whose Justice?*, 196-201.

Portanto, para um ato ser virtuoso seja em qualquer área, ele deve ser voluntário [*voluntarius*] e surgir de uma disposição estável [*stabilis*] e firme [*firmus*]; o filósofo ensina no livro 2 de a *Ética* que, as exigências de um ato virtuoso são que ele é realizado, 1. sabidamente, 2. da escolha e para um fim conveniente, e 3. resolutamente. A primeira está incluída na segunda, pois, como a Ética diz: o que é feito na ignorância é involuntário. Deste modo, a definição começa com a vontade para demonstrar que o ato de justiça tem que ser voluntário e o distingue como duradouro e constante a fim de indicar a solidez do ato.[156]

Armínio

Armínio adota a definição básica de justiça da tradição. Por exemplo, em sua *Declaração*, ele cita a definição de Ulpianus palavra por palavra: a justiça de Deus é "um desejo perpétuo e constante nele de conceder a cada um o que é devido".[157] A justiça é determinante e essencial para Deus, de modo que já em seu comentário sobre Romanos 9, Armínio declara que "Deus, sendo justo em si mesmo, não só mas também, existindo

---

[156] ST II/II, q.58, a.1: "Ad hoc autem quod aliquis actus circa quamcumque materiam sit virtuosus, requiritur quod sit voluntarius, et quod sit stabilis et firmus, quia philosophus dicit, in II Ethic., quod ad virtutis actum requiritur primo quidem quod operetur sciens, secundo autem quod eligens et propter debitum finem, tertio quod immobiliter operetur. Primum autem horum includitur in secundo, quia quod per ignorantiam agitur est involuntarium, ut dicitur in III Ethic. et ideo in definitione iustitiae primo ponitur voluntas, ad ostendendum quod actus iustitiae debet esse voluntarius. Additur autem de constantia et perpetuitate, ad designandum actus firmitatem." Cf. ST II/II, q.59, a.2: "Facere ergo iniustum ex intentione et electione est proprium iniusti, secundum quod iniustus dicitur qui habet iniustitiae habitum. Sed facere iniustum praeter intentionem, vel ex passione, potest aliquis absque habitu iniustitiae." Cf. ST II/II, q.59, a.3: "Sed contra est quod iniustum pati oppositum est ei quod est iniustum facere. Sed nullus facit iniustum nisi volens. Ergo, per oppositum, nullus patitur iniustum nisi nolens".

[157] *Verklaring*, 77 (I 624).

como Justiça em si mesma, nada faz e, de fato, nada pode fazer, exceto o que está totalmente de acordo com sua natureza".[158]

Por um lado, justiça é um dos muitos atributos de Deus, por outro lado, ela é tão abrangente que deveria pelo menos ser considerada como *a primeira entre as iguais* das virtudes fundamentais.[159] A função estruturalmente determinante da justiça na teontologia de Armínio será formulada adiante em 3.1.1.

Com respeito a todas as distinções que são extraídas entre os atributos divinos, deve ser lembrado que essas podem somente ser feitas de uma estrutura que leva em conta os limites da compreensão humana. A *simplicidade* de Deus proíbe alguma distinção real na essência divina. No entanto, discussões sobre a natureza da linguagem humana sobre os atributos de Deus poderiam ainda ser muito significativas e levariam a relevantes diferenças teológicas.[160]

2.2.2 O conceito fundamental para a religião

A série das três exposições de Armínio sobre o objeto, autor, meta e certeza da teologia lida com os prolegômenos teológicos. Que a noção da justiça de Deus fundamentalmente enraíza a estrutura de sua teologia inteira se torna claramente visível nessas exposições. Nesse ponto, deveria se assimilar um discernimento claro da estrutura da teologia de

---

[158] AR9 787 (III 499): "qui in se iustus, imo ipsa iustitia existens, nihil agit; ac ne agere quidem potest, nisi quod cum ista sua natura congruit solidissime". Cf. EP 635 (III 267). Uma justiça de Deus similar, essencial pode ser encontrada em Anselmo (veja acima).

[159] Cf. Tomás de Aquino sobre a relação da virtude fundamental de justiça com as virtudes secundárias: ST II/II, q.58, a.11. "Ad primum ergo dicendum quod iustitiae, cum sit virtus cardinalis, quaedam aliae virtutes secundariae adiunguntur, sicut misericordia, liberalitas et aliae huiusmodi virtutes, ut infra patebit. Et ideo subvenire miseris, quod pertinet ad misericordiam sive pietatem, et liberaliter benefacere, quod pertinet ad liberalitatem, per quandam reductionem attribuitur iustitiae, sicut principali virtuti".

[160] Para uma análise excelente das importantes discussões medievais sobre esse tema, veja HALVERSON, *Aureol*. É também interessante notar a quantidade considerável de acordo que há entre os conceitos de Aureolus e de Armínio sobre a predestinação e tópicos relacionados.

Armínio, porque ela é o fundamento, pressuposições e método de seu pensamento teológico tornado evidente. Especialmente sua primeira exposição sobre o objeto da teologia receberá atenção a seguir.

Armínio estabelece uma distinção entre teologia *legal* e *evangélica*: a primeira pertence à teologia antes da queda, a segunda à situação pós-queda.[161] Deus é o objeto de ambas; na teologia evangélica, contudo, Cristo é acrescentado como o segundo objeto, subordinado (veja a seguir).

Depois de tratar da excelência do objeto, Armínio faz três observações: 1. A infinitude da natureza de Deus torna necessário adotar um método que seja adaptado à capacidade humana finita. 2. de acordo com a norma da justiça de Deus, deveria haver desenvolvimento no conhecimento da graça para a glória.[162] 3. o objeto da teologia não visa apenas ser conhecido, mas também ser adorado. A teologia desse mundo é *prática* (isto é, almeja a adoração) e *pela fé*. A teologia teorética (isto é, que almeja o conhecimento) pertence ao mundo por vir e é por vista e não é mais sobre crer, mas ver.[163]

A teologia é, portanto, acima de tudo, prática direcionada para a adoração humana a Deus, deve demonstrar desenvolvimento e é me-

---

[161] AC 565 (III 170): "Gratia autem quam Christus non impetravit Evangelica dici, mea sententia, non potest. Deinde puto duplicem in universum esse viam modum et rationem obtinendae felicitatis aeternae supernaturalis. Unam strictae iustitiae et legalem, alteram misericordiae et Evangelicam: quemadmodum etiam duplex est foedus Dei, operum unum, alterum fidei; unum iustitiae, alterum gratiae; unum legale, alterum Evangelicum. Per illam viam et rationem felicitas obtinetur perfecta legis creaturae a Deo datae obedientia: per hanc vero viam et rationem obtinetur felicitas inobedientiae remissione et iustitiae imputatione. Aliam viam mens humana concipere nequit: saltem nulla alia sacris Scripturis est patefacta. Hi duo modi hunc inter se ordinem habent, ut iste praecedat, sic iustitia Dei, conditione creaturae, et natura rei ipsius postulante: alter modus sequatur, si quidem per illum priorem felicitas creaturae obtingere nequeat et Deo visum sit etiam illum creaturae proponere, quod omnino est puri puti arbitrii divini".

[162] O conhecimento da graça deve progredir para o conhecimento da glória: "Per rectum enim usum scientiae gratiosae ad sublimiorem illam gloriosam, ex norma iustitiae divinae, est progrediendum". É conveniente para a graça ser glorificada; justiça, cuja tarefa é compartilhar com cada um o que lhe é devido, portanto, isso acarreta a progressão da graça para a glória.

[163] OR 30 (I 328).

todologicamente adaptada à capacidade finita do intelecto humano. Esses três princípios básicos pressupõem que o objeto da teologia deve ser revestido[164] de uma forma que ele recomenda (*suadere*) adoração a Deus e persuade (*persuadere*) as pessoas a fazê-lo. Essa regra é de grande importância para Armínio: "[É] a linha e a regra da definição formal de acordo com as quais Deus se torna o assunto de nossa teologia".[165]

Nesse aspecto, há uma advertência para impedir que a meta prática da teologia (isto é, direcionada para a adoração e honra a Deus) seja mal compreendida em termos modernos como se ela tivesse como meta uma teologia "não dogmática" ou ética. Uma teologia "prática" também não implica que ela não satisfaça as exigências mais rigorosas da ciência teórica.[166] A convicção de Armínio de que a teologia é prática, entretanto, gera um foco consistente. Ele identifica três temas que devem ser conhecidos para atingir essa meta, o critério de seleção é que eles servem para adorar e honrar a Deus. Além disso, os temas que são selecionados também determinam a estrutura da teologia de Armínio: 1. a natureza de Deus;

---

[164] Para mais sobre o "revestimento" do objeto da teologia (Deus), veja a próxima subseção (conhecimento da justiça de Deus). Cf. OR 50 (I 363).

[165] OR 30 (I 328): 'Atque haec postrema ratio, norma est et amussis formalis rationis, secundum quam Deus nostrae Theologiae subiicitur'.

[166] Cf. o conceito de Duns Scotus conforme sumarizado por VOS, *Duns Scotus on Divine Love*, 26: "Duns demonstra, contudo, que a teologia, embora seja uma parte importante disso, ela é sobre estados contingentes das coisas, pode, no entanto, satisfazer as exigências mais rigorosas da ciência teórica e ainda assim ser chamada também de 'ciência prática'. Vista da perspectiva aristoteliana, essa conexão de ciência rigorosa, teórica e (contingente) ação prática, como se afigura na ética, é impossível [...] Comparado a Aristóteles, Scotus adota uma definição mais ampla do termo 'prático', embora seja evidente que ela permaneça conectada à ação contingente. Em sua opinião, o conhecimento científico é prático, quando estruturalmente precede à ação prática e essa ação prática é correta somente quando está de acordo com esse conhecimento. Portanto, todo conhecimento científico que se direciona para a ação prática, pode ser chamado prático". Cf. MACCOVIUS, *Distinctiones*, Decuria IV.IV, em: VAN ASSELT, *Scholastic Discourse*, 324-327: "*Notitia est Theoretica et Practica*, hoc est, nuda et effectiva. Illa est qua quis intelligit, et dicitur simplicis intelligentiae, haec est qua quis rem cognitam, solido affectu complectitur".

2. os atos de Deus; 3. a vontade de Deus (*voluntas*).[167] O conhecimento desses três temas é necessário e suficiente (*necessaria et sufficientia*) para alcançar a meta da teologia. Armínio sempre usa esses critérios quando avalia as posições teológicas e pontos de vista de outros.

A *natureza de Deus*

O primeiro fato que deve ser conhecido é a natureza de Deus. Armínio imediatamente explica a razão por que a natureza de Deus é digna de adoração (*cultus*) é devido à sua justiça (*iustitia*). A justiça tem uma importância essencial na natureza de Deus, mesmo à frente de sua sabedoria, que pode tomar decisões concernentes a esse *culto* e à frente de sua bondade, que pode recompensar a verdadeira adoração a Deus. O presente estudo ilustrará que essa linha direta, que surge da natureza prática da teologia como baseada no conhecimento necessário da natureza de Deus e a conexão que Armínio deduz entre a justiça divina e a adoração a Deus, juntamente com o conhecimento da justiça do Pai (veja a seção seguinte), tudo tem implicações profundas para a inteireza de seu pensamento e para as escolhas e avaliações que ele faz em relação à teologia de outros e o desenvolvimento de sua própria.

Que a justa natureza de Deus tem importância essencial está plenamente de acordo com o que nós na subseção precedente chamamos de o caráter estruturalmente determinante da justiça de Deus na teontologia.[168]

Esta não é a primeira vez que Armínio desenvolve sua concepção da justiça de Deus e sua função estruturalmente determinante na teologia. Dessa exposição, é claro que o lugar de destaque que a justiça de Deus tem em certos manuscritos de um período até mais antigo não é apenas uma coincidência. A justiça divina é um conceito que

---

[167] OR 30-31 (I 329).

[168] O que isso significa em termos de conteúdo, conforme notado antes, será tratado em 3.1.1.

estava, profundamente arraigado, na totalidade da própria estrutura teológica de Armínio.

Os atos de Deus

A segunda coisa que deve ser conhecida com respeito à meta da teologia concerne aos atos de Deus na criação e providência. A demanda feita à humanidade para honrar a autoridade soberana de Deus está fixada na sua criação por Deus à sua própria imagem.[169] A providência divina se aplica de uma forma particular às pessoas e especialmente com respeito à adoração e obediência que elas devem a Deus. Como criador, Deus tem o direito de determinar como elas deveriam adorá-lo. Isso é sua providência, que ele executa de uma maneira santa, justa e sábia (*sancte, iuste et sapienter*).[170] Os conceitos de Armínio sobre a criação e providência e a função da justiça nelas, será desenvolvido mais adiante no tópico 3.1.2.

Em sua oração sobre o autor da teologia, Armínio nota que Deus, antes que pudesse promulgar uma lei, teve que ser conhecido pela humanidade em dois aspectos: 1. Sua natureza (sábio, bom, justo e onipotente); 2. Sua autoridade, seu direito de promulgar leis, que depende do ato de criação.[171]

A vontade de Deus

A vontade de Deus, o terceiro elemento que deve ser conhecido, se expressa no pacto (*foedus*) que ele faz com a humanidade. Há dois componentes para esse pacto: promessa e obrigação. Deus demanda ser obedecido e adorado e está disposto a recompensar isso abundantemente.[172] Portanto, é claro que o pacto, a forma escolhida por Deus para lidar com as pessoas, assume

---

[169] OR 30 (I 329).
[170] OR 31 (I 329).
[171] OR 42 (I 349-350).
[172] OR 31 (I 329).

um papel central na teologia de Armínio. O conhecimento da natureza e atos de Deus, conforme tratado acima, provê o fundamento para o que está envolvido neste pacto: adoração a Deus. O conhecimento da justiça de Deus é fundamental para adorar a Deus. A função central que o pacto tem na teologia de Armínio, bem como o significado da justiça de Deus para o pacto, terão mais atenção adiante no tópico 3.3.

Teologia legal e evangélica

O precedente pertence ao objeto da teologia *legal*. Antes da queda no pecado, era relativamente quase desnecessário saber para atingir a meta dessa teologia. Era necessário o conhecimento de apenas diversos atributos divinos; criação e providência eram exercidos somente no sentido da obra de Deus de preservação e sustentação e, finalmente, havia o conhecimento da demanda de Deus por obediência e as recompensas que ele oferecia para essa obediência. O que impressiona nesse contexto é que Armínio continuamente se refere à bondade e justiça de Deus e aponta para os seus atos justos (*boni et iusti Dei; ex iustitiae legalis norma; illum bonum et iustum; illo bono et iusto; citra iustitiae suae laesionem, ex praescripto iustitiae legalis; ex iustitia; ex debito; iuxta bonitatem [...] et iustitiam suam*).[173] Por um lado, isso surge do fato que estamos no contexto da teologia *legal* em que o pecado não é um fator. A lei e outros elementos legais estão muito mais no primeiro plano, embora mesmo aqui a graça (*gratia*) não esteja ausente. Por outro lado, isso também forma a base para o que deve ser afirmado a respeito da teologia evangélica, para qual é determinante que o pecado deve agora ser reconhecido como um fator, porém a forma como este é considerado é inteiramente consistente com o modo que Deus se revelou na teologia *legal*: como um Deus bom e justo.

Em razão da queda no pecado (cf. 3.2.), a teologia *legal* não é mais suficiente para alcançar a meta. A humanidade está sob condenação, as pessoas são filhos da ira e necessitam de justificação (*Homo iustifi-*

---

[173] OR 32-34 (I 332-335).

candus erat).¹⁷⁴ Entretanto, a justificação proveniente da lei não é mais possível. Por essa razão, a teologia *legal* não é adequada para a salvação, que, para ser possível, um novo começo deve ser realizado. É por isso que a teologia *evangélica* entra em cena (cf. 3.1.2.).

A meta da teologia, a adoração a Deus, permanece a mesma. Entretanto, os três elementos que precisavam ser conhecidos e bastavam no contexto da teologia *legal*, não são mais suficientes depois da queda. Uma nova revelação ou teologia é necessária, com outros atributos divinos (*misericordia, longanimitas, mansuetudo, patientia, clementia*) e obras (como uma nova criação, nova providência, perdão e *iustitia remissa reparanda*) e novas decisões da vontade de Deus. A nova vontade divina, agora consiste em um novo pacto ou decreto, feito por Deus com a humanidade.¹⁷⁵ Este pacto, forma pela qual Deus agora determinou-se a lidar com a humanidade, aqui parece ser o mesmo como o decreto de Deus (*decretum*). Para Armínio, portanto, o decreto não concerne ao "resultado final", mas às "regras" e é sinônimo do pacto.¹⁷⁶

O conteúdo desse novo pacto ou decreto é determinado por quem Deus é. A justiça e verdade de Deus (*ultor iustissimus, obsistente iustitia et veritate*) exigiram que um Mediador interviesse para essa nova revelação a fim de que a justiça e a verdade de Deus não fossem nem um pouco transgredidas (*circa laesionem iustitiae et veritatis suae*).

É um Deus justo e misericordioso (*iustus et misericors*) que enviou Cristo seu Filho como Mediador. Devido à obra que ele realizou, é também "absolutamente justo" (*aequissimum*) que Jesus também seja conhecido, adorado e clamado. Isso é impossível sem fé (Rm 10.14) e a fé é impossível sem revelação. Sendo assim, uma revelação concernente a Jesus Cristo foi necessária e, por conseguinte, o fundamento da teologia que contribuirá suficientemente para a salvação do pecador

---

[174] OR 32-33 (I 332-333).
[175] OR 33 (I 334): "Quin et decretum aliud de hominis salute faciendum fuit, aliud et novum foedus cum homine ineundum".
[176] Para a coincidência entre temas como pacto, decreto, Evangelho (Evangelium) e predestinação, veja 3.3.

precisa de dois objetos: Deus e Cristo. A teologia evangélica ou cristã tem dois objetos que não podem ser separados, mesmo se o segundo (isto é, Cristo) é subordinado ao primeiro (*subordinatum*).[177] Depois de presumir a unidade de Deus e Cristo, Armínio lida com a subordinação de Cristo como segundo objeto da teologia evangélica. A natureza da subordinação de Cristo consiste nisso, que toda *relação* salvadora de Deus com a humanidade ou da humanidade com Deus deve acontecer por meio da intervenção de Cristo (cf. 3.3.1.).[178]

Justiça rígida e a necessidade da mediação de Cristo

É a rígida justiça divina (*iustitia rigida*) que separa Deus da raça humana e sua relação com ela devido a corrupção, e requer a subordinação a Cristo como objeto da teologia para remover esta separação. O Pai, sentado por detrás de Cristo em um trono de rigorosa justiça, só pode ser acessado por meio do sangue de Cristo, pela fé.[179] A justiça de Deus requer que todo contato entre a humanidade pecadora e Deus aconteça por meio de Cristo.[180] A *ordem* da misericórdia justa e da misericordiosa

---

[177] OR 34-35 (I 335-336). Cristo, o Deus-homem e Mediador, está subordinado a Deus; entretanto, isso não elimina o fato de que Ele, como a Segunda Pessoa, juntamente com o Pai e o Espírito Santo, é o Deus eleito. A insistência de Armínio na subordinação de Cristo deve ser compreendida no contexto de seu conceito que Deus, antes que Ele proceda à eleição da graça, deve ter uma base para essa eleição na expiação realizada pela Mediação de Cristo. Contra MULLER, "Christological Problem", 158-159.

[178] "Natura illius in eo consistit, quod omnis, quae Deo nobiscum est, aut nobis cum Deo, salutaris communicatio, Christi medio interventu peragitur". OR 36 (I 338). A comunicação de Deus conosco é: 1. his benevolent affection erga nobis; 2. his gratioso decreto de nobis; 3. his effectu salutifero in nobis. OR 36 (I 338). Em todas essas coisas, Cristo é o Mediador: "Ubique Christus medius intercedit". (Ef 1.6 e 5). OR 36 (I 339). Cf. OR 45 (I 354): Considerando que Deus criou todas as coisas, incluindo a humanidade, por meio de sua palavra e Espírito, não há *relação* com a humanidade, exceto por meio da intervenção do Filho e do Espírito. *Qui possit?* Porque as obras de Deus são *ad extra indivisa*, e por esta razão, a ordem de suas obras *ad extra* é a mesma que a *ordo processionis ad intra*.

[179] OR 36-37 (I 339-340). Cf. 3.3.1.

[180] OR 37 (I 340-341). Cf. PrD XXXII (II 376-377); XXXIII (II 378-379); XL (II 392-393).

justiça de Deus[181] determinam a necessidade de Cristo e da fé nele. No entanto, sua justiça também determina que sua ira permaneça sobre os incrédulos porque eles estão fora de Cristo. Armínio aqui nota que isso só pode ser verdadeiro se aqueles que não creem tiveram primeiramente a oportunidade de serem salvos por meio da fé em Jesus Cristo. Com essa observação, ele trai algo de seu conceito que, na teologia evangélica, Deus somente pode aplicar a sua ira se Cristo for rejeitado como Mediador. O único que é capaz de satisfazer, e que de fato satisfaz a justiça de Deus, é rejeitado. Com sua justiça inabalável, Deus permanece oculto atrás de Cristo; sua ira pode e será derramada somente quando Cristo for rejeitado como Mediador. Porque para Armínio em certo sentido é verdadeiro — pelas razões que também estão relacionadas à justiça de Deus, e que serão analisadas adiante em outro lugar[182] — que todos devem ter tido a oportunidade de crer em Cristo. Neste ponto já podemos concluir, que essa convicção, quando combinada com uma visão da graça irresistível, logicamente implicaria em salvação universal.[183] De qualquer forma, Armínio insiste que se deve enfatizar consistentemente a conexão (*coniunctio*) entre Deus e Cristo como objeto da teologia *evangélica*.[184]

Duplex Amor Dei (Duplo amor de Deus)

Já no conteúdo dos prolegômenos de Armínio, vemos os esboços básicos de sua teologia. Outro conceito básico que também demonstra a função estruturalmente relevante da justiça divina é o duplo amor de Deus, um tema que primeiro aparece explicitamente no *Análise sobre Perkins*, de Armínio, e é mais ampliado até que alcança a maturidade definitiva na *Declaração* de 1608. O capítulo 4 expande esse conceito em termos

---

[181] OR 38 (I 342): *"ex ordinatione iusae misericordiae, misericordis iustitiae Dei"*.
[182] Veja 3.3 e 5.1.3.
[183] OR 38 (I 342).
[184] OR 39 (I 344).

de conteúdo, mas, a seguir, trataremos seu significado estrutural para a teologia de Armínio.

Armínio identifica o duplo amor de Deus como o fundamento da religião em geral e, da religião cristã, em particular. O primeiro e mais importante amor é pela justiça, o segundo e subordinado amor é pela humanidade. O último é subordinado porque há algo que o limita: o amor de Deus pela justiça. Em outras palavras, Deus pode amar uma pessoa apenas quando sua justiça é satisfeita com respeito a essa pessoa. E quando esse é de fato o caso, Deus também certamente amará esse homem ou mulher. Armínio vai além para argumentar que qualquer e toda forma de religião é impossível se não conserva o duplo amor de Deus, nessa ordem, e com essa relação mútua.[185]

Uma compreensão adequada do amor de Deus precisa considerar sua estrita relação com a vontade de Deus, que, logicamente subordinada ao seu intelecto, é direcionada para um bem conhecido. O amor de Deus é equivalente à vontade de Deus direcionada para um bem.[186]

No tópico 2.1. já notamos que o conceito de justiça é intimamente associado a esses conceitos, como lei, recompensa e punição, obediência e desobediência, pecado e liberdade. A certeza da recompensa no caso de obediência e de punição em caso de desobediência às estipulações de Deus — em outras palavras, justiça — é necessária para estimular a criatura livre a adorar a Deus. Sabendo que isso desperta temor, bem como um zelo para servir a Deus.[187] Se não há justiça, se não há lei, não há estímulo para adorar a Deus e evitar o pecado. Por essa razão, a justiça e o amor a essa justiça de um Deus justo que, como criador e sustentador, tem o direito de exigir que as pessoas o adorem,[188] são conceitos fundamentais na teologia de Armínio.

---

[185] *Verklaring*, 90 (I 634).
[186] Cf. ALTENSTAIG, *Lexicon*, 37. Cf. STANGLIN, *Assurance*, 219-221.
[187] Cf. *Verklaring*, 91-94 (I 635-638).
[188] OR 42 (I 350).

Com esse último ponto, a conexão entre justiça como o conceito estruturalmente determinante da doutrina de Deus e da justiça como conceito fundamental para a religião foi estabelecida. É o mesmo Deus que é essencialmente justo e que, através de sua autoridade como Criador, Sustentador e Legislador, exige honra e obediência e provê o que é necessário para ela pela revelação de sua natureza, obras e vontade, que por sua vez são os três elementos necessários e suficientes para a meta prática da teologia: adoração a Deus.

Dada essa função que tem a justiça na própria estrutura da doutrina de Deus e da religião em geral, temos um fundamento importante para uma teologia em que a justiça divina não apenas determina sua forma, mas é também continuamente referida.

2.2.3 O conceito essencial da teologia de Armínio

A justiça não é apenas a base para a teontologia e para a religião, é também uma noção e tema inteiramente recorrentes no teologizar de Armínio. A partir disso, é evidente que ele conscientemente sustentou a justiça como um elemento estruturalmente determinante e que a usou e desenvolveu para uma teologia na qual a justiça de Deus é consequentemente, consistentemente e coerentemente defendida e usada para responder às críticas e para fundamentar sua própria teologia. Embora a frequência da palavra seja apenas de um uso muito limitado, contudo, vale a pena notar quão frequente Armínio usa uma forma da palavra *justiça* em seus escritos. As proporções variam de aproximadamente 1.8/1.000 a tão elevadas quanto 6.1/1.000.[189] Os muitos contextos na teologia de Armínio em que o conceito de justiça desempenha um papel central, serão analisados adiante. Por essa razão, um resumo e análise serão expostos nesse aspecto.

---

[189] DR7 1.83; EP + DR9 2.61; OR 2.48; HaC 6.12; AC 4.25; PrD + PuD 1.76/1,000.

Uma indicação extra da forma que Armínio se determinou a desenvolver uma teologia que fez justiça à honra de Deus, pode ser encontrado em sua exposição sobre as divergências religiosas. Aqui, ele demonstra uma grande tolerância para com aqueles que pensam de forma diferente. Próximo ao fim da exposição, contudo, essa tolerância predomina pela necessidade de lutar contra toda falsidade que conflita com a salvação e que é injusta com a honra de Deus. A batalha contra essas falsidades deve ser travada com zelo, mas também com sabedoria e gentileza.[190] O restante deste capítulo demonstrará como, e com que zelo, sabedoria e gentileza, Armínio, travou essa batalha.

2.3 O conhecimento da justiça de Deus

O precedente demonstra que o conceito da justiça de Deus tem uma função relevante na estrutura da teologia de Armínio. Mas isso não é verdade para toda teologia (reformada)? Todos os contemporâneos de Armínio certamente concordarão que Deus é justo e que sua justiça não pode ser prejudicada de maneira alguma. Por certo, nesse aspecto, não haveria quaisquer diferenças entre elas e Armínio. Portanto, com qual razão, como argumento, a abordagem de Armínio da justiça de Deus resultou em uma teologia inteiramente única?

A abordagem de Armínio da justiça de Deus se afasta de duas maneiras importantes dos conceitos de seus contemporâneos. 1. O conhecimento da justiça de Deus e 2. A frequência com que a justiça de Deus surge devido à função central que ela tem através desse conhecimento.

Primeiramente, analisaremos o conhecimento, racionalidade e compreensão (o aspecto epistemológico) da justiça de Deus na teologia de Armínio. Lutero, Calvino e muitos que concordaram com eles, apontaram para o conhecimento, magnificência e incompreensão da soberana autoridade e vontade de Deus e para os limites do entendimento humano

---

[190] OR 90 (I 525-526). Para esta Exposição, veja também SIRKS, *Pleidooi*.

e o estado obscuro e pecaminoso do intelecto, quando algo que deveria ser atribuído a Deus, de uma perspectiva humana, conflitava com a sua justiça (veja também 7.2 adiante).[191] Em contraste, o ponto de partida de Armínio é que Deus é justo e que a teologia requerida ou conhecimento de Deus foi adaptado ao entendimento humano porque de outra forma a meta da teologia — a adoração a Deus — estaria ameaçada de muitas formas. Para que a justiça divina sirva como meio para adorá-lo, ela deve ser conhecível. Outra simples revelação da natureza, obras e vontade de Deus, não podem obscurecer essa condição básica para a adoração a ele e tornar impossível, ou mais difícil, compreender. De fato, o contrário é verdadeiro. Em sua autorrevelação, Deus revela o que é necessário para levar as pessoas a adorá-lo. Portanto, esse elemento que é particularmente almejado para ensejar a adoração a Deus é, extremamente importante, e também será claramente revelado. A teologia deve servir ao conhecimento da justiça de Deus e não a obscurece, ofende ou questiona. Visto que tudo da teologia é analisado pela norma estrita da justiça divina, e porque a revelação pretende tornar essa justiça conhecida, todas as partes da teologia concordam com, e revelam a sua justiça. Elas nunca a contradizem ou a obscurecem.

2.3.1 O conceito de Armínio sobre a Escritura

O conhecimento da justiça de Deus está intimamente ligado ao conceito de Armínio sobre a Escritura, que se correlaciona de maneira estrita com seu intelectualismo (cf. adiante). A resposta de Armínio aos dez *axiomas* de Perkins em sua *Análise sobre Perkins* claramente ilustra isso.

---

[191] Cf. Lutero, que Armínio identificou em seu *Articuli nonnuli* como um teólogo que incorretamente argumentou que, à luz do estado glorificado, compreenderemos com qual justiça Deus condenou o inocente (*quo iure possit Deus immeritum damnare*). AN 953 (II 713). Para Calvino, veja as *Institutas* de Calvino. III.24.14: O réprobo "iusto, sed inscrutabili Dei iudicio suscitati sunt, ad gloriam eius sua damnatione illustrandam"; Inst. III.23.4: "A razão da justiça divina é superior ao padrão que o homem pode mensurar ou que a inteligência do homem pode compreender."

Ele nega que esses axiomas sejam geralmente aceitos, bem como que podem ser atribuídos ao estado obscuro da mente, que resulta do pecado, e continua a criticá-los vigorosamente. Dois axiomas chamados o levam a desenvolver seu conceito sobre a justiça de Deus. Já em conexão com o primeiro axioma, Armínio enfatiza que o princípio de que todas as ações de Deus são justas não nos permite atribuir coisas a ele que seriam injustas de acordo com os padrões humanos.[192] O quinto axioma ameaça os julgamentos de Deus, que são também certamente justos. Entretanto, Armínio adverte que não podemos atribuir nada aos julgamentos de Deus que não seja encontrado na Escritura ou que conflita com sua justiça.[193] Que a preocupação constante de Armínio aqui é o relacionamento de Deus com o pecado fica evidente das observações que ele faz sobre a maioria dos outros axiomas que tratam esses temas, como a presciência divina quanto a queda no pecado, como ocasião (*occasio*) para o decreto de enviar Cristo ao mundo, *permissio, concursus*, e os atos de Deus, de acordo com o *modus* do livre arbítrio.[194]

Os decretos de Deus não podem conflitar com sua justiça como é revelada nas Escrituras. Seus decretos não se tornam simplesmente inculpáveis quando os *chamamos* justos. Pelo contrário, deve-se ser capaz de demonstrar que um decreto que atribuímos a Deus realmente é seu. Se esse de fato é o caso, sua justiça é inquestionável.[195]

---

[192] EP 635 (III 267). Cf. A31A 176-177 (II 51-52): "sed videant fratres mei ne ipsi faciant iniuriam iustitiae divinae, illi tribuendo quod ipsa respuit". See also ETG 107-108 (III 616): "Quis ita erit absurdus et infulsus, qui ignoret Deum, cujus voluntas nunquam est injusta, facere posse jure de suo quidquid voluerit? At vero sub isto praetextu on licet nobis quidvis ex cerebro nostro confingere, et hoc ipsum juri et voluntati Dei subjicere. Multa enim confingere nos possumus secundum vanitatem mentis nostrae, quae Deus de suis creaturis nec facere velit, nec facere possit, nec velle possit, nec posse velit; quale est immeritum reprobare ad mortem aeternam."

[193] EP 636 (III 270).

[194] EP 637-638 (III 272-273).

[195] EP 700 (III 368): "Sed videndum an et quo modo Deus aliquid decernat. Fieri enim nequit ut ipsius decreta cum iustitia ipsius nobis in Scripturis patefacta pugnent: quare sciendum est non sufficere ad culpam a decreto quod nos Deo ascribimus, auferendam, si addemus decrevisse sed iuste: non enim vocis istius additio iustum facit decretum,

O conceito de Armínio sobre a Escritura é de grande significado a esse respeito. Isso é claro em várias passagens nas quais ele identifica a Escritura como o padrão pelo qual tudo que pode e deve ser dito a respeito da justiça de Deus deve ser analisado. Para Armínio, uma das características básicas da teologia é que ela é adaptada aos limites da compreensão humana. Isso implica que temos que nos voltar para a Bíblia, para a revelação,[196] para o conhecimento de Deus e que essa revelação é adaptada ao entendimento humano.[197] A teologia se baseia na Escritura e ambas são designadas para serem compreendidas pela capacidade limitada do intelecto humano, e são assim, adaptadas a ela. Isso pressupõe, por exemplo, que "verdades eternas", como aquelas da lógica humana, podem ser aplicadas à nossa reflexão sobre a revelação. Além disso, há total acordo e harmonia, mesmo nos mínimos detalhes (*in minutissimis*) das doutrinas das Escrituras.[198] Se isso faz aparentar que as Escrituras contêm contradições, essas contradições podem ser simplesmente resolvidas por meio da exegese correta. E não são apenas todos os elementos da doutrina que concordam, mas estão em desarmonia com todas as verdades universais contidas na totalidade da filosofia. Não há nada na filosofia que não possa corresponder ao ensino bíblico. Se algo parecer um erro, isso pode ser resolvido pela verdadeira filosofia

---

sed commonstrandum id quod Deo tribuimus decretum, revera ipsi convenire, et tum de iustitia nulla erit quaestio".

[196] Armínio analisa um argumento de dúvida e aponta para a inadequação de nossa compreensão limitada para determinar a graça e justiça de Deus. A Palavra nos torna sábios. "Nam de iustitiae et misericordiae divinae rationibus, non ex modulo ingenii aut adfectus nostri est statuendum, sed Deo istarum suarum proprietatum et libera administratio, et iusta defencio relinquenda." [...] "Nobis ex verbo ipsius sapiendum est". OR 38 (I 342).

[197] Cf. *Verklaring*, 122 (I 695), onde Armínio afirma que Deus e a essência divina não diferem essencialmente, mas nem tudo que se diz de Deus pode ser dito da essência divina, "om datse onderscheyden zijn na onse begrijp, in het welcke alle manieren van spreken moeten gericht zijn, alsose daerom gebruyckt worden, omdat dat wy daer deur yets verstaen zouden". Cf. PuD IX (II 163).

[198] OR 62 (I 385).

e, pela reta razão (*recta ratio*).¹⁹⁹ Se algo conflitar com a Escritura, ou a natureza, e for incompreensível, deve necessariamente ser falso.²⁰⁰

A substância e conteúdo das Escrituras revelam a divindade delas, pois as Escrituras descrevem Deus e Cristo, suas naturezas, e a forma que se relacionam com a humanidade. As Escrituras, adicionalmente, prescrevem os deveres que as pessoas têm para com os seus benfeitores divinos. A forma na qual (*quomodo*) a Escritura fala a respeito das relações com a humanidade, descreve a natureza de Deus de um modo que, nada estranho a ela (*extraneum*), ou que não esteja de acordo com ela (*conveniens*), lhe seja atribuído.²⁰¹

2.3.2 O intelectualismo de Armínio

Além do conceito de Armínio sobre a Escritura, seu intelectualismo também é decisivo para seu conceito sobre o conhecimento da justiça de Deus. Em contraste com os voluntaristas que consideram a vontade como o fator final e decisivo, Armínio argumenta que a vontade segue o último julgamento da razão e sabedoria.²⁰² Não é a vontade de Deus, mas seu conhecimento e sabedoria a norma superior e escolher em Deus o que a norma de justiça demonstra ser bom.

---

[199] OR 62 (I 386).

[200] ETG 45 (III 563): "Iam vero quod decretum praedestinationis, prius fit ordine quam decretum creationis, probandum esset authori, quod facere non potest, quia Scripturis est contrarium, rerum naturae contraveniens, et incomprehensibile, itaque necessario falsum".

[201] OR 61 (I 383): "At quomodo in istis rebus tractandis versatur? Naturam Dei ita explicat, ut nihil illi tribuat extraneum, nihil non tribuat illi conveniens".

[202] EP 670 (III 322): "Et si mihi permittas, dicam, affectum in eo fuisse et desiderium liberationis, non volitionem. Volitio n. sequitur extremum rationis et sapientiae iudicium, desiderium sequitur antecedens sensuum seu affectuum iudicium." EP 741 (III 430): "Dei enim potentia non est instrumentum affectus seu desiderii seu velleitatis divinae, sed volitionis liberae ultimum divinae sapientiae iudicium secutae". Cf. AC 581-582 (III 194); ETG 56-57 (III 572-573).

Que a combinação do conceito de Armínio sobre a Escritura e seu intelectualismo foram influentes para o restante de sua teologia pode ser demonstrado em sua exposição sobre a meta da teologia — a união de Deus e a humanidade —, na qual Armínio trata da acomodação do objeto da teologia (Deus) ao intelecto (*mens*) e vontade do homem. O desenvolvimento do intelecto (*intellectus*) é seguido pela expansão da vontade (*ampliatio voluntatis*). De acordo com Armínio, isso é possível devido à harmonia inata entre intelecto e vontade (*ex nativa intellectus et voluntatis convenientia*) e a analogia inerente deles (*ingênita analogia*) pela qual o intelecto procura querer no mesmo nível que ele compreende e sabe.[203] Portanto, em sua revelação, Deus se acomoda à capacidade humana de compreender, com a meta de mover a vontade humana por meio do intelecto. Essa abordagem é inteiramente consistente com o conceito de Armínio sobre a vontade e intelecto humanos e sobre a forma em que a graça de Deus opera (veja 5.1.2. e 5.1.4).

A seção 7.2. tratará extensamente da relevância de uma posição voluntarista para a reflexão sobre a justiça de Deus. Mas já agora pode ser notado que Calvino, por exemplo, pode repetidamente recorrer à incompreensão de uma grande quantidade de coisas para o nosso entendimento, porque a vontade de Deus é a norma superior para o que é justo e porque seus decretos estão ocultos. A posição de Calvino resulta que nem sempre é possível, nem necessário, demonstrar a justiça dos atos de Deus.

2.3.3 A justiça de Deus: um tema frequente e importante

Isso nos leva a uma segunda diferença entre Armínio e seus colegas. Em sua reflexão teológica, ele constantemente se refere, conecta e compara o critério da justiça de Deus. Isso é compreensível dada a função de primária importância que esse conceito tem na sua teologia, bem como

---

[203] OR 50 (I 363): "secundum quam intellectus se promovet ad volendum eadem proportione, qua intelligit et cognoscit".

o fato de que ele defendeu sua compreensibilidade e conhecimento. Em apoio, apontamos para um exemplo que o próprio Armínio fornece de seu antigo professor Beza, que admitiu que não podemos entender nem explicar como é que Deus permanece inculpável e a humanidade culpada, quando a última caiu em pecado em razão do necessário *decreto* de Deus.[204] De acordo com Beza, contudo, devemos confiar na justiça de Deus e nessa conexão que ele recorre quanto ao conhecimento obscuro e à incompreensibilidade de Deus. O mesmo pode ser dito sobre Calvino (veja 7.2.3). Como Armínio compreende isso, entretanto, muitos conceitos fundamentais foram substituídos. Ele repetidamente ressalta que Calvino e Beza, embora o negassem, tornaram Deus o autor do pecado. Armínio reconhece que eles próprios não quiseram deduzir essa consequência, mas insiste que isso é uma inconsistência da parte deles. Para ele, a justiça de Deus não é algo que se confessa simplesmente contra todas as aparências de injustiça, mas uma revelação de Deus que forma a base para a fé, pela confiança em Deus e na adoração a ele. Armínio assim deseja

> que se demonstre claramente e de forma perspicaz que Deus não é revelado como o autor do pecado de acordo com esse plano [i.e. o conceito de Calvino e Beza]; ou que a opinião seja alterada, pois ela é infame para muitos, não, uma causa para muitos separarem-se de nós, pois uma quantidade considerável de pessoas não estão se juntando a nós.[205]

---

[204] AC 499 (III 76); ETG 5-6 (III 530).

[205] AC 499 (III 76): "Quare velim plane et perspicue commonstrari, quod Deus ex illa ordinatione auctor peccati non statuitur, vel sententiam commutari; quandoquidem multis est scandalo, imo causa a nobis secedendi nonnullis, quamplurimis se nobis non coniungendi". Cf. AN 954-955 (II 715-716). Cf. Verklaring, 94-96 (I 643-644).

2.3.4 A certeza da teologia

De acordo com Armínio, certo conhecimento é de grande relevância para a teologia. Isso é claro do fato que ele dedica uma exposição para a certeza da teologia sagrada. Ele primeiro demonstra porque isso é assim. Não importa quão especial e magnífico seja o objeto, o autor e meta da teologia, não seriam suficientes para despertar em alguém, um verdadeiro desejo de se dedicar a estudá-la se não houvesse ao mesmo tempo a esperança certa de alcançar o conhecimento do objeto e atingir a meta.[206] Portanto, para cada pessoa, deve estar claro que há uma revelação divina, e que essa revelação é apoiada e defendida por esses argumentos seguros, demonstrando que sua divindade é reconhecida. Também deve estar claro que há uma forma em que as pessoas podem compreender o significado da Palavra e aceitá-la por intermédio de uma fé firme e segura.[207]

Mas o que é certeza (*certitudo*)? É um atributo da mente ou intelecto, e um modal (*modus*) cognitivo pelo qual o intelecto conhece o objeto como ele realmente é. É a verdade do objeto e o conhecimento dessa verdade, como oposto a uma opinião (*opinio*) sobre algo. Segundo Armínio, o *modus* da verdade é duplo: necessário ou contingente. A necessidade de algo simples (*simplex*) é a existência necessária dessa coisa. Isso se aplica apenas a Deus. A necessidade de algo complexo (*complex*) é a disposição e condição (*habitudo*) inevitável e necessária que existe entre o sujeito e um atributo.[208]

A existência de Deus (*esse*) é necessária, como são sua vida (*vita*), sabedoria, bondade, justiça, graça, vontade e poder. O fundamento da necessidade é a natureza de Deus, o princípio de contingência é o

---

[206] OR 56 (I 374).
[207] OR 56 (I 374).
[208] OR 56 (I 375): "Certitudo itaque est mentis sive intellectus proprietas, et modus cognitionis, secundum quem mens cognoscit obiectum prout est, et novit se id nosse prout est: distincta ab opinione".

livre arbítrio de Deus.²⁰⁹ Em Deus, há necessidade complexa, mas isso também é verdadeiro na realidade criada por ele. Em Deus, decorre em parte devido ao fundamento de sua natureza; em parte, devido ao princípio de seu livre arbítrio. Sendo assim, há níveis na necessidade de uma verdade complexa: o nível mais elevado é atribuído à verdade que se baseia na natureza de Deus como fundamento; os demais, que procedem da vontade divina, virão mais tarde.²¹⁰ A certeza pode ser derivada de três formas: 1. Por meio da experiência (os sentidos); 2. do conhecimento (conclusões gerais baseadas em axiomas); 3. da fé (tudo que não procede da experiência e conhecimento).²¹¹

Tendo alcançado esse ponto, Armínio continua a aplicar essas teses gerais para a meta da certeza da teologia. Seu objeto é Deus e Cristo. Deus é um ser real e o único necessário por causa da necessidade de sua natureza. Cristo também é um ser real que existe através da vontade de Deus e é também necessário porque ele existirá na eternidade. O que a teologia atribui a Deus em parte pertence à sua natureza e em outra parte está em harmonia com ela por meio do livre arbítrio. Na natureza divina, há vida, sabedoria, bondade, justiça, misericórdia (*misericordia*), vontade e poder, e isso por uma necessidade natural e absoluta. Através do livre arbítrio de Deus, as suas volições (*volitiones*) e suas obras que pertencem às suas criaturas estão de acordo com sua natureza e isso é imutavelmente assim. Isso significa que a teologia está erguida muito acima de outras ciências em termos de sua verdade, necessidade e certeza. A certeza do intelecto não pode ser maior que a verdade e necessidade do objeto conhecido. De fato, o intelecto sempre nem sequer atinge esse nível de verdade e necessidade por causa de algum defeito em sua capacidade. De acordo com isso, Armínio conclui que o objeto

---

[209] OR 57 (I 376): "Necessitatis fundamentum est, Natura Dei, contingentiae principium, libera voluntas Dei".
[210] OR 57 (I 376-377).
[211] OR 57 (I 377).

de nenhuma outra ciência pode ser conhecido com maior certeza do que o objeto da teologia:

> Conhecimento desse objeto [isto é, Deus] pode ser obtido com o maior nível de certeza, se for apresentado de uma maneira qualificada e própria à análise do entendimento de acordo com sua capacidade.

Essa "maneira" é uma revelação, que é necessária,[212] porque nem os sentidos nem o intelecto são capazes de conhecer esse objeto que é conhecido somente por si mesmo (Deus e Cristo). A revelação é tal que todos seus atributos, propriedades, afeições, ações e paixões são revelados ao mesmo tempo (*simul*) na medida em que podem ser conhecidos e são necessários para nossa salvação e para a honra de Deus e Cristo.[213] Armínio resume como segue:

> Portanto, temos a verdade e a necessidade de nossa teologia [*Theologiae nostrae*] em harmonia no nível mais elevado; temos uma noção adequada [*notio*] disso na [*mente*] de Deus e Cristo, de acordo com a palavra que é chamada de "enxertada". Temos uma revelação desta teologia manifesta aos homens pela palavra pregada; que a revelação concorda com as coisas mesmas [*rebus quidem ipsis*] e com a noção [*notio*] que mencionamos, mas de uma maneira que é adaptada

---

[212] Cf. OR 59-60 (I 381): Dada à natureza humana, a revelação é necessária por pelo menos três razões. 1. Uma pessoa precisa de revelação para adorar e conhecer Deus. 2. Sem revelação, a capacidade humana de receber o bem divino seria inútil. 3. Sem revelação, o desejo humano implantado para desfrutar o bem eterno seria vão. À luz da relação entre Deus e a humanidade, a revelação é necessária porque a última tem o dever de servir a Deus. Considerando que ele determina como deve ser adorado, ele deve revelar essa forma para eles. Muitos atributos divinos também devem ser revelados; em Cristo isso aconteceu de um modo extraordinário.

[213] OR 58-59 (I 378-379).

e adequada à capacidade humana [*verum captui humano contemperatam*]. E como todos esses são prolegômenos [*ut praecedanea*] para a certeza que nutrimos concernente a essa teologia, era necessário lidar com eles [*praestruenda*] nessas observações introdutórias.[214]

Isso tem consequências consideráveis. Deus revela ao seu povo todo o conhecimento que é necessário para a salvação dele para a sua própria glória e para que esse conhecimento seja eficaz, ele deve ser certo. A revelação provê assim conhecimento adequado direcionado sobre Deus e Cristo, de uma maneira adaptada ao entendimento humano, para estimular as pessoas a adorarem a Deus e serem levadas à salvação. Temos visto (cf. 2.2.2.) que, da perspectiva do caráter prático da teologia, Armínio considerou a justiça como o atributo de Deus que mais estimula as pessoas a adorá-lo. A forma que a justiça divina, bem como seus outros atributos, é revelada, é, portanto, adaptada à capacidade do sujeito conhecedor.

É importante verificar que o próprio Armínio também conecta a certeza da teologia ao caráter não teorético e prático do conhecimento da fé. A certeza da fé depende da verdade e da dependência do falante. Não apenas opiniões (*opinio*) questionáveis, mas também uma concepção (*conceptio*) obscura e complexa são de fato inimigas da fé (*fidei est adversa*). Não é apenas uma questão de fé histórica. Deus exige uma fé em sua Palavra que apreende (*intelliguntur*) seu sentido (*sensos*) na medida que for necessária para a salvação e para a glória do Pai.[215] Dessa forma

---

[214] OR 60 (I 381): "Habemus itaque Theologiae nostrae in supremo gradu consistentem veritatem et necessitatem; habemus illius in mente Dei et Christi adaequatam notionem secundum λόγον, ἔμφυτοσ dicitur; habemus eiusdem hominibus factam per λὸγον προφὸ ρικὸν revelationem, rebus quidem ipsis et notioni convenientem, verum captui humano contemperatam. Atque haec omnia certitudini, quam nòs de ista Theologia habemus, ut praecedanea, ita necessariò praestruenda".

[215] OR 60 (I 382): "Sed postulat Deus verbo suo illam haberi fidem, qua sensus illo enunciati, quantum quidem ad salutem hominum et gloriam Dei est necesse, intelligantur".

sua divindade será conhecida tão certamente que os cristãos creem que ela contém não apenas o nível mais elevado de verdade, mas também o bem magnífico. Então, as pessoas não somente crerão que Deus e Cristo existem, mas também que Deus é nosso Pai e Cristo nosso Salvador. "Consideramos isso como o ofício e aplicação de uma compreensão (*intellectus*) que não é meramente teorético, mas prático".[216]

Uma teologia prática que procura conhecer Deus em sua natureza, obras e vontade, portanto, deve ter uma compreensão indubitável, clara e simples de sua natureza, obras e vontade. Esse conhecimento tem que ser adaptado ao entendimento humano, mas essa adaptação nada retira de sua veracidade e confiabilidade e do fato de que a concepção (*notio*) dessa teologia está presente de forma adequada na mente de Deus e de Cristo.

De diferentes perspectivas e com base em diferentes pontos de partida, torna-se evidente que o conceito de Armínio sobre o conhecimento da justiça divina, não apenas evidencia diferenças importantes com respeito a esse de outros teólogos, incluindo Calvino, mas acima de tudo, que aquele conceito produz consequências diretas para a função que a justiça de Deus assume em seu pensamento e teologia. Essas consequências continuarão a ser o foco central dos capítulos seguintes, que levantarão, em primeiro lugar, a questão relativa à importância e função da justiça entre os atributos divinos.

2.4 Resumo e conclusão

O Capítulo 2 demonstra como Armínio compreendeu o conceito de justiça. O princípio básico é que cada pessoa recebe o que lhe é devido. O fundamento do conceito de Armínio de justiça é seu entendimento da própria justiça essencial de Deus. O conceito de Armínio acerca da relação entre justiça e misericórdia é que a justiça de Deus deve primeiro

---

[216] OR 60-61 (I 382): "quod non theoretici modo, sed et practici intellectus munus esse arbitramur".

ser satisfeita antes que ele possa ser misericordioso; uma posição que tem implicações para a função que Armínio confere a Cristo como Mediador nas doutrinas da predestinação e pacto. Essa ordenação de justiça e misericórdia é também o ponto de partida para *o duplo amor de Deus*, o conceito fundamental para a teologia de Armínio em sua totalidade. Como ele compreende, a justiça pressupõe uma liberdade de indiferença, pois sem ela não pode haver responsabilidade. Aqui, Armínio diverge consideravelmente do conceito amplamente defendido por seus contemporâneos (que seguiram Peter Martyr Vermigli), que os seres humanos não têm liberdade de indiferença e que a espontaneidade é a condição suficiente para a responsabilidade.

Na estrutura da teologia de Armínio, a justiça divina tem uma função predominante. Essa justiça é um atributo essencial que a natureza de Deus tem como resultado que a justiça é um conceito estruturalmente determinante em sua doutrina de Deus. O objeto da teologia, Deus, deve ser honrado e, portanto, representado de modo que estimule a adoração a ele. É a natureza de Deus que deve ser adorada em primeiro lugar (mesmo antes de suas obras e sua vontade), porque é a justiça de sua natureza que a torna digna dessa adoração. Sendo assim, precisamente no contexto do conhecimento e adoração a Deus, a justiça divina assume uma posição primordial na teologia de Armínio, e é, de fato, inseparavelmente entrelaçada nisso. O fato de, depois da queda no pecado, Deus, como objeto da teologia, deve ser conhecido também como o Cristo, é igualmente uma consequência da sua justiça inabalável. O último exige satisfação antes mesmo que a questão da salvação surja.

Armínio formulou esse conceito estruturalmente determinante de justiça no conceito do *duplo amor de Deus* desenvolvido por ele. Se esse princípio básico do duplo amor de Deus, um amor primariamente pela justiça e secundariamente pelos seres humanos, não é defendido nessa ordem e nesse relacionamento mútuo, nenhuma forma de religião é possível de alguma maneira. Em vista do fato que a justiça é um conceito e tema recorrentes na teorização de Armínio, pode-se deduzir que ele o usou e o desenvolveu, para uma teologia em que a justiça de

Deus é, consequente, consistente, e coerentemente defendida e aplicada para responder, negativamente aos seus críticos, e, positivamente, para elaborar sua própria teologia.

A abordagem de Armínio quanto a justiça de Deus abandona a compreensão de seus contemporâneos de duas maneiras: 1. a justiça de Deus é, e de fato deve ser, conhecível, porque é exatamente o conhecimento da justiça de Deus que estimula as pessoas a adorá-lo e a honrá-lo. Os limites da capacidade humana para entender não pressupõem que a justiça de Deus não pode ser conhecida (cf. Calvino), mas que a revelação dessa justiça foi acomodada a essa capacidade limitada, e é, por essa razão, adequada. 2. Armínio consistentemente recorre à justiça de Deus e a usa para mensurar a validade de sua própria teologia.

CAPÍTULO 3

A justiça de Deus na teologia de Armínio: Deus, Criação, Pecado e Evangelho (Evangelium)

3.1 A justiça como atributo divino

3.1.1 A relevância e função dos atributos de Deus

A teontologia desempenha uma função importante na teologia de Armínio e forma um de seus pilares. Não se pode encontrar uma análise completa da teontologia em suas obras, porém, ele a analisa suficientemente, de modo que é possível compreender da função atribuída à justiça de Deus na essência e atributos divinos. Ao discutir a liberdade da vontade de Deus, a função da justiça como árbitro, bem como o relacionamento da sabedoria e justiça de Deus, Armínio revela algo da forma sobre como ele concebe a relevância e função da justiça entre os atributos.[217]

---

[217] Para a relevância e função da justiça de Deus no pensamento dos reformadores e dos representantes da ortodoxia reformada, veja MULLER, *The Divine Essence and Attributes*, 476-497; para Gisbertus Voetius, veja BECK, *Gisbertus Voetius*, 359-380.

A liberdade da vontade de Deus

Nenhuma liberdade deve ser atribuída à vontade de Deus às expensas da sua justiça. Armínio faz essa importante observação quando lida com a liberdade de Deus para abandonar as pessoas a si mesmas e, reprová-las. Afinal, a justiça precede a vontade, e é sua norma. A liberdade é acrescentada à vontade como seu *modus* e é assim determinada pela justiça que precede a vontade de Deus, funcionando como sua norma.[218] A liberdade da vontade de Deus não sugere que ele deseja todas as coisas, mas, em vez disso, que deseja livremente tudo que quer. Há algumas coisas que Deus não pode querer em razão de sua justiça, mas isso não deve ser compreendido como um limite para a sua liberdade. Não há entidade superior acima e fora de Deus, mas a sua própria justiça estabelece limites para o que ele pode querer.[219] Deus também é a *causa das causas*; nenhuma *explicação* deve ser buscada fora disso.[220]

---

[218] Cf. *Verklaring*, 84 (I 629).

[219] Armínio aqui ensina que há uma justiça necessária em Deus de uma forma que é comparável ao que Gisbertus Voetius ensinou posteriormente e de uma forma muito mais explicitamente desenvolvida. Veja BECK, Gisbertus Voetius, 359-380. Neste contexto, Beck nota que Voetius adota uma posição que é um tanto extraordinária na teologia reformada (p. 374), por meio da qual ele, de sua distinção fundamental entre a justiça necessária e contingente de Deus, assume uma posição que evita a Cila do determinismo e a Caríbdis do voluntarismo extremo (p. 373). Vale a pena citar o sumário de Beck da posição de Voetius para iluminar também o ponto de vista de Armínio (p. 379): "Gottes Recht als Disposition des göttlichen Willens wird von Gottes wesentlichen Eigenschaften her reguliert. Gott kann somit kein Recht 'Setzen', das in sich widersprüchlich wäre oder seiner eigenen Natur widerspräche. So gesehen ist Gottes Recht notwendig, woraus sich aufgrund der göttlichen Natur auch eine göttliche Selbstverpflichtung gegenüber ihm selbst und seinen Geschöpfen ergibt. Dennoch bleibt Gott frei, dieses oder jenes Recht, das keinen Widerspruch in sich oder zu seinem Wesen impliziert, zu 'setzen' oder auch nicht zu 'setzen'. So gesehen ist Gottes Recht ein positives; es ist frei und kontingent. Das kontingente Recht wird vom notwendigen Recht zwar reguliert, aber nicht determiniert".

[220] EP 683 (III 342-343). Antes, em EP 681 (III 339), Armínio havia presumido que Deus seria livre na eleição e na reprovação. É Deus que tem o poder de punir o pecado de acordo com o que é devido ou perdoá-lo através da graça em Cristo. Com a eleição e a reprovação, o absoluto livre arbítrio de Deus é a causa próxima e imediata. Cf. EP 750 (III 443): Deus é αὐτεξούσιος e, portanto, não recebe leis das volições humanas. Por outro lado, há coisas que Deus não deseja que ocorra, a menos que certa volição humana as preceda,

Em sua *Apologia*, Armínio defende fervorosamente sua tese de que a blasfêmia mais terrível é quando se afirma que Deus é livremente bom. Durante um debate, um aluno defendeu a possibilidade de que necessidade e liberdade podem se unir com a tese de que Deus é, ao mesmo tempo, necessariamente *e* livremente bom. Armínio ficou tão ofendido por essa afirmação que a considerou não muito distante da blasfêmia. Ela é falsa, absurda e blasfema. É falsa porque Deus em sua essência, natureza e através de uma necessidade natural do bem é de fato bondade em si mesmo, a fonte mais sublime e primeira de tudo que é bom. Portanto, ele não é *livremente* bom. É absurda porque a liberdade é uma *disposição* da vontade de Deus, não de sua essência, de sua compreensão, de seu poder ou de sua natureza como um todo. A liberdade é uma disposição da vontade, direcionada para um objeto e não é primária, nem adequada, e difere do próprio Deus. A bondade, contudo, é uma disposição da natureza integral de Deus, de sua essência, sua vida, seu intelecto, sua vontade, seu poder etc., o que presume que Deus é bom por necessidade natural. A declaração do aluno é blasfema porque Deus, se fosse na realidade livremente bom, poderia também ser, ou não ser, bom.[221]

A *justiça como árbitro*

Deus é a própria *justiça*. Ele é *justiça, sapiência e onipotência*. Por essa razão, Deus não pode exigir que as pessoas façam o que é injusto. E isso, por sua vez, forma o fundamento de nosso dever em obedecê-lo quando ele demanda algo. Armínio, portanto, não considera universalmente verdadeiro que algo seja justo porque Deus o deseja, pois o

---

como enviar o Filho de Deus para remover o pecado; Deus não deseja isso, a não ser que o pecado seja primeiramente cometido pelo ser humano. Veja também ETG 119 (III 625): "Quod Deus juste facere non potest, id juste velle non potest".

[221] A31A 166-167 (II 33-34).

oposto também poderia ser verdadeiro.²²² Aqui, também, vemos a evidência do intelectualismo de Armínio. Um voluntarista considerará a vontade de Deus o princípio superior, a norma superior também para determinar o que é justo,²²³ mas, como intelectualista, Armínio defende o conhecimento e a sabedoria de Deus como o princípio superior. Por meio de sua sabedoria, Deus conhece tudo que é bom, e sua justiça como árbitro (*arbitratrix*) determina o que é justo. A justiça é a norma, prescreve o próprio *modus*, é o árbitro da justiça e misericórdia de Deus (que procede de sua bondade) e assim de todas as boas obras de Deus.²²⁴ Das possibilidades identificadas pela sabedoria e justiça divinas, sua vontade escolhe algumas para realizar. A vontade de Deus, portanto, é a *causa das causas*, mas não está acima e fora da *sapiência* e *justiça*.²²⁵

Não apenas a vontade e a sabedoria de Deus, mas também o seu poder (*potentia*) dependem da sua justiça. Seu *poder* deve ser exercido de acordo com sua justiça.²²⁶

---

²²² EP 693 (III 357-358). Também, sobre esse aspecto, há similaridades notáveis com Voetius: Beck, *Gisbertus Voetius*, especialmente 363.366-369.373 e 379: "Für das Euthyphron-Dilemma bedeutet dies, dass Gott dasjenige, was mit seinem notwendigen, strukturell dem Willen vorgeordneten Recht korrespondiert, deshalb will, weil es gerecht ist, während dasjenige, was mit seinem freiem, strukturell dem Willen nachgeordneten Recht korrespondiert, deshalb gerecht ist, weil er es will".

²²³ Cf. a exposição de Armínio sobre o conceito de Perkins e sua resposta ao último em EP 743-744 (III 433-434). A razão pela qual Deus não concede a algumas nações os meios para salvação não deve ser procurada na vontade antecedente de Deus, que precede todas as causas nos e dos homens.

²²⁴ AR9 795-796 (III 511-513): "Iustitiae, praescribere normam communicationis [...] Iustitia praescripsit modum quo decebat istam communicationem fieri; nam est bonitatis arbitratrix, vel, ut Tertullianus inquit, arbitratrix operum Dei. [...] Verum iustitia normam et modulum praescripsit huius communicationis, scilicet, illam fieri non debere, nisi sub conditione [...] Sed hoc non est passa eadem illa bonitas, (quam mihi matricem misericordiae hoc loco appellare liceat) quin nec ipsa Dei iustitia, bonitatis, et misericordiae arbitratrix". Cf. ETG 19 (III 541).

²²⁵ Cf. AN 949 (II 707).

²²⁶ EP 742 (III 432): "Pendet igitur ista poena ex mera et libera Dei voluntate, quam tamen inferre non potest nisi peccatoribus, suspendente illius potentiam iustitia divina, secundum quam potentia est exercenda".

Nos casos anteriormente mencionados, por "justiça" Armínio compreende sua função normativa abrangente: justiça no sentido mais amplo concede a cada um o que lhe é devido. Na sequência, ficará evidente que Armínio também compreende "justiça" em um sentido mais limitado.

Sabedoria como Mediadora

Quando se fala de justiça, pode-se também falar da justiça punitiva (vindicativa) de Deus. Às vezes, parece que uma justiça de Deus conflita com outra justiça divina. Por exemplo, Deus poderia querer punir um pecador devido à sua justiça vindicativa (porque sua justiça é "um amor à justiça e um ódio à iniquidade"), embora a justiça de Deus em seu sentido abrangente, como um "desejo perpétuo e constante nele de fazer a cada um o que lhe é devido",[227] deseje ao mesmo tempo conceder também à bondade de Deus, o que lhe é devido; algo que é a progressão para a graça (*misericordia*). Essa graça não deseja que o pecador seja punido. É a sabedoria de Deus que garante que não haja conflito a despeito dessas múltiplas facetas de sua justiça. Há, portanto, uma relação estreita entre a justiça de Deus e a sua sabedoria. A sabedoria de Deus segue a norma da justiça para determinar o que é bom, mas como fator determinante em um ponto de vista intelectualista, a sabedoria leva em conta todos os atributos de Deus, incluindo sua bondade e sua graça. Não há conflito com a justiça de Deus, pois ele deseja que tudo, incluindo a sua bondade, receba o que lhe é devido. Sendo assim, mesmo quando se considera todos os atributos de Deus, a sabedoria segue as prescrições de sua justiça. A cooperação estrita entre justiça e sabedoria, às vezes, leva alguém a supor que, no pensamento de Armínio, a sabedoria divina seja uma função de sua justiça que garante que todas as suas demandas sejam satisfeitas no contexto de sua vontade e de seus atos.

---

[227] *Verklaring*, 77 (I 624).

Para ilustrar isso, apontamos para o argumento de Armínio de que, depois da queda no pecado, a sabedoria de Deus provê a "solução" para o "problema" de que a justiça de Deus demanda a punição do pecador, mas que ela, ao mesmo tempo, deseja que sua bondade receba o que lhe é devido (isto é, progressão para graça). A solução é encontrada em Cristo Jesus, o Mediador, que, como substituto, sofreu a punição pelo pecado e, assim, abriu o caminho para a graça de Deus aos pecadores.[228]

Quando se ignora a diferença entre as formas com que Armínio usa o conceito de "justiça" — isto é, no sentido "abrangente" ou "limitado"— seria difícil compreender algumas passagens ou situá-las no contexto de seu pensamento. Precisamente nessas situações, a sabedoria de Deus funciona como o agente mediador. Isso pode ser ilustrado concretamente com vários exemplos.

Armínio escreve que a justiça de Deus é intrínseca ao próprio Deus. Por isso, justiça não precisa necessariamente ser manifesta por meio da punição de um pecador. De acordo com ele, Deus tem uma forma muito mais excelente pela qual pode manifestá-la:[229] na punição do pecado em seu próprio Filho, uma forma claramente melhor que mostra, ao mesmo tempo, a extensão da aversão divina ao pecado, e que também, não é necessário punir o pecador.[230]

Uma interpretação correta dessas declarações deve, em primeiro lugar, considerar que Armínio aqui analisa o conceito daqueles que defendem que a justiça é limitada à sua função vindicativa. Posto que no contexto da teologia de Armínio a justiça de Deus é mais ampla, para ele, não pode haver algo como (queda em) pecado necessário. Não é sem razão que Armínio repreende seus oponentes por pressupor uma (queda no) pecado que é necessária, pois do contrário seria impossível

---

[228] AR9 796 (III 512-513); cf. 3.1.2.

[229] AC 576 (III 186).

[230] AC 582 (III 194-195). "Hinc concludo, iustitiae secundum legis normam administratae declarationem necessariam non fuisse, et propterea ex necessitate iustitiae divinae poenam praeparatam non esse peccaturis; quum Deo liberum fuerit poenas peccatis debitas ab ipsis peccatoribus ablatas filio suo perferendas et persolvendas imponere."

para Deus manifestar sua justiça. Considerando que Armínio concebe a justiça de Deus não somente como limitada à punição de pecadores (isto é, justiça vindicativa), mas compreende a punição apenas como uma forma em que a justiça retribui a cada um o que lhe é devido, no contexto de seu pensamento, Deus não precisa pecar para manifestar sua justiça. Isso permanece verdadeiro mesmo depois da queda. Não há necessidade na justiça de Deus para punir pecadores (pessoalmente); como prova, há o sacrifício substitutivo de Cristo.

Outro exemplo pode ser encontrado quando Armínio postula que, nem a justiça, nem a graça, se servem com respeito aos pecadores, visto que então todos seriam punidos ou perdoados. Também aqui, Armínio tem sua visão posta no conceito que compreende a justiça meramente em sua função vindicativa. Afinal, a justiça molda-se segundo seu objeto, nesse caso o pecador. A sabedoria de Deus direciona (*Dei sapientia illis moderantis*) a justiça e a graça, de acordo com a função de cada uma. A vontade de Deus se conforma ao julgamento de sua sabedoria e serve à justiça de um modo que há espaço para graça, e vice-versa.[231]

O próximo exemplo ilustra que a justiça normativa está implicitamente presente no funcionamento da sabedoria de Deus. Armínio considera que "criação para destruição" conflita com a sabedoria de Deus porque: 1. Deus então decretaria algo que não é bom; 2. Deus então manifestaria sua misericórdia e justiça em um ato — isto é, a decisão que as pessoas devem se tornar pecadoras e cair na miséria — que realmente contradiria sua misericórdia e justiça; 3. a ordem da sabedoria de Deus, a saber, que ele primeiramente quis glorificar a humanidade por meio da sabedoria da lei e, então, através da sabedoria do evangelho (*Evangelium*), é revertido quando "Deus predeterminou absolutamente salvar os homens por sua misericórdia e sabedoria que estão compreendidas na doutrina da cruz de Cristo".[232] O que está aqui compreendido na sabedoria de Deus, tem muito a ver com a sua justiça e a sua função

---

[231] AC 581-582 (III 194); cf. *Verklaring*, 106 (I 653).
[232] *Verklaring*, 77 (I 624).

normativa. Quando Deus determina fazer algo que não é bom, isso não apenas não se conforma com sua sabedoria, mas também certamente não com a justiça de Deus, que funciona como a norma para suas decisões e para o que a sabedoria de Deus se orienta.

Porém, a relação entre sabedoria e justiça pode ser ilustrada até mais claramente. Em vários períodos,[233] Armínio fala no contexto da *administração* dos meios de graça a respeito da justiça de Deus como consistindo em *misericórdia* e *severidade*. A sabedoria de Deus, "pela qual ele sabe o que é próprio e se torna sua misericórdia e severidade", controla esses meios. Sua justiça, portanto, consiste em um par conceitual que governa a sua sabedoria. E mais, Armínio imediatamente acrescenta isso aos meios que são administrados não apenas de acordo com a sabedoria de Deus, mas também com a sua justiça, "pela qual ele se dispôs a adotar o que sua sabedoria pode prescrever e colocar em execução".[234] Sua vontade e poder, portanto, cumprem a prescrição da sabedoria em obediência à justiça. A justiça divina também determina os conteúdos da prescrição da sua sabedoria, que, em contraste garante que as diversas formas de sua justiça sejam totalmente satisfeitas.

Resumo

A função da justiça de Deus é determinada em larga extensão pela importância que ela tem na essência divina. A justiça é universalmente normativa, e por essa razão, é de influência determinante sobre todas as faculdades e atributos. Não há *momentum* em Deus no qual a *justiça* não exerça sua influência. De acordo com Armínio, a justiça funciona como o árbitro de todas as palavras, atos e vontade de Deus. Toda faculdade tem sua própria função, mas todas as faculdades têm justiça por assim dizer como "controle de qualidade": justiça, como a "soma total de

---

[233] A31A 139 (I 748); HaC 943 (II 699); AN 957 (II 719). Cf. PrD XXI (II 350).
[234] *Verklaring*, 106 (I 653).

todas as virtudes", determina o *como*, a maneira na qual as faculdades expressam suas funções.

3.1.2. Implicações para os atos criadores e providenciais de Deus

A justiça funciona como o árbitro das faculdades de Deus. É evidente portanto que isso tem consequências para os seus atos na criação e providência, particularmente como eles se aplicam à humanidade. Nos debates públicos e privados, faz-se uma distinção entre a justiça de Deus em suas palavras (*in dictis*) e em suas obras (*in factis*).[235] Nos escritos de Armínio, não encontramos a exposição sistemática cuidadosa da justiça divina no estilo escolástico como nesses debates, nem na terminologia precisa. Pode-se ser tentado a concluir que fora da sala de aula, Armínio estava menos preocupado com uma exposição analítica desses temas fundamentais, como a justiça de Deus do que com a aplicação deles.

Criação

O conceito de Armínio sobre a importância e função da justiça na teontologia tem implicações extensas para seus conceitos relativos aos atos de Deus da criação e providência e muitos outros. Deus, o bem excelso (*o sumo bem*), cria do nada (*nihilum*) e o que surge dessa fonte de todo bem só pode ser bom. Deus tem o direito (*ius*) de tomar o que ele concedeu. Com respeito à criação isso significa que ele tem o direito de retirar da criação seu estado de ser e fazê-la voltar ao estado de não existir ou *nihilum*. Contudo, sua bondade torna impossível para Deus, sem haver uma razão para isso, de sua justiça como expressada no pacto ou na lei, de fazer com que o bem que ele criou se torne *menos do que nada* ou a miséria; pressupondo que a miséria seja menos que o não existir. Isso

---

[235] PuD IV (II 132-133); PrD XXI (II 350-351).

tornaria Deus o autor do mal. Como trazido à existência por Deus, a criação é absolutamente justa e boa. "A criação para a condenação" é impossível porque a condenação é o ato de um justo juiz, e um justo juiz não condena nenhum justo, mas, ao contrário, aqueles que se tornam ímpios pelas próprias faltas.[236]

Teologia legal

Antes que analisemos permissão e pecado, o conceito de Armínio da teologia pré-queda deve ser tratado. Essa teologia pré-queda já foi analisada como a teologia *legal* (ou teologia da lei). Antes da queda, Deus tinha um plano e propósito para a criação em si mesma, bem como um pacto que se adequava às circunstâncias pré-queda. Armínio, portanto, considera um grave erro presumir a criação como meio para executar o decreto de predestinação, visto que ignora o fato de que Deus dotou a criação de sua própria natureza e propósito, "porquanto a criação não é para a execução do decreto de predestinação".[237] Além disso, dado que a predestinação pertence ao sobrenatural, e a criação, ao natural, elas diferem em *espécie* e *modo*, e não podem conflitar (*impingere*). O sobrenatural pode acrescentar algo à natureza criada, e pode se estender para além dela, mas ainda assim não pode fazer nada que conflite com ela. Para Armínio, esses princípios pertencem ao *dogma verdadeiro*.[238]

A ordem entre os atributos de Deus também não admite que a criação seja um meio para a execução do decreto de predestinação. Armínio argumenta que os atributos de Deus, pelos quais a criação foi realizada, têm uma função na natureza divina em um "período (*momen-*

---

[236] EP 691 (III 354); veja também ETG 76.124 (III 590.630); cf. PrD XXI (II 352).

[237] AC 597 (III 217-218): "Creatio enim non est de exsecutione decreti praedestinationis".

[238] AC 604-605 (III 226-227). "Licet enim modo differant creatio et praedestinatio, et genere, tanquam naturale et supernatuale, tamen eiusmodi praedestinatio et reprobatio vera esse nequit, quae impingit in conditiones creationis. (...) Nam supernaturalis actio potest creatae naturae aliquid addere, ordinemque naturae excedere; adversus autem creationem nihil statuere".

tum)²³⁹ estrutural" anterior do que aqueles atributos que pertencem à predestinação.²⁴⁰ Armínio expressa que a criação procede da bondade de Deus, enquanto a predestinação surge de sua graça; em que a última é uma forma particular da bondade de Deus e, portanto, em um "período estrutural" posterior. Com base nessa estrutura ou ordem relativa em Deus, Armínio conclui que a criação precede à predestinação. E por essa razão, a criação não pode ser o meio de executar o decreto.

A situação pré-queda da humanidade foi uma em natureza e graça.²⁴¹ Deus dotou suas criaturas racionais com a habilidade (*capax*) de alcançar uma perfeição superior. Essa perfeição é união com o sumo bem²⁴² (Deus) que forma a beatitude de suas criaturas racionais. O propósito definitivo da teologia é a *união de Deus com o homem*.²⁴³ Mas a *razão* demanda que isso não pode ser concedido fora da justiça. Por essa razão, a lei e a condição de obediência a ela foram concedidas à humanidade. Isso foi o primeiro decreto que pertence ao propósito definitivo das criaturas racionais e, para a glória de Deus, na manifestação de sua bondade e justiça mais excelentes. Sua bondade, juntamente com sua justiça, então, seria manifestada por meio da promessa divina que a humanidade havia compartilhado nesse sumo bem por meio de sua perseverança (*statio*). A justiça vindicativa de Deus seria manifestada se suas criaturas racionais se tornassem indignas desse sumo bem através

---

²³⁹ Eu agradeço a Antonie Vos por sua ajuda com a tradução de *momentum*.

²⁴⁰ EP 644 (III 282).

²⁴¹ EP 649 (III 291): Uma pessoa não pode fazer nada bom sem a ajuda da graça especial de Deus, que também se aplica a Adão antes da queda. Cf. AC 512 (III 95) e AC 554 (III 153): o homem jamais existiu, nem mesmo antes da queda em pecado, *no estado natural*, isto é, sem a graça sobrenatural.

²⁴² Também, na teologia evangélica o propósito definitivo de tudo é a união perfeita com Deus; Deus é tudo e em tudo. O tema mais importante (*consummationem principalem*) é a união com Deus, que sob a administração da teologia evangélica é alcançado através da união perfeita com Cristo. AAC 616 (III 243).

²⁴³ OR 49 (I 361-362).

da desobediência.²⁴⁴ Para alcançar essa *união com Deus*, a humanidade dependia da graça divina.²⁴⁵

O primeiro pacto, a queda e o novo pacto

O tópico do pacto já apareceu várias vezes. Armínio considera o pacto a forma pela qual Deus se relaciona com a humanidade.²⁴⁶ A primeira relação entre Deus e suas criaturas racionais diz respeito a dar e receber.²⁴⁷ Deus toma a iniciativa e determina os dois lados do pacto: 1. uma promessa divina anterior, pela qual ele se compromete com certo dever em relação à humanidade e a tudo que esse dever implica. 2. o dever que é, em retorno, requerido dessas pessoas.²⁴⁸ Esse dever consiste em sacerdócio e realeza, que eram originalmente um só ofício. Deus fala ao sacerdote, como mediador pactual, o que se requer dos participantes do pacto como dever, e o que ele deseja que façam, porque é para o bem deles. Com seu pecado, Adão perdeu todos os direitos desse sacerdócio em conformidade com a justiça imutável de Deus (*iuxta immotam regulam iustitiae divinae*). Contudo, Adão não caiu sozinho. Todos aqueles que ele representava, quer existissem, quer não, perderam, com ele, esse sacerdócio e desse pacto do qual o sacerdote era o mediador e administrador. Não havia mais ninguém que pudesse realizar o sacerdócio de acordo com as demandas do pacto. Com isso, também tal sacerdócio em si mesmo veio a um fim.²⁴⁹

---

²⁴⁴ EP 640-641 (III 277-278).

²⁴⁵ AC 554 (III 153-154).

²⁴⁶ Para o conceito de Armínio do pacto, veja MULLER, "Federal Motif", 103-108; GRAAFLAND, *Verbond*, 186-210. Para a crítica de Muller, cf. HICKS, *Theology of Grace*, 94-95.

²⁴⁷ OR 10 (I 406): "Primus omnium, qui inter Deum et Homines respectus est, dati et accepti constat rationibus".

²⁴⁸ OR 11 (I 406): "Constat enim foedus omne Dei cum hominibus initum duabus partibus, promissione Dei priore, qua se hominibus ad officium aliquod et officii actus convenientes obstringit, et praescriptione posteriore officii, quod ab hominibus vicissim stipulator, et de quo homines Deo mutuum respondent".

²⁴⁹ OR 11-13 (I 406-409).

A queda no pecado resultou no completo abandono do plano original de Deus para a humanidade. Esse pacto exigia plena obediência às demandas do pacto e da lei. A justiça de Deus exigia condenação por causa da desobediência. Entretanto, a justiça de Deus ao mesmo tempo, e de acordo com sua natureza, queria também que sua bondade recebesse (*reddi*) o que lhe é devido. O que convém à bondade de Deus é que ela seja promovida e revelada pelo que realmente ela é: graça, que é a *disposição* de bondade para com aqueles que caíram em miséria.[250] A sabedoria de Deus revelou a única forma (*modus*) de a justiça de Deus ser totalmente satisfeita, enquanto sua bondade pudesse, ao mesmo tempo, ser plenamente revelada na forma de misericórdia. Essa solução é Jesus Cristo, o Mediador (cf. 3.1.1.).[251] Em um *pacto*, o Filho de Deus se apresenta a Deus para sofrer a punição pelo pecado no lugar da raça humana e como Mediador realizar a expiação entre Deus e a humanidade, satisfazendo assim a justiça de Deus (cf. 3.3.).[252] O *pacto* entre o Pai e o Filho forma a base para o novo pacto (*foedus*) estabelecido por Deus com a humanidade, de modo que a meta original da teologia, a união do homem com Deus, fosse alcançada. Essa diferença entre a teologia *evangélica* e a teologia *legal* também significa que a meta da teologia *evangélica* não é mais a mera união com Deus, mas agora também com Cristo (veja 2.2.2.) e é a *vis*ão e o *fruto* de ambos, para a glória de Cristo e de Deus.[253]

Igualmente, o novo pacto com a humanidade é estabelecido em estrito acordo com a norma da justiça de Deus, que exige que o novo pacto não seja menos condicional que o primeiro.[254] Essa afirmação deve ser explicada da perspectiva do pensamento de Armínio, em que a justiça implica uma forma de condicionalidade em forma de uma lei ou preceito; é uma condição para a religião que alguma forma de justiça

---

[250] AR9 796 (III 512-513).

[251] AR9 796 (III 513): "Invenit itaque, sapientia modum, quo redderetur caussae quod meruit, et bonitati quod decuit: nempe Iesum Christum Mediatorem".

[252] OR 16 (I 415); OR 39 (I 343).

[253] OR 51 (I 364).

[254] AR9 796 (III 513).

esteja em funcionamento²⁵⁵ (cf. 4.1.). A condição do novo pacto não pode mais ser a plena obediência à lei. No entanto, justificação pelas obras da lei não é só impossível, como também, no novo pacto, ela também não é a condição de forma alguma. Procurar ser justificado diante de Deus nessa antiga forma não somente enfraquece o pecado e compreende equivocadamente a nova situação, como também destrói o significado da pessoa e da obra de Cristo, o Mediador do novo pacto. Não é ele, afinal, o segundo e subordinado objeto da teologia cristã, que deve ser conhecido como seu objeto? A nova condição que convém ao caráter do novo pacto foi definida por Deus como sendo a união com Cristo Jesus pela da fé. A única maneira de compartilhar os méritos do sacrifício de Cristo é estar unido a ele por meio da fé, por meio da qual todos os méritos e bênçãos de Cristo são oferecidos ao cristão e apropriados por ele.

Providência

Por providência de Deus (*providentia*), Armínio compreende todos os atos divinos para sustentar e governar a criação. A providência é, portanto, subordinada à criação e por essa razão jamais atua contra a criação,²⁵⁶ mas se acomoda a ela.²⁵⁷ Isso significa, por exemplo, que a providência trata a humanidade como sendo livre para escolher a Deus e que ele não impedirá a necessária *agência*.²⁵⁸ A autoridade soberana de Deus de exigir honra da humanidade está arraigada na criação desta segundo a imagem de Deus.²⁵⁹ De modo santo, justo e sábio (*sante, iuste et sapienter*), Deus zela (*curat*) pela maneira com que deve ser adorado

---

²⁵⁵ Carta a Wtenbogaert, sem data (1599), Ep.Ecc. 45 (II 749); *Verklaring*, 90 (I 636).

²⁵⁶ AN 953 (II 714).

²⁵⁷ A31A 144 (I 761): De outro modo, a providência, que deveria ser acomodada à criatura, almejaria ser diretamente contra a criatura: "secus providentia quae creationi debet esse accommodata, ei directe adversabitur".

²⁵⁸ A *agência* será tratada abaixo.

²⁵⁹ OR 30 (I 329).

ela obediência que lhe é devida²⁶⁰ Deus pode também tornar um dos elementos de sua providência dependente de um elemento precedente ou de uma obra precedentes.²⁶¹

Providência e pecado: permissão divina

O mal não tem existência por si só e não há mal absoluto; em todo mal há, portanto, ainda algum bem. A natureza de alguma coisa não é má; a razão do mal não é que a vontade está orientada para o mal, mas, antes, está orientada para um bem inadequado, ou ainda de maneira imprópria ou para um fim impróprio. O mal não existe, exceto no bem.²⁶² A possibilidade do mal está presente na criação porque os seres humanos, como criaturas racionais, têm livre escolha (*liberum arbítrio*), o que implica a possibilidade de desfazer o pacto com o Criador.

Deus odeia o pecado em sua essência ou existência e fez o possível para evitar o pecado,²⁶³ mas não quis efetivamente evitá-lo porque isso não se adequaria à instituição original de humanidade.²⁶⁴ A consequência é que a humanidade poderia pecar, embora não devesse pecar. Deus jamais planejou a desobediência que é pecado ou quebra do pacto.

---

²⁶⁰ OR 30 (I 329).

²⁶¹ AC 584 (III 198): "Iam vero quod ad partium harum inter se ordinationem attinet et connexum, dico fieri posse ut posterioris actus ex prioris aliquo actu dependeat, atque ita, ut ab illa priore actus posterioris in unam partem determinetur."

²⁶² EP 702 (III 370-371). "Verum ratio mali in eo non consistit quod fertur in malum voluntas, sed quod fertur in bonum non debitum, vel non debito modo et fine." "Malum enim non est nisi in bono". Cf. EP 723-725 (III 403-407).

²⁶³ EP 649 (III 290-291). Exemplos de meios usados por Deus para impedir o pecado incluem: 1. Um mandamento para não pecar; 2. A graça preventiva necessária e suficiente; 3. Ameaças de punição; 4. A promessas de recompensa por obediência. Cf. PrD XXX (II 372).

²⁶⁴ AC 572 (III 179): "Inconveniens primae institutioni hominis". EP 646 (III 285): "Etiamsi Deus malum impediret, dummodo ista impeditio non fieret modo primaevae hominis institutioni non conveniente; et liberum est Deo peccatum impedire, sed modo non pugnante contra arbitrii libertatem". Veja também EP 701 (III 369-370).

O ato impeditivo de Deus (*actus negativus*) que precede o (cair no) pecado (pois sem esse ato impeditivo da parte de Deus, o pecado jamais ocorreria) deve ser um ato de providência ou de reprovação/desconsideração. De acordo com Armínio, jamais poderia ser um ato de reprovação. Seu argumento mais forte é que nem todos são réprobos, embora todas as pessoas pequem. Se cair em pecado, o que acontece a todos, fosse uma consequência da reprovação, não haveria eleitos. Além disso, reprovação é um ato imutável, final e definitivo de impedir auxílio eficaz. A partir do fato de que Deus não sonega auxílio eficaz a ninguém, pode-se concluir que o ato divino de impedir o que precedeu a queda não foi um ato de reprovação e, portanto, ao invés disso, de providência. Esse ato de impedimento, providencial não acarreta necessariamente a queda no pecado, porquanto a providência foi criada para guiar a raça humana à vida eterna e proveu os meios necessários e suficientes para obter a vida eterna. No entanto, permitiu-se à vontade humana fazer uso livre desses meios.[265]

A providência de Deus está absolutamente acima de tudo, incluindo o pecado, embora Armínio fizesse uma cuidadosa distinção entre a ação em si mesma e o pecado nessa ação.[266] Armínio faz uma análise extensa, precisa e cuidadosa da relação da providência de Deus com o pecado.[267] Ele está especialmente atento porque qualquer descuido logo levaria a todo tipo de absurdo e até mesmo de blasfêmia.[268] Como

---

[265] AC 571-572 (III 179): "Nam providentia ordinavit hominem in vitam aeternam, et media contulit ad illam consequendam sufficientia et necessaria: reliquens (ut decebat ex institutione prima) hominis arbitrio usum liberum istorum mediorum, et nolens libertatem illam impedire ne rescinderet quod instituerat".

[266] HaC 942 (II 697); *Verklaring*, 111-112 (I 657-658).

[267] Na *Análise sobre Perkins*, Armínio dedica uma excursão extensa relativa à permissão: EP 713- 734 (III 389-419). Ele nota que depende muito de uma análise correta desse tópico: "quia magnum in eo ad totum hoc negotium expediendum positum est momentum". EP 644 (III 283). Cf. PuD VII (II 153-154).

[268] EP 726 (III 408): "In quo sane docendo tanto magis est enitendum, quanto proclivior est lapsus in istam absurditatem et blasphemiam iis, qui providentiam divinam agentem, impedientem, permittentem adstruunt quidem, sed non satis destincte, accurate, diligenter singula inter se comparantes et conferentes et ab invicem distinguentes". Cf. A31A 170 (II 40).

ele mesmo diz, está sempre extremamente preocupado em evitar duas coisas: tornar Deus o autor do pecado e eliminar a liberdade da vontade humana.[269] Em outro contexto,[270] ele acrescenta que Deus deve também ser descrito como um "expectador ocioso". Seguindo a tradição, Armínio define a relação da providência de Deus com o pecado como "permissão" (*permissio*).[271]

Em contraste com outros, incluindo Calvino — o qual recusaria a permissão se ela sugerisse que algo poderia ocorrer fora de, sem ou contra a vontade de Deus — Armínio, como consequência de seu conceito sobre a justiça de Deus, compreende permissão como um ato da vontade que se encontra em algum lugar entre querer e não querer. Considerando que Deus está ativamente envolvido em tudo que acontece, seja de forma ativa, seja por permissão, e porque Deus, no entanto, não é o autor do pecado, deve haver algum tipo de ato permissivo divino que seja capaz de inocentá-lo da acusação de ser o autor do pecado. Contudo, não se pode atribuir à providência de Deus qualquer ato que conflite com sua justiça.[272]

Deus deseja a permissão do pecado, mas isso não pressupõe que Deus deseje o pecado. Pelo contrário, a permissão é um ato da "vontade estática". Deus teve de permitir o pecado porque ele havia criado a raça humana com livre escolha para testar sua obediência livre e voluntária. A maneira pela qual Deus faz ou impede algo não remove a liberdade dos homens; a permissão divina admite que seres humanos, livre e

---

[269] HaC 942 (II 697-698).

[270] EP 734 (III 419); cf. abaixo.

[271] Armínio define a permissão divina como: "Permissio Dei est Actus voluntatis divinae, quod Deus efficientiam aliquam vel iure vel potentia vel utroque modo sibi possibilem suspendit, quae efficientia, si a Deo usurparetur, actum aliquem creaturae rationalis vel circumscriberet vel reipsa impediret, ad quem actum praestandum creatura eadem propensionem habet et vires sufficienties". EP 714 (III 390).

[272] Cf. EP 727 (III 409): "attribuamus alienos et eius iustitia indignos".

voluntariamente, de acordo com o modus da vontade humana, façam o bem ou o mal.²⁷³

Por conseguinte, a permissão não consiste em reter o que é necessário para cumprir a lei ordenada por Deus, mas, pelo contrário, em impedir a prevenção eficaz.²⁷⁴ Em outro contexto, torna-se evidente que a permissão divina diz respeito ao aspecto governante da providência.²⁷⁵

Embora a permissão seja um ato da "vontade estática", isso não significa que Deus não esteja ativamente envolvido em um ato de permissão. A permissão de Deus não é vazia, mas exige muitos arranjos providenciais de sua parte. Para explicar como Armínio entende isso, primeiro devemos verificar como ele compreende que Deus pode impedir um ato. A fim de impedir um ato, Deus pode usar certos obstáculos na vontade (*voluntas*) ou no poder (*potentia*). Portanto, ele pode impedir alguém de desejar fazer algo ou seja capaz de fazer algo. Para impedir a capacidade de realizar um ato, Deus tem quatro possibilidades (modi) à sua disposição (veja o seguinte parágrafo). Cada modus de impedimento se basta para impedir um ato. Para expressar de outra maneira, a fim de produzir um efeito, requer-se uma causa absoluta; a falta de uma causa necessária é suficiente para evitar o efeito. Isso encerra nossa análise das possibilidades que Deus tem à disposição para impedir um ato.

Permissão de um ato é a imagem espelhada da prevenção de um ato. A permissão também tem quatro modi. Se Deus realmente deseja

---

²⁷³ EP 696 (III 361-362).

²⁷⁴ EP 645 (III 284): "Permissio non est cessatio ab actu illuminationis et inclinationis. [...] Est quidem permissio cessatio ab impediendi actu. [...] Est enim permissio actus medius inter velle et nolle, remissae scilicet voluntatis." Cf. EP 722-723 (III 402): "Hoc ex permissionis modo colligi nequit; omnibus enim modis impediendi abstinet Deus permittens: quod ni faceret, impediret, et per consequens neque actus neque peccatum fieret". ETG 116 (III 622-623).

²⁷⁵ Cf. AC 583-584 (III 196-198). Aqui, à parte das obras de preservação e governo, a criação também está sob a influência da providência de Deus e a permissão se relaciona com a atividade criativa da providência. Como vimos em outro contexto, a providência está subordinada à criação, mas está ao mesmo tempo inseparavelmente ligada a ela. Veja também EP 647 (III 287).

permitir algo à criatura, ele somente deve garantir que isso não seja evitado. Portanto, ele precisa gerir os quatro *modi*. Esses modos são: 1. a existência e vida da criatura deve ser preservada; 2. a capacidade da criatura não deve ser eliminada ou reduzida; 3. nenhuma capacidade considerável ou maior pode ser aplicada contra ela; 4. o objeto da vontade da criatura não pode ser removido, mas deve ser preservado. Deus está envolvido de forma providencial e ativa em garantir todos os quatro *modi*.[276] Sendo assim, a permissão divina é, de fato, um ato da "vontade estática" com respeito à ação enquanto pecado, mas Deus ainda está envolvido de forma providencial ativa de modo que a permissão se mantém como permissão, ao invés de se tornar impedimento.

Armínio distingue entre o livre governo de Deus e seu governo definido e determinado pelo ato precedente da criação. A permissão se relaciona ao segundo. O governo permissivo de Deus tem seu ponto de partida no ato da criação, pelo qual ele concedeu *liberum arbitrium* [livre arbítrio] à raça humana.[277]

Armínio argumenta que o modo que Deus quer o pecado na visão de Perkins, Beza e Calvino, não tem êxito em inocentá-lo da acusação de que Deus realmente deseja o pecado.[278] O ataque de Calvino à distinção escolástica entre permissão e vontade é analisado separadamente. Armínio reconhece — em contraste aos que sustentam essa séria acusação — que Calvino, embora tenha falado algumas vezes impropriamente, não pode ser acusado das blasfêmias dos maniqueístas porque, em todos os seus escritos, ele claramente inocenta a si e sua doutrina dessa acusação.[279] En-

---

[276] EP 715-716 (III 391-393).

[277] AC 583-584 (III 196-198).

[278] Cf. EP 703 (III 372): "Qui Deum ab efficientia peccati excusari nequit". Cf. EP 711 (III 384-386).

[279] EP 703-704 (III 372-374). Cf. A31A 179 (II 57): De acordo com Armínio, a verdade é sempre encontrada entre os dois extremos. O mesmo é verdadeiro do pelagianismo e maniqueísmo. Aqueles que encontram um meio-termo são verdadeiramente católicos, não sendo injustos com a graça de Deus como os pelagianos, nem causam dano ao livre arbítrio como os maniqueus. ETG 14.77 (III 537.591): "Caveamus ita incidere in

tretanto, Armínio considera extremamente útil distinguir entre diferentes formas de permissão divina porque tal distinção permite que a bondade, a sabedoria, o poder e, acima de tudo, a justiça de Deus (*bonitas, sapientia, potentia quin* e *iustitia*) sejam manifestas de modo mais evidente. Também é dessa forma que se torna absolutamente claro que Deus é inocente e livre do pecado em todos seus atos, incluindo aqueles de impedimento e permissão e não é de maneira alguma o autor do pecado.[280] Alguns teólogos são bastante descuidados na análise desses temas, e resultam em absurdos e blasfêmias.[281] Quando se analisa a *permissão*, é preciso ser muito cuidadoso para não negar as obras que, de fato, pertencem à providência de Deus, ou ainda atribuí-la coisas que lhe são estranhas e, na realidade, indignas de sua justiça (*eius iustitia indgnos*).[282] Anteriormente, vimos que Armínio insiste demasiadamente na necessidade de ser cuidadoso ao falar sobre permissão para que Deus não acabe como o pecado, apesar de o pecado não ocorrer fora de sua *eificiência*. Todas as distinções que Armínio defende têm a intenção de evitar esses dois erros.[283]

Isso explica porque Armínio se surpreende muito por ser acusado de tornar Deus o autor do pecado ao tratar da eficiência e justiça da providência de Deus com respeito ao mal. Se a extensão da resposta de Armínio a essa acusação em sua Apologia é, de alguma forma, emblemática, pode-se concluir que essa acusação realmente o incomodou. Armínio começa por esboçar três formas pelas quais Deus, de fato, se tornaria o autor do pecado. 1. Se Deus desejasse absolutamente realizar sua própria obra por meio de um ato da criatura, enquanto esse ato não

---

Pelagianismum, ut in doctrinam ipsa Manichaea pejorem non prolebamur". Cf. DEN BOER, "Met onderscheidingsvermogen"; DEN BOER, "Cum delectu".

[280] EP 726 (III 407-408). Em sua correspondência com Júnio, Armínio escreveu que gostaria que ele explicasse clara e convincentemente como tudo pode depender da providência de Deus, embora Deus não seja culpado, porquanto ele está distante da causa e a culpa é sempre atribuída à causa próxima: "ille mihi rationonem rectem tenere non videtur". AC 493 (III 67).

[281] EP 726 (III 408).

[282] EP 727 (III 409).

[283] Cf. EP 734 (III 419).

pudesse ser realizado sem o pecado. 2. Se a criatura, então, não tivesse outra opção a não ser realizar o ato. 3. Se Deus, ao incitar sua criatura ao mal, pretendesse também que a criatura pecasse. Depois disso, Armínio prossegue, demonstrando que seu conceito é, na realidade, diretamente oposto a essas três formas. Em primeiro lugar, a intenção de Deus não é realizar sua própria obra absolutamente valendo-se dos atos de suas criaturas. Segundo, Deus deseja algo somente sob a condição de que o livre arbítrio de suas criaturas responda à incitação de sua parte. Em terceiro lugar, a intenção de Deus é testar suas criaturas para verificar se elas se manterão obedientes quando forem incitadas a serem desobedientes. Se não houver possibilidade de resistir ao mal, não seria um teste, mas coerção à desobediência necessária.

O espanto de Armínio diante da estupidez daqueles que o acusam precisamente nesse aspecto é muito significativo. Para ele, é impressionante que alguém com o mínimo conhecimento de teologia ousasse fazer essa acusação contra alguém, como ele, que, afinal, ousou discordar publicamente de certos conceitos e dogmas de seus irmãos justamente porque ele acha que esses conceitos levam à conclusão de que Deus é o autor do pecado. Mas ele mesmo não ensina essa blasfêmia: Deus não é o autor do pecado. Contudo, ao mesmo tempo, Armínio não remove da providência de Deus nada que, de acordo, com as Escrituras, deva ser atribuído a ela.[284]

---

[284] A31A 169-170 (II 39-40): "Mirandum igitur et multum mirandum, quempiam rerum Theologicarum aliquomodo peritum, ausum fuisse mihi hanc calumniam ex istis verbis struere: mihi inquam, quem scieunt hac sola de causa nonnullis ipsorum sententiis et dogmatis accedere non audere, quia existimem ex illis sequi, Deum esse authorem peccati: idque hac de causa, quod arbitrer illos ea docere, unde concludere pussum bona et certa consequentia, Deum praecise intendere peccatum creaturae, inde sic administrare omnia ut posita illa administratione homo necessario peccet, et non possit ipso actu et reipsa actum peccati omittere". Cf. HaC 943-944 (II 699-700).

Cooperação

A providência inclui a *cooperação*[285] de Deus ou cooperação sustentadora. Armínio parece ter refletido sobre isso de maneira cuidadosa, o que é natural, considerando a estreita relação da cooperação com seus conceitos sobre a justiça de Deus e, de forma particular, da relação de Deus com o pecado. Deus jamais negará sua cooperação, nem a do governo geral, nem a da graça especial.[286] Sem a cooperação divina, o ser humano não pode fazer nada. A cooperação de Deus é necessária para toda e qualquer obra. Por exemplo, para obedecer ao mandamento de ter fé, a pessoa é dependente da cooperação de Deus. Se Deus negasse a ajuda necessária para alguém crer, seria possível concluir que Deus não deseja que tal pessoa creia.[287] Negar a cooperação necessária representa o mesmo que um impedimento geral ou eficaz (*impedimenti generalissimi et eficacissimi*).[288] Considerando que é impossível que uma vontade de Deus se oponha a outra vontade de Deus,[289] seu mandamento geral para crer requer que ele não recuse sua cooperação. Isso, na verdade, pressupõe a provisão de graça suficiente,[290] um trabalho não irresistível dessa

---

[285] Cf. MULLER, DLGTT, 76: "Cooperação ou concurso geral: concorrência ou acordo geral; uma dedução das doutrinas de Deus como a *causa principal* e da providência como a *continuação da criação* que define o suporte divino contínuo da operação de todas as causas secundárias (sejam livres, contingentes ou necessárias). Para qualquer ser contingente agir de uma maneira livre, contingente ou necessária, a vontade divina que sustenta todo ser contingente deve cooperar em seu ato. Essa cooperação é, portanto, geral ou universal, isto é, pertence à ordem da criação e providência ao contrário de à ordem da graça e permite que todos os atos do ser contingente ocorram, sejam bons ou maus".

[286] EP 719 (III 397-398).

[287] EP 667 (III 319): "Qui enim vult negare alicui auxilium necessarium ad fidei actum praestandum, ille idem vult ut iste talis non credat".

[288] Armínio deduz uma comparação com a criação: não querer criar impede que algo surja; não querer preservar impede algo de continuar a ser. EP 668 (III 319).

[289] 73 EP 667 (III 318): "Nulla enim qualiscunque Dei voluntas seu volitio alteri cuilibet contraria esse potest". Cf. EP 668 (III 319-320).

[290] Cf. AAC 618-619 (III 247); AC 546 (III 146); AC 567 (III 173); AC 572 (III 179); EP 649 (III 290); A31A 145-146 (I 763-765).

graça. Pois se a graça suficiente que é concedida universalmente fosse irresistível, ninguém jamais se perderia.

Deus sustenta a natureza que peca, mas Armínio defende que a questão quanto ao nível e à natureza da cooperação de Deus na criatura precisa ser considerada muito cuidadosamente. Toda forma de coerção ou necessidade na quebra de um mandamento torna culpado aquele que coage. Por esta razão, o *modus* pelo qual Deus é a causa da ação, mas não do mal nela, deve ser explicado com bastante cautela.[291] Armínio não retira da eficácia de Deus qualquer ato que envolva pecado; Deus é a causa de todos os atos de suas criaturas. Entretanto, sua eficiência deve ser explicada de tal maneira que não se elimine a liberdade da criatura e não se atribua a Deus a culpa pelo pecado. É preciso ser capaz de demonstrar que Deus é o autor do ato, mas somente o permissor do pecado; que Deus é, ao mesmo tempo, autor e *permissor* de um ato, enquanto a criatura continua a ser sua causa real.[292]

Deus permite que a livre escolha da causa secundária (o ser humano) controle a própria influência de um ato, e quando essa segunda causa está no momento de seguir essa influência, Deus livremente, e de acordo com seu julgamento, une sua influência universal e cooperação à influência da criatura, sabendo que, sem sua influência, o

---

[291] EP 707 (III 378-379).

[292] EP 731-732 (III 415-416). Aqui, Armínio explica porque Deus não deve ser a causa indireta, mas sim a direta de um ato pecaminoso e como Ele é a causa natural e necessária de um ato, mas de modo algum sua causa moral. Em primeiro lugar, Deus pode agir indiretamente, por exemplo, como a primeira *causa* movendo a criatura para um ato; quando esse ato é pecado, Deus é a *causa* e o autor desse pecado. Portanto, Deus não pode estar indiretamente envolvido em um ato pecaminoso da criatura. Em segundo lugar, Deus também pode ser a *causa* direta e juntamente com a criatura constituir a *causa* total. Se essa segunda causa é livre, ela tem o *poder* de influenciar o ato ou não. Com sua influência particular, a segunda *causa* então determina a influência geral de Deus com respeito a esse ato particular e constitui a *espécie* do ato. Nesse caso, a *segunda causa* é culpada e o ato é pecado com respeito à segunda *causa*, mas Deus é livre de toda culpa. Dado que a cooperação e a influência de Deus não contribuem em nada com o livre arbítrio da criatura. A cooperação de Deus não é a causa moral de um ato pecaminoso, é apenas a causa natural e necessária, a qual o pecado não pode ser de forma alguma atribuído.

ato não seria executado. Não seria correto para Deus, que transmitiu sua lei e, com ela, deixou certos atos para a liberdade das suas criaturas, tornar essa lei nula (*frustra*) por recusar sua cooperação. Deus também decidiu testar a obediência de suas criaturas através da lei. Armínio pergunta a Perkins por que Deus recusaria sua *cooperação* em um ato que é naturalmente bom, porém moralmente errado devido à lei que que foi acrescentada (por exemplo, Adão e Eva comerem do fruto que era bom, mas proibido, conforme o mandamento de Deus), se Deus, ao transmitir, a lei testifica e proclama que ele deseja que suas criaturas se abstenham desse ato na medida em que ele é moralmente errado, mas não na medida em que ele é um ato natural. É a transmissão da lei que torna um ato errado: se Deus recusasse sua *cooperação*, significaria que Deus não deseja que esse ato ocorra como ato natural. Um meio de prevenção é moral (a lei), o outro, é natural (a recusa da *cooperação*). Se este fosse exercido, o primeiro — isto é, a lei — não seria necessário.[293]

Conforme o que foi dito acima, torna-se evidente que, quando uma criatura peca, isso é feito com total liberdade de sua vontade em relação ao exercício, bem como o tipo (*espécie*) do ato, os dois aspectos que juntos formam a liberdade integral da vontade (veja 2.1.4.). Portanto, é necessário distinguir entre a existência e a essência do ato pecaminoso. Sua existência depende da *libertas voluntatis quoad exercitium*. A essência (*espécie*) do ato pecaminoso depende da *libertas voluntatis quoad speciem actionis*. Deus livremente associa sua *cooperação* à prática do ato pecaminoso no primeiro *momento* e *instante* da obra. Dessa forma, Deus se torna o permissor do pecado quando Ele abandona o pecador ao livre controle da própria influência de um ato e Ele é o autor do ato pecaminoso ao unir sua *cooperação* com a influência da criatura; sem essa cooperação o ato jamais aconteceria.[294]

---

[293] EP 732-733 (III 416-417).
[294] EP 733 (III 418).

A vontade de Deus

No começo do tópico 3.1.1., observamos que a visão de Armínio sobre a justiça de Deus era importante para seu conceito sobre a vontade divina. Fundamental aqui é a unidade da vontade de Deus. Essa unidade significa que não há duas vontades conflitantes ou contraditórias em Deus,[295] embora deva-se evidentemente distinguir os diferentes objetos de sua vontade. Em sua vontade, bem como na providência,[296] Deus leva em consideração as volições e os atos anteriores. Esses incluem a liberdade que ele concedeu a suas criaturas como um atributo essencial, uma liberdade que, de fato, deve ser defendida para preservar sua própria justiça.

Uma distinção que Armínio faz é esta entre vontade antecedente e vontade consequente.[297] Entre essas duas vontades há as decisões da vontade de suas criaturas. A relação entre essas vontades é lógica em vez de temporal. Deus deseja antecedentemente que todas as pessoas sejam salvas, mas, consequentemente, todos os que creem e perseveram são salvos, e aqueles que persistem na incredulidade são condenados. Posto que essas duas decisões da vontade têm diferentes objetos, elas não conflitam.[298] Além disso, a vontade antecedente de Deus é condicional, de modo que nem tudo que Ele pretende no nível mais profundo é realizado, apesar de isso não presumir que sua vontade possa ser neutralizada por uma vontade antagônica mais poderosa. Esse seria o caso se a vontade antecedente de Deus fosse absoluta, mas ela não é. A vontade consequente de Deus, por outro lado, é sempre realizada porque o fundamento dela é a presciência dele das decisões da vontade contingente das criaturas.[299]

---

[295] EP 699 (III 366); A31A 140 (I 750).
[296] AC 584 (III 198).
[297] EP 744 (III 434-435). Cf. MULLER, *God, Creation, and Providence*, 201.
[298] EP 740-741 (III 429-430). Cf. EP 742-744 (III 431-434). A razão por que Deus não concede a algumas nações os meios para a salvação não deve ser encontrada na vontade antecedente de Deus, que precede todas as causas nos e dos homens.
[299] EP 663 (III 312).

Armínio ilustra do seguinte modo o que foi afirmado no contexto da explicação do decreto universal de Deus sobre a salvação: Deus deseja, em antecedência, que todas as pessoas creiam e sejam salvas, mas sua vontade consequente é que ele seja glorificado na justa condenação de incrédulos.[300] O conflito entre essas duas vontades é apenas aparente devido à distinção entre antecedente e consequente. Armínio prova a existência de uma vontade antecedente e consequente em Deus ao apontar para os atributos divinos de bondade e justiça, entre outros. Esses dois atributos garantem que Deus não pode desejar a morte eterna de criaturas racionais feitas à sua imagem sem considerar o pecado.[301] Essa é a razão pela qual Armínio sugere a Gomarus, por exemplo, que a causa impulsiva de condenação não é o bom deleite de Deus, mas sua vontade justa (*voluntas Deis justa*). Em toda sua análise da vontade de Deus, fica evidente que o conceito de Armínio é moldado pelo seu entendimento da bondade e da justiça de Deus. Esses dois atributos formam um elemento fixo, ordenador e regulador no pensamento de Armínio.

Uma distinção que Armínio não deseja manter é entre o bom deleite de Deus (*beneplaciti*) e sua vontade revelada (*signi*). Isso é verdadeiro, pelo menos, quando a distinção é pretendida para explicar contradições na vontade de Deus. Ele não pode decidir coisas e, então, ocultar essas decisões quando contradizerem outras que tenham sido reveladas. Armínio escreve a Perkins dizendo que ficaria feliz se este lhe explicasse sobre como Deus pode sinceramente querer que creiam em Cristo as pessoas que ele desejou que ficassem fora de Cristo e às quais reteve os meios necessários para a fé. Para Armínio, negar tais meios equivale a não querer que se convertam.[302] Deus não dá um man-

---

[300] EP 667 (III 317-318).
[301] EP 744 (III 434-435); cf. ETG 59 (III 574-575).
[302] EP 668 (III 319-320): "Hic sane nulla est voluntatum pugna, sed diversi tantum volendi gradus quoad nos, seu potius diversae Dei secundum diversa obiecta volitiones: secundum quos tamen gradus non potest dici volens et nolens idem obiectum, volens nempe conversionem et nolens conversionem unius eiusdemque hominis; observatis legibus

damento sem que conceda os meios necessários para obedecer-lhe, a menos que, primeiramente, a pessoa se torne indigna dos meios por sua própria falta. A fé em Cristo não era necessária nem requerida por Deus até a queda no pecado; depois, Deus alterou a condição para a salvação de obediência à lei para fé em Cristo.[303] Naquele tempo, as pessoas não haviam se tornado indignas dos meios que Deus concede para obedecerem ao mandamento. Devemos notar também que o intelectualismo de Armínio desempenha novamente uma função nesses temas (cf. 2.3).

Deus respeita o modo do objeto de seus atos

Para Armínio (novamente devido à sua visão sobre a justiça de Deus), é evidente que. pela forma com que lida com as pessoas. Deus sempre respeita a natureza particular da humanidade, incluindo os atributos essenciais com os quais foi dotada na criação.[304] O *poder* de Deus atua em conformidade com o *mod*o, se necessário ou contingente, do objeto do *poder* de Deus.[305] A graça de Deus, deste modo, jamais atua de modo a conflitar com a natureza humana. A livre escolha, essencial à humanidade, jamais é destruída pela graça de Deus, mas é, em contraste, mantida e fortalecida:

---

iustae oppositionis. Velim mihi explicari quomodo Deus ex animo velit ut in Christum credat ille, quem a Christo alienum esse vult, et cui necessaria ad fidem auxilia negare decrevit; hoc enim est alcuius conversionem nolle". Cf. EP 669 (III 320-321): "Ita esse negotium praedestinationis pertractandum, ut voluntas euvdokiaj in revelatam non impingat". Cf. também BOUGHTON, "Supralapsarianism", 85: "Perkins também cria que Deus poderia ordenar aos homens que agissem contrariamente à lei moral e, assim, ordenar-lhes a não contradizerem sua natureza divina".

[303] EP 670 (III 323): "Necessaria esse coepit, postquam Deus impetrandae salutis conditionem ab obedientia legali in fidem in Christum transtulit". Cf. A31A 161-162 (II 23-25).

[304] Cf. AC 592 (III 209): Um *princípio* superior (tal como, Deus) lida com um *princípio* inferior (a vontade humana) sem opor-se ao *modo* (isto é, livre ou contingente) desse *princípio* inferior.

[305] A31A 141 (I 752-753). Cf. PrD XVIII (II 344).

Deus, portanto, de acordo com essa declaração, pode ser culpado por uma destas duas coisas (pelas quais nenhum homem acusa seu criador): criar o homem com a liberdade de vontade ou impedi-lo de usar sua própria liberdade depois de tê-lo criado como livre agente. No primeiro caso, Deus é acusável por falta de consideração; no segundo, por mutabilidade. Em ambos, por ser nocivo ao homem, bem como a si mesmo.[306]

Na correspondência de Armínio com Junius, encontramos uma passagem clara[307] na qual Armínio explica que Deus prometeu também a seu povo, no paraíso, a felicidade sobrenatural sob a condição de obediência: "Portanto, Deus não ignorou ninguém, considerado sua natureza primeira [isto é, não caída]".[308] Em sua providência, Deus preparou a felicidade sobrenatural para seu povo, incluindo todos os meios suficientes para alcançá-la, como a assistência de sua graça. O que foi recebido como um dom da criação não pode ser removido, a menos que seja a justa recompensa pelos pecados prévios conforme o julgamento da justiça de Deus.[309] Dessa forma, Deus não retém (*negat*) nem sua graça, a não ser que ele primeiramente seja abandonado (*desertus*) por seu povo.[310] O mesmo é verdadeiro em relação às promessas de Deus. O que Deus promete a todos sob a condição de obediência, ele não pode

---

[306] *Verklaring*, 80 (I 626).

[307] AC 546-549 (III 145-150).

[308] AC 546 (III 145): "Ergo Deus neminem in prima natura consideratum praeteriit".

[309] AC 549 (III 150): "Et quod creationis dono quis habet, id non adimitur ei, nisi praecedente peccati merito ex iustitia Dei".

[310] AC 546 (III 146): "Deinde quod Deus sua providentia homini praeparavit, id eidem non negat per praeteritionem electioni oppositam, nisi ex praevisione quod homo providentiae ductu ad illud non sit perventurus, sed sua sponte et libere deflexurus. Praeparavit autem Deus primo homini in eo omnibus supernaturalem felicitatem; dedit enim illi media ad illam comparandam sufficientia; accedente adiutorio gratiae divinae (si tamen hoc est necessarium in isto statu) quod illi non negat, nisi prius ab eo fuerit desertus".

reter de alguns por meio de um decreto certo e definitivo, exceto sob a base da desobediência não prevista.[311]

O direito, poder e liberdade de Deus

Armínio confere atenção especial à relação de Deus com a raça humana. O direito de Deus sobre suas criaturas, escreve Armínio, não é infinito nem determinado pela onipotência divina. O direito de Deus é encontrado em três elementos: 1. sua beneficência; 2. as obras ímpias de suas criaturas; 3. o pacto entre Deus e suas criaturas. O direito divino não é maior do que a beneficência e as obras ímpias nas quais esse direito está fundamentado. Se os limites ao direito de Deus são desconsiderados, teremos todo tipo de absurdo, e injustiça será atribuída (*impingo*) a Deus.[312] Além disso, a liberdade divina para realizar certa obra não é absoluta, mas está sujeita a duas restrições: 1. a própria natureza (justa) de Deus; 2. um ato divino (logicamente) precedente que conflita com essa outra obra.[313] O senhorio (*dominium*) de Deus é precedido e limitado pela justiça.[314]

Essas condições que envolvem o direito, o poder e a liberdade de Deus têm consequências importantes, como pode ser ilustrado concretamente com o seguinte exemplo. O direito de Deus sobre suas criaturas humanas não é maior que a existência finita que Ele lhes concedeu na criação (na qual há, dessa forma, uma beneficência e um ato prévio). A essência da raça humana consiste em sua natureza, incluindo a livre escolha. O pacto prometeu felicidade sobrenatural sob a condição de obediência. Depois desses dons ainda era possível que Deus levasse a

---

[311] AC 573 (III 181).

[312] EP 656-657 (III 301-302): "Ius enim illud non est infinitum". Cf. EP 644-645 (III 283-284). AN 953 (II 713); ETG 52.121-122 (III 569.627). Cf. PrD XXVII (II 365).

[313] AC 477 (III 43). Cf. as limitações que um teólogo como William Perkins atribui ao poder infinito de Deus: BOUGHTON, "Supralapsarianism", 85.

[314] ETG 123-124 (III 629-630): "Ex justitia que dominium antecedit et circumscribit". A graça de Deus também está limitada pela justiça e imparcialidade dele, veja PuD VIII (II 161-162). Cf. PrD XXII (II 352).

raça humana ao seu estado original de nada. Contudo, a natureza justa de Deus o impede de se opor à natureza que concedeu à raça humana e ao pacto que estabeleceu com ela, e de encerrar a humanidade em miséria sem a intervenção do pecado (isto é, sob a base das condições do pacto).³¹⁵ De acordo com isso, conclui-se que Deus não pode persuadir seu povo a pecar de modo absoluto, ou seja, por coerção e contra o livre arbítrio; e que, por fim, apesar de todo o descrédito que isso acarretaria à justiça de Deus e dos incontáveis absurdos e blasfêmias resultantes,³¹⁶ toda religião como tal se tornaria impossível.

Criação como autolimitação divina?

As restrições na teologia de Armínio, pelas quais Deus está limitado em sua relação com a raça humana, levaram Muller e Blacketer a falar da "autolimitação" de Deus na criação.³¹⁷ A estrutura da relação de Deus com suas criaturas, inerente na criação, implica pressupor que Deus seja limitado em suas possibilidades, seu poder absoluto e sua liberdade soberana. Essa visão concorda com as interpretações com as quais Armínio foi confrontado em sua própria época, e às quais ele se opôs. Entretanto, é questionável se isso faz justiça ao próprio conceito de Armínio. Para

---

³¹⁵ EP 656-657 (III 301-302); EP 692-693 (III 356-357): "Blasphemum est dicere, Deum posse citra iustitiae suae damnum et noxam punire et affligere aeternaliter innocentem creaturam suam: verum, Deum posse creaturam annihilare sine eius peccato. Multum enim diversa sunt punire et annihilare: Hoc enim est aufferre esse quod dedit ex gratia, illud esse inferre et quidem infinite miserum; citra tamen ullum meritum peccati".

³¹⁶ Cf. A31A 143-144 (I 760-761).

³¹⁷ MULLER, *God, Creation, and Providence*, 207: "Além disso, no caso do sistema de Armínio, essa declaração de propósitos e fins, com essa junção dos temas do intelecto, vontade e bondade divinos e o fim e o bem da criatura, provê uma base para a declaração subsequente, na doutrina da criação e providência, de uma autolimitação na criação dependendo da estrutura da relação de Deus com suas criaturas". Cf. 212.220.227-228.232- 234.238-243.268.280-282; MULLER, "Patterns", 431-446; BLACKETER, "Covenant", 203.208. Cf. DELL, *Man's Freedom and Bondage*, 144.146. Para a crítica, veja WITT, Creation, Redemption and Grace, 307-311 e DEKKER, Review of *"God, Creation, and Providence"*, 170-171.

chegar a uma resposta satisfatória, primeiro precisamos examinar o que Muller e Blacketer identificaram como "autolimitação" de Deus e, então, considerar se Armínio realmente defendeu essa limitação.

O próprio Armínio ressaltou a seus oponentes que nenhuma limitação é atribuída a Deus por algo que seja maior ou esteja fora dele. Não é a criação que limita Deus, mas sua própria natureza. Precisamente porque Deus se vincula aos seus atos prévios (de boa vontade ou beneficência), ele revela essencialmente quem é: o Deus justo e bom, fiel ao seu pacto e às suas promessas. Deus, ademais, se vincula livremente aos atos que ele livremente executou de antemão. "Sua vontade está circunscrita [*circumscripta*] nos limites [*terminis*] da justiça".[318] O mesmo é verdade quanto à eleição e à reprovação. Contra Perkins, Armínio observa que a questão não é se a vontade de Deus é a causa da eleição e da reprovação, mas se, anteriormente à eleição e reprovação, sua vontade não considerava o pecado causa meritória para a reprovação, e se o pecado não é requerido como condição no objeto da eleição e reprovação:

> "Deus", de fato, "não está limitado pelas leis criadas", mas ele é uma lei para si mesmo; pois ele é a própria justiça. E essa lei, pela qual não se permite infligir punição a ninguém que não a mereça, não é criada nem feita por homens, nem possui lugar entre eles. Ela é a lei eterna, a inalterável justiça divina à qual Deus está vinculado pela imutabilidade de sua própria natureza e justiça.[319]

---

[318] AC 477 (III 44): "Nam voluntas illius circumscripta est terminis iustitiae". Cf. HICKS, Theology of Grace, 72-73.

[319] EP 693 (III 357): "Deus quidem non excusaris obligatus legibus creatis, sed sibi ipsi est lex, est enim ipsa iustitia. Et lex ista secundum quam nemini licet poenam inferre immerenti, non est creata, neque ab hominibus facta, aut inter homines tantum locum habens: sed est lex aeterna, et immota iustitia divina cui Deus ex immutabilitate suae naturae et iustitiae est obligatus".

Outro argumento é que a onipotência de Deus não é um poder absoluto (*potentia*), mas um *potestas*: um poder absoluto qualificado por direito e autoridade e regulado pela *justiça* como norma.[320] No contexto da distinção absoluta entre necessidade e contingência, que divide todos os fatos em dois grupos[321] (cf. 2.1.1), — Armínio observa que isso não prova a inabilidade de Deus tornar contingente algo que seja necessário ou que seja feito como necessário. Isso implicaria uma contradição em Deus contra a primeira e universal noção implantada na mente de Deus, a saber, que algo não pode, ao mesmo tempo, ser e não ser. Deus ser incapaz de fazer isso não é sinal de inabilidade, mas de poder ilimitado (*invariablis potentiae*). O fato de algo ser o que é procede do poder absoluto de Deus. Se algo fosse e, ao mesmo tempo, não fosse, o poder absoluto de Deus seria superado, ou haveria outro poder fora do poder absoluto de Deus, igualmente imenso, mas contraditório, devido ao qual algo é e, ao mesmo tempo, não é. Isto, "de todos os absurdos, é o maior".[322]

No contexto da permissão de Deus para pecar, Armínio demonstra seu desejo de navegar em uma rota clara entre a *Cila* da autoria divina do

---

[320] AR9 794 (III 510); EP 742 (III 432): "suspendente illius potentiam iustitia divina, secundum quam potentia est exercenda".

[321] AC 503 (III 81-82). Cf. OR 57 (I 376): "Duplex autem est veritatis, ut in re est, modus; necessarius et contingens: secundum quem res, tum simplex, tum complexa, necessaria vel contingens dicitur".

[322] EP 713 (III 388): "Et ausim dicere citra blasphemiam, ne Deum quidem omni sua omnipotentia efficere posse, ut quod necessarium est contingens sit aut liberum, et quod necessario fit, libere fiat. Implicat enim contradictionem; non posse non fieri, et posse non fieri, et contradictionem oppositam primae et generalissimae notioni mentibus nostris divinitus insitae, de quolibet affirmare aut negare verum est. Et res non potest simul esse et non esse, simul hoc esse et non esse. Illud autem non posse Deum, non est impotentiae, sed invariabilis potentiae signum. Quod enim res est id quod est, per actualem Dei potentiam est; Si fiat ut simul et eodem tempore hoc non sit, iam actualis Dei potentia aut vincitur, aut habet potentiam partem sibi oppositam, qua fit ut res quae per potentiam Dei est, eodem tempore non sit. Quod est absurdorum omnium absurdum maximum."

pecado e a *Caríbdis*³²³ de um evento fora do poder (*eficiência*) de Deus. Ele fala de um "cuidado especial" que se deve ter. A ação inteira, como ato e como pecado, deve ser atribuída absolutamente à providência: enquanto ato, à providência eficiente, e como pecado, à providência permissiva. É característico do pensamento de Armínio que ele, aqui, acabe também considerando que não importa o que for, é melhor desconectar um ato do poder de Deus que atribuir um pecado como pecado ao poder de Deus

> porque a injustiça mais grave é acusar Deus de ser a causa do pecado do que representá-lo como um expectador ocioso de um ato.³²⁴

Embora Armínio esteja convencido que não há qualquer necessidade de cometer essas injustiças contra Deus, se ele tivesse que escolher, a justiça de Deus seria mais importante do que o poder de Deus em todos os eventos. Mas na própria visão de Armínio, não há necessidade de escolha ou conflito entre a justiça e o poder de Deus, pois o *que* e o *como* do envolvimento divino em todas as coisas são determinados pela justiça de Deus.

---

³²³ Cila e Caríbdis são monstros marinhos na mitologia grega. A *Odisseia* de Homero narra a viagem marítima de Odisseu que, navegando pelo estreito de Messina, entre a Sicília e a Calábria, na Itália, teve que enfrentar os dois monstros. Portanto, idiomaticamente, estar entre Cila e Caríbdis é estar entre dois perigos opostos; é enfrentar um dilema. Entratanto, a ideia do autor é que Armínio consegue conciliar as duas teses e assim supera o dilema. [N. do E.]

³²⁴ EP 734 (III 419): "Caeterum, quocunque modo res ista explicetur, cavendum est sedulo, tum ne Deus auctor peccati statuatur, tum ne actus ipse efficientiae Dei substrahatur: hoc est, ut totus ille actus, tum qua actus, tum qua peccatum rite providentiae Dei subiiciatur: qua actus efficienti, qua peccatum permittenti providentiae. Si tamen in alteram partem inclinandum erit, minus peccabitur si substrahatur actus efficientiae divinae qua actus est, quam si peccatum efficientiae Dei tribuatur qua peccatum est. Praestat enim Deo actum aliquem adimere qui ipsi competit, quam malum actum tribuere qui ipsi non competit; eo quod gravior iniuria Deo irrogetur si peccati causa dicatur, quam si actus otiosus spectator perhibeatur".

Conforme o que foi expresso anteriormente, pode-se concluir que o conceito de Armínio de justiça de Deus está no contexto de tudo que escreveu sobre a relação entre Deus e sua criação. Isso precisa ser considerado quando Armínio lida com os limites que se aplicam à relação de Deus com a criação. Por essa razão, não é correto falar de autolimitação divina em termos de uma limitação da liberdade de sua vontade, como Muller e Blacketer fazem.[325] Não é a criação em si mesma que limita Deus em sua liberdade, mas, pelo contrário, é a natureza de Deus e seus atos prévios, e em ambos sua justiça é revelada: para conceder a cada um o que lhe é devido.[326] No caso do ser humano criado no estado de pré-queda, Deus não tem direito nem razão para mudar sua benevolência em má vontade. Não há autodeterminação divina na criação que não seja inerente a Deus tanto quanto ele é Deus e, portanto, justo. Se Deus se "limitasse" menos do que ele realmente o faz na criação, se tornaria injusto e atacaria sua própria essência.[327]

---

[325] Com referência às considerações de Muller, Blacketer: "O discernimento de Armínio da forma do sistema teológico foi definido não apenas [pela] essência divina, os atributos e a revelação divina na Escritura, mas também 'pelo conceito de uma autolimitação divina na obra da criação'. O resultado é um cosmos um tanto dependente de Deus, um Deus que é sujeito à lei (o intelectualismo tomístico de Armínio) e uma tendência consistente para o racionalismo". Blacketer continua a admitir que Armínio compreende a criação como "uma esfera relativamente independente, até mesmo de modo amplo independente de seu Criador". BLACKETER, "'Covenant", 203. Entretanto, ele não leva em conta absolutamente o contexto em que Armínio fala da relação de Deus com a criação, a saber, a bondade e a justiça de Deus (cf. BLACKETER, "Covenant", 202 n. 53!). O conceito de Armínio das obras de Deus da criação e providência, em acréscimo, torna absolutamente impossível de defender que haja espaço em seu conceito para a independência humana do Criador.

[326] Cf. EP 644-645 (III 283-284).

[327] Cf. HAMM, *Promissio*, 11.21, para linhas de pensamento similares na teologia de Agostinho.

A integridade da criação

Para Armínio, a integridade da criação implica que a queda foi um resultado não intencional e evitável de uma decisão completamente livre da vontade de Adão e Eva quanto a desobedecerem a Deus. Posto que o plano inicial de Deus para com a raça humana consistia em felicidade sobrenatural sob a condição de obediência perfeita à lei divina e às estipulações do pacto, a queda significa um rompimento absoluto. Não há como Armínio considerar a criação como um passo ou um meio necessário para o que alguns dizem ser o plano real de Deus, a saber, a manifestação de sua justiça na condenação de uma parte da raça humana, e a manifestação de sua misericórdia na salvação da outra parte. A despeito da questão de se a condenação/salvação devam ser consideradas com base em incredulidade persistente/fé perseverante ou como resultado de predestinação absoluta, esse conceito sobre a criação e sobre o primeiro pacto com a humanidade, para Armínio, não pode, de forma alguma, estar de acordo com a justiça de Deus.[328] Talvez alguém fale de criação para condenação, por exemplo, como uma criação para justa condenação — o, diga-se, não acontece sem a intervenção do pecado — mas isso é e se mantém falso. A criação para a justa condenação é feita em conformidade com a justiça, mas não é justo enviar uma criatura não pecadora para a condenação. Na verdade, é a maior injustiça e um mal absolutamente terrível. Mesmo Satanás não poderia imaginar tal perversidade em seus pensamentos mais perversos. Este mero pensamento leva Armínio a irromper em oração para que Deus defenda sua honra em face de todas as perversidades afirmadas contra Ele, e corrija o pensamento daqueles que falam dessa forma.[329]

---

[328] ETG 85-88.91-92 (III 598-600.602-603).

[329] ETG 92 (III 603): "Perversa etiam est illa loquendi ratio, quod Deus creaturam non peccatricem justae damnationi destinat; quia justae damnationi non destinat nisi ex justitia: at justitiae non est destinare non peccatricem creaturam ad damnationem; sed summae injustitiae et perversissimae malitiae, qua pejorem ne ipse diabolus animo suo sceleratissimo concipere posset. Adesto Deus, et vindica gloriam tuam a linguis perversa

Em sua correspondência mantida com Junius, Armínio dedica uma seção ao plano original de Deus para sua criação.[330] Lá, ele não apenas enfatiza que o pecado era desnecessário para o universo, como também nega enfaticamente que evitar o pecado não seria para o bem do universo. O plano de Deus ao criar o universo e sua ordenação foi que a raça humana estivesse sujeita a ele, e o restante da criação, por sua vez, à raça humana. A queda em pecado trouxe efeitos desastrosos para esse plano e essa ordem porque a humanidade se tornou rebelde contra Deus, enquanto as outras criaturas não estão mais sob o domínio humano e, na realidade, foram preparadas para sua destruição. Isso implica que o plano (*ratio*) da providência de Deus pelo qual ele sustenta e governa todas as coisas é diferente de como seria em um estado sem pecado. Teria sido melhor se o universo permanecesse no estado de integridade no qual foi criado por Deus. O pecado, nem em si nem *por acidente*, contribuiu para o plano do universo. Nem em si porque o pecado não procede do intento do Criador; nem por acidente porque através do pecado idealizou-se um propósito para o plano original de Deus da criação. O pecado, em primeiro lugar, não viola um bem finito, mas um bem infinito: a justiça e a vontade de Deus. É apenas de forma secundária que o pecado causa dano a um bem finito, a saber, a raça humana e sua felicidade. O pecado não manifesta a sabedoria e a bondade de Deus, mas desonra a Deus. Ele, de fato, usa o pecado para manifestar seus atributos, então Armínio acaba por defender que seria mais correto dizer que o pecado é, por acidente, a ocasião (*occasio*) em que se manifesta a honra de Deus. Se Deus não fosse capaz de triunfar sobre o pecado e restaurar ordem ao pecado (*idque in ordeinem redigere*) por meio de seus atributos, ele jamais permitiria (*nullo modo passus fuisset*) que a queda ocorresse.[331]

---

de te loquentium; imo potius corrige mentem illorum, ut linguas suas tibi consecrent, et vera teque digna posthac juxta tuum verbum recte pronuntient".

[330] AC 593-594 (III 211-214).

[331] Veja também EP 646-647 (III 285-287): Nada bom procederia do pecado, se Deus em sua misericórida e sabeforia não encontrasse uma forma de obstruir o curso natural do pecado e o utilizasse como uma ocasião (*occasio*) para derivar do pecado algum benefí-

3.2 A justiça de Deus e o (cair em) pecado

Para algo ser pecado e ser punível, deve satisfazer algumas condições. O pecado é definido como uma transgressão da lei, e por essa razão, é uma violação da vontade de Deus.[332] O pecado presume uma lei justa, bem como uma liberdade real para pecar ou não pecar. A liberdade real é ser livre da indiferença, definida não apenas como a possibilidade de escolher não-A em vez de A, mas também ser capaz de escolher B e não somente um não-A. Todas as condições necessárias e suficientes para se fazer uma escolha entre uma dessas alternativas estão presentes, e no exato momento em que se opta por uma, tem-se também a possibilidade de escolher uma das outras (cf. 2.1.4).[333] Um pecado que surge necessariamente do ato de Deus ignorar ou negar a graça porque assim o agrada fazer (isto é, não como punição pelo pecado), não pode ser punido justamente por ele.[334] Isso não apenas torna Deus o autor do pecado,[335] como também significa que apenas ele peca realmente, de modo que o pecado não mais é pecado.[336] De todas as blasfêmias que se poderia expressar contra Deus, a mais séria (*gravissima*) é a que faz dele o autor do pecado.[337] O uso do superlativo ilustra a intensidade do zelo de Armínio para se opor a qualquer coisa que originasse tal blasfêmia.

---

cio que realmente conflitasse com a natureza do pecado. Não se deve também fazer o mal, de modo que algo bom possa acontecer, pois isso simplesmente leva ao raciocínio circular. Nem se pode falar de uma "feliz culpa". A redenção somente acontece por ocasião: "redemptionem ex culpa non nisi occasionaliter exstitisse". Cf. ETG 114 (III 621).

[332] EP 702 (III 372): "Definitio autem peccati est quod sit trangressio legis, et propterea violatio voluntatis Dei".

[333] AN 952 (II 712): "Libertas arbitrii consistit in eo, quod homo positis omnibus requisitis ad volendum vel nolendum, indifferens tamen sit ad volendum vel nolendum, ad volendum hoc potius, quam illud".

[334] AC 569 (III 175); AC 592 (III 209).

[335] EP 681-682 (III 340).

[336] EP 694 (III 359). Cf. *Verklaring*, 84-85 (I 630), também para o que segue.

[337] ETG 154 (III 654-655): "Inter omnes blasphemias quae Deo impingi possunt, omnium est gravissima qua author peccati statuitur Deus".

AAqueles que afirmam que o pecado surgiu necessária ou infalivelmente do decreto de Deus são chamados de blasfemos [...] da bondade e da justiça de Deus. Pessoas como Calvino que, segundo afirma Armínio, não estavam cientes de que sua doutrina tivesse essa consequência, e em outro contexto de seus escritos defendem o oposto, são desculpados.[338] Deus não sabia infalivelmente que o pecado aconteceria, mas essa certeza ou necessidade não é derivada do decreto divino, mas se deriva da presciência abrangente de Deus. A presciência de Deus implica uma necessidade de consequência, mas não impõe qualquer necessidade ao que é conhecido de antemão.[339] Essa distinção entre necessidade e infalibilidade é de grande importância para Armínio e é sempre aplicada por ele.[340]

A relação da justiça de Deus com a queda pressupõe não haver pura e simplesmente um decreto divino para a persistência na insensibilidade, pois isso "seria a maior injustiça contra Deus e contradiria a clara Escritura".[341] E não há como provar que Deus tenha preparado uma ocasião (*occasio*) para a predestinação (isto é, a queda). Isso conflitaria com a justiça de Deus, faria dele o autor do pecado, e do pecado, uma necessidade inevitável.[342] É um *axioma teológico* que Deus não é a causa da queda (*defectio*).[343] Armínio, que continuamente se mostra um defensor fervoroso do uso e da necessidade de todos os tipos de distinções (teo)lógicas,[344] está convencido de que quando a predestinação e a reprovação se aplicam à humanidade antes da queda, não há qualquer distinção que impeça Deus de se tornar o autor do pecado e a causa do

---

[338] AC 591 (III 208).
[339] EP 709 (III 382).
[340] AC 592 (III 209); EP 704-705 (III 374-375).
[341] AR 9 797 (III 514): "Deo maximam iniuriam faciet et apertae Scripturae contradicet".
[342] EP 643 (III 281); cf. EP 681-682 (III 340).
[343] EP 650 (III 291).
[344] Cf. AC 592 (III 209); EP 704-705 (III 374); EP 707 (III 379).

pecado de Adão.³⁴⁵ Quando Deus endurece os "vasos de ira" com todo o poder de sua vontade, isso é porque eles o merecem. A justiça da ira de Deus é, nesse caso, totalmente inquestionável.³⁴⁶ Deus é livre para decidir que o pecador será punido, mas ele não pune até depois que o ser humano tenha pecado realmente. Nesse aspecto, o poder (*potentia*) de Deus é dependente da justiça de Deus; o *poder* de Deus deve ser exercido de acordo com sua *justiça*.³⁴⁷

Não apenas um endurecimento ativo da parte de Deus, mas também um abandono "passivo" de uma pessoa a si mesma não está em harmonia com a justiça de Deus e não pode ser defendido se isso presumir que o objeto removido ou retido é a única coisa que poderia impedir o pecado, isto é, se o objeto retido é a graça. Todo decreto divino que tem o pecado como um efeito necessário é impossível e insustentável.³⁴⁸ Depois que Junius nega essa última tese, Armínio se expressa até mais claramente. Se a graça necessária para a obediência à lei fosse

---

³⁴⁵ Cf. AC 476 (III 42) with AC 478 (III 44-45). Veja também AC 493 (III 67); AC 500-505 (III 77-84); AC 575 (III 184); EP 647-649 (III 288-290).

³⁴⁶ AR9 798-799 (III 517): "Concedamus enim vi omnipotentis voluntatis indurari vasa irae, an hoc, iustitiae irae divinae vel tantillum adimet, quum ipsi meriti sint indurationem, in Dei autem arbtrio sit poenam infligere, quo ipsi visum est modo?" Cf. AR9 792 (III 506-507).

³⁴⁷ EP 742 (III 432): "Pendet igitur ista poena ex mera et libera Dei voluntate, quam tamen inferre non potest nisi peccatoribus, suspendente illius potentiam iustitia divina, secundum quam potentia est exercenda".

³⁴⁸ AC 566 (III 171); AC 585-586 (III 200). Junius, por um lado, atribui a queda no pecado ao livre arbítrio humano, mas por outro lado, afirma que depende da vontade absolutamente sábia de Deus se através de um dom de graça nenhum pecado for cometido. Ele nota que pode ser "um tanto difícil" (*duriusculum*) se se afirmasse que a necessidade de cometer pecado depende da vontade de Deus, que não concede ou mesmo remove a graça requerida, mas não nega que isso possa ser dito. AC 589 (III 205). Cf. EP 705 (III 376-377). Cf. Verklaring, 101-102 (I 647). Armínio Analisa dois conceitos sobre predestinação que não consideram a criação nem a queda como meio ordenado por Deus para a execução do decreto antecedente de predestinação. A razão pela qual seus proponents não ousam "atingir essa grande altura, como os criadores do Primeiro esquema", é porque desejam evitar tornar Deus a causa do pecado. Armínio respeita essa intenção, mas pensa que quando considerados mais meticulosamente, esses conceitos também demonstrarão que eles definem a queda de Adão como o meio para a execução do decreto de predestinação.

negada, o ser humano não seria a causa do pecado, e sim aquele que concedeu a lei, mas não os meios necessários para obedecer-lhe. Uma transgressão da lei não pode ser considerada pecado se a lei é injusta. Armínio demonstra algo extremamente profundo em suas convicções quando exclama "Como se Deus colhesse onde não havia plantado, algo longe do bom e justo Deus!". Os textos bíblicos que cita nesse contexto aparecem mais frequentemente em seus escritos.[349] Por causa de sua justiça, Deus deve à raça humana a habilidade de obedecer à lei que ele promulgou, a menos que a humanidade, por seu próprio poder, elimine de si mesma essa habilidade.[350] Nesse evento, Deus não é obrigado a restaurar a habilidade. Ele simplesmente não deve nada a ninguém, mas pode se tornar devedor de suas criaturas seja por uma promessa ou por requerer algo que não podem realizar sem sua graça (cf. 5.1.2).[351]

O pecado é a causa que permite Deus punir. Não é a *causa direta*, próxima ou *precípua*, mas a *causa meritória*. Sem essa *causa*, Deus não seria justamente (*iuste*) capaz de condenar alguém à punição.[352] Conforme Armínio, pode-se ilustrar inegavelmente que Deus se torna o autor do pecado quando, como Perkins crê, a determinação de punir procede de um abandono por Deus que não é associado a um pecado anterior.[353] Contudo, um abandono relativo pode ser postulado. Deus abandonou nossos primeiros pais no contexto da queda na medida em que não

---

[349] AC 567 (III 173): "Dei velut metentis ubi non seminavit, quod abest a bono et iusto Deo". O texto referido é Mt 25.24/Luke 19.22, que também é citado por Armínio em AAC 617-618 (III 246) e EP 644-645 (III 283).

[350] Armínio nega que o homem perdeu ou pode perder essa habilidade. Para seus argumentos, veja 3.3.

[351] AC 567 (III 173): "Deus quidem nemini quidpiam debet simpliciter; nemo enim illi dedit ut retribuatur ei: sed potest Deus aliquo suo actu se debitorem homini facere, vel promisso, vel postulatione actus". Cf. AC 572-573 (III 181): "At potuit tamen praestare Legem, alioquin Deus est iniustus qui ponit Legem creature non praestabilem". Veja também: AAC 617-618 (III 246); ETG 145-146 (III 647-648).

[352] EP 686 (III 346): "citra quam Deus neminem ad poenam iuste ordinare posset".

[353] EP 687 (III 348): "Facies enim desertione ista Deum peccati auctorem, quod argumentis irrefutabilibus commonstrari potest".

os ajudou efetivamente. Ele, portanto, não interferiu para impedir a queda de acontecer.³⁵⁴ Entretanto, por outro lado, Deus proveu graça suficiente para não pecar. Ele não deseja o pecado e, por essa razão, sempre provê o impedimento necessário para suas criaturas evitarem o pecado (cf. 3.1.2.).³⁵⁵

Em *Examen Perkinsiani* [Análise sobre Perkins], Armínio considera "a discussão mais difícil e quase inexplicável"³⁵⁶, a questão da graça suficiente e eficiente de Deus, e de sua administração e dispensação, bem como as causas para essa dispensação. Este parece ser o caso vários anos depois, segundo o fragmento de uma carta que Armínio escreveu em 8 de julho de 1606. Nela, Armínio nota que a distinção entre graça eficiente e graça eficaz deve ser admitida, pois, do contrário, nem a liberdade da vontade nem a justiça de Deus poderiam ser defendidas.³⁵⁷ No entanto, continua a interessá-lo a questão de como a graça pode ser suficiente e, ainda assim, não realizar aquilo para o qual ela é suficiente e do qual depende a eficácia da graça.³⁵⁸

Os conceitos de Armínio o fazem admitir que os atos realizados pelas criaturas as tornam, em um sentido definitivo e abrangente, responsáveis. Isso é verdade sobretudo em relação ao pecado, à queda no pecado e à incredulidade como resistência contra o plano de Deus e a oferta de salvação. Armínio deseja estar absolutamente certo de que é, de fato, o ser humano quem tem a responsabilidade, e de que Deus não deve ser culpado de modo algum. Segundo entende, isso pode e deve ser defendido enquanto se preserva o caráter totalmente gracioso da salvação. Isso também é possível se a liberdade real com respeito ao

---

³⁵⁴ EP 688 (III 349).

³⁵⁵ EP 720-721 (III 399).

³⁵⁶ EP 688 (III 349).

³⁵⁷ Cf. AN 959 (II 721-722): "Necessario ponenda est gratia sufficiens, quae tamen effectum non sortitur culpa eius cui contingit: secus iustitia Dei in condemnatione infidelium defendi non potest."

³⁵⁸ Para essa carta, veja DEKKER, *Rijker dan Midas*, 169-172. Cf. AN 959 (II 722): "Efficacitas, quae distincta est ab efficientia ipsa, a sufficientia differre non videtur".

pecado, no fim, implicar que uma pessoa pode persistir em recusar insistente a oferta divina da graça. Armínio repetidamente ressalta que as Escrituras se expressam de forma clara sobre a possibilidade de resistir à graça de Deus. Entretanto, é notável quem em sua reflexão sistemática e dogmática a respeito da graça, Armínio nunca parece ir além de uma dupla negação: a graça não é ir-resistível. Além disso, não é a graça em si mesma que não é irresistível, mas a forma com que atua. Armínio defende que isso não pode ser evitado caso se deseje defender a justiça de Deus e a responsabilidade humana pelo pecado, pelo mal e pela incredulidade.

Nesta conexão, seria bom enfatizar novamente que o que prende Armínio é a questão do relacionamento de Deus com o (cair em) pecado. Afinal, esse tópico em particular é diretamente relevante para a justiça de Deus! Por essa razão, Armínio resiste fortemente a um absoluto decreto de reprovação a um objeto em quem não há pecado prévio.[359] Isso é evidente, por exemplo, quando trata o tema da causalidade. Uma causa universalmente primeira e superior independe de outras causas, embora não exclua a possibilidade de outra coisa ser a ocasião (*occasio*), sem a qual a primeira causa universal jamais pudesse realizar esse ato. Para Armínio, isso se aplica também ao decreto de reprovação e condenação.[360] O fato de Armínio mencionar unicamente a reprovação e não a eleição para a salvação realça o princípio de suas objeções a uma doutrina absoluta da predestinação. Armínio considera impossível reprovação absoluta porque Deus pode apenas reagir com graça e justiça ao pecado e à miséria que estejam presentes (em sua presciência), e não o

---

[359] Cf. EP 680-681 (III 338-339).

[360] AC 493 (III 67): "Universalis causa non habet causam supra se, et prima summaque causa ab alia causa non pendet, ipsi enim termini istam in se rationem concludunt: sed fieri potest ut universali primae et summae causae occasio producendi certi alicuius effectus ab alia causa praebeatur, quem extra istam occasionem prima causa nec proponeret in se producendum, neque produceret actu extra se, imo neque proponere seu decernere producendum neque producere posset. Tale est decretum de damnandis nonnullis, et damnatio ex illo".

contrário.³⁶¹ A predestinação não tem causa extrínseca (*causa extrinsica*), mas encontra ocasião na presciência eterna de Deus sobre o pecado.³⁶²

No contexto de sua análise sobre as consequências da queda, Armínio novamente demonstra que sua preocupação fundamental é com a justiça de Deus. Ele escreve:

> Eu confesso que a mente de um homem carnal e natural [*animalis*] é obscura e tenebrosa, que suas afeições são corruptas e desajustadas, que sua vontade é obstinada e desobediente, e que o próprio homem está morto em pecados. E acrescento que o mestre que obtém a minha mais elevada aprovação é o que considera o máximo possível à graça divina, desde que ele reconheça a causa da graça, para não infligir dano à justiça de Deus e não eliminar a livre escolha ao que é mal.³⁶³

As duas condições que concluem a citação acima referem-se à relação de Deus com o mal. Tampouco podemos ignorar o fato de que

---

³⁶¹ AC 493-494 (III 68).

³⁶² AAC 612 (III 238): "ergo praedestinatio haec a causa extrinseca non sit, est tamen a peccato occasionata, ut loquuntur." AAC 613 (III 239): "Ut ut enim peccatum Deum ad praedestinandum non moverit (est enim proprium peccati effectum iram Dei mereri) tamen haec talis Praedestinatio non nisi occasione peccati facta est, quod Deus in tempore futurum ab aeterno, pro infinitate suae scientiae, praevidit." EP 656 (III 301): "Est vero actus ille ex mera Dei voluntate, sed non citra respectum mali in creaturis, mali inquam quod consideratur non ut causa Deum movens ad electionem, sed tanquam conditio in obiecto actus istius requisita".

³⁶³ HaC 944 (II 700-701): "Fateor mentem Hominis animalis et carnalis esse obscuratam, affectus pravos et inordinates, voluntatem immorigeram, hominemque in peccatis esse mortuum: Et addo illum doctorem mihi maxime probari, qui gratiae quam plurimum tribuit: modo sic causam gratiae agat, ne iustitiae Dei noxam inferat, et ne liberum arbitrium ad malum tollat". Sobre sua propria doutrina da predestinação, Armínio escreveu: "Em cada particular ela se harmoniza com a natureza da graça ao atribuir-lhe todas as coisas que lhe são devidas e por conciliá-la perfeitamente com a justiça de Deus e com a natureza e liberdade da vontade humana". *Verklaring*, 109 (I 655).

Armínio não fala apenas da livre escolha, mas a descreve explicitamente quanto *ao que é mal* (*ad malum*). Porquanto é precisamente a liberdade para fazer o que é errado que é a condição para preservar a justiça de Deus.

Dado que "alguns de nossos doutores" ensinam que o pecado é necessariamente derivado do decreto de reprovação, Armínio considera que se deve acrescentar que o decreto para punir aqueles que não persistem no estado original não é estabelecido sem certa presciência divina dos pecados futuros.[364]

O pecado, como Armínio sugere poder patentemente concluir, é, portanto, uma condição requerida no objeto de eleição e reprovação.[365] Ele expressa essa ideia repetidamente e ela se mantém como o seu argumento mais importante de todas as suas objeções.[366] Comparado a Tomás de Aquino[367] e Calvino, bem como à doutrina da predestinação conforme defendida por seus seguidores, é Agostinho é quem é mais favoravelmente aceito por Armínio — que diz que Agostinho difere consideravelmente (*multum* [...] *distat*) dos outros — exatamente porque pressupõe o pecado no objeto da predestinação. Aqueles que negligenciam fazê-lo se afastam bastante do caminho mais conhecido (*multum a recta via aberrent*). No fim de sua correspondência com Junius, totalmente dedicada ao tema e objeto da predestinação, Armínio enfaticamente

---

[364] AAC 618 (III 246-247).

[365] AC 495 (III 69).

[366] AC 507 (III 88): "Horsum etiam omnia adferri argumenta possunt, quibus comprobatur peccatum esse conditionem in obiecto praedestinationis requisitam." Cf. vários argumentos em AC 530-531 (III 121-123); AC 540 (III 136); AC 575 (III 184); AAC 618 (III 246-247). Também no *Examen Perkinsiani* esse tema aparece repetidamente, cf. EP 639-642 (III 274-279); EP 650 (III 292); EP 685 (III 346); EP 691 (III 355).

[367] Para Tomás de Aquino, veja também EP 682 (III 341). Armínio afirma que ele respeita enormemente Aquino, mas não em seu conceito de que o decreto de reprovação é a vontade para permitir que alguém caia em pecado e a designação da punição de condenção devido ao pecado. De acordo com Armínio, Aquino comete dois erros: ele situa o decreto de reprovação antes do pecado e ele torna a permissão um atributo do decreto de reprovação, embora a permissão devesse realmente ser atribuída ao decreto de providência geral, pois todos pecaram.

conclui: "Em acréscimo a isso, devido à única circunstância do pecado sendo adicionado ao objeto do decreto e "justamente" explicado, todos os absurdos e blasfêmias que se costuma fixar no decreto da predestinação e reprovação devem ser repelidos e consistentemente refutados como inconsequentes".[368] O fato de a palavra "justamente" (*recte*) ter sido destacada no original sugere virtualmente tudo está associado à posição de Armínio sobre a justiça de Deus, tal qual a liberdade da vontade e os conceitos relacionados à operação da graça.

Em outro contexto, Armínio acrescenta muitos argumentos para apoiar sua conclusão. Uma vez que Jesus Cristo veio para salvar seu povo do pecado, o fato de isso ter sido recebido em e através de Cristo pressupõem pecado. O envio do Filho para salvar é uma obra interna de Deus que, com respeito à sua natureza, está de acordo com a presciência de atos que dependem da vontade (contingente) da criatura e, por essa razão, depende da presciência de Deus da queda.[369] As "bênçãos em Cristo" presumem tanto pecado como fé. Não pode haver algo como justiça vindicativa (punitiva) a menos que haja pecadores; nem pode haver misericórdia (*misericordia*) a não ser que haja pessoas em miséria (*in miserum*). No estado perfeito e natural antes da queda, os seres humanos não eram pecadores nem estavam em miséria; isso significa que nem a justiça nem a misericórdia lhes pertencem nesse estado original.[370] "Quando você ouve qualquer menção à misericórdia, seus pensamentos deveriam se voltar necessariamente para Cristo, fora de quem '*Deus é fogo consumidor*'".[371] No contexto da eleição e da reprovação, o pecado não é a causa para uma pessoa ser condenada e

---

[368] AC 610 (III 235): "Accedit huc quod per solam peccati circumstantiam obiecto decreti additam et recte explicatam, omnes absurditates et blasphemiae decreto praedestinationis et reprobationis impingi solitae repelli possint, et solide ut inconsequentes refutari. (mg Note bem)".

[369] AC 492 (III 66). Cf. AC 532 (III 123-124); AC 535 (III 128-129).

[370] AC 495 (III 71); cf. AC 512 (III 94); ACC 612 (III 237).

[371] OR 36 (I 338): "Ubi misericordiae mentionem audis, necessario Christum cogitare debes, extra quem Deus ignis consumens est, ad perdendum peccatores terrae".

outra ser salva, mas é, no entanto, a causa meritória em cuja base uma pessoa pode ser condenada, e é a *condição* requerida no objeto.[372] A graça da predestinação é evangélica, não legal (*Evangelica, non legalis*) e, por isso, essa graça só pode ter um pecador como seu objeto. A graça da predestinação consiste no perdão do pecado e na regeneração, em se afastar do pecado e arrepender-se diante de Deus.[373] Eleição e reprovação pressupõem a existência do pecado. O pecado, como tal, não é a causa da reprovação; em e através de Cristo ainda há, depois da queda, pessoas eleitas e libertas do pecado.[374] Entretanto, o pecado é o que, de fato, torna possível Deus condenar justamente. Sendo assim, notamos que a argumentação de Armínio aqui parece tender em busca da causa para a reprovação em não ser salvo do pecado em e através de Cristo.

Uma conexão entre a justiça de Deus e o (cair em) pecado que ainda não recebeu a atenção que merece é a exigência da justiça de Deus de que o pecado seja punido. Com a queda, o pacto se rompeu. Portanto, a meta original de Deus para a criação, bem como seu pacto, não podem mais ser alcançados através da obediência humana, e a justiça de Deus demanda cumprimento. Além disso, tal justiça procura fazer com que a bondade divina também receba o que lhe é devido. A sabedoria de Deus oferece a solução que satisfaz plenamente todas as condições. Jesus Cristo, que, como Mediador, expiou o pecado de outros, satisfez a justiça de Deus e, ao mesmo tempo, se tornou o meio pelo qual a bondade de Deus progrediria para misericórdia, por meio da oferta e do dom da graça.[375]

---

[372] AC 496 (III 71). Cf. EP 680-681 (III 338-339).

[373] AC 562 (III 167). Cf. AC 564-565 (III 169-170).

[374] Cf. AC 497-498 (III 73-74): Não é necessário (devido à justiça de Deus) que pecadores sejam punidos ou condenados, porque o resgate obtido pela satisfação de Cristo é suficiente para a redenção de todos os pecadores.

[375] Cf. AR9 796 (III 512-513) e 3.1.2.

3.3 A justiça de Deus e o Evangelho (*Evangelium*): Cristo, predestinação e pacto

A justiça de Deus concerne muitos aspectos da visão arminiana de evangelho (*Evangelium*). Todas as partes que já tratamos não apenas estão reunidas sob o conceito do evangelho, mas também encontram seu foco ali. Por "evangelho", quero expressar o que é particular ao que Armínio compreende por "teologia evangélica", a teologia que passou a vigorar após a queda. Na teologia evangélica, lidamos com a forma que Deus desejou reconciliar consigo a humanidade caída. Deus ainda queria que ela fosse capaz de alcançar o destino original de felicidade em união perfeita com Deus. No conceito arminiano de teologia evangélica, os principais temas a serem tratados são Cristo, a predestinação e o pacto, e cada um, a seu próprio modo, concilia a justiça de Deus e o evangelho.

O último parágrafo do tópico 3.2 sobre a relação entre a justiça de Deus e o (cair em) pecado já demonstrou que a justiça de Deus, que requer satisfação pelo pecado, e sua bondade, cujo dever é progredir para misericórdia (*misericordia*), têm lugar certo por meio da sabedoria de Deus ao enviar Jesus Cristo como Mediador. Em vários momentos, Armínio enfatiza que, depois que o plano original se tornou impotente devido ao pecado, Deus ficou totalmente livre para instituir um novo plano para a criação ex mera misericórdia. Ele também foi totalmente livre para decidir a quem concederia ou não sua graça.[376] Mas Armínio acrescenta uma descrição importante, a saber, que a justiça controla essa liberdade (*iustitia tamen moderante*). Assim como, antes da queda, a justiça divina o impediu de eleger e reprovar porque ambos pressupõem pecado, também depois da queda sua justiça continua a controlar seu relacionamento com a criação.[377]

---

[376] AR9 788 (III 500).

[377] Cf. ETG 19 (III 541): "Sed quia creavit ideo jus habet salandi et damnandi, illo modo quem ipsi sapientia sua et aequitas dectabit".

Vários tópicos precisarão ser tratados no contexto desta seção sobre a justiça de Deus e o evangelho. São eles: 1. Cristo como fundamento do novo pacto e da predestinação; 2. o objeto da predestinação, ou, para dizer de outro modo, quem será e quem não será salvo na teologia evangélica. Aqui se tratará a interpretação de Armínio de Romanos 9, bem como seu conceito sobre a relação entre eleição e reprovação; 3. a ordem pela qual e os meios através dos quais a salvação será realizada; 4. a presciência divina e o conhecimento parcial no contexto do entendimento arminiano da predestinação; 5. por fim, o sistema abrangente de quatro decretos da predestinação de Armínio, conforme encontrado em sua *Declaração* de 1608.

3.3.1. Cristo como o Fundamento do Novo Pacto e da Predestinação

A condição mais importante para Deus e a humanidade serem capazes de se relacionarem novamente é a correta resposta ao pecado que rompeu o primeiro pacto (veja 3.1.2.). A única possibilidade que não condena eternamente o homem é Deus permitir que seu Filho sofra e expie a punição devida ao pecado. Por esta razão, a mediação de Cristo assume literalmente uma função fundamental na concepção de Armínio sobre a teologia evangélica. "Pois Cristo é o fundamento dessa bênção, não como Deus, mas como θεανθπωπὸ [*homem*], Mediador, Salvador e Cabeça da Igreja".[378] Como Mediador, Cristo proveu um fundamento para (*substernitur*) o evangelho; seu ofício como Mediador inclui, desse modo, uma grande parte (*bonam partam*) do que precisa ser revelado no evangelho.[379]

Depois do rompimento do primeiro pacto, Deus, devido à graça, iniciou outro pacto. Este não seria como o antigo, mas seria um pacto

---

[378] AAC 614 (III 241): "Nam Christus fundamentum istius benedictionis est, non qua Deus, sed qua θεανθπωπος, mediator, salvator et caput Ecclesiae".
[379] OR 47 (I 347-348).

de graça. A justiça e verdade de Deus não admitiriam um novo pacto de graça, exceto através de um Mediador e Fiador (*sequester et sponsor*) entre Deus e o pecador. Isso demandava um sacrifício de expiação (*necessitas sacrificii expiatorii*), um novo sacerdócio que expiaria o pecado e garantiria o caminho para o trono da graça de Deus aos seres humanos, a despeito de seu estado depravado.[380]

A necessidade de um Mediador e Fiador surge da justiça imutável e implacável de Deus, por meio da qual ele odeia toda injustiça.[381] Portanto, quando Deus Pai quer nomear seu Filho para esse ofício de Mediador e Fiador, há um "conflito" entre justiça e misericórdia. Justiça significa dar a cada pessoa o que lhe é devido (*suum cuique tribuere*). Por precisar admitir que o trono da graça é mais exaltado do que a própria corte; a justiça é satisfeita quando ambos — isto é, justiça e misericórdia — recebem o que merecem. A sabedoria de Deus é o que permite essa cooperação, e o sacrifício expiatório satisfaz as duas. Esse sacrifício é um ingresso voluntário na morte como o pagamento exigido, que, de uma única vez, satisfaz a justiça e abre caminho para a misericórdia. Para tanto, necessita-se de um sacerdote e de um sacrifício. Alguém da raça humana teria de executá-lo, mas considerando a condição em que os seres humanos estavam, em pecado e sob a tirania do pecado e de Satanás, não possuíam a vontade nem a força para desejarem por amor, e em virtude desse ofício, cumprir tais deveres que seriam para o proveito de outros.[382] A sabedoria de Deus decidiu, então, que o Mediador nasceria do homem, mas seria concebido pelo Espírito Santo. A Palavra de Deus revelou-se e foi designada sacerdote do pacto (ex pacto), confirmada com um juramento — cuja ratificação, em contraste com o primeiro pacto, tornou esse pacto de graça imutável. O pacto consiste em uma demanda e uma promessa de Deus as quais Cristo livremente aceitou.

---

[380] OR 13 (I 410).
[381] OR 14 (I 412).
[382] OR 14 (I 412).

Deus jurou que o descanso celestial seria obtido através de Cristo, pela fé nele.[383]

No pacto com o Filho, Deus uniu os dois nobres ofícios de sacerdote e rei. Essa união é, ao mesmo tempo, a prova absoluta de que a justiça e a misericórdia podem cooperar para realizar a salvação humana.[384]

O fruto do serviço sacerdotal de Cristo consiste no seguinte: 1. o estabelecimento (*pactio*) e a confirmação (*confirmatio*) de um novo pacto (*novi foederis*); 2. a demanda por recepção e aplicação de todas as bênçãos necessárias para os novos parceiros do pacto: perdão, adoção e o Espírito como o vínculo da união; 3. um novo sacerdócio eucarístico e régio; 4. a condução de toda a igreja crédula até Deus. Este elemento final do serviço sacerdotal de Cristo representa não apenas a meta dos três primeiros, mas também a meta do primeiro pacto com a humanidade.[385]

O pacto entre Deus Pai e o Filho tem importância fundamental na teologia de Armínio.[386] Isso é verdadeiro mesmo quando Armínio não se

---

[383] OR 16-17 (I 415-418).

[384] OR 19-20 (I 422).

[385] OR 20-24 (I 423-430).

[386] Contra LOONSTRA, *Verkiezing*, 24, que realmente fala de uma "posição isolada". Loonstra, contudo, observou que o fato importante para Armínio era que o decreto de salvação não fosse subordinado ao decreto da eleição, pois do contrário o amor de Deus por justiça e por pecadores seria arruinado. Ele reconheceu que o decreto de salvação em Cristo constituiu o fundamento para a doutrina de Armínio da predestinação. Ele observa, entretanto, que isso jamais se desenvolveu em um *pacto de salvação* entre o Pai e o Filho e sugere que o próprio Armínio talvez tenha compreendido que um pacto entre o Pai e o Filho poderia colocar obstáculos em seu conceito da predestinação. Conforme Loonstra, essa hipótese é justificada com base nas polêmicas que aconteceram desde a época de sua morte (p. 25). Em minha opinião, Loonstra (bem como os próprios polemistas depois da morte de Armínio) não reconheceu o contexto específico da justiça de Deus, em que o *pacto* funciona como fundamento do pacto *e* eleição no pensamento de Armínio. Graafland, *Verbond*, 193-195, é ambivalente em sua avaliação do conceito de Armínio. Por um lado, ele aponta para o caráter do pacto entre Deus e Cristo como um pacto *singular* que tem sua própria relevância no plano de salvação, enquanto ele, por outro lado, observa que não foi a intenção de Armínio compreender esse *pacto* como um terceiro pacto, de alguma forma conectado com os outros dois pactos. Esse *pacto*, de fato, tem apenas a função de indicar que e porque o "outro" pacto de graça foi instituído por Deus como eterno. Graafland sugere que o *pacto* de Armínio está "na realidade"

refere explicitamente a esse pacto. Depois da queda, que desfez o primeiro pacto de obras, o pacto é a condição e o fundamento do acordo, o novo pacto da graça.[387] Anteriormente, ficou claro que isso está diretamente de acordo com o conceito de Armínio sobre a justiça de Deus. A justiça de Deus demanda ser implacavelmente satisfeita antes que Deus seja gracioso com os pecadores. Quando Armínio explica que, para ele, o fato de Deus amar ao mundo de tal maneira que deu o seu Filho (cf. João 3.16) precede a causa da predestinação (isto é, os méritos adquiridos pela morte de Cristo),[388] o contexto para tal observação pode ser encontrado em sua distinção entre *pacto* e *acordo*. Como acordo entre Deus Pai e Deus o Filho, o *pacto* é a condição e o fundamento do *acordo* em que Cristo, não como Deus, mas como Deus-homem ou Mediador, através de sua morte na cruz, realiza a reconciliação real entre Deus e a raça humana pecaminosa. Esta é, por sua vez, a condição e a causa da predestinação compreendida como decisão de Deus para salvar aqueles que creem e condenar aqueles que permanecem obstinados na incredulidade. Aqui, o significado de *pacto* e predestinação estão interligados; em nosso tratamento do sistema de quatro decretos de Armínio da *Declaração* de 1608 (cf. 3.3.5.), esses dois conceitos, bem como sua relação mútua, serão examinados mais cuidadosamente.

Conforme foi notado, uma das diferenças entre *pacto* e *acordo* é que, no primeiro, Deus Filho está envolvido como Deus, enquanto no segundo, é de extrema importância que o Filho de Deus aqui seja o Deus-homem e sirva como Mediador entre Deus e o homem. Armínio identifica a relação

---

simplesmente relacionado com o que é eterno. No entanto, nisso ele ignora o caráter fundamental do *pacto* como garantia da satisfação da justiça de Deus. Além disso, a observação de Graafland que Armínio nesse período não segue a linha da ortodoxia reformada nem (ainda) a linha humanista reformada, em minha opinião, resulta de sua abordagem sobre Armínio que não faz justiça ao pensamento do último.

[387] Portanto, não há identificação do *pacto* com o *acordo*, embora haja uma relação em que o último se baseia no primeiro. Cf. BLACKETER, "Covenant", 212: "Parece que Armínio identifica o *pacto* entre o Pai e o Filho com o *pacto da graça*, ou pelo menos baseia o último no primeiro".

[388] AAC 614-615 (III 241).

entre Cristo e Deus Pai como subordinação. A natureza da subordinação de Cristo consiste em que toda relação soteriológica de Deus com os seres humanos, ou vice-versa, ocorra através da intervenção de Cristo (cf. 2.2.2.).[389] É a justiça inalterável de Deus (*iustitia rigida*) que separa a humanidade de Deus e da comunhão com Ele devido ao pecado, e a fim de desfazer esta separação, a subordinação de Cristo é necessária como objeto da teologia. O Pai está assentado em seu trono de *iustitiae rigidae* atrás de Cristo e só é possível se achegar a ele através do sangue de Cristo e pela fé.[390] A necessidade da subordinação do Filho se atribui ao enorme abismo entre nossa corrupção e a santidade e a justiça inabalável, implacável de Deus, o qual nos mantém separados de Deus como se por uma fenda intransponível não tivesse Cristo sofrido a plena extensão da ira de Deus e sobreposto o abismo.[391] Portanto, a menos que creiamos em Cristo, não podemos crer em Deus. A consideração dessa necessidade é de aplicação infinita, porque ela produz confiança na consciência do cristão e confirma a necessidade da religião cristã.[392]

Com respeito à relação entre providência e predestinação, Armínio argumenta que a providência, sendo abrangente, precede à predestinação por natureza e em ordem, e é também a causa para o envio do Filho como Redentor, o Cabeça em que a predestinação é baseada (Efésios 1).[393]

---

[389] "Natura illius in eo consistit, quod omnis, quae Deo nobiscum est, aut nobis cum Deo, salutaris communicatio, Christi medio interventu peragitur". OR 36 (I 338). A relação de Deus conosco é 1. Sua afeição com respeito a nós (*erga nobis*); 2. Seu "gratioso decreto de nobis"; 3. Seu "effectu salutifero in nobis". OR 36 (I 338). Em todas essas coisas Crsito é o Mediador: "Ubique Christus medius intercedit". (Ef 1.6 e 5) OR 36 (I 339).

[390] OR 36 (I 339).

[391] OR 37 (I 341): "Illa ex nostrae contagionis et vitiositatis ad Dei incontaminabilem sanctitatem et inflexibilem iustitiae rigorem comparatione ortum ducit".

[392] OR 37 (I 341).

[393] EP 647 (III 287): "Agnosco autem permissionem medium decreti non praedestinationis sed providentiae, qua haec contra illam distinguitur: providentiae inquam gubernatricis et administratoris, quae non modo non prior est natura et ordine praedestinatione, sed et causa missionis Filii tanquam Redemptoris, qui caput est in quo praedestinatio facta est, ut doce Apostolus Ephes. 1". Como foi notado anteriormente e também será explicado

Cristo não é apenas o meio, mas também a causa meritória da eleição. Ser eleito em Cristo significa ser eleito no Mediador, isto é, no Cabeça. Pois Deus não ama ninguém eternamente, exceto em Cristo. Daí se tem que Deus só considera como estando em Cristo aqueles que, pela fé, foram enxertados em Cristo, e que a eleição, portanto, pertence unicamente aos cristãos. A expressão *em Cristo* denota a causa meritória.[394] Aqueles que, em seu conceito de predestinação, consideram Cristo como a causa subordinada da salvação "não o ofendem levemente;[395] isso não é adequado à honra devida a Cristo.[396]

Uma das principais objeções de Armínio aos conceitos de predestinação de seus oponentes também concerne, portanto, à função de Cristo.[397] Em sua Declaração, Armínio sustenta sua afirmação de que a doutrina da eleição incondicional, conforme ensinada por seus colegas, *não* pode servir como fundamento do cristianismo e da salvação ao apontar precisamente a função de Cristo:

1. Ela não é o fundamento do cristianismo: (1) pois essa predestinação não é o decreto de Deus pelo qual Cristo é designado por Deus para ser o Salvador, o Cabeça e o Fundamento daqueles que serão herdeiros da salvação. No entanto, esse decreto é o único fundamento do cristianismo; (2) pois essa doutrina de predestinação não é a doutrina pela qual, através da fé, nós, como pedras vivas, somos edificados em Cristo, a única pedra angular, e somos inseridos nele como os membros do corpo são ligados à cabeça;
2. Ela não é o fundamento da salvação: (1) pois essa predestinação não é o decreto da boa vontade de Deus em Cristo

---

mais extensamente abaixo, a designação providencial de Cristo como Mediador está na *Declaração* do primeiro decreto de predestinação (veja 3.3.5.).

[394] EP 651 (III 293).
[395] AN 951 (II 711).
[396] *Verklaring*, 85-86 (II 630-631).
[397] Conforme corretamente notado por CLARKE, *Ground*.

Jesus sobre o qual simplesmente nossa salvação se baseia e depende.[398]

A eleição é *em Cristo*, e ninguém está em Cristo, senão aqueles que creem. Por essa razão ninguém é eleito, senão aqueles que creem em Cristo.[399] Na teologia de Armínio, a graça *evangélica* está diretamente ligada aos méritos conquistados por Cristo.[400] Deus não pode amar um pecador tendo em vista a salvação, a menos que o pecador seja reconciliado com ele em Cristo.[401] Isso presume que a predestinação é possível apenas em Cristo. O pagamento do resgate precede à eleição (*prius electione est*).[402] E Cristo foi dado a pecadores, de modo que, para Armínio, fica claro que (na presciência de Deus) não há eleição ou reprovação antes do pecado nem antes da designação de Cristo para o ofício de Mediador, tampouco antes do cumprimento desse ofício na expiação por Cristo.[403]

Em seu *Examen thesium Gomari* (Exame das Teses de Gomarus), Armínio fala incisivamente sobre a importância que Cristo possui na doutrina da predestinação de Gomarus. Este havia mencionado que a predestinação é a própria essência do evangelho (*potissima ipsius Euangelii materia*). Se é mesmo assim, responde Armínio, então Jesus Cristo, que é o objeto mais importante do evangelho e sua essência (*objectum et matéria Euangelii est praecipua*), não pode ser omitido da

---

[398] *Verklaring*, 71 (I 618-619). Cf. ETG 150 (III 651).

[399] EP 756 (III 452). "Electio enim est in Christo facta. At nemo in Christo est nisi fidelis. Ergo nemo in Christo eligitur nisi fidelis". Cf. EP 757 (III 453); ETG 39-40 (III 558): "Ad Ephes. Particula nos, nobis saepe utitur; at eo significat illos non qua homines sed qua fideles: eatenus enim in Christo sunt, et communionem habent cum Christo, quin et destinati ad communionem cum Christo".

[400] AC 565 (III 170): "Gratia autem quam Christus non impetravit Evangelica dici, mea sententia, non potest".

[401] Cf. EP 653 (III 296). Deus não pode amar nenhum pecador fora de Cristo. João 3.16, portanto, não fala do amor eletivo de Deus; a fé intervém entre o amor de Deus e a vida eterna.

[402] EP 672-673 (III 326-327).

[403] EP 641-642 (II 278-279).

definição e da essência da predestinação. A tese de Gomarus sobre a predestinação, contudo, não faz menção a Jesus Cristo, exceto quando trata dos meios para a execução dos decretos.[404] Na mente de Armínio, não é uma omissão coincidente da parte de Gomarus, mas indício de uma diferença essencial entre a abordagem de Gomarus e a sua. Armínio concorda inteiramente com Gomarus quanto ao fato de a predestinação tocar a verdadeira essência do evangelho, mas, se isso é verdade, então Jesus Cristo e sua obra mediadora devem assumir uma função fundamental nela.[405]

Um argumento lógico que aparece repetidamente é que algo deve ser comunicável antes de realmente ser comunicado. Por esta razão, a morte e a ressurreição de Cristo devem, na presciência de Deus, preceder aos dons que fluem de sua morte e ressurreição. Visto que é a predestinação que distribui esses dons conquistados por Cristo, a predestinação deve segui-los (na presciência de Deus). Armínio significativamente acrescenta: "O que pode ser concluído a partir disso, deixo para a reflexão do inteligente".[406]

Cristo conquistou as bênçãos e ele, ao mesmo tempo, conquistou o direito de ser o Cabeça e a ter a autoridade para distribuir as bênçãos. Por meio de sua obra, ele recebeu as bênçãos do Pai e herdou os títulos de Cabeça e Rei. Ele se tornou o Autor de salvação eterna para todos aqueles que lhe obedecem. Aqueles que creem são predestinados nele

---

[404] ETG 4-5 (III 529). Um daqueles em cujo pensamento Cristo tem uma função fundamental apenas no contexto da execução do decreto de eleição é o mestre de Armínio, Beza, cf. SINNEMA, "Beza's View of Predestination", 230.232.

[405] Cf. ETG 136 (III 639): "Et in Christo non praedestinati nisi peccatores, nisi fideles; illi enim soli Christo indigent, et hi soli in Christo sunt. Quare si nos probaverimus in Christo ipsum decretum praedestinationis fundatum esse, uno ictu totam hanc thesium compagem destruxerimus".

[406] AAC 614 (III 240): "Praedestinatio enim non facit ut res illae sint communicabiles, sed reipsa illas communicat. Communicabiles factae sunt res illae per sanguinem et mortem resurrectionemque Christi, per quam nobis illa bona apud Patrem sunt acquisita et impetrata. Quumque prius sit aliquid communicabile quam actu communicetur, hinc sequitur praedestinationem morte et resurrectione Christi esse posteriorem in praescientia et praeordinatione Dei. Unde quid concludi possit intelligentibus dispiciendum relinquo".

para participar dessas bênçãos pela união (*unio*) com ele. O amor de Deus em Cristo (nascido, morto, ressurreto e, agora, estabelecido como Cabeça) por aqueles a quem ele destinou participar da vida eterna é a causa da predestinação.[407]

Quando Armínio escreve essas coisas, o elemento distintivo é claramente sua dependência de argumentos baseados na doutrina de Deus e na ordem natural,[408] exatamente como na correspondência com Junius. Deve-se notar uma vez mais que Armínio se demonstra capaz de estabelecer sua própria doutrina da predestinação predestinação — isto é, o decreto para conceder salvação em Cristo àqueles que creem — sem formular um conceito particular sobre a liberdade da vontade. A visão de Armínio sobre a justiça é de tal relevância estrutural-fundamental para seu pensamento que seu conceito sobre a liberdade da vontade flui como consequência disso, e apenas desta forma torna-se uma parte importante e integrada à sua teologia. À parte de outros argumentos que serão tratados mais tarde, essa observação é uma base relevante para minha hipótese de que não é a liberdade da vontade, mas a justiça de Deus que constitui a fonte para a teologia de Armínio.

Antes de continuarmos a tratar do objeto da predestinação e os meios de graça, primeiramente precisamos explicar o que Armínio entende por suficiência e eficiência do sacrifício de Cristo quanto à distinção que ele traça entre aquisição, exibição e aplicação da expiação. Como Mediador, Cristo garantiu (*comparare*) perdão e expiação por todo o mundo: o mundo está, então, expiado diante de Deus. Em seguida, essa expiação, ou preferivelmente, o Mediador, é apresentada ou oferecida (*exhibere*) ao mundo por meio da Palavra e do Espírito, de modo a ser

---

[407] AAC 614 (III 241); cf. AAC 615-616 (III 242-243).

[408] Cf. AAC 614 (III 241), em que Armínio, com base na ordem natural das coisas, pressupõe que Cristo foi primeiramente o Cabeça daqueles que seriam salvos somente depois que pessoas específicas são determinadas a compartilhar nessa salvação. Nesse contexto, Armínio fala a respeito de decretos diferentes: "Ego naturae ordine praeire puto decretum quo Christus constitutus est caput salvandorum isto decreto quo aliqui in Christo ad salutis participationem sunt destinati". Cf. 3.3.5. para o sistema de Armínio dos quatro decretos.

aplicada (*applicare*). Entre a aquisição e a aplicação há a oferta (*exhibitio*) do Mediador por meio da Palavra e do Espírito.[409]

A suficiência do sacrifício de Cristo é de extrema importância para Armínio. Sem a suficiência, a satisfação real não é possível. Uma condição para a suficiência é que o pagamento tenha sido feito, pois como pode o pagamento ser suficiente se não é, de fato, um pagamento, se não foi pago? É precisamente a eficácia da morte de Cristo na expiação que torna o pagamento suficiente.[410] "Cristo morreu 'por todos' e 'pela vida do mundo', e isso pelo mandamento e pela graça de Deus":

> Mas o decreto de predestinação não estabelece limites para a universalidade do preço pago por todos por meio da morte de Cristo. Pois ele é posterior à morte de Cristo e à sua própria eficácia. Ele se relaciona à aplicação dos benefícios obtidos para nós pela morte de Cristo: mas a morte é o preço pelo qual tais benefícios foram adquiridos. Portanto, ele é expresso de forma errônea e invertida quando se afirma que Cristo "morreu somente pelos eleitos e predestinados". Pois a predestinação não se baseia meramente na morte, mas também no mérito da morte de Cristo: por isso, Cristo não morreu pelos predestinados, mas são predestinados aqueles pelos quais Cristo morreu, embora não todos. Porque a universalidade da morte de Cristo se estende mais amplamente do que o objeto da predestinação. Portanto, conclui-se também que a morte de Cristo e seus méritos antecedem, por natureza e ordem, a predestinação. E o que mais é a predestinação senão a preparação da graça que nos foi alcançada e obtida pela morte de Cristo?, e esta prepa-

---

[409] EP 670-671 (III 323-324). Para as distinções que pertencem à aquisição, exibição e aplicação da expiação, cf. EP 735-737 (III 421-424).

[410] EP 736 (III 422): "Quum idcirco sufficiens sit pretium mors Christi pro mundi vita, qui efficax fuit ad peccatum abolendum et Deo satisfaciendum".

ração pertencendo à aplicação, não à própria aquisição da graça que ainda não existe. Pois o decreto pelo qual Deus determinou conceder Cristo ao mundo como seu Redentor e designá-lo Cabeça apenas dos fiéis, é anterior ao decreto pelo qual ele determinou aplicar a graça adquirida pela morte de Cristo para alguns pela fé pelo próprio ato.[411]

Cristo é tanto o fundamento do decreto de eleição como a execução desse decreto. Ele é o Mediador para a execução da salvação e para sua aplicação. A eleição é, portanto, "não apenas 'através dele', mas também 'devido a ele' e 'nele'".[412] A razão é que a justiça de Deus demanda ser satisfeita por causa dos pecados. Isso, por sua vez, explica porque, para Armínio, tudo se resume ao fato de a aceitação em graça e amor, a atribuição de glória e a preparação dos meios necessários para a salvação estarem todas em Cristo como o único fundamento (*unico fundamento*).[413]

---

[411] EP 671-672 (III 324-325): "Decretum autem Praedestinationis nihil praescribit universalitati pretii per mortem Christi pro omnibus soluti. Est enim morte Christi eiusque propria efficacitate posterius. Nam pertinet ad applicationem beneficiorum morte Christi nobis partorum: at mors est pretium, quo ista beneficia sunt comparata. Perperam igitur dicitur et ordine inverso, cum Christus pro electis tantum ac praedestinatis mortuus dicitur. Praedestinatio enim non tantum morte, sed et merito mortis Christi innititur: et propterea non mortuus Christus pro praedestinatis, sed praedestinati, pro quibus Christus est mortuus, licet non omnes. Nam mortis Christi universalitas latius se extendit obiecto praedestinationis. Unde etiam concluditur, mortem Christi eiusque meritum praedestinationem natura et ordine antecedere. Et quid est Praedestinatio aliud, quam praeparatio gratiae nobis morte Christi parte et comparatae? et praeparatio ad applicationem pertinens, non ad ipsam gratiae nondum existentis acquisitionem. Decretum enim Dei quo statuit Christum dare mundo Redemptorem, eumque statuere caput fidelium tantum, prius est decreto, quo statuit gratiam morte Christi partam nonnullis actu ipso per fidem applicare".
[412] EP 657 (III 302-303): "Per illum, sed et propter illum, et in illo".
[413] EP 657-658 (III 303-304). Cf. AAC 612-613 (III 238-239): Cristo é o fundamento do decreto e da execução do decreto. Assimilamos Cristo como Cabeça. Na ordem das causas, Ele foi primeiramente estabelecido e predestinado (NB: a predestinação de Cristo!)

3.3.2. O objeto da predestinação

Cristo pode ser Mediador somente para aqueles em cujo lugar ele foi para a cruz; o sacrifício de Cristo, a execução da expiação, deve ser distinguido do resultado dessa execução, que é a expiação real em si mesma.[414] A última somente pode ser recebida pela fé e pelo Espírito de Cristo. Através da execução, entretanto, é possível (*possit*) para Deus — porque sua justiça que foi satisfeita não o impede — perdoar os pecados dos pecadores e conceder-lhes o dom do espírito. Deus já estava inclinado a isso em sua misericórdia e, devido a essa misericórdia, ele concedeu Cristo como Redentor. Contudo, sua justiça o impediu de perdoar simplesmente devido à misericórdia. Enquanto isso, o que permanece não reduzido é o direito de Deus de conceder a todos os benefícios adquiridos por Cristo, que devem ser distribuídos livremente de acordo com a misericórdia de Deus em Cristo àqueles a quem ele se agrada conceder-lhes e conforme as condições que lhe agrada estabelecer:[415]

---

para ser nosso Cabeça; depois de sermos predestinados nele como seus membros. Essa é a inversão da ordem encontrada em Beza.

[414] EP 673-674 (III 327-328).

[415] EP 675-676 (III 330-331): "Propriam et immediatam mortis passionisque Christi effectionem, et videbimus ab illa hominum neminem excludi posse. Illa autem est, non actualis peccatorum ab his illis ablatio, non actualis peccatorum remissio, non iustificatio, non actualis horum et illorum redemptio, quae absque fide et Spiritu Christi nemini contingunt; sed reconsiliatio Dei, remissionis, iustificationis et redemptionis apud Deum impetratio: qua factum est ut Deus iam possit, utpote iustitia, cui satisfactum est, non obstante, hominibus peccatoribus peccata remittere et Spiritum gratiae largiri: ad quae effecta cum peccatoribus communicanda propendebat quidem iam ante ex misericordia; Ex illa enim Christum dedit mundo Salvatorem, at per iustitiam ab illorum actuali productione impediebatur. Interea Deo ius suum integrum manet illa bona (quae ipsius sunt ex natura, quorum communicationem peccatoribus hominibus disiderabat ex misericordia, a obstante iustitia, actu instituere non poterat, et quae iam iustitia ipsius sanguine ac morte Christi pacata actu potest largiri) iis quibus visum, et istis conditionibus quas praescribere volet, impartiri".

"Cristo por sua satisfação obteve eterna redenção e o direito de remissão de pecados; mas o pecado não é remido, exceto para aqueles que realmente creem em Cristo".[416]

A relação entre a função fundamental de Cristo e o objeto da predestinação, da eleição de cristãos para a salvação e a reprovação daqueles que persistem na incredulidade, torna-se claramente visível dessa forma. Armínio enfatiza que a fé é o fator decisivo para adentrar o descanso que Deus preparou em seu Filho, devido ao seu amor pelos pecadores.[417] Não apenas a cruz, mas também a fé da cruz, é necessária para a salvação, porque Deus determinou em seu decreto que a fé em Cristo fosse necessária.[418] Também, a promessa que Deus fez a Cristo no *pacto* torna a fé necessária. "Portanto, Cristo pelo decreto, pela promessa e pelo pacto do Pai, foi constituído (*constitutus*) Salvador de todos que creem nele".[419] De acordo com Armínio, a doutrina do evangelho é o portal do céu, amplamente aberto. Isso permitirá àqueles que creem atravessar facilmente (*facile admittet credentes*).[420] Deus não pode reconhecer e amar pecadores como sendo seus, a menos que ele primeiramente os conheça como crentes em Cristo.[421] E porque ninguém está em Cristo, exceto pela fé, conclui-se que "Deus não reconhece como seu e não ama

---

[416] EP 737 (III 424): "Nactus quidem est Christus satisfactione aeternam redemptionem et ius peccatorum remittendorum, sed non remittitur peccatum nisi actu credentibus in Christum".

[417] OR 17-19 (I 418-421).

[418] Cf. também EP 749 (III 441): "Deus fecit decretum de eligendis fidelibus solis et condemnandis infidelibus. [...] statuit particularem electionem fidelium, et particularem reprobationem infidelium".

[419] OR 38-39) (I 343): "Constitutus est ergo Christus decreto, promisso, et pacto Patris, Salvator omnium in ipsum credentium".

[420] OR 55 (I 372).

[421] EP 652-653 (III 296): "Deum neminem ex peccatoribus pro suo praediligere et amare posse, nisi eum in Christum crediturum praenoverit, atque ut credentem in Christum intuitus fuerit". Cf. EP 653 (III 296): "Deinde neminem in Christo et propter Christum agnoscit Deus pro suo, nisi ille idem sit in Christo".

eternamente nenhum pecador, exceto se ele o considera como um crente em Cristo e pela fé o torna um com ele".[422]

Armínio continuamente se ocupou com a questão do objeto da predestinação. Isso deve ser explicado segundo a estreita conexão que esse tema tem com a justiça de Deus. Um conceito impróprio sobre o objeto da predestinação implica um ataque direto à justiça de Deus. Ao longo dos anos, Armínio levantou muitos argumentos contra a suposição de que o objeto da predestinação é uma pessoa criável, criada ou caída, e a favor de seu próprio conceito de que objeto só pode ser um pecador crédulo (eleição) e um incrédulo impenitente (reprovação). A seguir, uma quantidade de declarações de Armínio será examinada. Além disso, atenção será dada à relação entre eleição e reprovação, as duas partes constituintes da predestinação relativas à distinção no objeto da predestinação.

Em sua exegese de Romanos 9, Armínio estabelece o fundamento para o seu conceito sobre a predestinação de uma forma que permanecerá consistente ao longo dos anos que se seguem. Um importante ponto de partida para sua exegese de Romanos 9 é que os capítulos 9-11, os quais, desde que Agostinho foi tradicionalmente considerado como a *loca probantia* da (dupla) predestinação, devem ser compreendidos da perspectiva da carta de Paulo aos Romanos como um todo. Esse é o contraste entre a pregação de Paulo, da justificação pela fé em Cristo, e aqueles que procuram ser justificados através das obras da lei. Armínio considera Jacó o tipo do primeiro grupo e Esaú o tipo do segundo grupo. Não é uma coincidência que a exegese de Armínio, que ele primeiramente enviou em uma carta a Gellius Snecanus, fosse publicada postumamente como um apêndice ao *Examen Perkinsiani* (Análise sobre Perkins). Porquanto nessa última obra, precisamente o mesmo conceito sobre Romanos 9 pode ser encontrado. Os filhos da promessa são aqueles justificados por meio da fé em Cristo; os filhos da carne são aqueles que procuram

---

[422] EP 653 (III 297).

ser justificados pelas obras da lei.[423] Aqui, Armínio compreendeu a real predestinação expressa: Deus decidiu que aqueles que creem em Cristo devem ser justificados, e que aqueles que procuram justificação através das obras da lei devem ser condenados porque não estão em Cristo.

Com base nisso, Eef Dekker caracterizou a doutrina de Armínio da predestinação como "predestinação por propriedade" (*eigenschappen-predestinatie*); Deus não predestina indivíduos, mas pessoas com a propriedade da "fé" ou da "incredulidade".[424] Essa é uma caracterização apropriada, embora deva-se lembrar que essa predestinação é, para Armínio, apenas uma parte da predestinação. O inteiro decreto de predestinação consiste, à parte da "predestinação por propriedade", também nas decisões concernentes ao envio de Cristo como Mediador, na distribuição dos meios de graça e num decreto para salvar ou condenar os indivíduos baseado na presciência de Deus. Somente o chamado "segundo decreto" na doutrina de Armínio da predestinação, conforme exposto na *Declaração* (veja 3.3.5.), pode assim ser caracterizado como "predestinação por propriedade".[425] Quando o contexto da "predestinação por propriedade" não é considerado, essa caracterização pode, em breve, levar a incompreensões.[426] Clarke rejeita o termo "predestinação por propriedade" e caracteriza a doutrina de Armínio da predestinação como "predestinação pactual".[427]

Em sua correspondência com Junius, Armínio chama de predestinação a parte da providência que pertence ao governo (*administratio* e *gubernatio*) da raça humana. Com base nisso, ele conclui que assim como a providência é subordinada à criação, também a predestinação, como *pars providentiae* em termos da ordem, vem depois do ato da criação ou

---

[423] EP 652 (III 295). Cf. SELDERHUIS, *Handboek Nederlandse Kerkgeschiedenis*, 416.

[424] DEKKER, *Rijker dan Midas*, 182-185.215.227.

[425] DEKKER, *Rijker dan Midas*, 227, ele próprio faz essa identificação: "In het tweede besluit herkennen we de eigenschappen-predestinatie".

[426] Cf. GRAAFLAND, Verbond, 187: "kwalitatieve verkiezingsleer".

[427] CLARKE, *Ground*, 91.

da decisão de criar, de modo que o objeto da predestinação não pode ser a pessoa não criada.[428]

No que concerne a Armínio, não há distinções que possam evitar que se torne Deus o autor da queda de Adão no pecado, quando a predestinação e a reprovação se referem ao povo antes da queda (cf. 3.2).[429] O decreto para punir aqueles que não persistem no estado original não é estabelecido até depois de Deus prever o pecado futuro. Armínio escreve que isso precisa ser acrescentado porque alguns de "nossos doutores" ensinam que o pecado resulta necessariamente do decreto de reprovação.[430]

Armínio define predestinação[431] como "a pré-ordenação para a vida eterna daqueles pecadores que crerão em Cristo e, por outro lado, a pré-condenação à morte eterna daqueles pecadores que hão de perseverar em seus pecados". A fé procede da obra misericordiosa de Deus e o endurecimento em pecado, procede da natureza perversa do homem e do justo abandono de Deus.[432] Essa predestinação é o fundamento da fé cristã, da salvação e da certeza da salvação; é a *materia Evangelii, the Summa Apostolicae doctrinae*.[433] Armínio enfatiza uma vez mais que estamos aqui lidando com uma *praeordinatio* ou pré-ordenação. *Ordinatio* não é uma decisão de que algo aconteça, mas, ao invés disso, é uma ordenação do que aconteceu. Essa ordenação ou determinação

---

[428] AC 507 (III 87): "Praedestinatio est pars providentiae administrantis et gubernantis humanum genus; ergo posterior natura actu creationis, vel proposito creandi".

[429] AC 478 (III 44-45).

[430] AAC 618 (III 246-247).

[431] Armínio chama a doutrina da predestinação de "muito difícil" (*sane difficilis*), especialmente porque as pessoas atribuem às Escrituras o que elas mesmas formularam. EP 638 (III 273).

[432] EP 639-640 (III 276): "Qua illa est peccatorum in Christo crediturorum ad vitam aeternam praeordinatio, et contra peccatorum in peccatis perseveraturorum ad aeternam mortem praedamnatio. Crediturorum inquam, ex dono Dei gratioso, et in peccatis perseveraturorum ex propria malitia et iusta desertatione Dei". Veja também HaC 943 (II 699).

[433] AN 957 (II 719).

dos eventos não impõe algum tipo de necessidade a esses eventos.⁴³⁴ A *causa* da predestinação é o amor de Deus em Cristo.⁴³⁵

A predestinação inclui os meios pelos quais aqueles que foram predestinados certa e infalivelmente serão salvos. Esses meios são o perdão de pecados, a renovação e o contínuo apoio do Espírito Santo até o fim. A reprovação, por outro lado, inclui a negação desses meios.⁴³⁶ Armínio esclarece que somente os pecadores precisam e podem receber esses meios. Isso tem consequências para o objeto da eleição e reprovação. É importante lembrar que nem a predestinação (ou eleição) nem a reprovação são absolutas no pensamento de Armínio. A predestinação concerne à decisão de Deus de salvar aqueles que creem em Cristo; aqueles que em Cristo, portanto, recebem os meios acima mencionados. Reprovação concerne à decisão de Deus de condenar os pecadores que persistem na incredulidade; a eles Deus nega o perdão e o Espírito. O Espírito é o Espírito de Cristo, o Mediador e a Cabeça. Ele é o "vínculo de nossa união" (*vinculum unionis*) com Cristo através de quem há comunhão com Cristo e através de quem os benefícios de Cristo são recebidos.⁴³⁷

Armínio define eleição como "o decreto de Deus pelo qual ele, desde a eternidade, determinou justificar os cristãos em Cristo e recebê-los na vida eterna, para o louvor de sua graça gloriosa".⁴³⁸ Armínio negou que, dessa forma, a fé é um ato da livre vontade humana, e não mais um dom da graça de Deus. A definição de predestinação não lida com a questão da causa da fé. Por essa razão, Armínio sugere algo que pode ser acrescentado à definição: os crentes, a saber, aqueles a quem Deus decidiu conceder fé. Há, portanto, duas decisões: 1. a decisão pela qual Deus determinou justificar cristãos e aceitá-los como seus filhos; 2. a

---

⁴³⁴ EP 635 (III 268); EP 640 (III 276). Cf. EP 698 (III 364): "Ordinavit tamen Deus Adami lapsum, non ut existeret, sed existentem, ut serviret illustrationi iustitiae et misericordiae suae".

⁴³⁵ ACC 614 (III 241).

⁴³⁶ EP 641 (III 278).

⁴³⁷ OR 47 (I 358).

⁴³⁸ EP 651 (III 293-294).

decisão pela qual ele determinou conceder fé a alguns e negá-la a outros. Elas são duas *sententiae*, dois decretos certos divinamente ordenados. Elas têm objetos diferentes para os quais atributos diferentes devem ser atribuídos também. Deve-se ter isso em mente para representar corretamente (*recte*) a ordem e o *modus* da predestinação.[439]

Quando Armínio lida com a ordem da eleição e da fé, ele admite que a fé não é um efeito da eleição, mas uma condição necessária prevista por Deus naqueles que serão eleitos. Armínio repreende seus oponentes por representarem essa noção de condicionalidade de uma forma odiosa (*odiosus*). Eles fazem isso quando ficam em silêncio quanto à função de Deus, de cuja bondade e dom também Armínio admite que a fé deriva.[440] A fé, na realidade, é uma condição, mas é uma condição *evangélica*; isto é, Deus, em sua graça, garante que essa condição seja cumprida.[441] Quando se afirma que a fé é prevista naqueles que serão salvos, as causas que são absolutamente necessárias para a fé não são excluídas, mas incluídas. As causas principais da fé são a graça preveniente, companheira e subsequente.[442] Aceitação voluntária não torna um dom indigno de ser chamado de "dom". Assim, a fé é o efeito de Deus que ilumina a mente e sela o coração, e é seu dom puro. Os meios necessários para tornar as

---

[439] EP 651 (III 293-294): "Electio est decretum Dei, quo apud se ab aeterno statuit fideles in Christo iustificare, et ad vitam aeternam acceptare, ad laudem gloriosae gratiae suae. At inquies, Ergo fides ponitur esse humani arbitrii, et non donum gratiae divinae. Nego sequi. Neque enim hoc dictum fuit in definitione. At non expressa fuit fidei causa, fateor; sed necesse non fuit. Verbo addi poterit si quis volet, fideles, quos fide donare decrevit. Sed vide mihi, an unum sit, nostro considerationis modo decretum, tum quo statuit Deus fideles iustificare et in filios adoptare, tum quo decrevit nonnullis fidem dare, aliis vero eandem negare. Hoc mihi verisimile non sit. Sunt enim duae sententiae et certo Dei decreto determinatae; sunt etiam discrepantia subiecta, et divers iisdem attributa adsignantur. Hoc ego existimo animadvertendum fuisse ad ordinem et modum praedestinationis recte tradendum". Veja também EP 749 (III 442).

[440] A31A 138 (I 745).

[441] A31A 139 (I 748).

[442] A31A 139 (I 749): "Quum itaque fides a Deo praevisa dicitur in salvandis, non tolluntur, sed potius pononutur illae causae, sine quarum interventu fides non esset; inter quas primariam statuo Dei gratiam praevenientem, concomitantem, et subsequentem".

pessoas capazes de crer e para os quais as pessoas são eleitas, são o ouvir a palavra de Deus e a participação no Espírito Santo.⁴⁴³

Fé como requerimento (único) no Novo Pacto e depois da Queda

A fé não é requerida como tal, mas torna-se necessária somente depois que Deus mudou a condição para a felicidade eterna: da obediência à lei para a fé em Cristo.⁴⁴⁴ Depois que nada procedeu da teologia legal, devido à queda, Deus escolheu estabelecer um novo pacto com a raça humana em Adão. Em ocasiões diferentes, Armínio ressaltou que Deus não excluiu ninguém desse novo pacto. A diferença no amor de Deus para uma pessoa em comparação à outra não é tão relevante que ele deva decidir lidar com algumas apenas de acordo com as demandas estritas da lei, mas, com outras, conforme sua misericórdia e graça em Cristo, oferecidas no evangelho.⁴⁴⁵

Essa observação é importante para determinar as consequências do pecado original (*peccatum originale*). O pecado original torna as pessoas culpadas e sujeitas à morte eterna? Armínio responde a essa questão com outra: se alguns pecadores são condenados somente por causa do pecado de Adão, e outros, por rejeitarem o evangelho, isso não significaria que há dois decretos peremptórios de condenação e dois julgamentos: um de acordo com a lei; outro de acordo com o evangelho? Armínio ainda observa que não é o pecado original que torna uma pessoa culpada, pois o pecado original é, em si mesmo, uma punição pelo

---

⁴⁴³ RQ9 185 (II 67).

⁴⁴⁴ EP 670 (III 323). Em uma carta a Wtenbogaert, sem data (1599), Ep.Ecc. 45 (II 736), Armínio chama isso de a lei da fé: "Jam vero duplex est lex Dei, una operum, altera fidei".

⁴⁴⁵ EP 675 (III 330): "Scio quidem φιλανθρωπιαν istam Dei non esse omnimodo aequalem erga omnes et singulos homines, sed et nego tantum esse discrimen istius erga homines amoris divini, ut cum hisce non nisi secundum legis rigorem suae agere instituerit, cum aliis vero secundum misericordiam suam et gratiam in Christo Evangelio ipsius explicatam". Cf. EP 689 (III 351).

pecado de Adão. Pelo contrário, a pessoa se torna sujeita ao julgamento por compartilhar do pecado de Adão por meio de conexão com ele.[446]

Antes da queda no pecado, Adão não era capaz de crer em Cristo porque a fé não era requerida naquele tempo. Isso pressupõe que também depois da queda, Deus não poderia requerer essa fé de Adão. Isto é, ele, pelo menos, não poderia requerê-la sem estar pronto para prestar a Adão o auxílio da graça, que era necessário e suficiente para a fé em Cristo "e, portanto, conceder, a própria fé em Cristo".[447] Em outro contexto, Armínio repara muito convincentemente que Deus "não pode por algum direito" (*non posse ullo iure*) requerer fé em Cristo de um ser humano caído se essa pessoa é, em si mesma, incapaz de ter fé, a menos que ele esteja também preparado para conceder graça suficiente para a pessoa crer, se desejar, e a menos que Cristo tenha morrido por ela.[448]

Armínio ainda considera um absurdo supor que Adão já tivesse capacidade para crer em Cristo antes da queda, baseado no fato de que Deus poderia requerer essa fé depois da queda. Ele propõe os seguintes argumentos para consolidar essa ideia: 1. a fé em Cristo, antes da queda, seria *frustranea*, pois não havia necessidade ou propósito para isso; 2. antes da queda, Deus não poderia requerer fé em Cristo porque a fé em Cristo é fé nele como Salvador do pecado. Portanto, aquele que crê em Cristo deve primeiro confessar-se como pecador; 3. a fé em Cristo pertence à nova *creatio* através de Cristo como Mediador entre o pecador e Deus e, não à primeira *creatio*; 4. a fé em Cristo é requerida pelo evangelho. Nas Escrituras, a lei e o evangelho são descritos como opostos. Ninguém pode ser salvo por meio de ambos ao mesmo tempo.[449]

Armínio conclui que, se a raça humana tivesse a habilidade de crer em Cristo no *estado primitivo*, em um tempo que essa fé não era necessária - e se essa habilidade tivesse sido removida depois da queda no exato

---

[446] RQ9 184 (II 65).
[447] A31A 161 (II 23).
[448] RQ9 185 (II 66); AN 959-960 (II 721.723).
[449] A31A 161-162 (II 23-24). Cf. PrD XLIV (II 401).

momento em que começou a ser necessária, se Deus, de fato, tomasse a decisão, isso seria *surpreendente*, estaria totalmente em conflito com sua sabedoria e bondade, cuja tarefa é prover o que é necessário para aqueles que vivem sob o cuidado e a administração desses atributos.[450]

A intensidade de Armínio nesse aspecto, bem como as expressões incisivas que ele emprega (*Dico itaque, afirmo et assevero, profiteor et doceo*), tornam claro que ele aqui lida com um tópico que ama bastante. Muitos elementos importantes em sua teologia são, portanto, tratados nesse contexto: a diferença entre a teologia *legal* e *evangélica*; a forma substancialmente distinta em que Deus comunga com a humanidade depois da queda, isto é, em Cristo; o direito de Deus exigir ou não certas coisas da humanidade; e a respectiva distinção entre meios suficientes e necessários para a fé. Já encontramos todos esses elementos antes e vimos que eles são consistentemente ligados ao conceito arminiano da justiça divina. Eles enfatizam uma vez mais, que a justiça de Deus é o tema constante e determinante em e por trás dos argumentos de Armínio.

Dois exemplos adicionais podem ser mencionados em apoio a esse fato. Em sua reação à defesa de Perkins contra a acusação de que ele ensina que a maioria da raça humana está excluída de Cristo e da graça salvadora, Armínio claramente demonstra que ele considera essa acusação justificada devido ao conceito de Perkins sobre o decreto eterno e imutável da eleição e reprovação. Se Perkins fosse coerente, ele teria de admitir que ensina que Deus enviou Cristo como Mediador somente para os eleitos, que Cristo assumiu a natureza humana e morreu apenas por eles, que realizou a expiação somente por eles, que obteve o Espírito e a salvação só para eles, que ofereceu a graça apenas para eles, que chamou somente a eles e que concedeu fé através do chamado interno apenas para eles. De acordo com Armínio, Perkins teria ainda que admitir que os réprobos estão excluídos de todas essas coisas e que não há, qualquer esperança para eles.

---

[450] A31A 162 (II 25).

Antes que Armínio faça questões críticas em resposta, ele presume que Deus poderia ter condenado a raça humana inteira sem ser injusto. Entretanto, esse não é o problema real. O real problema é se Deus, uma vez que decidiu enviar seu Filho como homem para morrer pelo pecado, desejou que ele assumisse a natureza humana para um número limitado de pessoas e sofresse a morte por uns poucos, embora esse pagamento pudesse ser suficiente para os pecados de todos. Para expressar de outro modo, Deus decidiu em si mesmo lidar com a maior parte da raça humana de acordo com a norma da lei e a condição que isso requer, enquanto Ele quis lidar com uns poucos conforme sua misericórdia e graça, de acordo com o evangelho e a justiça da fé e as condições do evangelho? Além disso, Deus decidiu imputar o pecado de Adão a alguns pessoalmente, sem a esperança do perdão? De acordo com Armínio, esse é o núcleo desse problema.[451]

Em uma carta a Wtenbogaert sobre as *Respostas às Nove Perguntas*, Armínio observa que seria muito absurdo sugerir que Deus lida com alguns de acordo com a lei e, com outros, conforme o evangelho. Um desses absurdos é que Deus seria mais rigoroso com um número de pessoas do que com os anjos, embora estes tenham pecado mais gravemente. Afinal, os anjos pecaram por conta própria e não foram persuadidos a pecar.[452]

A posição esboçada nos parágrafos acima tem consequências importantes. Ela pressupõe, por exemplo, que Cristo realizou a expiação por todos, pois sem essa expiação, sem a satisfação da justiça de Deus, Deus não poderia demonstrar graça a um pecador nem exigir dele que cresse em Cristo; Tampouco, poderia oferecer a expiação. Deus não dissimula, o que seria o caso se Ele exigisse dos réprobos que cressem em

---

[451] EP 735 (III 420-421): "hoc est, an Deus apud se statuerit, cum maxima parte hominum agere secundum iustitiae suae rigorem, secundum normam legis et conditionem in lege requisitam, cum paucis vero secundum misericordiam et gratiam suam, secundum Evangelium et iustitiam fidei, conditionemque in Evangelio propositam: an statuerit paucis aliquibus, peccatum quod in sua persona in Adamo perpetrarant, imputare citra ullam remissionis spem".

[452] Carta a Wtenbogaert, 31 de janeiro de 1605, Ep.Ecc. 81 (II 69); *Verklaring*, 93 (I 637). Cf. ETG 101-102.132-133 (III 611.636-137).

Cristo, embora Cristo não lhes fosse concedido a eles como Salvador. Os réprobos não podem ser denominados desobedientes se Deus exige fé apenas dos eleitos.[453] Isso também significa que não é o pecado de alguém que o exclui da salvação, mas apenas o fato de ele não ser unido com Cristo em fé; ele não está "em Cristo", mas "alienado de Cristo". O evangelho é para todos, é oferecido para todos de qualquer forma. Uma oferta séria e bem-intencionada do evangelho presume que Deus também conceda, na medida suficiente, todas as coisas necessárias para que se aceite a oferta.[454] Essas pessoas que ainda estão perdidas, portanto, não dependem de Deus e de sua graça, mas delas mesmas que desprezam e rejeitam essa graça. Essa rejeição é puramente devido à livre escolha; uma escolha incompreensível contra a graça de Deus, a despeito de tudo que Deus fez através de seu Espírito e da Palavra para persuadir tal pessoa à fé e ao arrependimento.[455]

O argumento de Armínio baseado na diferença entre a situação nas teologias *legal* e *evangélica* vem à tona quando Perkins acrescenta que a inabilidade em aceitar as promessas de Deus é voluntária e herdada e, assim, não pode ser desculpada. De acordo com Armínio, Perkins confunde a inabilidade de Adão de obedecer à lei com a inabilidade de se aceitar o evangelho oferecido na Palavra. Antes dessa última promessa de Deus, nenhum ato foi realizado pela humanidade através do qual tenha se produzido a inabilidade de aceitar essa promessa. A rejeição da promessa do Evangelho não pode ser imputada como culpa se, no momento que a promessa foi feita, a pessoa não era capaz de aceitá-la.[456]

---

[453] EP 663-664 (III 313); ETG 101-102.142 (III 611.644).

[454] Cf. AN 959 (II 721).

[455] Cf. A31A 145-146 (I 763-765).

[456] EP 746 (III 437): "Erras Perkinse, et confundis impotentiam praestandi legem ab Adamo in nos propagatam, cum impotentia credendi in Christum et accipiendi gratiam Evangelicam nobis verbo ablatam". Cf. EP 772-773 (III 476-478): "Videtur ergo concludendum quod Deus fructus postulare non possit ab iis, quibus ipse, licet ipsorum merito, ademit vires, necessarias ad fructus proferendos. Persistamus in arboris similitudine. Arbor quae fructum non fert meretur excidium: at ubi isto supplicio affecta est, nemo ullo iure ab illa fructum postulare potest". Cf. EP 747 (III 439) para a distinção de Armínio

Pecado e condenação

Há uma relação necessária entre o pecado, a preterição de Deus e a condenação do pecador. O resultado natural do pecado é que todos os pecadores são ignorados e condenados. Mas porque em alguns pecadores a eficácia do pecado natural (isto é a condenação) é obstruída pelo poder de uma causa superior (isto é a vontade de Deus), os pecadores aos quais Deus não concederá sua graça (*misereri noluit*) são ignorados e condenados, enquanto aqueles a quem Deus decidiu conceder sua graça (*statuit misereri*) não são ignorados ou nem condenados.[457]

Ao pecar livremente, o homem se tornou escravo do pecado (*peccato mancipium fecisse*), com o resultado de que ele está necessariamente sujeito ao poder do pecado até ser liberto através de Cristo, o Mediador.[458]

A relação entre eleição e reprovação

A forma com que Armínio continua a esboçar a relação entre eleição e reprovação merece cuidadosa atenção. De uma maneira, a eleição e a reprovação ou preterição têm uma relação simétrica na medida em que são dois lados da predestinação. Em sua correspondência com Junius, Armínio fala de predestinação ou eleição "que deve ser oposta a isso [isto é preterição] no mesmo momento, (Nenhum deles fica sem o outro, e se fala de um em contraste com o outro)".[459] Os dois lados da predes-

---

entre a indignidade da raça humana devido ao primeiro pecado e a indignidade por meio da rejeição da graça oferecida.

[457] AC 601 (III 222): "Atque hac ratione peccatum praecedit tum praeteritionem tum praedamnationem, et si efficientia eius naturalis consideretur, omnes peccatores erunt praeteriti et damnati, non aliqui tantum: Verum quia efficientia peccati naturalis vi causae superioris, quae est voluntas Dei, impeditur in nonnullis: hinc sit, quod illi peccatores sunt praeteriti et damnati, quorum Deus misereri noluit, illi non praeteriti neque praedamnati, quorum Deus statuit misereri".

[458] AC 601 (III 223): "Et quis ignorat hominem quia libere peccavit, se peccato mancipium fecisse, et propterea peccato necessario subiacere, usque dum liberatio fiat per Mediatorem Christum?"

[459] AC 571 (III 178-179); ETG 98-99 (III 608).

tinação, desse modo, não podem ser separados. Se um é presumido, o outro deve ser presumido também. A eleição inclui a reprovação; esta se relaciona àquela como uma consequência necessária (*electio, quae includit reprobationem tanquam necessária consequentia et copula iunctam*). Eleição e reprovação são justapostas como *positivo e negativo*. Um ato (*actus*) atribuído a uma deve ser atribuído a outra em sua forma oposta.[460]

Entretanto, para Armínio, essa relação simétrica de eleição e reprovação é totalmente lógica em sua natureza. Se certa parte de um grupo é escolhida, isso implica que a outra parte desse grupo não é escolhida. Porquanto a eleição é um tipo de escolha, ela sugere não eleição ou reprovação. Para Armínio, o fundamento da relação de oposição entre eleição e reprovação é a justiça e a imparcialidade de Deus. A justiça de Deus determina que Ele conceda vida àqueles que obedecem à sua vontade e a morte apenas àqueles que são desobedientes.[461] Contudo, a simetria entre eleição e reprovação desaparece quando se trata da *razão* que as controla. Por exemplo, quando Armínio explica que a vontade consequente de Deus com respeito ao endurecimento em pecado, à cegueira e à recusa da graça, dependem da presciência divina quanto a incredulidade, desobediência e obstinação, ele imediatamente acrescenta que não se pode concluir, a partir disso, que Deus decidiu conceder fé àqueles que ele previu que seriam obedientes:

> Pois muito diferente [*longe dispar*] é a razão dos atos de misericórdia e justiça divinas. Considerando que a última tem

---

[460] EP 650 (III 292). See also EP 679 (III 337): "Nulla enim Electio citra reprobationem"; EP 682-683 (III 341).

[461] ETG 58-59 (III 574): "Et omnino necesse sit ex rei ipsius natura, oppositos esse praedestinationis divinae actus, unum ad vitam, alterum ad mortem, recte distribuitur praedestinatio in illam quae ad vitam est, et in illam quae ad mortem est. [...] At hujus oppositionis et distributionis fundamentum est justitia et aequitas Dei, secundum quam vitam non dat nisi obedientibus voluntati ipsius, mortem non infert nisi immorigeris: alioquin quum sit bonus et summum bonum, et amans creaturarum citra discrimen, omnibus universe bonum illud quod est vita aeterna communicaret, et sic nulla esset ad mortem praeordinatio".

sua *causa* no homem; a primeira tem sua ocasião [*occasio*], de fato, nos homens, mas, a sua causa, em Deus somente.[462]

Em outro contexto, Armínio lida com a questão de que se as pessoas, de fato, não se elegem ou não se reprovam, elas têm a liberdade de aceitar ou rejeitar a graça oferecida por Deus. Armínio responde que isso é verdadeiro em um sentido. Ao aceitar a graça oferecida, com a ajuda da graça comum, uma pessoa pode se tornar digna da eleição. No entanto, outra pessoa se torna digna da reprovação ao rejeitar essa mesma graça. Por outro lado, não se pode concluir que a eleição e a reprovação devem ser atribuídas aos seres humanos. Eleição e reprovação devem ser atribuídas a Deus, que julga e recompensa a dignidade ou a indignidade dos homens. Também aqui Armínio faz uma distinção entre eleição e reprovação. Quando se trata de reprovação, as pessoas são totalmente (*omnino*) a causa meritória de sua própria condenação e, portanto, da reprovação (*reprobatio est volumas damnandi*). O ser humano é o oleiro (*figulus*) de sua própria condenação; a razão dessa condenação é o demérito (embora Deus pudesse perdoar esse demérito se Ele o quisesse). A *razão* da eleição, entretanto, é *meramente gratuita*. Não é apenas imerecida, mas, na realidade, contrasta com o que as pessoas merecem (*etiam contra demeritum*)![463]

---

[462] EP 662-663 (III 312-313). "Neque inde sequitur Deum decrevisse fidem dare iis quos praevidit obedituros. Longe enim dispar est ratio actuum misericordiae et iustitiae divinae. Hi enim causam habent ad hominibus, illi occasionem quidam ab hominibus habent, causam vero a solo Deo". Cf. ETG 152 (III 652).

[463] EP 751 (III 444-445): "Etiamsi homo gratiae communis ope gratiam oblatam acceptando, se dignum electione faceret, et alius eandem repudiando reprobatione dignum se praestaret: non tamen ex eo sequeretur, electionem et reprobationem esse hominis, sed Dei dignitatem et indignitatem iudicantis et remunerantis. Et de reprobatio omnino verum est, hominem sibi esse causam meritoriam damnationis, et propterea reprobationis, quae est voluntas damnandi. Quare etiam figulus potest dici suae damnationis, ratione istius meriti: licet Deus si vellet meritum hoc illi condonare posset. At electionis alia est ratio: illa enim est mere gratuita, non tantum non ex merito, verum etiam contra demeritum hominis".

Quando Armínio formula argumentos diferentes em sua análise da definição de Perkins acerca da reprovação, para provar que o objeto da reprovação ("certas pessoas que são ignoradas") não é suficientemente especificado entender que eles são pecadoras, ele acrescenta o seguinte:

> Mas quando defino o pecado como a causa meritória de reprovação, não suponha que, por outro lado, eu considere a justiça como a causa meritória da eleição. Pois o pecado é a causa meritória universal da reprovação de todos os pecadores: e a eleição não é apenas pela graça imerecida, a qual o homem não merecia, mas também pela graça que remove seu demérito pecaminoso.[464]

Perkins rejeita o conceito daqueles que ensinam que a eleição acontece com base na presciência divina da fé, e a reprovação com base na presciência da incredulidade ou rejeição ao evangelho. Armínio reage a essas duas posições com duas adições que evidenciam claramente a forma distinta com que ele aborda a fé e a eleição, por um lado, e a incredulidade e a reprovação, por outro. Ele ainda descreve a fé de que Perkins fala ao acrescentar que "Deus, por sua graça decretou concedê-la aos mesmos pelos meios ordenados por ele".[465] A incredulidade, por outro lado, além disso, é descrita com a frase "a falta absoluta que permanece com os réprobos".[466] Uma distinção similar entre a eleição e

---

[464] EP 681 (III 339): "Quum autem peccatum pono meritoriam causam reprobationis, ne existimato me iustitiam contra ponere causam meritoriam Electionis. Est enim peccatum causa meritoria reprobationis omnium inuniversum peccatorum. Et Electio est non tantum ex gratia indebita, quam homo non promeruit, sed etiam ex gratia pravum demeritum tollente".

[465] EP 749 (III 441): "Electionem ad salutem esse secundum praescientiam futurae fidei, quam Deus ordinariis mediis ab ipso ordinatis conferre iisdem ex gratia decrevit".

[466] EP 749 (III 441): "Reprobationem vero secundum praescientiam infidelitatis, sive contemptus Evangelii, cuius culpa tota residet in ipsis reprobis". Veja também ETG 50

a reprovação se torna visível quando Armínio observa que a graça não atua irresistivelmente, mas essa condenação procede menos ainda (*multo minus*) de uma necessidade irresistível imposta por Deus.⁴⁶⁷

Depois de explicar seu sistema de quatro decretos na *Declaração*, Armínio conclui:

> Isso estimula a declarar mais evidentemente a glória de Deus, sua justiça e misericórdia. Isso também representa Deus como a causa de todo bem e de nossa salvação e o homem como a causa do pecado e de sua condenação.⁴⁶⁸

A vontade de Deus antecedente e consequente

Quanto ao sistema do conceito de Armínio sobre a ordem dos decretos de Deus, é importante relembrar sua distinção entre a vontade antecedente e consequente de Deus (veja 3.1.2.). A importância dessa distinção para o seu conceito de predestinação é a divisão dos decretos de Deus de predestinação em decretos antecedentes e consequentes. O seguinte exemplo demonstrará a relevância disso no debate entre Armínio e seus oponentes.

De acordo com alguns, é evidente que Deus não faz promessa aos réprobos por dois fatos: 1. Deus, em seu decreto de reprovação, não decidiu fazer a promessa; 2. Deus jamais falha quanto ao seu propósito. Da "remoção de Deus, da inocência" pode-se, portanto, concluir que essa era a intenção de Deus que "nunca é frustrado em seu propósito" (*qui tamen fine suo nunquam frustratur*).

Armínio reconhece a importância dessas objeções. Se essas duas vontades fossem removidas, o problema inteiro ficaria bastante claro. Armínio observa que ele se entregará à ajuda do Espírito Santo

---

(III 567): "at fidelem futurum ex gratia Dei, infidelem propria sua culpa et vitio".

⁴⁶⁷ EP 750 (III 443); cf. 5.1.2.

⁴⁶⁸ *Verklaring*, 109 (I 655).

e acrescenta que ele é o tipo de pessoa que deseja ser corrigida e que sinceramente busca a verdade. Ele então escreve o seguinte:

> É falso afirmar que Deus, através da pregação externa, chama à fé e ao arrependimento alguns aos quais decidiu não conceder fé e arrependimento de acordo com um decreto imutável. Isso inverte a ordem das decisões e dos atos de Deus. Uma é decisão da vontade prévia de Deus, a outra (o decreto de cegar, endurecer, negar a graça) é da vontade consequente de Deus. O fundamento da vontade consequente é a presciência divina quanto a incredulidade, desobediência e obstinação.[469]

3.3.3. A Perseverança e seus meios concedidos por Deus[470]

Deus distribui os meios necessários para a fé e a salvação de acordo com um decreto eterno. A distribuição é realizada de uma forma que Deus sabe estar conciliada com sua justiça, isto é, com sua misericórdia e severidade. Entretanto, Armínio crê que não é preciso saber nada mais sobre esse decreto, exceto que a fé é puro dom da misericordiosa graciosa de Deus. Mas a incredulidade deve ser atribuída parcialmente à culpa e à perversidade humanas e parcialmente à punição justa de Deus, segundo a qual ele abandona, cega e endurece os pecadores.[471]

---

[469] EP 662-663 (III 311-312).

[470] Cf. 5.1.2, 5.1.3 and 5.2.3.

[471] HaC 943 (II 699): "Concedo esse aliquod decretum Dei aeternum, secundum quod media ad fidem et salutem necessaria administrat; idque prout novit iustitiam, hoc est misericordiam et severitatem suam decere; sed de eo nihil amplius scire necessarium arbitror, quam fidem esse purum putum donum gratiosae misericordiae Dei; incredulitatem vero partim culpae et malitiae hominum, partim iustiae Dei vindictae peccatores deserentes, excoecantes, obdureantes esse tribuendam". AN 957 (II 719).

É em sua exegese de Romanos 7 que Armínio explica extensamente a forma na qual Deus persuade as pessoas à fé. Os sermões que Armínio pregou sobre Romanos 7 em 1591 provocaram reclamações e suspeitas contra ele, porquanto Armínio abandonou a interpretação tradicional que, em linha com a exegese antipelagina de Agostinho, defende que essa passagem se refere à pessoa regenerada. O *Examen Perkinsiani*[472] (Análise sobre Perkins) e a Apologia,[473] entre outros, provam que Armínio jamais alterou seu pensamento sobre esse tópico.

Armínio sugere que o conflito interior que Paulo descreve em Romanos 7 não é o de uma pessoa em um estado depois da conversão, mas de alguém que está no processo de conversão. Para ele, antes que a obra do Espírito Santo — isto é, a regeneração em todas as suas partes[474] — seja concluída, várias coisas ocorrem.[475] Armínio, portanto, classifica os não regenerados em duas categorias: 1. aqueles que não têm nenhum conhecimento da lei e, conscientemente, pecam sem peso de consciência, sem querer a salvação; 2. aqueles que estão no verdadeiro processo de serem regenerados.[476] Através da pregação da lei, o Espírito

---

[472] EP 765 (III 466).

[473] A31A 157 (II 17). A palavra *irregenitorum* pode ser compreendida de duas formas: 1. Aqueles que não têm nada do Espírito relacionado à regeneração, nem mesmo o primeiro princípio; 2. Aqueles que são regenerados (*renascuntur*); aqueles que estão no verdadeiro processo de regeneração) e sentem as ações do Espírito acerca da preparação ou essência da regeneração, mas ainda não foram regenerados (*regenit sunt*). Eles foram persuadidos (*adducti*) a reconhecerem o pecado, lamentam por isso e desejam ser libertos do mal etc., mas não são auxiliados com o poder do Espírito (mortificação e vivificação).

[474] DR7 827 (II 494): "Ab eadem perfecta (quod ad partes illius essentiales, licet non quoad quantitatem et gradum)". Estritamente falando, para Armínio, a fé viva e verdadeira em Cristo precede a regeneração. A fé une com Cristo e essa unificação resulta em mortificação e vivificação. Cf. DR7 830 (II 498).

[475] DR7 824 (II 489): "Quae regenerationi necessario praecedanea sunt". O tema aqui é a distinção entre a regeneração (a obra do Espírito Santo) e o regenerado (a obra realizada). Cf. DR7 827 (II 494).

[476] DR7 829-830 (II 497-498): "Iam vero irregenitus est, non tantum qui prorsus caecus est, voluntatem Dei non noscens, sciens et volens citra ullum conscientiae morsum peccatis se contaminans, nullo sensu irae Dei affectus, nullo terrore poenae compunctus, nullo onere peccati pressus, nullo desiderio liberationis incensus: sed etiam qui voluntatem

quer convencer as pessoas da bondade da lei. Quando isso é realizado, a pessoa está sob a lei se inicia o processo de regeneração.⁴⁷⁷ O intelecto e a consciência são, agora, persuadidos pela lei.⁴⁷⁸ A pessoa não mais peca sem sentir algo na consciência e sem experimentar alguma resistência da vontade.⁴⁷⁹ Contudo, ela também percebe que a justiça não pode ser alcançada através da lei, e que a lei é, em si mesma, impotente, de modo que é forçada a buscar refúgio em Cristo e na graça.⁴⁸⁰ A impotência da

---

Domini novit, sed non facit, viam iustitiae agnovit sed ab ea regreditur, opus legis in suo corde scriptum habet, cogitationes habet sese mutuo accusantes et excusantes, qui sermonem Evangelio cum gaudio exciptit, ad tempus in eius luce exultat, ad baptismum venit, sed id ipsum verbum corde bono aut non exciptit, aut saltem fructum non profert: qui peccati sensu adficitur, qui onere peccati premitur, tristitia secundum Deum afficitur, per legem iustitiam acquiri non posse novit, ideoque ad Christum confugere compellitur". Cf. DR7 835-836 (II 508): "Unde homo sub lege existens ad gratiam confugere compellitur, ut eius beneficio et auxilio a pravi et noxii istius domini tyrannide liberari possit". Dentro do *status irregenerationis*, Armínio distingue duplicem alium statum: esses são *ante legem vel sine lege, et sub lege*. DR7 846 (II 525-526).

⁴⁷⁷ A quantidade de modos nas quais a lei está em ação determina o nível e a ordem (gradus ete ordines) em que alguém está sob ela. DR7 827 (II 493). O consentimento com a lei é o primeiro efeito da sua obra: "Nisi enim homo sub lege consensum praebeat Legi quod bona sit, sub lege omnino non est: id enim est primum legis effectum in illis quos sibi subiiciet, ut de sui aequitate et iustitia illos convincat, et quo facto necessario existit consensus iste". DR7 843 (II 521). Outras formas nas quais a lei atua são as seguintes: "Est enim Legis effectum hominem de iustitia Dei convictum peccati convincere, ad obedientiam urgere, propriae infirmitatis convincere, liberationis desiderio incendere, ad liberationem quaerendam compellere". DR7 843 (II 520). Armínio repara que esse consentimento com a lei não é uma obra da carne e não procede da natureza depravada. DR7 845 (II 524)..

⁴⁷⁸ DR7 827 (II 494): "Ut sub lege sit qui legis ductu".

⁴⁷⁹ DR7 846 (II 526): "Iam vero sub lege constitutus patrat quidem peccatum, sed contrae conscientiam et renitente voluntate". Entretanto, ninguém peca sem o assentimento da vontade: "Voluntas enim cogi non potest". DR7 856 (II 544). Cf. DR7 900 (621), onde a resistência e o assentimento da vontade são mencionados, sendo o último necessário para o pecado ser reconhecido como tal, cf. DR7 932 (II 678): "Quod si voluntarium non est, peccatum esse desinit".

⁴⁸⁰ Esses estágios preparatórios, que são a obra da graça e do Espírito Santo, são necessários, mas não são redentores. DR7 854-855 (II 541-542). Armínio escreveu que o efeito da lei normalmente é que uma pessoa seja persuadida (transferendo et traducendo) à graça de Cristo. DR7 880 (II 587). Armínio aqui recorre a Agostinho, que fala do desejo

lei, que em si mesma é santa, boa e doadora de vida, é resultado do poder interior do pecado.[481] Ele sujeita a vontade (*voluntas*) a si mesma.[482] Há uma vontade (*vele, velleitas*) de fazer o contrário,[483] pois a mente (*mens*) é convencida pela lei. Entretanto, enquanto permanecer sob a lei, a mente é *volens nolens* compelida (*compellere*) a satisfazer os desejos do pecado.[484] Nesse estado de estar sob a lei, a pessoa está de tal maneira escravizada ao pecado que não o serve de pleno acordo, mas sob os protestos da consciência.[485] Esse "estado inconsistente"[486] no não regenerado sob a lei é causado pelo conflito entre as faculdades, entre a mente ou a consciência — que propõe boas coisas — e os desejos do pecado — que compelem para o mal.[487] Nesse conflito entre as faculdades, verificamos a batalha entre Deus e o pecado: Deus controla a mente e a usa para

---

pela graça e da vontade para a regeneração: "Desiderare auxilium gratiae initium gratiae est". "Ex dolore correptionis voluntas regenerationis oriatur". DR7 882 (II 589).

[481] DR7 835 (II 507): "Sed peccatum ita est potens in hominibus sub lege existentibus, ut ipsa lege abutatur ad illos effectus in homine sibi subdito producendos".

[482] DR7 836 (II 509): "Quod signum evidens est voluntatis subiugatae, et alterius potestati subiectae: peccati nempe".

[483] DR7 837 (II 510): "velle mihi adest".

[484] DR7 837 (II 510): "Homo sub lege existens peccato dominari non possit, sed ipse peccati concupiscentias volens nolens explere compellatur".

[485] DR7 841-842 (II 518): DR7 841-842 (II 518): "Sub Lege existentis, qui ita est peccati servus, ut illi non pleno consensu sed reclamante conscientia serviat". O pecado é, em primeiro lugar, causado pela perversão que permanece na pessoa, ainda "sob a lei", e pela própria pessoa à medida que ela continua escrava desse pecado. A escravidão sugere certa coerção, de modo que o efeito (isto é, o pecado) é atribuído primariamente a si mesmo como causa. DR7 845 (II 524-525).

[486] Armínio chama isso de um "estado inconsistente". DR7 880 (II 587); cf. DR7 883 (II 591): Isso é uma posição entre dois *status*, necessária para conectar o grande espaço que existe entre esses estados.

[487] DR7 842 (II 519): "Deinde nego in homine irregenito, qualis ille sit, luctam nullam mentis sive conscientiae cum affectibus et desideriis carnis et peccati inveniri: quin aio et adfirmo in homine sub lege existente necessario luctam esse inter mentem et conscientiam iusta et honesta praescribentem, et affectus peccati ad illicita et vetita impellentis". Cf. DR7 827 (II 493): "peccati, [...] tyrannide et dominio quod in subditos suos violenter exercet, eos vi sua in sui obsequium compellendo; cui frustra efficacitas et vis legis opponitur". Para a ênfase sobre a necessidade desse conflito, cf. DR7 843 (II

lutar contra o pecado e a carne; o pecado controla a carne e a usa para sujeitar a mente ao pecado.[488] Cada um almeja que a pessoa em quem a batalha é travada viva de acordo com a carne ou conforme o intelecto.[489] Ambos lutam para influenciar a pessoa e mover sua vontade (*voluntas*), pois sem a aprovação (*assensos*) dela, nenhum oponente pode atingir sua meta.[490] Armínio acrescenta que quando o Espírito de Cristo se envolve na batalha, ele certamente vence. Ele é mais poderoso que a lei, a qual pode ordenar e é orientada para a mesma meta que o Espírito, mas que, é impotente para ajudar.[491]

Sendo assim, a faculdade que sofre uma alteração radical quando a pessoa está sob a lei é a mente.[492] A mente recebe o conhecimento da lei, às vezes até mesmo algum conhecimento do evangelho, e consente com isso. Não a pessoa inteira, mas apenas a faculdade racional (conhecimento) dessa pessoa é governada pelo bem (a lei). Essa mudança,

---

520, cf. 521): "Ista autem sine lucta adversus peccatum inhabitans confici non posse notissimum est".

[488] DR7 878 (II 582).

[489] DR7 878 (II 583): "Vel secundum carnem, vel secundum mentem ambulet".

[490] DR7 878 (II 583): "Suasione utens erga hominem, sine cuius assensu neutra pars isto fine potiri potest. Mens carni adversa voluntati hominis suadet, ut quod iustum, sanctum, et bonum est faciat, repudiato delectabili: Caro menti repugnans eidem voluntati suadet et post habito quod iustum et sanctum est, amplectatur quod in praesens delectationem et utilitatem adferre potest. Effectio mentis in voluntatem est volitio boni, et mali odium: Effectio carnis in eandem est volitio mali, et nolitio boni: quae est voluntatis nunc in hanc nunc in illam partem mutatio".

[491] DR7 878-879 (II 583-584): "Quod si ad hanc pugnam accedat fortior vis spiritus Christi, qui non in tabulis lapideis litteram legis inscribat, sed in tabulis cordis carneis amorem et timorem Dei imprimat, tum alium eventum non sperare modo licet, sed et certo obtinere datur [...]. [...] homo [...] secundum spiritum ambulet, hoc est, motum, actum, et ductum spiritus sancti in vita sua sequatur: qui motus, actus, et ductus in eundem quidem finem tendit, ad quem lex Dei et mentis hominem ducere conabantur [...]. [...] non lex, sed spiritus Christi causa sit quod homo secundum legem Dei vitam suam instituat. Lex enim iubere novit, at iuvare non potest".

[492] Armínio geralmente fala da mente (*mens*), embora use a alma como sinônimo. DR 7 881 (II 588). Para a prioridade do intelecto e para a importância, a função e a relação das três faculdades humanas (intelecto, vontade e afeições) na teologia de Armínio, veja também: MULLER, "Priority". Cf. MALLINSON, Faith, 208-214 para o conceito de Beza.

portanto, também está limitada a querer o bem e a anelar pela⁴⁹³ salvação. Os desejos da carne, controlados pelo pecado, ainda ocupam função importante e impedem a realização daquilo que é bom e da salvação.⁴⁹⁴

Distintivo para a regeneração é que você simplesmente não deseje o bem, mas que você também o faça.⁴⁹⁵ Armínio assim distingue dois tipos de vontades naqueles que estão sob a lei.⁴⁹⁶ Cada vontade segue um julgamento concernente ao objeto, de modo que uma vontade dupla pressupõe um objeto duplo. Por um lado, há o "julgamento da avaliação geral" que segue a mente e a razão; por outro lado, há o "julgamento de consentimento particular" dos sentidos e desejos, do conhecimento sensível. Se a vontade da pessoa não regenerada que está sob a lei segue o "julgamento da avaliação geral" da mente, ela deseja o que é prescrito pela lei, e não o que ela proíbe. Mas se a mesma vontade segue o "julgamento do consentimento particular", ela deseja o mal cobiçado, e não o bem.⁴⁹⁷

---

[493] DR7 932 (II 679): "anseio de libertação".

[494] DR7 848-849 (II 530-532): "At nego in irregenitis, nihil esse praeter carnem, irregenitis inquam, illis qui sub lege sunt [...]. Est ergo in hominibus sub lege existentibus caro et aliquid praeter carnem, nempe mens cognitione legis imbuta, eique consentiens quod bona sit, et in nonnullis irregenitis praeter carnem mens cognitione Evangelii collustrata: illud autem aliud a carne, hoc ipso capite non Spiritus ab Apostolo, sed mens appellatur. [...] non obstante boni alicuius in mente hominis sub lege existentis inhabitatione, causa propria et adaequata redderetur, cur in isto tali homine peccatorum affectus vigeant, et omnem concupiscentiam operentur: quae haec est, quod in carne istius hominis bonum non habitat, in qua si habitaret bonum, iam non sciret modo et vellet bonum, sed et ipso opere adimpleret, affectibus a bono inhabitante domitis et subactis, legique divinae subiectis".

[495] DR7 852 (II 538): "Non enim tantum vult id quod bonum est homo regeneratus, sed etiam facit". Cf. DR7 853 (II 539); 912 (II 643); 919-920 (II 657).

[496] DR7 851 (II 535): "Duplex esse istius volitionis genus [...] volendo, qua vult illud; qua non facit nolendo: ideo enim non facit quia non vult, licet voluntate tanquam serva peccati compulsa ad nolendum. Rursus circa unum idemque obiectum malum versatur nolendo et volendo: Nolendo qua illud non vult et odit, volendo qua idem facit; Non enim faceret nisi vellet, licet voluntate impulsa ab inhabitante peccato ad volendum". Cf. DR7 926-927 (II 669) e a referência a Tomás de Aquino ali.

[497] DR7 851-852 (II 536): "Volitio igitur et nolitio omnis, quia sequitur iudicium hominis de re obiecta, pro iudicii diversitate etiam est diversa. Iudicium autem ratione causae suae est duplex. Aut enim proficiscitur ex mente et ratione approbante legem quod bona

Armínio considera julgamento geral o julgamento prévio, e julgamento particular o julgamento final. A vontade que segue o julgamento prévio e não é, por conseguinte, efetiva, não é, de fato, uma *volição* (ou *nolição*), mas uma *veleidade* (ou *nelleitas*). É a vontade como ato da vontade (e, portanto, incompleta).[498] A vontade que segue o julgamento final é a *volição eficaz*, uma vontade perfeita que tem um efeito.[499]

De acordo com isso, torna-se claro que em particular as afeições são determinantes para o estado dos não regenerados que estão sob a lei. Por essa razão, a regeneração também não consiste apenas na iluminação da mente e na formação da vontade, mas também na supressão e ordenação das afeições, de modo que elas começam a obedecer à lei.[500] Para ser regenerada ou nascer de novo, uma pessoa não deve apenas querer o bem, mas também fazê-lo. Para esse propósito, uma vontade

---

sit, et bonum existimante quod lex praescribit, malum contra quod vetat: aut proficiscitur ex sensu et affectu, et cognitione, ut loquuntur, sensuali, seu hausta a sensibus, approbante quod utile, amoenum, et delectabile est, licet vetitum, improbante quod noxium, inutile, et inamoenum est, licet praescriptum. Illud iudicium dicitur generalis aestimationis, hoc particularis approbationis seu operationis, Hinc volitio alia est ex iudicio aestimationis generalis, alia ex iudicio particularis approbationis, atque ita nolito. Unde voluntas sequens iudicium generalis aestimationis vult quod lex praescribit, non vult quod lex vetat: at eadem voluntas secuta iudicium particularis approbationis vult malum delectabile sive utile quod lex vetat, et non vult bonum molestum et noxium quod lex praescribit".

[498] Cf. MULLER, DLGTT, 323.

[499] DR7 852 (II 537): "Est volitio nolitio sequens ultimum iudicium de obiecto factum; est alia non ultimum, sed antecedens iudicium sequens. Respectu illius erit volitio circa bonum huius respectu volitio circa malum illi oppositum, et contra: atque ita de nolitione. Et repsectu illius erit volitio, huisus respectu erit nolitio circa idem obiectum, et contra. Sed volitio et nolitio sequentes non ultimum iudicium, non tam volitio et nolitio simpliciter et absolute dici possunt, quam velleitas et nolleitas: sequentes vero ultimum iudicium simpliciter et absolute dicuntur volitio et nolitio efficax, quam effectus sequitur". Armínio adota os termos *non plenam voluntatem* e *completam voluntatem* de Tomás de Aquino.

[500] DR7 853 (II 539): "Regeneratio non tantum mentem illuminat, voluntatem conformat, sed et affectus cohibet et ordinat, et membra externa, et interna in obsequium legis divinae dirigit. Mt 7.21. non qui voluerit sed qui fecerit voluntatem Patris ingreditur in regnum coelorum".

perfeita é necessária, incluindo a renovação de todas as faculdades: mente, afeições e vontade.[501]

A fim de realizar isso, o Espírito e a graça atuam na pessoa para que ela se torne convencida de sua fraqueza e inabilidade, bem como da impotência da lei quanto à justiça. Se essa pessoa procura então fugir para Cristo como o fim da lei, e se a lei cumpriu assim seu propósito pedagógico de conduzir as pessoas a Cristo, o mesmo Espírito começa a pregar o evangelho. Ele derrama fé e une os crentes com Cristo, de modo que eles participam de todas as suas bênçãos e seu perdão e começam a viver nele e dele.[502] Essas pessoas não estão mais sob a lei, mas sob a graça e são controladas e influenciadas pela graça interior.[503] O momento decisivo em que o não regenerado se torna regenerado, de estar *sob a lei* para estar *sob a gra*ça é, por conseguinte, alcançado quando a lei cumpriu seu propósito. A lei então terá produzido certa convicção nessa pessoa, a saber, que ela precisa do evangelho e de Cristo. Se a vontade consente, a pessoa está sob a graça. Através da fé ela é, então, unida com Cristo e o resultado é a regeneração em todas as suas partes (*mortificação* e *vivificação*).

Armínio enfatiza energicamente que a lei, com toda sua eficácia, não pode libertar do poder do pecado uma pessoa não regenerada.[504] Porém, esse processo ainda é a maneira pela qual Deus prepara uma pessoa para arrependimento e regeneração.[505] Mas é somente em Cristo, oferecido pelo evangelho e recebido pela fé, que o perdão de pecados e

---

[501] Cf. DR7 839 (II 514).

[502] DR7 855 (II 543): "Istis per legem peractis, incipit uti idem Spiritus praedicatione Evangelii qua Christum patefacit et revelat, fidem infundit, fideles cum Christo in unum corpus compingit, in communionem bonorum Christi ducit, ut remissione peccatorum per nomen ipsius impetrata, in illo et ex illo porro vivere incipiant".

[503] DR7 856 (II 544): "Aliud est aliquem praeparantis gratiae effectum sentire, et aliud sub gratia esse, sive a gratia inhabitante regi, duci, agi".

[504] DR7 830 (II 498): "In quibus lex omnem suam efficacitatem exservit, qui propterea sub lege esse reciproce dicuntur". Cf. DR7 932-933 (II 679).

[505] A lei é a iniciação, ou também a causa, que prepara (praeparare) para o arrependimento e a regeneração. Cf. DR7 828-830. Na maioria dos casos, Deus usa o processo gradual de

o poder do Espírito para renovação podem ser obtidos.⁵⁰⁶ Uma pessoa regenerada é alguém cuja mente foi purificada das trevas e da vaidade do mundo e foi iluminada com o verdadeiro conhecimento redentor de Cristo e com a fé. As afeições (*affectus*) são mortificadas e libertadas por Deus da escravidão ao pecado; novos desejos (*desideriis*) se harmonizam com a natureza divina e são potencializados e estimulados para uma nova vida. A vontade é chamada à ordem e à vontade de Deus. As capacidades e faculdades, auxiliadas pelo poder do Espírito, lutam contra o pecado, o mundo e Satanás, são vitoriosas sobre eles e produzem para Deus fruto digno de conversão. As concupiscências malignas da carne desaparecem e o bem é feito na medida da fé e do dom de Cristo. A regeneração evolui, embora com tropeço, ao longo da vida e alcança a perfeição somente depois desta vida.⁵⁰⁷A pessoa regenerada não mais

---

arrependimento. Cf. DR7 843 (II 520): "Velim hic etiam adversariis in mentem venire, quibus gradibus Deus suos a vitae pravitate ad se convertere sit suetus".

⁵⁰⁶ DR7 831 (II 501): "Utrumque autem nobis in Christo per Evangelium oblato et fide apprehenso contingere, tum peccatorum per fidem in sanguine eius remissionem; tum Spiritus Christi vim, qua peccato resistere ab eius domino libertati per eodem Spiritum, possimus, et victoriam de eodem referre, Deoque in novitate vitae servire". Cf. DR7 837 (II 511).

⁵⁰⁷ DR7 829 (II 497): "Regenitus est, qui habet mentem a tenebris et vanitate mundi purgatam, et vera salutarique Christi cognitione et fide illuminatam, affectus mortificatos, et a Dominio et servitute peccati liberatos, novisque et divinae naturae convenientibus desideriis accensos, et ad novam vitam comparatos, voluntatem in ordinem redactam, et voluntari Dei conformem, vires et facultates adversus Peccatum, Mundum, Satanam decertare per auxilium Spiritus sancti potentes, et victoriam de iis repartare, fructusque Deo et poenitentia dignos proferre: qui etiam actu ipso adversus peccatum decertat, et victoria de illo reportata, non quae carni et concupiscentiae adlubescunt, sed quae Deo grata sunt facit; hoc est, actu ipso declinat a malo et bonum facit; non perfecte quidem, sed pro mensura fidei et donationis Christi, pro modulo regenerationis inchoatae in hac vita, et paulatim promovendae, denique post hanc vitam perficiendae: non quod ad partes essentiales, sed quod ad quantitatem attinet, ut dictum est antea: non semper citra interruptionem: impingit enim aliquando, labitur, aberrat, peccat, Spiritum sanctum tristitia afficit, etc. sed subinde et plaerunque". Sobre a perfeição gradual, veja DR7 839 (II 513): "Quod homo non plene et perfecte regeneratur, quamdiu in hac vita est, concedo iuxta Scripturam, sed recte intellectum, nempe ut illa perfectio non de ipsius regenerationis essentia partibusque essentialibus, sed quantitatis gradu et mensura intelligatur". Cf. DR7 839 (II 513-514): "Regenerationis enim negotium non ita habet,

vive sob o controle do pecado, mas sob o domínio da graça e, através de seu poder, pode facilmente resistir ao pecado.[508]

O Espírito atua por meio do conselho e da persuasão (*suasio*). Na subseção seguinte (3.3.4.), isso será ampliado no contexto da concordância de Armínio com o conceito de conhecimento médio (*scientia media*).

O meio normal e instrumento de conversão é a pregação da Palavra de Deus por seres humanos mortais; toda pessoa está sujeita a isso. O Espírito Santo, contudo, não se limita a esses meios de modo a ser impossível atuar de maneira sobrenatural, sem a intervenção de seres humanos.[509]

Deus estabeleceu um decreto, como Armínio admite em sua *Apologia*, de acordo com o qual Ele determinou a distribuição dos meios para a fé e para a salvação. Essa distribuição é realizada conforme o que Deus sabe ser adequado (*decere*), isto é, em harmonia com sua *justiça, misericórdia e severidade*.[510]

Com a oferta do Mediador (a qual diz respeito à apropriação do Mediador e está, portanto, subordinada à predestinação, isto é, está relacionada com a execução do decreto), Deus exige fé e trabalha essa fé quando a persuasão interna do Espírito é acrescentada e Ele se com-

---

ut homo secundum aliquas suas facultates regeneratus, secundum aliquas maneat prorsus in vetustate depravatae naturae: sed ita est comparata secunda ista nativitas, ut prima, qua homines nascimur, integre quidem humanae naturae participes, at non in perfectione virili: sic quoque omnes hominis facultates vis regenerationis pervadit nulla excepta, at non perfecte primo momento, gradatim enim provehitur, et per quotidianos profectus, usque dum ad plenam et virilem aetatem in Christo producatur. Unde totus homo secundum omnes suas facultates, mentem, affectus, voluntatem, regenitus dicitur, et propterea secundum istas facultates regenitas spiritualis".

[508] DR7 832 (II 502): "At cum non amplius sub lege, sed sub gratia iam sitis, peccatum omnino vobis non dominabitur, sed vi gratiae facile illi resistetis, et membra vestra arma iustitiae Deo praestabitis". Cf. DR7 837 (II 510): "Si enim bonum habitaret in carne mea, iam actu possem praestare ad quod mens et voluntas inclinant". Cf. DR7 843 (II 520) para o conceito de Armínio sobre o regenerado e o conflito entre a carne e o Espírito: "Spiritus plaerunque superat, evaditque superior". Cf. DR7 869.871-872 (II 567.571-573).

[509] A31A 160 (II 21).

[510] A31A 139 (I 748). Cf. PrD XVI (II 394-395); XVII (II 396).

promete a conceder salvação àqueles que creem.[511] Deus, dessa forma, possibilita a apropriação ou execução da predestinação pela fé como meio, realizada através da *persuasão* interna do Espírito.

A promessa e a oferta são universais e precedem à fé. A pregação externa é o chamado e a promessa transmitidos a todos que ouvem. Uma distinção deve ser mantida entre a promessa, o ato humano de aceitação (isto é, a fé) e o ato pelo qual Deus cumpre a promessa aos cristãos (promessa, aceitação, cumprimento).[512] Aqui se torna muito evidente que a fé é um instrumento e não um fim em si mesma.

De acordo com Perkins, a promessa é única para os cristãos, embora o mandamento para crer se aplique aos crédulos e incrédulos da mesma forma. Armínio discorda. Se a promessa não é estendida a todos que ouvem o mandamento de crer, o mandamento é injusto, vão e inútil (*iniquum quae vanum et inutile*). A promessa é o único objeto da fé (*promissione quae unicum est fidei obiectum*). É impossível crer em uma promessa que não lhe seja estendida.

Mesmo assim, Armínio nota que é correto determinar a extensão da apropriação da promessa mais restritamente que sua oferta. O mandamento para crer e a promessa, entretanto, não são para crédulos ou incrédulos; eles *precedem* a fé e a incredulidade, pois demandam uma e restringem a outra.[513]

Com relação à necessidade da proclamação universal, Perkins aponta para a inabilidade dos pregadores em conhecer sua audiência ou a intenção de Deus de remover as desculpas de alguns dos ouvintes. Na igreja, os eleitos estão misturados com os réprobos. Por essa razão, os pregadores devem proclamar o arrependimento a todos, sem discriminação, porque eles não sabem quantos eleitos se arrependerão. Além disso, Deus intenta tornar indesculpáveis aqueles que não se arrependem.

---

[511] EP 659 (III 305-306): "Oblatione vero ista fidem postulat, Spiritusque interna suasione accedente fidem efficit, et obstringit se ad dandam salutem credenti".

[512] EP 659 (III 306).

[513] EP 659-660 (III 306-308).

Armínio expressa perplexidade com essas observações de Perkins, acusando-o de se mostrar que totalmente diferente de seus outros escritos. O mandamento, que, afinal, inclui a promessa, se aplica a *ambos*: aos eleitos *e* aos ímpios, mas Perkins limita a promessa àqueles que se apropriam dela de acordo com o decreto de Deus. Armínio responde que se Perkins fosse coerente, o mandamento se restringiria unicamente aos eleitos.[514]

Relativo à admoestação, é verdade que a desculpa pode ser removida unicamente se a admoestação for rejeitada, e a rejeição dessa admoestação não deve ser inevitável. Deus não garante que o réprobo não possa ser desculpado, pois isso anula a ordem. É assim que aqueles que não podem ser desculpados — aqueles, portanto, que rejeitaram uma admoestação à qual poderiam ter obedecido — são reprovados. Porque a reprovação é justa. Por conseguinte, é devido ao pecado original ou à incredulidade e rejeição a Cristo que as pessoas são indesculpáveis.[515]

Em sua *Declaração*, Armínio aponta para os perigos que se ocultam atrás da doutrina da predestinação incondicional para o ministério do evangelho.[516] Essa doutrina pode tornar os pregadores lentos e negligentes na pregação. Mas sua própria concepção de predestinação, Armínio defende, promove o ministério do evangelho.[517]

---

[514] EP 660-661 (III 308-309).

[515] EP 664 (III 314): "Dico et alio modo mihi istam propositionem videri a vero absonam, quia statuit reprobos inexcusabiles fieri, quum ordine inverso illi qui sint inexcusabiles reprobentur. Iusta enim reprobatio, et propterea reprobi ante actum reprobandi inexcusabiles, ante actum externum reipsa inexcusabiles, ante decretum reprobandi praevisi seu praesciti ut inexcusabiles. Si reprobati propter peccatum originis, propter hoc inexcusabiles; si propter incredulitatem et reiectum Christum reprobati, propter illam incredulitatem inexcusabiles".

[516] *Verklaring*, 88-89 (I 633-634).

[517] *Verklaring*, 110 (I 655).

3.3.4. A presciência divina e o conhecimento médio na doutrina arminiana da predestinação

Conforme Dekker, a teoria do conhecimento médio está na essência do conceito de Armínio sobre o conhecimento de Deus.[518] Muller similarmente define isso como uma concepção fundamental para a reconceituação da doutrina da predestinação e seu sinergismo soteriológico.[519] A teoria do conhecimento médio procura resolver o problema da relação entre livre escolha humana e graça, presciência, providência, eleição e reprovação divina.[520] Com o conhecimento médio é possível, por exemplo, explicar como a graça de Deus pode ser infalivelmente efetiva, embora a pessoa possa, ao mesmo tempo, rejeitar a graça de Deus devido à livre escolha. A teoria medieval do conhecimento de Deus pressuposta no conhecimento médio é esta: Deus conhece a Si mesmo e a soma total de tudo que é possível fora dele. Esse conhecimento existe independentemente de sua vontade e é consistentemente chamado de *conhecimento natural*. Deus também conhece a soma total dos fatos passados, presentes e futuros. Ele conhece a realidade depois ou, preferivelmente, porque Ele decide com sua vontade efetivar certas possibilidades. Esse conhecimento dos fatos é chamado de *conhecimento livre* porque pressupõe um ato da vontade livre de Deus.

A dificuldade com essa teoria que distingue dois tipos de conhecimento é que ela parece não permitir espaço para a livre escolha humana. Deus determina quais possibilidades são materializadas e, dessa forma, Deus também determina os atos da vontade humana. O nome de Luís de Molina (1535-1560) inseparavelmente ligado à teoria do conhecimento médio (molinismo), que introduz um terceiro tipo de

---

[518] DEKKER, "Was Arminius a Molinist?", 346.

[519] MULLER, *God, Creation, and Providence*, 154.

[520] No que se segue, eu confio particularmente no resumo claro e na exposição por Dekker, em "Was Arminius a Molinist?" (338-342). Para o contexto histórico-teológico, vemos por exemplo que Craig demonstra, em Problem, "como pensadores cristãos se comprometeram com o conhecimento divino do futuro e com a liberdade para conciliar esses compromissos". (p. XIII).

conhecimento divino como solução para o problema mencionado anteriormente. O conhecimento médio está situado entre os dois primeiros tipos de conhecimento citados acima e consiste no conhecimento divino, que precede ao ato de sua vontade, quanto ao que as prováveis criaturas fariam de acordo com a vontade livre quando se deparassem com circunstâncias particulares. Uma vez que Deus também determina as circunstâncias, ele infalivelmente sabe o que o ser humano fará livremente; por exemplo, se rejeitará ou aceitará a graça divina.

No contexto do presente estudo não é necessário expor em detalhe a teoria de Molina nem determinar em que extensão Armínio aderiu ao pensamento de Molina[521] e tampouco conferir uma avaliação sistemática do conceito do conhecimento médio nem avaliar a aplicação

---

[521] Muller (God, Creation, and Providence, 154-166) e Dekker (Rijker dan Midas, 76-103) concluíram que Armínio adotou o conhecimento médio, embora Witt (Creation, Redemption and Grace, 336-370) argumentasse contra a interpretação deles, ilustrando, com diversas citações, que Armínio simplesmente afirmava que Deus sabe o que criaturas racionais podem fazer em dada situação, apesar de Molina também haver ensinado que Deus sabe o que criaturas racionais farão em dadas circunstâncias particulares. Conforme Witt, a teoria de Molina tem consequências deterministas que estão ausentes no pensamento de Armínio. Dekker, em *Was Arminius a Molinist?* (337-352) defendeu novamente que Armínio foi de fato um molinista. Em minha opinião, nas seguintes citações, tanto Witt quanto Dekker tocam em um aspecto importante do pensamento de Armínio relacionado ao conhecimento médio. "A ideia é [...] que Deus não é de forma alguma responsável pelo pecado da humanidade. [...] nem escolhe (como no molinismo) um mundo possível em que, dadas as circunstâncias nas quais Adão está situado, Deus sabe que Adão pecará certamente"; WITT, Creation, *Redemption and Grace*, 366-367. Witt enfatiza assim que o uso feito por Armínio do conhecimento médio foi designado para demonstrar que a humanidade, e não Deus, foi totalmente responsável pelo pecado. Dekker aponta para o envolvimento divino, a despeito da liberdade humana: "talvez seja evidente que Armínio quis usar uma nova teoria, até mesmo mais sistematicamente satisfatória para formular sua própria teologia, em que se concebeu ampla importância para a liberdade humana, sem presumir que Deus realmente não mais predestinaria. Armínio encontrou elementos dessa teologia em Molina". (DEKKER, "Was Arminius a Molinist?", 350) Um tema que se relaciona ao "controle genuíno de Deus sobre o que a vontade genuinamente livre das pessoas faz. Certeza de conhecimento é, portanto, combinada com a liberdade da vontade humana". (DEKKER, "Was Arminius a Molinist?", 351). A ideia de que Deus não é responsável pelo pecado, juntamente com a certeza permanente do conhecimento divino, são de fato dois elementos fundamentas para o uso feito por Armínio do conhecimento médio de Molina.

de Armínio quanto a isso.⁵²² O que é pertinente nesse contexto é notar que Armínio aplicou esse conceito e então considerou porque ele assim o fez. A exposição seguinte se limitará a esses dois assuntos.

Armínio implicitamente aplica o conhecimento médio em sua dissertação sobre a providência de Deus em *Examen Perkinsiani* (Análise sobre Perkins). Ele o faz quando lida com a questão de como Deus poderia impedir que a vontade da criatura desejasse um ato particular, pelo qual a criatura tem inclinação e capacidade suficientes. Armínio responde que isso é possível de duas maneiras: 1. de acordo com o *modus* da natureza, a *dinâmica impulsiva*, que não admite a liberdade da vontade; 2. conforme o *modus* da vontade e sua liberdade, a *suasio* ou o conselho. A *suasio* (*persuasão moral*) ocorre através da argumentação, de convencimento da vontade quando ela está inclinada para algo que tem capacidade suficiente. Por meio da *persuasão*, a vontade é impedida de fazer o que estava inclinada. Contudo, a obra de prevenção não é necessária, embora certa. Dado que Deus em sua sabedoria infinita previu que a mente da criatura racional seria convencida por esse argumento particular, enquanto a convicção particular impediria certo ato, não há necessidade de Deus usar qualquer outro tipo de obstrução — isto é, a *dinâmica impulsiva* — para alcançar sua meta.⁵²³ A atividade preventiva de Deus não tem consequências necessárias que dependem de sua onipotência (*omnipotentia*), mas, ainda assim, é eficaz e certa com respeito ao resultado por causa de sua presciência (*praescientia*). Deus sabe quais argumentos moverão a consciência (*animus*) de uma pessoa em particular em circunstâncias particulares e num

---

⁵²² Da enorme quantidade de literatura, eu menciono apenas DEKKER, *Middle Knowledge*. Cf. CRAIG, "Calvinist-Arminian Rapprochement?".

⁵²³ EP 716-717 (III 393): "Actio qua agit in voluntatem [...] secundum modum voluntatis et libertatis ipsius, suasio dicetur commode. Impedit ergo Deus voluntatem vel actione physica, vel suasione, ne velit illud ad quod aliquo adfectu propendet. [...] Suasione impedit Deus voluntatem, quando argumento aliquo persuades voluntati ne veil actum perpetrare, ad quem aliquo suo affectu fertur, et cui efficiendo vires habet aut habere sibi videtur sufficientes. Unde non necessario quidem, sed certo impeditur voluntas. Quia veto Deus pro infinitate sapientiae suae praevidit ex propositione iustius argumenti persuasum iri animum creaturae rationalis, et ex persuasione exstituram actus impeditionem, necesse non habet ut alio impedimenti genere utatur". Veja também A31A 141-142 (I 754-755).

momento particular do tempo e para o fim que Deus deseja que a pessoa seja influenciada, de acordo com sua misericórdia ou justiça.[524] Em sua correspondência com Junius, Armínio demonstra estar ciente desse conceito de conhecimento médio.[525] Em *Examen Perkinsiani* (Análise sobre Perkins), ele o aplica, ainda que não o mencione nominalmente. A combinação de uma eficácia infalível da parte de Deus quanto aos eventos que estão na capacidade da criatura racional dotada com o *livre arbítrio* (livre escolha) demonstra a influência inconfundível do conhecimento médio de Molina.

Deus sabe desde a eternidade que, com a ajuda de certo tipo de graça, uma pessoa receberá ou rejeitará Cristo. Deus pode decidir entre que uma pessoa rejeite Cristo ou cooperar com ela para receber Cristo em fé.[526] Essas passagens também pressupõem a teoria do conhecimento médio.[527]

Pode ser ilustrado ainda que o uso de Armínio do conhecimento médio está diretamente relacionado à sua preocupação com a justiça de Deus. Como ele escreve em sua resposta aos 31 artigos, a determinação de

---

[524] EP 718 (III 395-396): "Neque singula ista seiuncta ab aliis usurpantur a Deo ad impediendum actum, quem vult non perpetratum, sed etiam bina vel terna aliquando iunctim proponuntur, prout Deus novit expedire ad impediendum actum, quem vult impeditum. Quae vero actio illa sit qua Deus argumenta, ad impediendam voluntatem proposita, animo creaturae ad actum propensae et viribus pollentis persuadet, hic ex professo non agimus. Certum tamen est, qualiscunque illa sit, efficacem esse ad impediendum, certoque impedituram: quae efficacia et certitudo non tam ex ipsa omnipotentia actionis divinae, quam ex praescientia Dei dependet, scientis quae arguemta isthoc rerum statu et tempore animum sint motura hominis, eo quo Deus illum inclinatum cupit, sive pro misericordia sua sive pro iustitia".

[525] Dekker demonstrou que, em 1597, embora Armínio já houvesse se aprofundado no estudo do conceito de conhecimento médio, foi apenas em algum período entre 1597 e 1603 que ele aderiu à doutrina, como também fica evidente na passagem do Examen Perkinsiani citada acima. DEKKER, Rijker dan Midas, 100-101; DEKKER, "Was Arminius a Molinist?", 350-351.

[526] EP 752 (III 446).

[527] Veja também A31A 176-177 (II 51-52): "Sed ad huius rei explicationem pertractandum esset de *gratiae divinae et liberi arbitrii seu voluntatis humanae concursu et concordia*". Isso é uma referência quase explícita a *De Concordia* de Molina. Cf. A31A 140 (I 749).

Deus das contingências futuras pode ser compreendida de duas formas diferentes. A primeira, Armínio define, é uma determinação divina quando a causa secundária é livre para obedecer ou não. Essa determinação ele deseja manter. A segunda possibilidade é que a determinação de Deus acontece de uma forma que toda liberdade e indiferença desaparecem, de modo que não há mais espaço para que a criatura livre e autônoma faça algo adicionalmente.

> Mas se a palavra "determinação" for compreendida de acordo com o segundo sentido, confesso que abomino e detesto o axioma (como falso, absurdo e que abre caminho para muitas blasfêmias) que declara que "Deus, por seu decreto eterno, determinou para uma parte ou para outra [*alterutram partem*] coisas futuras contingentes". Por esta última frase, compreendo "aquelas coisas que são realizadas pela vontade livre da criatura".

Isso é *falso* porque, de outra forma, a providência, que deveria ser adaptada à criatura, está em direta oposição à natureza da criatura. Isso é *absurdo* porque é uma *contradição de termos*; considera algo que é determinado em todos os aspectos como "contingente". Em terceiro lugar, resulta em todo tipo de blasfêmia: 1. faz de Deus o autor do pecado e admite que a humanidade não tem culpa; 2. torna Deus o pecador real, factual e único; 3. de acordo com essa doutrina, Deus precisaria dos pecadores e de seus pecados para revelar sua justiça e misericórdia; 4. o pecado não mais seria pecado.[528]

Quando todos os elementos relacionados ao uso que Armínio faz do conhecimento médio são coligidos, podemos deduzir as seguintes conclusões. Armínio, em nenhum contexto, parece concordar com o

---

[528] A31A 143-144 (I 760-762): "Si vero secundo sensu sumatur vox determinationis, fateor me hoc axioma quo dicitur, Deum futura contingentia (intellige quae a libera creaturae voluntate pattantur) decreto suo aeterno determinasse ad alterutram partem: tanquam falsum, absurdum, et multiplicis blasphemiae praevium, abominari et exsecrari".

conhecimento médio para demonstrar que Deus, a despeito da liberdade humana, através de sua administração dos meios e das circunstâncias, ainda determina em um sentido "absoluto" quem será e quem não será salvo. Essa repreensão continua a ser feita contra os proponentes do conhecimento médio até o período atual,[529] mas, pelo menos no caso de Armínio, esse pensamento nem sequer parece ser analisado. Armínio teve pelo menos três coisas em mente quando integrou o conceito de conhecimento médio em sua teologia: 1. em primeiro lugar, a condição básica teórica para a contingência humana, de modo que, à parte do conhecimento necessário de Deus se todas as possibilidades e seu livre conhecimento das coisas que são realizadas através da decisão de sua vontade, há ainda espaço para os fatos que não acontecem por meio de sua vontade. A teoria do conhecimento médio propõe precisamente essa possibilidade; 2. se se deseja admitir-se contingências da criatura sem afetar a presciência de Deus e sua certeza – um atributo essencial do ser de Deus –, deve-se necessariamente presumir um conhecimento divino dos fatos que não aconteceram através da decisão da vontade de Deus, mas sobre os quais Deus ainda tem certa presciência. A teoria do conhecimento médio propôs a Armínio uma base teórica consistente para sustentar a onisciência, a predestinação e a graça de Deus, bem como a liberdade humana, tudo ao mesmo tempo. Através disso, Armínio poderia defender a contingência da criatura, no entanto, isso não aconteceu ao custo da onisciência de Deus;[530] 3. Armínio usa o conhecimento médio para ilustrar que Deus se mantém capaz, a despeito da liberdade humana, de governar todas as coisas como Ele quer. Deus sabe o que resultará de certa "administração" (*beleydinghe*) de meios e circunstâncias combinados com a contingência da criatura. Entretanto, Ele não tem esse conhecimento porque pode "determinar" a liberdade humana por intermédio dos meios e circunstâncias, mas puramente

---

[529] Cf. WITT, *Creation, Redemption and Grace*, 363-364.

[530] Cf. e.g. AC 462 (III 22): Conforme Beza, a sabedoria e a providência de Deus exigem que o objeto da eleição e da reprovação sejam considerados "como criados". Cf. PrD XVIII (II 344).

devido à sua presciência abrangente, por meio da qual cada momento é para Deus um eterno "hoje" ou "agora".[531] Deus, mediante sua sabedoria infinita, conhece todas as coisas como presentes e, portanto, sabe infalivelmente todos os futuros também, mesmo aqueles que são contingentes.[532] Necessidade e presciência resultam em certeza com respeito aos futuros, mas com a diferença importante de que a certeza e a contingência da criatura facilmente estão unidas, embora absolutamente não seja o caso para a necessidade e contingência.

Conforme compreendo, a intenção de Armínio ao adotar o conhecimento médio não se ajusta à sugestão de que o conhecimento médio torna possível que Deus determine qual pessoa será ou não será salva. Teoricamente essa possibilidade não desfaz a contingência da criatura, mas, na prática, permite que as pessoas tenham a impressão de que são controladas, apesar de toda liberdade que têm. Praticamente falando, isso também conduz — ou poderia conduzir — a noções erradas concernentes a Deus e à justiça de seu governo, e é precisamente contra essas acusações que Armínio sempre está alerta. Armínio usa o conhecimento médio apenas para demonstrar que a liberdade da criatura não deve ser defendida à custa da onisciência de Deus, e que Deus, nesse sentido, não é dependente das decisões humanas. Com isso, Armínio poderia se opor a uma importante objeção feita por seus oponentes. Ele insistiu que teria de haver a contingência da criatura para defender a justiça de Deus. Armínio poderia usar o conhecimento médio como argumento para negar que a contingência da criatura afeta o atributo divino essencial da onisciência. Isso, por sua vez, pressupõe que o uso que Armínio faz do conhecimento médio seja visto no contexto de sua preocupação com a doutrina de Deus, segundo a qual ele estava convencido de que a justiça de Deus não poderia nem precisaria ser defendida à custa de sua onisciência e *vice-versa*.

---

[531] Cf. e.g. EP 657 (III 303): "mentis divinae cui omnia sunt praesentia".

[532] EP 742 (III 431): "Neque potest incertitudo tribui voluntati illius qui infinita sua sapientia omnia sibi habet praesentia, et omnia etiam maxime contingentia certo praescit futura". Veja também A31A 141 (I 753); ETG25-26 (III 547-548).

3.3.5. O sistema de quatro decretos da predestinação na *Declaração* de 1608

Na teologia de Armínio, conceitos como a vontade e os decretos de Deus, a predestinação, o evangelho e o pacto são, às vezes, virtualmente sinônimos e todos concordam com o conceito mais denso do *duplo amor de Deus* (veja 2.2.2. e 4.1.), a despeito da perspectiva e conotação que cada termo contribui. O conceito de Armínio da predestinação é o fundamento da religião cristã, da salvação e da segurança. Ele é a "síntese e o assunto do evangelho; não, ele é o evangelho em si mesmo".[533] Há várias passagens (iniciais) em que a relação entre pacto e predestinação e a posição de Cristo com respeito a ambas não são, ambíguas. Isso pode ser atribuído, entre outras razões, aos diferentes sentidos e nuanças que esses conceitos podem ter. Nessa seção, consideraremos a exposição que Armínio faz sobre predestinação na *Declaração*. Sobre essa análise da predestinação, que pode ser caracterizada como abrangendo o sistema de quatro decretos, Armínio parece unir em um todo coerente todos os elementos que parecem ser relevantes. Essa é a exposição mais equilibrada do conceito de Armínio sobre a predestinação que temos à disposição.

Uma mudança que parece ter se desenvolvido ao longo dos anos concerne ao envio de Cristo como Mediador. À primeira vista, isso se relacionou à doutrina da providência, mas, em 1608, Armínio formula o primeiro decreto na predestinação. O que se mantém, entretanto, é a importância e a função fundamentais da obra mediatória de Cristo. Outro exemplo de desenvolvimento é a distinção entre 1. a decisão de Deus de justificar os crentes em Cristo e aceitá-los como seus filhos; e 2. a predestinação por meio da qual Deus decidiu conceder fé a alguns e não a outros por meios diferentes. Isso vemos expressado claramente já em *Examen Perkinsiani*[534] (Análise sobre Perkins), mas foi pelo menos

---

[533] *Verklaring*, 106 (I 654).

[534] EP 654 (III 298): "Non est una praedestinatio qua Deus decrevit fideles in Christum iustificare et in filios adoptare, cum illa qua decrevit hisce et non illis per certa media fidem donare. Hic enim est decretum de fide danda, ibi de fidelibus iustificandis et

presumido no princípio da obra exegética de Armínio sobre Romanos 9. A despeito de todas as diferenças e nuanças, nenhuma mudança essencial aconteceu, de modo que a melhor fonte para a doutrina de Armínio da predestinação é, de fato, sua exposição mais desenvolvida, conforme encontrada na Declaração de 1608.[535]

Como foi notado antes, Armínio define a predestinação como a síntese e a matéria do evangelho, até mesmo como o próprio evangelho. Isso, de fato, caracteriza sua abordagem integral. É dessa perspectiva que Armínio decide dividir a predestinação (ou o evangelho) em quatro decretos separados com uma ordem particular. Na estrutura e no conteúdo de sua doutrina da predestinação, sua orientação teológica se expressa claramente. Também se torna claro que o conteúdo da doutrina da predestinação é o mesmo que Armínio atribui ao pacto, o *foedus* que Deus estabeleceu com base em seu *pactum* com o Filho.[536] Esse *pactum* permanece como base para o pacto, predestinação ou evangelho.

Esses elementos distintivos do sistema de Armínio dos quatro decretos de predestinação são: 1. a função fundamental e proeminente de Cristo, o Mediador, e sua expiação (veja 3.3.1.); 2. o estabelecimento das condições do novo pacto, de modo que a justificação e, assim, a *unio Dei*, como meta final, seja alcançada somente através da fé em Cristo, com a consequência de que aqueles que continuam a rejeitar Cristo na incredulidade serão excluídos do pacto. Além disso, o novo pacto significa que a justificação pelas obras da lei foi anulada com a queda e se tornou impraticável. De fato, essa justificação é diretamente oposta à forma do novo pacto, de maneira que a fé e o ato de fé são diretamente antagônicos e sugerem uma rejeição à tentativa de se justificar pelas obras da lei (veja 3.3.2.); 3. a concessão e "administração" dos meios

---

adoptandis; quod sane decretum propter subiecti et attributi diversitatem unum esse non potest". Cf. ETG 69-70 (III 584).

[535] *Verklaring*, 104-106 (I 653-654).

[536] Veja EP 748 (III 440). Cf. EP 756 (III 451). Cf. GRAAFLAND, Verbond, 195, que corretamente observou que, embora Armínio falasse continuamente sobre eleição, o que ele escreveu coincidiu em conteúdo com o que também argumenta a respeito do pacto.

suficientes e necessários de graça (veja 3.3.3.). Os meios são administrados de acordo com a sabedoria de Deus, "pela qual Deus sabe o que é próprio e agradável à sua misericórdia e à sua severidade", e está de acordo com a justiça de Deus, "pela qual Ele está preparado para adotar o que sua sabedoria prescrever e colocar em execução".[537] A justiça de Deus, assim, garante que a sabedoria de Deus, na qual a misericórdia e a severidade (*misericordia et severitas*) têm função, aconteça. O par "misericórdia e severidade" está intimamente relacionado à *justiça*, como Armínio, em diversas ocasiões,[538] fala no contexto da administração dos meios da justiça de Deus como consistindo em *misericórdia* e *severidade*. A relação entre justiça e sabedoria já foi analisada acima (veja 3.1.1.); 4. o elemento do conhecimento certo e do conhecimento médio de Deus, pelo qual Armínio deseja preservar a certeza e a onisciência de Deus, por um lado, e a liberdade da vontade humana, por outro (veja 3.3.4.).

A exposição completa do sistema de quatro decretos de Armínio é a seguinte:

I. O primeiro e incondicional decreto de Deus, concernente à salvação do homem corrompido, é que Ele decretou designar seu Filho, Jesus Cristo, para ser o Mediador, Redentor, Salvador, Sacerdote e Rei que destruísse o pecado através de sua morte, para que, por sua obediência, obtivesse a salvação perdida e a transmitisse por sua própria virtude.

II. O segundo decreto de Deus incondicional e absoluto é que Ele decretou receber em graça aqueles que se arrependem e creem e, em Cristo, por causa dele e através dele, realize a salvação desses penitentes e crentes que perseveraram até o fim; mas abandone no pecado e sob a ira todos os impenitentes e incrédulos e os condene como separados de Cristo.

---

[537] *Verklaring*, 106 (I 653).
[538] A31A 139 (I 748); HaC 943 (II 699); AN 957 (II 719).

III. O terceiro decreto divino é que Deus decretou administrar de uma maneira suficiente e eficaz os meios que eram necessários para o arrependimento e fé; e teve essa administração instituída (1) de acordo com a sabedoria divina, pela qual Deus sabe o que é próprio e agradável para sua misericórdia e severidade; e (2) de acordo com sua justiça divina, segundo a qual Ele está preparado para adotar o que sua sabedoria prescreva e para colocar em execução.

IV. A estes sucede o quarto decreto, pelo qual Deus decretou salvar e condenar certas pessoas. Esse decreto tem seu fundamento na presciência divina, segundo a qual Ele sabia, desde a eternidade, quais indivíduos que, por meio de sua graça preveniente, creriam e, através de sua graça subsequente, perseverariam; de acordo com a administração descrita anteriormente desses meios, os quais são apropriados e adequados para a conversão e fé e, pela presciência, Ele também sabia quais não creriam e não perseverariam.[539]

3.4. Resumo e conclusão

O Capítulo 3 ilustra como o conceito arminiano da justiça de Deus foi muito influente em diversos tópicos principais de sua teologia: as doutrinas de Deus, da criação, da providência, do pecado/queda e do evangelho (*Evangelium*).

A função da justiça de Deus é determinada em larga extensão pela importância que Armínio lhe confere para a própria essência de Deus. A justiça é universalmente normativa e, por essa razão, é decisivamente influente sobre todas as faculdades e atributos divinos. A justiça funciona como árbitro de todas as palavras, obras e vontade de Deus.

---

[539] *Verklaring*, 104-106 (I 653-654).

Com relação à obra da criação, o que foi dito acima pressupõe que ela é perfeitamente justa e boa e que, por essa razão, não se pode propor uma "criação para destruição" nem considerar a criação como meio para executar o decreto de predestinação ou algo similar. A queda põe fim ao plano original de Deus para a humanidade. Porquanto a justiça de Deus exigiu a condenação da humanidade por causa da desobediência, sua justiça teve de ser satisfeita antes que um novo *pacto* pudesse ser estabelecido. Em um *pactum* com o Pai, Jesus Cristo, o Mediador, se apresentou para sofrer a punição pelo pecado. Esse *pacto*, portanto, forma a base do novo pacto que Deus estabeleceu com a humanidade. Deus determinou que a condição desse novo pacto fosse a união com Cristo através da fé. Por meio dela, os benefícios de Cristo são partilhados e a justiça de Deus não mais um obstáculo para a união com Deus.

Armínio, ademais, trata com grande detalhe da providência de Deus. Ele entende que a forma com que muitos a analisam faz de Deus o autor do pecado. Ele meticulosamente explica a natureza da permissão (*permissio*), de modo a não tornar Deus o autor do pecado, por um lado, nem permitir que o pecado fique fora das fronteiras do controle de Deus, por outro. A *participação* divina também é tratada nesse contexto.

Armínio desenvolveu um conceito claro da relação da vontade divina para com a vontade humana. Deus leva em consideração a liberdade que concedeu às criaturas racionais como atributo essencial, uma liberdade que deve também ser mantida como garantia para a justiça de Deus. A lei, o poder e a liberdade de Deus são restringidos por sua justiça. Isso pressupõe que a autolimitação de Deus não é consequência do ato da criação, mas de sua justiça inerente, essencial, que o limita em sua liberdade.

Com respeito à relação entre a justiça de Deus (e a cair em) pecado, um importante ponto de partida é o fato de que o pecado pressupõe lei justa e liberdade real. Qualquer forma de necessidade é, assim, excluída. Um pecado que ocorre necessariamente, seja de um endurecimento ativo, seja através de uma preterição passiva, não poderia ser justamente punido por Deus. Ademais, isso também faz de Deus o autor do pecado.

O pecado é a única causa para a punição divina, e Deus sempre concede graça suficiente para que a pessoa seja incapaz de pecar.

Uma consequência do conceito de Armínio é que ele admite os atos da criatura, pelos quais as criaturas são definitiva e totalmente responsáveis. Isso é verdadeiro, sibretudo, quanto ao pecado, à queda e à incredulidade como resistência ao plano de Deus e sua oferta de salvação. Um decreto absoluto de reprovação, que não pressupõe o pecado em seu objeto, desperta, assim, a oposição contundente de Armínio. O pecado deve ser considerado quando se trata do objeto da eleição e reprovação.

A justiça de Deus também é determinante para a forma com que Deus age no contexto da teologia *evangélica*, que entrou em vigor após a queda. Ela presume, acima de tudo, que o pecado que rompeu o primeiro pacto deve receber sua justa recompensa. A única maneira para que isso se cumpra sem condenar toda a humanidade à destruição eterna é o sacrifício substitutivo de Jesus Cristo como Mediador. Por essa razão, a mediação de Cristo assume função fundamental na teologia *evangélica* de Armínio: o pacto é o fundamento para o novo pacto. Cristo é a causa meritória da eleição. Posto que apenas a fé pode unir com Cristo, através da qual sua justiça é imputada ao pecador, a eleição para a salvação concerne unicamente àqueles que têm fé em Cristo.

O conceito de Armínio sobre a função de Cristo com respeito à eleição lhe permite expor sua doutrina da eleição — isto é, o decreto de salvar os pecadores crentes em Cristo — sem precisar formular um conceito específico sobre a liberdade da vontade. A compreensão de Armínio da liberdade da vontade é uma consequência que flui da função fundamental que a justiça (de Deus) tem em seu pensamento.

A fé requerida na doutrina da eleição é um dom de Deus e foi requerida somente no novo pacto, depois da queda em pecado. Antes da queda, a fé em Cristo não era necessária e, portanto, não requerida. Outra consequência do que foi exposto acima é que depois da queda, Deus não poderia requerer a fé em Cristo sem conceder os meios de graça necessários e suficientes para alcançá-la. Também aqui a preocupação com a justiça de Deus é consistentemente o impulso por detrás dos argumentos de Armínio.

Embora a justiça de Deus determine que, à parte da eleição, há também a reprovação, isso não presume uma simetria nas causas da eleição e da reprovação. A causa meritória da reprovação está na pessoa, enquanto a eleição é puramente devido à graça.

Armínio usa a teoria do conhecimento médio divino para demonstrar que há ações humanas contingentes e que essa contingência da criatura não desfaz a onisciência e presciência de Deus nem a certeza delas. Através de seu conhecimento médio, Deus ainda permanece capaz de determinar todas as coisas por meio de sua vontade, a despeito da liberdade humana.

Em seu sistema de quatro decretos, conforme encontrado na *Declaração de Sentimentos* de 1608, Armínio combina todos os elementos que se relacionam à salvação em um todo coerente. Para ele, a doutrina da predestinação forma o próprio conteúdo do evangelho. Isso resulta em uma doutrina da predestinação consistindo em quatro decretos separados e particularmente ordenados, cujos sistemas e conteúdo refletem claramente a visão teológica de Armínio; 1. a função fundamental de Cristo, o Mediador, e a expiação que Ele realizou para satisfazer a justiça de Deus; 2. a fé como o único meio de compartilhar o novo pacto e a imputação da justiça de Cristo; 3. a concessão e administração dos meios de graça suficientes e necessários; 4. os elementos da presciência certa de Deus e do conhecimento médio, através dos quais Armínio deseja defender a certeza e a onisciência de Deus, por um lado, e a liberdade da vontade humana, por outro.

CAPÍTULO 4

A justiça de Deus na teologia de Armínio III: o fundamento primário da religião

Na seção 2.2, demonstramos que a justiça, como um atributo divino, não é apenas determinante para a essência e os atos de Deus, mas também forma o atributo mais importante de sua natureza que estimula as pessoas a adorá-lo. Isso será agora considerado com maior detalhe.

Examen Perkinsiani (Análise sobre Perkins)

Em sua resposta a Perkins, Armínio fala implícita[540] e explicitamente do duplo amor de Deus e a relação entre esses dois amores: o amor de Deus pela justiça e, seu amor por suas criaturas. Isso surge implicitamente quando Armínio declara que Deus seriamente deseja que todos sejam salvos, mas que a perversidade persistente de alguns o obriga a querer a condenação deles. Não convém (*decere*) a Deus corrigir a perversidade dos seres humanos de *modo absoluto*. Deus deseja a condenação deles

---

[540] Já em forma prematura, embora com princípios básicos claros, a primazia da justiça de Deus acima de sua liberdade de ser misericordioso (ou não) com os seres humanos aparece em AR9 788 (III 500).

porque não quer que sua justiça pereça.[541] Deus ama suas criaturas e quer salvá-las, mas seu amor por justiça e obediência é maior que seu amor pela humanidade e sua salvação. O duplo amor de Deus desponta explicitamente em uma passagem sobre os anjos. Deus deseja três coisas com respeito a eles: 1. salvação; 2. obediência; 3. condenação, em caso de desobediência. A primeira, Deus deseja devido ao seu amor por suas criaturas. A segunda, deseja devido ao seu amor por justiça e à obediência que suas criaturas lhe devem. Deus considera a obediência muito mais importante do que a salvação dos anjos; sim, tanto que ele preferiria muito mais ter a primeira para si próprio do que a segunda para os anjos. Deus, em terceiro lugar, deseja a condenação dos anjos desobedientes por causa desse mesmo amor por justiça. Ele não pode permitir que a violação de sua justiça fique impune, porque a punição é o único meio de restaurá-la à ordem (*in ordinem redigendi*).[542]

Examen Thesium Gomari (Análise das Teses de Gomarus)

Muitos elementos característicos da teologia de Armínio podem ser encontrados em sua reação às teses de Gomarus sobre a predestinação, de 1604. Isso também é verdadeiro para o *duplo amor de Deus*. Exatamente como Deus deseja punir a desobediência com a morte eterna, ele também não deseja, como fim, a salvação da raça humana mais do que sua obediência. Armínio conclui, de acordo com isso, que, embora Deus tenha um grande amor pela humanidade, seu amor por justiça e obediência é maior. Aquele que pode muito bem distinguir entre dois

---

[541] EP 741-742 (III 430-431).

[542] EP 743 (III 432): "Ponantur enim ordine tria volita divina circa Angelos: Salus Angelorum, obedientia Angelorum; condemnatio, inobedientia Angelorum. Illam vult Deus ex amore erga creaturas suas, istam ex amore erga iustitiam et obedientiam a creatura sibi debitam: atque ita quidem ut istam magis sibi velit praestari, quam illam velit creaturae hanc vult ex eodem amore erga iustitiam, cuius laesionem non potest ferre impunitam, quandoquidem sola punitio est ratio illam in ordinem redigendi".

bens, amará o bem maior com amor maior, e nosso Deus totalmente sábio distingue perfeitamente, Armínio acrescenta.⁵⁴³

Articuli nonnulli (Alguns artigos)

Próximo ao fim de sua vida, Armínio retorna várias vezes ao duplo amor de Deus precisamente no contexto de defender sua teologia. Na Declaração de 1608, o duplo amor de Deus se tornou conceitualmente cristalizado como o *duplo amor de Deus* ou *tweederlei liefde Godes*. Nos anos intervenientes, Armínio formulou e desenvolveu esse conceito e o tornou um pilar de sua teologia. À parte de *Articuli nonnulli* (Alguns artigos), os debates aconteceram sob a presidência de Armínio entre a composição de *Examen Perkinsiani* (Análise sobre Perkins) e a *Declaração*, que são as únicas fontes para traçar esse desenvolvimento no pensamento de Armínio.

Que Armínio lidou com isso em *Articuli nonnulli* (Alguns artigos) é, portanto, outra indicação importante de que ele conscientemente refletiu sobre o duplo amor de Deus. As notas refletem inconfundivelmente o pensamento de Armínio sobre esse tópico como demonstra uma comparação com a posterior *Declaração*.⁵⁴⁴ Quando lida com a natureza de Deus, Armínio presume que ele ame a justiça e suas criaturas. Entretanto, o amor de Deus por justiça é maior que seu amor por suas criaturas, observação que leva Armínio a extrair duas conclusões. Em primeiro lugar, Deus não odeia suas criaturas, exceto devido ao pecado. "Pois Deus nada odeia, exceto a injustiça".⁵⁴⁵ Segundo, Deus não ama

---

⁵⁴³ ETG 51-52 (III 568-569): "At tantum abest, ut Deus salutem hominis tanquam finem prius velit quam obedientiam ejus, ut inobedientiam velit punire aeterna morte: unde constat Deum qui hominum amantissimus est, amantiorem esse justitiae et obedientiae: majus autem bonum magis amat qui recte inter duo bona discernit: et discernit optime sapientissimus Deus". Cf. ETG 58-59 (III 574).

⁵⁴⁴ *Verklaring*, 77-78 (I 624).

⁵⁴⁵ ETG 105 (III 613): "Deus enim nihil odit praeter injustitiam, quae proprium est et adaequatum objectum odii divini; et propter illam odit impium qui illi renunciare non vult".

a criatura, absoluta e eternamente, a menos que ela seja considerada justa. Armínio ainda explicitamente nota que não importa se a justiça exigida seja *legal* ou *evangélica*.[546]

A expressão *duplo amor de Deus* talvez não ocorra nos *Artigos*, mas, em termos de conteúdo, o conceito está totalmente presente. Além disso, a relação das objeções de Armínio com os pontos de vista teológicos de seus colegas fica evidente nas inferências dos *Artigos* acima mencionadas. Primeiro, o pecado é a condição na criatura que faz o objeto da ira de Deus. Em outras palavras, o objeto da reprovação deve ser um pecador (devido à sua vontade livre). Segundo, a justiça é a condição que Deus ama na criatura. Portanto, na teologia *legal* deve haver obediência perfeita, enquanto que na teologia *evangélica* essa condição é cumprida, por um lado, pela função fundamental da obra mediatária de Cristo e, por outro lado, devido à função fundamental da fé que une a Cristo e, por meio dessa união, é considerada por Deus como justiça.

Debates

Já nas teses *pro gradu De natura Dei* (Da natureza de Deus) (1603), que foram incluídas como o quarto debate público das teses coligidas, vemos o tema do duplo amor de Deus e a prioridade absolutamente importante da justiça. A passagem que trata da vontade de Deus conclui a seção construtiva do debate com a observação de que Deus "deseja os males que são punições porque Ele preferiria preservar a ordem da justiça com a punição a tolerar que uma criatura culpada ficasse impune".[547]

Armínio continua ao levantar a seguinte questão: Deus pode ter duas determinações de vontade opostas que pertençam ao mesmo objeto, e pode uma única determinação de sua vontade ter objetos opostos? Ele explica que, nesse período, deve-se considerar aqueles

---

[546] AN 949 (II 707).
[547] PuD IV (II 130): "Sic vult mala poenae; quia mavult ordinem iustitiae servari in punitione, quam impunitatem creaturae peccatricis".

atributos que são análogos às afeições humanas e às virtudes morais, como amor, ódio, bondade, misericórdia, desejo, ira, justiça etc. Esses podem ser subdivididos em dois grupos, em que os primeiros são primários ou principais, e o segundo grupo consiste naqueles que podem ser derivados do grupo anterior. Os atributos primários ou principais são amor (e o ódio é o seu oposto) e bondade; conectados a esses estão a graça, a bondade e a misericórdia.

O amor é uma afeição da união com Deus, e tem por objetos Deus e o bem da justiça, bem como a criatura e sua felicidade.[548] O ódio é uma afeição da *separação* de Deus, cujo objeto é a injustiça e a miséria da criatura.[549] Contudo, porquanto Deus ama a Si mesmo e ao bem da justiça e, ao mesmo tempo, odeia a injustiça, e porque Ele ama a criatura e sua felicidade secundariamente e, ao mesmo tempo, odeia a miséria da criatura,[550] Deus odeia aquelas criaturas que persistem na injustiça e ama a miséria delas.[551] Com essa linha de pensamento, Armínio, na realidade, introduziu o *duplo amor de Deus*. Ele continua na mesma linha mais adiante, quando escreve:

> Ira é uma afeição de rejeição [*depulsio*] em Deus, através da punição da criatura, que transgrediu sua lei; pelo que Ele descarrega sobre a criatura o mal da miséria devido à injustiça [*injustitia*] e realiza a vingança que lhe cabe como

---

[548] Com referências a Pv 16.4, Sl 11.7; Jo 3.16; Ec 11.24-26.
[549] Com referências a Sl 5.5; Ez 25.11; Dt 25.15, 16 etc.; Is 1.24.
[550] Com referências a Sl 11.5; Dt 28.63.
[551] Com referência a Is 66.4. PuD VI (II 130): "LXVII. Amor est affectus unionis in Deo, cuius obiecta sunt Deus ipse et bonum Iustitiae, Creatura et felicitas illius. Odium est affectus separationis in Deo, cuius obiectum est iniustitia et miseria Creaturae. Cum autem Deus praecipuè amet se et bonum iustitiae, eodemque momento iniquitatem odio habeat; creaturam verò eiusque beatitatem secundario amet, et isto momento miseriam creaturae odio habeat; hinc fit, ut creaturam in iniustitia pertinaciter perseverantem odio habeat et amet miseriam illius".

uma indicação [*indicem*] de seu amor à justiça e seu ódio ao pecado.⁵⁵²

Em seguida, Armínio chama *justiça* de moderador (*moderatricium*) de todas as afeições.⁵⁵³ A justiça também é a vontade eterna e constante em Deus para conceder a cada um o que merece (cf. definição de Ulpianus): ao próprio Deus o que lhe é devido e à criatura o que lhe é devido. Armínio considera essa justiça tanto em palavras como em atos. Verdade e consistência são encontradas em todas as suas palavras, e a fidelidade, em suas promessas. Ela ocupa-se com duas coisas: disposição e retribuição. Com os atos dispostos de justiça, Deus determina todas as coisas em suas ações de acordo com sua sabedoria, conforme a norma de equidade que é prescrita ou exigida por sua sabedoria. Com a justiça retribuidora, Deus concede às suas criaturas o que merecido conforme as obras delas e de acordo com o pacto (*ex pacto*) que ele estabeleceu com elas.⁵⁵⁴

Ademais, no debate público XII, *A Lei*, Armínio propõe o assunto do duplo amor de Deus, agora no contexto da lei moral. O uso (*usus*) da lei moral se altera de acordo com o estado de uma pessoa. Seu uso primário e o intento original de Deus para ela, conforme seu amor por justiça e suas criaturas, era de que a humanidade fosse vivificada através da lei

---

[552] PuD VI (II 132): "Ira est affectus depulsionis in Deo per punitionem Creaturae legem ipsius transgressae, qua creaturae infert malum miseriae pro iniustitia, et vindictam sumit debitam sibi, tanquam indicem amoris erga iustitiam, et odii adversus peccatum".

[553] PuD VI (II 132-133): "LXXIV. Quae in Deo analogiam habent virtutum moralium, velut moderatricium istorum adfectuum, sunt partim ad omnes affectus generales, ut iustitia; partim speciatim nonnullos concernunt, ut patientia, et quae irae sunt et poenarum ex ira moderativae".

[554] PuD IV (II 132-133): "LXXV. Iustitia est aeterna et constans in Deo voluntas suum cuique tribuendi: Deo ipsi quod ipsius est, et creaturae quod illius est. Hanc in dictis et factis ipsius consideramus. In dictis omnibus veracitatem et constantiam, in promissis fidelitatem. Factorum est duplex, dispositiva et remunerativa; illa est, secundum quam Deus omnia in actionibus suis ex sapientia sua ad aequitatis ab illa vel praescriptae vel monstratae normam disponit. Ista est per quam Deus creaturae secundum opus ipsius ex pacto cum ipsa inito reddit quod ipsius est".

moral. A humanidade cumpriria a lei e, com base nesse cumprimento, seria justificada e receberia a recompensa que foi prometida a ela ex debito.⁵⁵⁵

No debate público XIV sobre os ofícios do Senhor Jesus Cristo, Armínio escreve que Cristo pagou a Deus o preço total para nossa salvação através de seu sacerdócio, pelo qual satisfez a justiça de Deus e se colocou entre nós e o Pai, que estava justamente irado por causa de nossos pecados.⁵⁵⁶

Isso não conflita com os méritos e a satisfação de Cristo que lhe pertencem como Sacerdote e sacrifício, dado que foi o próprio Deus que disse que ama o mundo e deu seu único Filho, o entregou à morte, reconciliou o mundo consigo em Cristo, nos salvou e perdoou nossos pecados devido à sua graça. Quanto à afeição do amor de Deus, ela deve ser considerada de duas formas: primeira, como amor por suas criaturas; segundo, como amor por justiça, que está conectado com o ódio pelo pecado. Deus deseja satisfazer os dois amores. Ele satisfez seu amor pela criatura e pelo pecador quando deu o seu Filho como o Mediador. Ele satisfez seu amor por justiça e seu ódio pelo pecado quando concedeu a Cristo o ofício de Mediador por meio do derramamento de seu sangue e de sua morte. Ele não o permitiria ser Fiador dos pecados, exceto quando aspergido com seu próprio sangue, por meio do qual poderia expiar o pecado. Novamente, ele satisfez seu amor por suas criaturas ao perdoar o pecado e ele perdoou o pecado livremente através de seu amor por suas criaturas, embora já tivesse satisfeito seu amor por justiça ao infligir a praga em seu Filho, em quem nossa paz reside. O efeito dessa praga não seria Deus amaria suas criaturas, mas — porque seu amor por justiça não mais impediria esse amor Deus, devido ao seu amor pelas criaturas, perdoaria os seus pecados e lhes daria vida eterna. A esse

---

⁵⁵⁵ PuD XII (II 198): "IV. Usus legis moralis varius est secundum varios status hominis. Primarius et à Deo per se intentus iuxta amorem ipsius erga iustitiam et creaturam suam, erat ut homo per illam vivificaretur, hoc est illam praestaret et ex eius praestatione iustificaretur, et praemio per illam promisso ex debito afficeretur".

⁵⁵⁶ PuD XIV (II 220-221).

respeito, pode-se dizer corretamente que Deus se satisfez e teve prazer no Filho de seu amor.⁵⁵⁷

A estreita relação entre a justiça e a sabedoria de Deus, a combinação do que convém a Deus e ao seu duplo amor por justiça e por suas criaturas, aparece em uma sentença nos debates privados sobre providência. Ali, Armínio define a sabedoria de Deus como a regra (*regula*) da providência segundo a qual esta atua. A sabedoria sempre revela o que Deus deveria (*deceat*) fazer conforme a equidade, fosse de acordo com sua bondade, com sua severidade, com seu amor pela justiça e pelas criaturas.⁵⁵⁸

A relevância dos excertos acima dos debates que se relacionam com o *duplo amor de Deus* não é tanto no conteúdo, pois eles não contêm quaisquer divergências importantes do que encontramos nos escritos anteriores, contemporâneos ou posteriores. De enorme importância simplesmente é o fato de que há traços do *duplo amor de Deus* mesmo nos debates. Portanto, pode-se concluir que isso se tornou profunda-

---

⁵⁵⁷ PuD XIV (II 221-222): "XVI. Neque vero merito et satisfactioni Christi, quae illi tanquam Sacerdoti, et victimae conveniunt, repugnat, quod Deus ipse dicitur mundum dilexisse et Filium suum dedisse, in mortem tradidisse, mundum sibi in Christo reconciliasse, nosque redemisse, et peccata gratis remittere. Nam duplex in Deo considerandus est amoris affectus, unus erga creaturam, alter erga iustitiam, qui habet iunctum odium adversus peccatum. Utrique site amori voluit Deus satisfacere. Amori erga creaturam et peccatricem satisfecit, quum Filium dedit, qui mediatoris partes perageret: amori verò erga iustitiam et odio adversus peccatum satisfecit, quum Filio imposuit mediatoris munus per sanguinis sui effusionem et mortem obeundum: eumque admittere noluit intercessorem pro peccatoribus nisi proprio sanguine adspersum, in quo expiatio peccatorum fieret. Rursus satisfacit amori erga creaturam quum peccata remittit, et gratis remittit, quia et amore erga creaturam remittit: quamquam imposita Filio plaga, in qua pax nostra fuit, amori suo erga iustitiam iam satisfecerat. Nam illa plaga non est effectus, ut Deus creaturam suam amaret, sed ut non obstante amore erga iustitiam, ex amore erga creaturam peccata remitteret, et vitam aeternam largiretur. Quo respectu etiam rectè dici potest, Deum sibi ipsi satisfecisse, et seipsum placasse in Filio dilectionis suae". Cf. PuD XVII (II 233); PrD XIX (II 346); XX (II 347-348).

⁵⁵⁸ PrD XXVIII (II 367): "VI. Regula providentiae secundum quam actus suos producit, est sapientia Dei, monstrans quid Deum deceat, vel secundum bonitatem, vel secundum severitatem ipsius, vel secundum amorem ipsius erga iustitiam, vel erga creaturam, semper secundum aequitatem".

mente arraigado no pensamento de Armínio e, desse modo, exerceu influência contínua e despontou implícita ou explicitamente quando a oportunidade surgiu.[559] Essa oportunidade foi a Declaração que Armínio fez diante dos Estados Gerais da Holanda em 1608.

Declaração

Conforme notado antes, o conceito do duplo amor de Deus se tornou plenamente desenvolvido e conceitualmente cristalizado como *tweederlei liefde Godes* por volta de 1608, na *Declaração de Sentimentos*. O duplo amor de Deus é agora explicitamente o "fundamento da religião", em geral, e da religião cristã, em particular.[560] Parece não haver alteração essencial no conteúdo dos primeiros escritos, mas a forma com que o conceito surge na Declaração, bem como em outros escritos posteriores, justifica a conclusão de que essa era uma noção importante no pensamento de Armínio e que ele próprio se tornou mais cônscio disso. Como evidência, apontamos particularmente para a linguagem "fundamental" que acabou de ser mencionada, a conexão que Armínio deduz entre a rejeição do fundamento da religião e da doutrina da predestinação (a qual inverte a ordem e o relacionamento dos dois amores divinos), como também as passagens extensas sobre o duplo amor de Deus em si mesmo e sobre a importância de um correto entendimento dele.[561] A exposição de Armínio do *duplo amor de Deus* na *Declaração*, portanto, merece estrita atenção.

---

[559] Cf. LOONSTRA, *Verkiezing*, 24.

[560] Em uma carta a Wtenbogaert, porém, sem data (1599), Ep.Ecc. 45 (II 749), Armínio associa a falta de eficácia da justiça de Deus com a decadência fundamental (funditus) da religião: "Nisi Deo justitiam ipsius prorsus adimamus, et misericordiae divinae administrationem liberae ipsius voluntati auferamus. Quo facto, et misericordiae seu bonitatis divinae infinitati salutis dispensatione adscripta, perit funditus religio, et omnibus in universum hominibus, imo et diabolis, vita aeterna adsignatur".

[561] *Verklaring*, 90-94 (I 634-638).

O contexto dessa exposição é a explanação de Armínio na forma de vinte argumentos quanto a porque ele rejeita a doutrina da predestinação "supralapsariana" — para usar um termo anacrônico —, em que a criação e a queda são meios para a execução do decreto absoluto de Deus. Em seu sumário de quatro "tópicos" do supralapsarianismo, a ênfase recai sobre a justiça e a relação de Deus com o pecado. Dos vinte argumentos, o penúltimo é, de longe, o mais extenso e trata o duplo amor de Deus como o fundamento da religião. Entretanto, no sétimo argumento, sobre a natureza de Deus, a justiça de Deus desponta, definida como "amor à justiça e ódio à iniquidade" e "desejo perpétuo e sábio para conceder a todos o que lhes é devido".[562] Mesmo se o termo não é explicitamente mencionado, o argumento está baseado no *duplo amor de Deus*,[563] e o conceito de Armínio de justiça também constitui o contexto para os outros argumentos, explicita ou implicitamente.

O penúltimo argumento inteiro é dedicado ao *duplo amor de Deus*. Seu conteúdo, sua extensão e sua relação com os outros argumentos permitem que se conclua com segurança que sua colocação próxima ao fim da Declaração não sugere que ele esteja subordinado aos primeiros argumentos, mas é preferencialmente onde Armínio finalmente constrói sua tese até atingir o clímax. O duplo amor de Deus, "sem o qual não há

---

[562] *Verklaring*, 77 (I 624).

[563] Verklaring, 78 (I 624): uma doutrina de predestinação absoluta entra em conflito com a justiça de Deus conforme definida por Armínio: "(1) Ela diverge da primeira dessas ideias de justiça da seguinte maneira: por afirmar que Deus quis salvar certos homens e decretou a salvação deles sem ter a mínima consideração pela justiça ou obediência. A inferência peculiar é que Deus ama esses homens muito mais do que sua própria justiça. (2) Ela se opõe à segunda ideia de sua justiça porque afirma que Deus deseja sujeitar sua criatura à miséria, (que não pode ter outra existência, exceto a da punição do pecado) embora, ao mesmo tempo, Deus não comtemple [ou considere] a criatura como pecadora e, portanto, sujeita à ira ou à punição. Esta é a maneira em que se estabelece a posição que Deus desejou conceder à criatura não apenas algo que não lhe pertence, mas que está associado com seu maior dano, que é outro ato diretamente oposto à sua justiça. De acordo, portanto, com essa doutrina, Deus, em primeiro lugar, remove de si mesmo o que é justamente seu, e então, transmite à criatura o que não merece, para sua miséria e infelicidade desmedidas".

nem pode haver alguma religião", é o fundamento da religião "considerada em geral". Com isso, Armínio indica primeiramente que ele quer analisar o sentido do duplo amor de Deus para a religião na situação de pré-queda, independentemente de Cristo. Esse amor consiste em duas coisas: 1. amor pela justiça, que também produz um ódio pelo pecado; 2. amor pela "criatura dotada de razão e (no assunto agora diante de nós) pelo homem". Armínio aqui se refere a Hebreus 11.6: "Aquele que se aproxima de Deus creia que ele existe e que ele é galardoador daqueles que o buscam". Deus, portanto, revela seu amor pela justiça ao não desejar conceder vida eterna exceto àqueles que o buscam. Seu amor pela humanidade é dar-lhe vida eterna, se ela o buscar.[564]

A seção a seguir contém uma passagem extremamente importante sobre a relação mútua desses dois amores de Deus. Armínio escreve:

> Uma relação mútua subsiste entre esses dois tipos de amor, a saber: a segunda espécie de amor, a qual se estende às criaturas, não pode existir a menos que a primeira espécie [o amor pela justiça] lhe permita. O primeiro amor é, portanto, de longe, a espécie mais excelente; mas, em todas as direções, há muitas oportunidades para o segundo amor [pela criatura] emanar — exceto quando seu exercício for impedido pelo primeiro [o amor pela justiça]. A primeira consequência fica mais evidentemente provada a partir da circunstância da condenação do homem por parte de Deus devido ao pecado, embora Deus o ame por ele ser uma criatura sua. Tal condenação não aconteceria se Deus amasse mais o homem do que a justiça, e se manifestasse maior aversão à eterna miséria humana do que à sua desobediência. A segunda consequência se prova por este argumento: Deus não condena ninguém, exceto por causa do pecado, e Ele salvaria uma multidão de homens que se afastassem [ou se

---

[564] *Verklaring*, 90 (I 634).

convertessem] do pecado — o que Ele não poderia fazer a menos que sua vontade permitisse tamanha oportunidade ao seu amor pelas criaturas, como está permitido pela justiça sob a regulamentação do julgamento divino.[565]

De acordo com Armínio, é exatamente essa relação que se reverte na doutrina da predestinação absoluta. Essa reversão ocorre de duas maneiras:

1. Quando se declara que Deus deseja salvar alguns "absolutamente" sem considerar a obediência deles em sua decisão de salvar, o amor de Deus pela humanidade é situado antes de seu amor pela justiça. Nesse caso, Deus ama a pessoa mais do que a justiça;
2. Quando se afirma que Deus quer condenar alguns "absolutamente" sem considerar a desobediência deles em seu decreto, remove-se de seu amor pelas criaturas o que corretamente lhe pertence e Deus, então, odeia suas criaturas sem que isso seja realmente necessário para seu amor pela justiça e seu ódio pelo pecado. Não é mais verdade que o pecado é a única e merecida causa do ódio de Deus.[566]

Armínio continua a observar que a extensão em que isso atua para erradicar o próprio fundamento da religião pode prontamente ser demonstrada. O fim da religião, que é prático (cf. 2.2.2.), consiste na adoração a Deus. Por essa razão, a parábola a que Armínio se refere para ilustrar que a inversão da ordem do amor de Deus subverte o fundamento da religião diz respeito precisamente ao que estimula a fervorosa adoração a Deus em obediência aos seus mandamentos:

---

[565] *Verklaring*, 90 (I 634-635).
[566] *Verklaring*, 90-91 (I 635).

> Suponha que um filho diga: "Meu pai é um magnífico amante da justiça e da equidade que, embora eu seja seu filho amado, ele me deserdaria se eu lhe fosse desobediente. Obediência, portanto, é um dever que devo aplicadamente cultivar, e o qual sou altamente responsável em cumprir, se desejo ser seu herdeiro". Suponha que outro filho diga: "O amor de meu pai por mim é tão grande que ele está absolutamente decidido a tornar-me seu herdeiro. Não há, portanto, necessidade de sinceramente me esforçar para ser-lhe obediente, pois, de acordo com sua vontade imutável, me tornarei seu herdeiro. Não Ele, por uma força irresistível, me fará obedecer-lhe, ao invés de sofrer por eu não me tornar seu herdeiro".[567]

Armínio prossegue para aplicar o princípio do duplo amor de Deus à religião cristã, que está fundamentada no primeiro:

> Contudo, esse amor [duplo] deve ser considerado de uma maneira relativamente distinta em consequência da mudança na condição do homem, o qual, quando foi criado à imagem de Deus e segundo seu favor, tornou-se por sua própria falta um pecador e inimigo de Deus. O amor de Deus por justiça, sobre o qual se baseia a religião cristã, é, primeiro, a justiça que Ele já declarou uma vez estar em Cristo; porque foi sua vontade que o pecado não fosse expiado de nenhuma outra forma senão pelo sangue e pela morte de seu Filho, e que Cristo não deveria ser admitido diante dele como Advogado e Intercessor exceto quando aspergido por seu próprio sangue. Mas esse amor à justiça é, em segundo lugar, o que Ele manifesta diariamente na pregação do evangelho, no qual declara ser sua vontade conferir a união com Cristo e

---

[567] *Verklaring*, 91 (I 635-636).

seus benefícios a ninguém exceto àquele que se converte e crê em Cristo.⁵⁶⁸

A mudança da forma em que o amor de Deus por justiça manifestou-se na teologia *legal* é, que na teologia evangélica, Cristo é central, sendo aquele que expiou o pecado através de sua morte para satisfazer a justiça de Deus. Os pecadores são beneficiados dessa justiça e compartilham da justiça adquirida por Cristo através da fé em Cristo. A comunhão com Cristo é estabelecida pela fé nele, e sua justiça é imputada àqueles que creem. Quanto às mudanças, na teologia *evangélica*, da forma do amor de Deus pela humanidade, agora considerada como pecadores, é revelada:

> O amor de Deus pelos pecadores miseráveis, sobre o qual a religião cristã está baseada, é, primeiro, o amor segundo o qual ele concedeu seu Filho e o constituiu Salvador daqueles que lhe obedecem. Mas o amor pelos pecadores é, em segundo lugar, aquele pelo qual requere obediência, não de acordo com o rigor e a severidade que lhe cabem por direito supremo, mas conforme sua graça e clemência e com a adição de uma promessa de remissão dos pecados, desde que o homem caído se arrependa.⁵⁶⁹

O amor de Deus pela humanidade é assim revelado ao lhes dar de Cristo, de modo que podem compartilhar da salvação por meio da obediência consistindo na fé e no arrependimento. O caráter gracioso da teologia evangélica se manifesta ainda mais na maneira com que Deus exige a obediência de fé e o arrependimento; não como no primeiro

---

⁵⁶⁸ *Verklaring*, 91-92 (I 636).
⁵⁶⁹ *Verklaring*, 92 (I 636).

pacto, conforme as exigências estritas da obediência perfeita ao direito de Deus, mas no modo da graça, isto é, em Cristo.

Além disso, Armínio está convencido de que o conceito supralapsariano da predestinação conflita com o fundamento da religião cristã de duas maneiras. Primeiro, no caso da eleição, quando ela inverte a ordem do amor de Deus e subordina o amor de Deus por justiça ao seu amor pela humanidade. Segundo, no caso da reprovação, não apenas a ordem é invertida, como faz até mesmo Deus agir injustamente:

> Primeiramente, ao declarar "que Deus tem um grande amor por certos pecadores, que era absolutamente sua vontade salvá-los, antes que, por meio de Jesus Cristo, seu amor por justiça fosse satisfeito, e que ele, portanto, queria a salvação deles mesmo em sua presciência e de acordo com seu propósito determinado". Ademais, isso subverte-se totalmente esse fundamento ao ensinar que "Deus tem prazer que a sua justiça seja satisfeita porque ele quis absolutamente salvar essas pessoas". O que não é nada menos do que tornar seu amor por justiça, manifesto em Cristo, subordinado ao seu amor pelo pecador, que é absolutamente sua vontade salvar.
>
> Segundo, isso se opõe a esse fundamento por ensinar "que é a vontade absoluta de Deus condenar certos pecadores sem qualquer consideração pela impenitência deles"; quando, ao mesmo tempo, uma satisfação absolutamente plenária e completa foi concedida, em Cristo Jesus, ao amor de Deus à justiça e ao seu ódio ao pecado. De modo que nada agora pode impedir a possibilidade de estender sua misericórdia ao pecador, seja quem ele for, a não ser a condição de arrependimento; a menos que alguém escolha afirmar o que é declarado nesta doutrina, "que foi vontade de Deus agir com a maior parte da humanidade

com a mesma severidade com que agiu com o diabo e seus anjos, ou talvez até maior".[570]

Armínio também deseja analisar mais estritamente a passagem de Hebreus 11, citada anteriormente, para ilustrar como o duplo amor de Deus é o fundamento de toda religião, bem como "a relação mútua que subsiste entre os dois, como já os descrevemos". Em Hebreus 11.6

> dois fatos são estabelecidos como fundamentos para a religião, em oposição a dois dardos inflamados de Satanás, que são as pestes mais perniciosas contra a religião, capazes de arruiná-la e extirpá-la. Um é a negligência [*securitas*], o outro é o desespero [*desperatio*]. A negligência atua quando um homem se convence de que, por mais descuidado que seja com a adoração a Deus, não será condenado, mas obterá a salvação. O desespero está em ação quando uma pessoa se convence de que a despeito de qual for o nível de reverência que demonstre a Deus, ela não receberá retribuição. Seja qual for a mente humana em que essas pestes, é impossível haver ali qualquer verdade e adoração corretas. Ora, ambas são destruídas pelas palavras do apóstolo: "Pois se um homem crê firmemente" que Deus concederá vida eterna àqueles que o buscam, e infligirá ao restante a morte eterna", ele não pode, por qualquer razão tolerar a negligência. E se ele também crê que "Deus é verdadeiramente o galardoador daqueles que diligentemente o buscam", ao aplicar-se à busca, não correrá o perigo de cair no desespero.[571]

---

[570] *Verklaring*, 92-93 (I 636-637).
[571] *Verklaring*, 93 (I 637-638).

Como Armínio verifica, tanto a negligência quanto o desespero arruínam a religião de forma perigosa. Ambas são grandemente promovidas pelo conceito supralapsariano de predestinação, pois não apenas os dois amores de Deus não atuam de forma apropriada (ou se de alguma forma), como a relação deles é destruída. No fim de sua exposição, Armínio sumariza e enfatiza uma vez mais a importância fundamental do *duplo amor de Deus* para a religião. Parece também que o conceito de Armínio sobre a segurança da fé (veja 4.4.) surge "automaticamente" quando a negligência e o desespero são removidos. Através de um entendimento adequado do duplo amor de Deus, a negligência e o desespero desaparecem, de modo que a segurança da fé começa a atuar da forma apropriada:

> O fundamento do primeiro tipo de fé, pela qual o homem firmemente crê "que Deus concederá vida eterna a ninguém, exceto àqueles que o buscam", é o amor que Deus nutre por sua própria justiça, maior do que o amor que nutre pelo homem. E apenas por esse amor toda causa de negligência é removida. Mas o fundamento do tipo de fé, de "que Deus, sem dúvida, é galardoador daqueles que diligentemente o buscam", é o grande amor pelo homem, que não pode nem poderá impedir Deus de salvá-lo, a não ser que seja impedido pelo amor maior à justiça. No entanto, o segundo tipo de amor está tão longe de atuar como empecilho para Deus se tornar galardoador daqueles que diligentemente o buscam, que, ao contrário, ele promove de toda maneira possível a dotação dessa recompensa. As pessoas que portanto, buscam a Deus, não podem, de maneira alguma, tolerar uma única dúvida quanto à sua prontidão em retribuir. Isso previne contra o desespero e a desconfiança. Visto que esse é o estado real, esse duplo amor, e a relação que cada parte dele tem com a outra, a qual acabamos de desvendar, são o fundamento da religião, sem o qual nenhuma religião pode existir. Portanto, a doutrina que está em declarada

hostilidade contra esse amor mútuo e a relação que mutuamente subsiste entre eles é, ao mesmo tempo, subversiva ao fundamento de toda religião.[572]

Armínio também se refere ao seu próprio conceito de predestinação, os quatro decretos (veja 3.3.5.), como o "fundamento da religião cristã; porquanto nele o duplo amor de Deus pode ser unido, isto é, o amor de Deus à justiça e seu amor pelos homens podem, com extrema consistência, serem conciliados". Além disso, ele restringe o desespero ao nível necessário.[573] De acordo com isso, é claro que o próprio Armínio estava ciente da conexão entre seu conceito de predestinação e o conceito do *duplo amor de Deus*. Seu conceito de predestinação foi concebido de modo que o duplo amor de Deus pudesse ter plena expressão e ser completamente adaptado. É evidente que o desespero e a negligência, que resultam de um conceito incorreto da predestinação e do duplo amor de Deus, ficam fora de perspectiva quando o amor está propriamente formulado.

Anteriormente, vimos como no contexto da teologia *evangélica*, o amor primário de Deus por justiça resulta em uma função fundamental para Cristo com respeito à graça de Deus no evangelho (veja 3.3.).

Conferência de agosto de 1609

Um registro da última "conferência amistosa" entre Armínio e Gomarus, ocorrida em agosto de 1609 a pedido dos Estados, mas encerrada devido à enfermidade de Armínio, em função da qual ele, pouco tempo depois, morreria, foi preservado em uma carta de Festus Hommius a Sibrandus

---

[572] *Verklaring*, 93-94 (I 638).
[573] *Verklaring*, 110 (I 655).

Lubbertus. As notas de Hommius revelam que Armínio ampliou sua análise sobre o duplo amor de Deus, e que o fez extensamente.

Armínio explicou porque rejeitou a predestinação como o destino de certos indivíduos para o próprio fim sobrenatural deles (*esse destinationem certarum singularium personarum ad suos fines supernaturales*):

I. Porque ela destrói a religião cristã, cujo fundamento é o duplo amor de Deus: 1. o amor à justiça; 2. o amor ao homem. Ambos são destruídos pela doutrina da predestinação.

II. Porque ela destrói a religião cristã, cujo fundamento é o mesmo duplo amor. O amor à justiça requer que Deus não salve ninguém, exceto o crente, e não condene ninguém, exceto o incrédulo. O amor ao homem requer que Ele não condene uma pessoa, a menos que seja pecadora. A predestinação subverte ambos.[574]

Igualmente, sobre a graça irresistível, Armínio, de acordo com o relato de Hommius, disse que ela "conflita com o duplo amor de Deus à 1. justiça e 2. à humanidade" (*pugnat cum duplici illo DEI amore. 1. Justitiae. 2. Hominis*). Essas duas citações demonstram que o duplo amor de Deus continuou a ser um argumento importante de Armínio contra o conceito supralapsariano de predestinação, até o final de sua vida.

Deve ser notado ainda que Armínio considerou que suas objeções contra o "supralapsarianismo" também se aplicam a outros dois conceitos sobre a predestinação, incluindo o "infralapsarianismo" o qual ele sumariza. Esses dois conceitos buscam evitar que a criação e a queda se tornem "as causas indiretas preordenadas por Deus para a execução

---

[574] "I. Quia evertit Religionem Christianam cujus fundamentum omnis Religionis est duplex Amor DEI. 1. Amor justitiae. 2. Amor Hominis. Uterque evertitur doctrina de Praedestinatione. II. Quia evertit Religionem Christianam cujus fundamentum idem duplex amor est. Amor justitiae exigit ut DEVS neminem salvet nisi fidelem, neminem damnet, nisi infidelem. Amor hominis ut hominem non damnet nisi peccatorem. Utrumque evertit Praedest". Esta carta foi encontrada *in* WIJMINGA, Festus Hommius, Appendix G.

do decreto precedente de predestinação". O segundo conceito situa a eleição e a primeira parte da reprovação (isto é, a preterição) antes da queda, enquanto no terceiro conceito a eleição e a reprovação completos acontecem depois da queda. Armínio afirma, contudo, que um exame cuidadoso levará a concluir que "a queda de Adão não pode, de acordo com [os dois últimos] conceitos, ser considerada de outra forma que não como meio necessário para a execução do decreto prévio de predestinação".[575] E mesmo se se não pudesse concluir a necessidade da queda deles, "ainda assim, todos os argumentos precedentes que foram formulados contra a primeira opinião [isto é, o supralapsarianismo], seriam, depois de uma modificação insignificante para se ajustar a vários propósitos, igualmente válidos contra as duas últimas".[576]

4.2. A relação entre as duas declarações fundamentais de Armínio

Armínio não definiu apenas o duplo amor de Deus como o fundamento da religião cristã. Muitas vezes ele se refere ao seu próprio conceito de predestinação como o "fundamento do cristianismo e da salvação e sua certeza (isto é, a segurança da salvação)".[577] Essa é uma das razões que levou Stanglin à conclusão central de que a "busca de Armínio por verdadeira segurança de salvação emerge como um fator decisivo em sua famosa dissidência da teologia reformada".[578] Em minha opinião, essa conclusão não é justificada, por motivos que esboçarei em 4.4. Entretanto, antes disso será necessário examinar a relação entre as duas declarações fundamentais. Um estudo cuidadoso revelará que ambas realmente

---

[575] *Verklaring*, 101 (I 648).
[576] *Verklaring*, 103 (I 653).
[577] A31A 139 (I 748); *Verklaring*, 106 (I 654), cf. 69 (I 617); HaC 943 (II 699); AN 957 (II 719).
[578] Veja a descrição do livro em: www.brill.com (1 dez. 2009).

formam uma unidade complexa, porém, coerente, e que não devem ser consideradas declarações paralelas ou contraditórias.

A predestinação é 1. o fundamento do cristianismo; 2. o fundamento da salvação; e 3. o fundamento da segurança. O "cristianismo" é idêntico à "religião cristã". Se combinarmos esses dados com as expressões relacionadas ao *duplo amor de Deus*, chegamos ao seguinte: o fundamento da religião cristã é o *duplo amor de Deus*. O amor de Deus por justiça é o fundamento para a convicção de que Deus salva *apenas aqueles que* o buscam e, portanto, é o fundamento da salvação (e, ao mesmo tempo, um meio para impedir a negligência, *securitas*). O amor de Deus pela humanidade é o fundamento para a convicção de que Deus seguramente salva aqueles que o buscam e, assim, é também o fundamento da segurança da salvação (e, ao mesmo tempo, um meio para prevenir o desespero, *desperatio*).

A comparação anterior demonstra que essas duas declarações fundamentais distintas têm o mesmo conteúdo e formam um todo mais ou menos consistente e coerente. Em 4.1. pudemos chegar à mesma conclusão das declarações na própria *Declaração* de Armínio concernente à relação entre o duplo amor de Deus, predestinação e a segurança da fé.[579] O amor de Deus por justiça é, assim, o fundamento primário do cristianismo e da salvação, enquanto o amor de Deus pela humanidade é o fundamento — subordinado ao amor de Deus por justiça— secundário do cristianismo, da salvação e da segurança da salvação. A relação do amor de Deus por justiça quanto à segurança da salvação é: uma vez que o amor de Deus por justiça é primário e precede ao amor de Deus pelo homem, a segurança da salvação não pode se tornar *securitas* ou negligência.

A relação entre o duplo amor de Deus e a predestinação está em o primeiro ser o conceito mais amplo sobre o qual o segundo é baseado. Uma compreensão correta da predestinação, em termos de conteúdo, está totalmente de acordo com o *duplo amor de Deus*. Finalmente, como foi ilustrado acima (3.3.5.), a predestinação, o pacto e o evangelho são

---

[579] Verklaring, 110 (I 655-656).

conceitos com considerável semelhança na teologia de Armínio, às vezes, até usados como sinônimos e, ademais, todos estão incluídos no âmbito do duplo amor de Deus. Em termos de conteúdo, o duplo amor de Deus é o mais completo e, por essa razão, determina a forma com que conceitos mais gerais ou específicos devem ser compreendidos.

4.3. Salvação

Para Armínio, uma doutrina incondicional de predestinação é danosa à salvação humana. Ela impede o verdadeiro lamento pelo pecado, visto que a consciência não é por ele afetada; o pecado teria sido cometido de acordo com uma necessidade inevitável resultante do decreto de Deus. Ela remove a segurança, pois a pessoa seria um morto diante da graça, incapaz de senti-la ou ouvi-la, incapaz de concordar com ela e de lhe ser obediente (e, assim, ser convertido etc., devido a uma necessidade inevitável). O zelo por fazer o bem também seria obstruído, até mesmo o zelo por oração e uma vida em correto temor e tremor. A predestinação também leva ao desespero quando se trata de fazer o que deve ser feito e obter o que se deseja.[580]

4.4. Segurança da fé

A segurança da fé, ou salvação, está intimamente relacionada a, e resulta de elementos diferentes dentro da soteriologia. Na tradição reformada, a doutrina da predestinação (e perseverança) formou um dos pilares da segurança da fé.

Na exposição que Armínio fez de Romanos 9, encontramos expressões claras da segurança da fé. Seu conceito não sofreu alteração depois disso. A firmeza (*firmitas*) da salvação surge da decisão divina (*propositum*) de salvar os que creem em Cristo e, dessa forma, buscam

---

[580] *Verklaring*, 86-87 (I 631-632).

justificação e salvação. Ao mesmo tempo, (*simul*), segurança (*certitudo*) é engendrada em uma pessoa de acordo com a seguinte conclusão: "Eu creio em Cristo, portanto (*ergo*), sou salvo ou eleito". Essa proposição encontra sua prova (*firmamentum*) no fato de que Deus decidiu, desde a eternidade, salvar os que creem em Cristo.[581] Como será demonstrado com maior detalhe abaixo, a decisão de Deus deve ser compreendida como similar à predestinação, ao evangelho e ao duplo amor de Deus.

Para Armínio, a segurança da fé está profundamente ancorada no decreto eterno de Deus. Um crente recebe a segurança concreta se ele tem conhecimento desse decreto. Como crente em Cristo, pode, então, concluir que sua salvação é, desse modo, garantida. Armínio poderia, portanto, sustentar que a predestinação é o fundamento da segurança de fé, assim como seus colegas. Contudo, a diferença fundamental reside nisso, que Armínio tinha um conceito diferente sobre a predestinação. Para ele, a predestinação não consiste na eleição ou reprovação de certas pessoas, mas preferivelmente de pessoas que creem ou não creem.

Por essa razão, a segurança da fé não é um dever ou demanda de Deus, mas uma consequência da promessa divina de que Ele seguramente salvará os que creem. A menos que se duvide da vontade de Deus para os crentes, é impossível que a pessoa creia, saiba que crê e duvide de sua salvação.[582] A segurança, portanto, não diz respeito à essência ou demanda da fé, mas é fruto necessário de uma fé que opera propriamente.

A doutrina da eleição deve ser ensinada com moderação na igreja ao que têm uma fé frágil, sem fazê-los tropeçar. Armínio sabe, por experiência (*haec scribo expertus*), que os que são frágeis na fé começam a duvidar assim que ouvem que não podem ter certeza da própria eleição, a menos que creiam no que foram ensinados quanto à eleição e rejeitem

---

[581] AR9 786 (III 497): "Hoc proposito nititur salutis nostrae firmitas ut apparet, et simul in nobis eius certitudo. Hoc enim Enthymemate illam concludimus, Ego sum fidelis, vel ego credo in Christum; ergo ero salvus, vel ergo sum electus. Cuius firmamentum est in hac propositione: Quotquot credunt in Christum, illos statuit Deus ab aeterno immutabiliter salvare; quibus verbis propositi istius summa continetur".

[582] RQ9 186 (II 67); cf. AN 960 (II 723).

tudo mais. A segurança que sinto procede do testemunho do Espírito ou de certa persuasão ou pressuposição?⁵⁸³

No *pacto* que Deus estabeleceu com o Filho, Ele uniu os dois ofícios superiores em Cristo, o que é a prova mais formidável de que a *justiça* e a misericórdia atuam juntas para a salvação humana. Isso também leva à mais magnífica segurança da salvação, adquirida por seu sacerdócio régio. Através de seu sacerdócio, Cristo adquiriu a salvação; através de seu sacerdócio, foi coroado rei e, desse modo, recebeu do Pai o direito de realizar a salvação.⁵⁸⁴ Nessa unidade de sacerdócio e realeza, a igreja, composta de crentes, está unida com o próprio Deus de maneira absolutamente íntima e inseparável.⁵⁸⁵ É evidente aqui que a (satisfação da) justiça de Deus e, portanto, o sacerdócio de Cristo são de importância fundamental para a segurança da fé.

Em sua Declaração, Armínio escreve que, através da "ação do Espírito Santo" (*drijvinghe des heylighen Gheestes*) e dos frutos da fé, e através da própria consciência e "do testemunho do Espírito de Deus" (*mede ghetuygenisse des H. Geestes*), pode-se receber a segurança. Mas porque Deus é maior do que nosso coração, e porque é Ele que nos julga, "eu não ouso situar essa segurança em igualdade com aquilo pelo qual sabemos que há um Deus e que Cristo é o Salvador do mundo".⁵⁸⁶

Nesse aspecto, precisamos lidar extensamente com a conclusão central de Stanglin, de que a doutrina da segurança foi determinante para a formação da teologia de Armínio e o impulso por detrás de suas polêmicas contra certos aspectos da teologia reformada de seu tempo.⁵⁸⁷

---

⁵⁸³ EP 680 (III 338).

⁵⁸⁴ OR 19-20 (I 422-423).

⁵⁸⁵ OR 20 (I 422): "Quid de hac coniunctione censebimus, in qua totius Ecclesiae fidelium et Dei ipsius lucem inaccessam habitantis unio unitissima et nunquam separanda consistit!"

⁵⁸⁶ *Verklaring*, 115-116 (I 670-671). See also ETG 149 (III 650): "Euangelium docet fideles et resipiscentes ad vitam aeternam electos esse: (hoc est definitio electionis:) at vero ego sum fidelis et vere resipiscens; sic enim testatur mihi conscientia mea, et Spiritus sanctus simul testatur cum corde meo: Ergo ego sum electus ad vitam aeternam".

⁵⁸⁷ STANGLIN, *Assurance*.

Aqui, as conclusões de Stanglin diferem consideravelmente das nossas. Stanglin usa expressões enfáticas para caracterizar a importância da segurança na teologia de Armínio e no contexto dos debates em Leiden, tais quais "um dos grandes fatores motivadores", "importância central", "fator decisivo", "fundamento relevante e força direcional", "ponto de partida", "critério fundamental para a ortodoxia de um sistema predestinista", "condição por excelência", "função prioritária para a segurança", "uma das críticas basilares de Armínio", "tema recorrente em muitas de suas obras", "fator impelidor". Em síntese, "em um sentido, a segurança é o ímpeto e a condição *sine qua non* do debate, a raiz da controvérsia. O sistema de Armínio foi chamado de teologia da criação; talvez ela possa ser chamada de teologia da segurança".[588]

Devemos avaliar se as conclusões de Stanglin são justificadas. Para esse propósito, várias ambiguidades no estudo de Stanglin serão primeiramente ressaltadas, seguidas por uma análise de sua tese.

A primeira ambiguidade concerne à ênfase que Stanglin confere ao significado determinante dos debates acadêmicos. No subtópico 1.1., já argumentei extensamente que não concordo com Stanglin sobre a autoria dos debates. No entanto, outro problema é a própria afirmação de Stanglin de que sua pesquisa depende consideravelmente dos debates acadêmicos,[589] que os debates públicos são uma "fonte essencial para o conhecimento dos debates", um "componente necessário para conhecer a história completa da controvérsia arminiana". Os 35 debates previamente não publicados que Stangling descobriu são outra parte importante de sua ênfase quanto aos debates e à originalidade de sua pesquisa. Sem esses debates desconhecidos, uma visão geral da teologia arminiana fica "incompleta e, talvez, até insuficiente. Sem os debates, podemos, na melhor hipótese, apenas sustentar uma confiança cautelosa em nossa interpretação de Armínio".[590] É extraordinário,

---

[588] STANGLIN, *Assurance*, xiii.10.91-93.113-114.145.149.173.193.243-244.

[589] STANGLIN, *Assurance*, xiii.

[590] STANGLIN, *Assurance*, 45, cf. 76.

entretanto, que no estudo de Stanglin nem os debates publicados nem os não publicados lancem nova luz sobre Armínio. Uma comparação dos debates de Armínio com os de seus colegas em Leiden demonstra, pelo contrário, significativa concordância na maioria dos casos, o que é, claro, uma observação relevante. Contudo, quando se trata de ilustrar como os conceitos de Armínio sobre a segurança da fé divergem, os debates raramente são usados. Na seção sobre o *"Fundamento A Priori"* da segurança, em que as principais diferenças entre Armínio e seus colegas são notadas, encontramos somente uma referência a um debate. Trata-se do 15º debate público sempre citado, do qual Stanglin também extraiu a citação das páginas preliminares de seu livro.[591] Um debate não publicado *Da Justificação,* de 1603, é sempre citado notavelmente, em especial para ilustrar pontos de acordo entre Armínio e seus colegas. No entanto, é precisamente devido a esse debate que há dúvidas concernentes à autoria, um fato que o próprio Stanglin apontou extensivamente.[592]

À parte dessa discrepância entre a insistência sobre o grande significado dos debates, por um lado, e, por outro, a falta de importância que esses mesmos debates parecem ter para estabelecer a principal conclusão de Stanglin, outra ambiguidade precisa ser ressaltada: a discrepância que existe entre a forte ênfase nas citações sobre o significado da segurança da fé como impulso e ponto de partida para a teologia de Armínio, bem como as polêmicas com seus colegas, e o fraco apoio de uma porção muito limitada de fontes quando Stanglin explica o conceito de Armínio referente à segurança da fé. À parte do 15º debate público acima mencionado, a Declaração constitui-se a fonte mais importante, juntamente com passagens das duas cartas.[593] Citações extensas são também extraídas do prefácio à Opera assinado pelos filhos de Armí-

---

[591] STANGLIN, *Assurance,* 180.
[592] STANGLIN, *Assurance,* 54-56. Cf. 105-110.212.
[593] Essas são as duas cartas a Wtenbogaert: 1 out. 1602, Ep.Ecc. 56, e 31 dez. 1605. Ep.Ecc. 81.

nio, embora muito provavelmente composto por Wtenbogaert.[594] Isso significa que o argumento mais eficaz procede da *Declaração* de 1608, um trabalho tardio que é de um gênero diferente da maioria dos outros trabalhos de Armínio, originalmente designado para uma audiência composta de magistrados. Precisamente para essa audiência pode-se esperar que a ênfase recaia sobre um tema prático, como a segurança da fé e a prevenção da negligência e do desespero, que funcionaria, nesse contexto, como um argumento eficiente e persuasivo e seria expresso nesses termos também.

Stanglin teve êxito em demonstrar que Armínio estava preocupado com a segurança da fé e com os perigos que residem em cada extremo (*securitas* e *desperatio*).[595] Contudo, essas duas situações não representam tanto um perigo para a *certeza*, o aspecto epistemológico da salvação quanto para a salvação (isto é, ontologicamente) e a santificação, inseparavelmente ligada a ela. A preocupação fundamental de Armínio era a base ontológica para a segurança. Foi precisamente sobre esse ponto que ele e seus colegas divergiram, como Stangling de fato ilustrou.

À parte dos temas relacionados às fontes, outros argumentos podem ser mencionados para demonstrar que a segurança da salvação não foi o fator motivador da teologia de Armínio. Não se pode sustentar que Armínio não teria dificuldades com a doutrina ontológica da salvação de seu colega se o aspecto epistemológico, em sua opinião, não conduzisse à *segurança* e ao *desespero*. Isso toca na terceira ambiguidade no estudo de Stanglin, no qual, em diversas ocasiões, ele considera o problema do mal como um elemento formador da teologia de Armínio: "A frequência com que Armínio insistiu nesse ponto indica o quanto ele era central para sua polêmica, e que a resolução do problema do mal foi um fator formador em sua doutrina da predestinação".[596] Em um ponto,

---

[594] STANGLIN, *Assurance*, 175-176.

[595] Para a última parte, veja especialmente STANGLIN, *Assurance*, 150.175.177.179.181 .187.189.191.

[596] STANGLIN, *Assurance*, 88. Cf. 78.87.92.113-114.243.

Stanglin identifica o problema do mal como o primeiro "dos dois fatores primários propulsores". "A motivação para resolver o problema do mal impulsionou Armínio a conciliar a graça e a onisciência de Deus com a liberdade humana (por Molina), o que afetou as doutrinas da criação, predestinação, salvação e de Deus".[597] Relacionado a isso, Stanglin, por um lado, argumenta que o conceito de Armínio sobre a segurança da fé foi formador e determinante para a forma de sua doutrina da predestinação,[598] embora ele, por outro lado, presuma que "a predestinação condicional de Armínio surge da necessidade de conciliar a graça divina com a vontade humana e de resolver o problema do mal que detectou no supralapsarianismo".[599] Em contexto algum, Stanglin conecta esses dois fatores (isto é, o problema do mal e a segurança) de forma que ilustre porque esses dois elementos simultaneamente motivaram Armínio a conceber a predestinação como fez.

A omissão dessa tentativa de unir dois temas absolutamente importantes também se torna patente quando Stanglin aponta para o duplo amor de Deus como prova de sua tese de que a segurança da fé está na essência do tema. Em contexto algum, Stanglin explica que o amor primário de Deus por justiça significa no duplo amor de Deus, qual é o contexto de seu pensamento e como essa justiça se relaciona à segurança da fé.[600]

Stanglin deduz uma distinção entre as três declarações *fundamentais* de Armínio. A primeira é o duplo amor de Deus, que consiste no amor de Deus por justiça e o amor de Deus pelos pecadores miseráveis (*miseros peccatores*). Os dois *fundamentos* restantes — Cristo, como *fundamento da eleição*, e os quatro decretos da predestinação de Armínio, como *fundamento do cristianismo, da salvação e da certeza da salvação*, de acordo com Stanglin — referem-se apenas ao amor secundário de Deus

---

[597] STANGLIN, *Assurance*, 113.
[598] STANGLIN, *Assurance*, 10.91-93.186.244.
[599] STANGLIN, *Assurance*, 92.
[600] Cf. e.g. STANGLIN, *Assurance*, 89-91.219.221.229.230.

pelos pecadores. Na exposição de Stanglin, portanto, o *amor primário de Deus pela justiça* tem uma função bastante isolada, sem qualquer conexão com os outros dois fundamentos, que estão estritamente relacionados à vontade antecedente ou consequente de Deus, à fé e a Cristo.

O amor primário de Deus por justiça, contudo, está integralmente relacionado à segurança da fé como Armínio o compreendeu e não pode ser separada dele. Um aspecto da exposição de Stanglin sobre o amor secundário de Deus no *duplo amor de Deus* é problemático e resulta em um conceito distorcido.

Conforme foi esboçado acima, o conceito de Armínio sobre a segurança da salvação pode ser encontrado já nos escritos anteriores à sua nomeação em Leiden. Entretanto, Stanglin geralmente ignora isso. Além disso, é claro que Armínio tratou profundamente de questões relacionadas à predestinação de 1590 em diante. A ênfase de Stanglin sobre o significado do contexto acadêmico para as polêmicas que envolvem Armínio, e sua afirmação de que Armínio foi movido a contestar todas as formas de uma doutrina absoluta da predestinação, especialmente por causa de seus colegas supralapsarianos de Leiden, não podem ser conciliadas com estes dados:

> Durante longo tempo, historiadores e teólogos definiram o ponto de partida da predestinação condicional de Armínio como uma reação ao supralapsarianismo de Beza. Já argumentei que o culpado pode muito bem ser o supralapsarianismo, mas seria mais provável o supralapsarianismo de Leiden, não de Genebra. Em outras palavras, é a presença do supralapsarianismo em torno de Armínio em Leiden, não apenas em Genebra ou Cambridge, que continua a impulsionar a intensidade de sua polêmica contra todas as formas de predestinação incondicional.[601]

---

[601] STANGLIN, *Assurance*, 92; cf. 33-34.

É óbvio que a posição de Armínio como professor de teologia foi de grande significado para a direção do conflito. O supralapsarianismo de seus colegas certamente não se deu sem influência. No entanto, isso não se ajusta com o que se sabe sobre os conceitos de Armínio anteriores a 1603, seu tempo de estudo em Genebra, sua exposição da carta de Paulo aos Romanos, sua correspondência com Junius e sua réplica a Perkins e, além disso, com a visão eclesiológica e teológica ampla de Armínio, para se atribuir tanta influência ao contexto específico de Leiden nos anos 1603-1609. Porém, a descrição de Stanglin do considerável consenso entre os teólogos de Leiden, em muitos aspectos, é muito útil para uma contextualização correta do pensamento de Armínio.[602]

Precisamente porque a questão que motiva a pesquisa de Stanglin é tão próxima da nossa, embora nos condua a uma conclusão diferente, foi necessário considerar seus argumentos e provas em detalhe. As questões que levantei justificam a conclusão de que os elementos valiosos no estudo de Stanglin ainda não nos permitem adotar sua principal tese, que precisa de ajustes relevantes.

Armínio se refere ao decreto de Deus para justificar crentes e excluir incrédulos da justificação e salvação (isto é, a eleição dos crentes) como o "fundamento do cristianismo, da salvação e sua certeza [isto é, a segurança da salvação]".[603] É muito provável que essa frase não tenha sido cunhada por Armínio. Notamos que, na Declaração, depois de explicar o conceito de seus oponentes, Armínio continua desta forma: "Essas opiniões concernentes à predestinação são consideradas, por alguns[604] daqueles que as defendem, como o fundamento do cristianismo, da sal-

---

[602] Veja, por exemplo, a discussão sobre a segurança da fé, STANGLIN, *Assurance*, 198.202- 204.235.

[603] "Fundamento do cristianismo, da salvação e da certeza da salvação"; A31A 139 (I 748); *Verklaring*, 106 (I 654), cf. 69 (I 617); HaC 943 (II 699); AN 957 (II 719); PrD XL (II 393); ETG 34- 35.150 (III 554.651).

[604] Alguns consideram que o conhecimento dessa predestinação não é "o fundamento do cristianismo ou da salvação, ou que é necessário para a salvação da mesma maneira que a doutrina do evangelho". *Verklaring*, 71-72 (I 619).

vação e de sua certeza". Armínio, similarmente, escolhe palavras com as quais parece indicar que essa frase não é sua em seu *Exame das Teses de Gomarus*, onde ele esboça um conceito de predestinação "que afirma-se ser o fundamento do cristianismo, de nossa salvação e de nossa certeza a respeito da salvação".[605] A suspeita de que Armínio adota uma frase existente[606] e se apropria dela para sua teologia é confirmada pelo fato de que ele a emprega muitas vezes, exatamente quando revela abertamente seus conceitos em sua carta para Hippolitus a Collibus, em sua *Apologia* e em sua *Declaração*. Diversas vezes, ela é escrita em itálico, o que indica que estamos lidando com uma fórmula existente, que Armínio apenas retirou de algum lugar. Igualmente, nas notas de Armínio, *Articuli nonnulli*, ela pode ser encontrada. Em uma nota, Armínio define seu conceito de predestinação como o fundamento do cristianismo, da salvação e da segurança, enquanto na próxima nota ele nega que uma doutrina absoluta da predestinação seja seu fundamento. Portanto, é muito provável que Armínio adotasse uma formulação já em uso, a qual ajustou e integrou à sua própria teologia. Isso ocorreu uma vez nos debates privados de Armínio como tese conclusiva para um debate sobre a predestinação dos crentes. Armínio escreve que *essa* predestinação (*haec praedestinatio*) é o fundamento do cristianismo, da salvação e da segurança. O termo enfático *essa* parece pressupor que há outra doutrina da predestinação, que se adequa perfeitamente com o antigo uso que Armínio faz da fórmula em um contexto polêmico e apologético.

Anteriormente (4.2.), vimos que o conteúdo que Armínio fornece para a declaração *fundamental* de seus oponentes se ajusta bem ao próprio conceito *fundamental* de Armínio. Dado que uma declaração *fundamental* tenha sido, muito provavelmente, tomada de outros, ela não deve ser adotada isoladamente, mas deve ser explicada da perspectiva da teologia de Armínio e, particularmente, de seu conceito *fundamental*,

---

[605] ETG 34-35 (III 554): "Quod dicitur esse Christianismi, salutis nostrae et certitudinis de salute fundamentum".

[606] Para o uso da frase na discussão entre os remonstrantes e os contrarremonstrantes, veja HSC 33.61.71.

o *duplo amor de Deus*. Portanto, Armínio pode adotar uma frase existente, mas compreendida de uma forma "arminiana". Entretanto, ela continua a ser uma frase tomada de outros. No conceito de Armínio, é ausente uma noção explícita de segurança da fé, embora na Declaração ela se constitua o motivo para rejeitar as "duas pestes perigosas da religião" — a negligência e o desespero — e, portanto, torna-se a base para uma compreensão da segurança da fé, que como um meio-termo, intervém entre os dois extremos de negligência e desespero. Há, desse modo, uma relação estreita entre o *duplo amor de Deus* em Armínio e a segurança da fé. No entanto, com base na adoção (e adaptação) que Armínio faz da declaração fundamental que explicitamente inclui a segurança da fé, não se pode concluir que, *por essa razão*, Armínio não estivesse preocupado com a segurança da fé, e que ela se constituisse seu tema mais profundamente teológico para buscar uma teologia divergente. A segurança da fé foi, certamente, um tema importante para Armínio, e ele estava convencido de que a segurança da fé em si mesma estava ameaçada pelos conceitos de seus oponentes, não podendo ser encontrada em uma doutrina da predestinação absoluta. Entretanto, esse não era um tema essencial, mas, em vez disso, um sintoma de um problema mais fundamental. O problema mais profundo foi causado pela falha em proteger a justiça de Deus. Armínio, por essa razão, formulou seu próprio conceito fundamental em torno do tema do amor de Deus pela justiça em relação ao amor de Deus pela humanidade. Somente uma compreensão correta do duplo amor de Deus, em sua ordem e relação mútuas, pode prover a religião cristã com um sólido fundamento. E quando a religião cristã tem um sólido fundamento, à parte de uma compreensão própria das doutrinas de Deus, da humanidade, da livre escolha, da expiação etc., haverá também de se obter uma compreensão bíblica da segurança da fé e, assim, evitar as duas "pestes da religião" (*securitas* e *desperatio*), admitindo a certeza da fé que protege e promove um adequado temor a Deus. Por essa razão, Armínio também declara que seu próprio conceito de predestinação "promove grandemente a salvação dos homens":

Ele também é o poder e o verdadeiro meio que conduz à salvação, ao estimular e criar, na mente do homem, o lamento devido ao pecado, uma solicitude a respeito de sua conversão, a fé em Jesus Cristo, um desejo diligente para realizar boas obras e o zelo pela oração, além de impulsionar os homens a desenvolverem a salvação com temor e tremor. Ele também impede o desespero, na medida em que esse impedimento se fizer necessário.

4.5. Resumo e conclusão

No Capítulo 4, todos os elementos relacionados à relevância e à função da justiça de Deus na teologia de Armínio são reunidos no conceito do *duplo amor de Deus*. Ele havia usado esse conceito anteriormente, mas parece tê-lo desenvolvido ainda mais ao longo dos anos. Em 1608, ele está totalmente cristalizado e constitui o pilar de sua teologia, um conceito básico em que seus temas teológicos ficam mais evidentes.

O duplo amor de Deus é o fundamento da religião (cristã). Ele consiste: 1. primariamente, em um amor por justiça; 2. secundariamente, e subordinado ao precedente, em um amor pela humanidade e sua salvação. A ordem desses dois amores é de fundamental importância: o segundo amor pode atuar somente na medida em que o primeiro permite e é permitido a funcionar somente onde o primeiro não o impede. Isso pressupõe que Deus condena pecadores, a despeito de seu amor pela humanidade, precisamente porque ele ama a justiça mais do que a humanidade. Entretanto, também implica que Deus não pode condenar ninguém, exceto por causa do pecado, e que Ele salva pecadores que foram justificados através da fé em Cristo.

A essência da objeção de Armínio à doutrina da predestinação como ensinada por seus oponentes é que, como ele a compreende, ela inverte a ordem interna do amor de Deus. O amor de Deus pela humanidade está situado à frente de seu amor pela justiça se Ele deseja a salvação de alguns sem considerar sua fé em Cristo. Se for ensinado que Deus reprova ou deseja condenar algumas pessoas sem considerar o pecado ou desobediência delas, não se considera, de forma alguma, nenhum dos dois amores de Deus, e Deus, de fato, parece agir *in*justamente.

É também por essa razão que Armínio se refere à doutrina dos quatro decretos da predestinação como o fundamento da religião cristã, visto que é exatamente ali que compreende o duplo amor de Deus propriamente expresso. De acordo com ele, essa não é a visão de seus oponentes, que promovem a negligência (*securitas*) ou o desespero (*desperatio*).

O conceito de Armínio sobre a segurança da fé, que sustenta o meio-termo entre a negligência e o desespero, deveria, assim, ser considerado consequência de seu conceito do duplo amor de Deus. Por isso, a posição que defende a doutrina da segurança como decisiva para a formação da teologia de Armínio e como o impulso de suas polêmicas contra certos aspectos da teologia reformada (Stanglin, 2007) não pode ser sustentada.

CAPÍTULO 5

Armínio e a teologia reformada

5.1. Elementos controversos da teologia de Armínio

5.1.1. Predestinação: absoluta ou condicional?

Em sua correspondência com Armínio, Junius escreveu que a predestinação exclui toda e qualquer condição, incluindo o pecado; o pecado não é considerado.[607] Como já foi notado, Armínio, por outro lado, presume condições no objeto da predestinação: o pecado, a satisfação de Cristo e a participação nela por meio da fé.

Deus predestina uma pessoa no "momento" em que ela não tem apenas atributos naturais, mas também sobrenaturais. Contanto que a pessoa os tenha, Deus não a ignora. Com base nisso, Armínio conclui que, antes da predestinação, Deus previu que a humanidade perderia os atributos sobrenaturais devido ao seu pecado e às suas transgressões.[608] Portanto, o pecado, novamente, é a condição no objeto da predestinação.

---

[607] AC 520-521 (III 107).
[608] AC 526-529 (III 115-120).

Como notamos em 3.3, na conexão com a assimetria da eleição e da reprovação, Armínio faz duas adições importantes à descrição de Perkins do conceito que compreende a eleição como sendo baseada na presciência divina da fé futura, e a reprovação, na presciência da incredulidade ou rejeição do evangelho. Armínio descreve a fé mais estritamente como uma fé que "Deus, pela graça, decretou dotar aos mesmos pelos meios ordinários ordenados por Ele mesmo".[609] Com respeito à incredulidade, Armínio acrescenta que "toda falta [...] está nos próprios réprobos".[610]

Isso, além do que foi notado no Capítulo 2, nos permite concluir que Armínio defendeu a predestinação como totalmente condicional; sendo que a razão mais importante é a justiça de Deus. Entretanto, adicionamos que Armínio não considerou que sua doutrina da predestinação "condicional" como a compreendiam por seus oponentes, com a condicionalidade desfazendo o caráter completamente gracioso da predestinação. Posto que a predestinação é equivalente ao evangelho e ao novo pacto, é procedente do próprio beneplácito de Deus para com pessoas caídas está pecadoras e é fundamentada no gracioso envio do Filho de Deus como Mediador e no sacrifício expiatório, Armínio escapa da acusação de que ensina uma predestinação condicional e torna a salvação, de alguma forma, dependente da humanidade. Precisamente o elemento absoluto que os oponentes de Armínio não encontraram em sua teologia — para eles, a *conditio sine qua non* da doutrina reformada da predestinação — era inaceitável para Armínio por causa das implicações para a justiça de Deus. Se a doutrina da predestinação, conforme compreendida por Armínio, é condicional ou não em um sentido "pelagiano", como essa palavra foi usada por seus oponentes (isto é, a salvação, no fim, depende da realização humana, sobre a qual Deus não exerce influência), no fim, depende da maneira que se define a condicionalidade.

---

[609] EP 749 (III 441): "Electionem ad salutem esse secundum praescientiam futurae fidei, quam Deus ordinariis mediis ab ipso ordinatis conferre iisdem ex gratia decrevit".

[610] EP 749 (III 441): "Reprobationem vero secundum praescientiam infidelitatis, sive contemptus Evangelii, cuius culpa tota residet in ipsis reprobis".

5.1.2. A operação da graça: resistível ou irresistível?

Na seção 3.3.3, sumarizamos como Armínio compreendeu o processo de regeneração da enquanto o formulava em sua exposição de Romanos 7, um testemunho inicial de seu conceito sobre a operação da graça e do Espírito, bem como sobre a importância do contraste entre lei e obras em relação a Cristo e à fé. O debate sobre a operação da graça está intimamente relacionado à distinção entre graça suficiente e eficiente. Isso constitui o tópico da presente seção. No fim, também tentaremos responder à questão de a graça, conforme compreendida por Armínio, ser caracterizada como resistível ou irresistível.

A graça salvadora (*gratia salutaris*) pode ser compreendida de duas maneiras: 1. a graça que *pode* realizar a salvação e é *suficiente*; 2. a graça que *certamente* e *realmente* realiza a salvação e é eficiente.[611] O conhecimento médio (3.3.4.) tem uma função importante na distinção entre graça suficiente e eficiente. Armínio argumenta que o efeito do *concurso* da graça eficiente é que a vontade, a qual, por natureza, tem uma flexibilidade de uma forma ou de outra, *certamente* e *infalivelmente* se inclina para o que a graça a estimula. A obra do Espírito e a atração do Pai ocorrem de tal forma que não eliminam a liberdade da vontade e de escolha; a atuam de uma maneira que Deus sabe ser apropriada e adaptada (*aptum et congruum*) para influenciar as pessoas certamente e infalivelmente.[612] Armínio sempre usa as palavras "certamente" e "infalivelmente" da perspectiva de seu conceito sobre o conhecimento abrangente de Deus, segundo o qual Ele sabe de antemão todas as contingências da criatura, mas o qual exclui qualquer forma de necessidade. O *conhecimento médio* de Molina lhe permitiu adaptar essas distinções e conceitos.

---

[611] AC 575 (III 185): "Illa enim gratia salutaris potest accipi pro gratia quae salutem conferre potest et sufficienti; et pro ea quae salutem certo et reipsa confert, et efficaci: item pro gratia quam Deus homini in primaevo statu contulit, et pro gratia quam homini confert in statu peccati, ut inde liberatus in Christo, vitam per illum ex morte obtineat".
[612] EP 770-771 (III 473-474).

Armínio inteligentemente menciona a análise que Perkins faz de passagens da Escritura, usada pelos proponentes da graça suficiente, a qual ele deve ter extraído de Belarmino, visto que o último analisa as mesmas passagens e na mesma ordem. Com relação a Isaías 5.4 ("O que mais poderia ser feito por minha videira que eu não tenha lhe feito?"), Armínio nota: Deus fez tudo que pôde e espera fruto; portanto, Ele faz tudo que é suficiente. A menos que a expectativa de Deus fosse irracional, Ele teria pleno conhecimento devido ao que poderia esperar frutas com toda racionalidade. O conhecimento divino de que uma capacidade suficiente não será efetiva não reduz o efeito da suficiência dessas causas que fazem sua expectativas justificável e razoável. Esse conhecimento impede Deus de ser enganado e, por essa razão, *expectativas* são atribuídas a Deus apenas como um antropomorfismo.[613]

Armínio já havia anteriormente recorrido a Isaías 5.4 para provar que Deus jamais tem o propósito ou a intenção final de remover a desculpa de alguém, mas se trata apenas de um efeito possível não intencionado. As pessoas não precisam ser admoestadas a cumprir o dever, convidadas à fé e ao arrependimento e motivadas. Deus satisfaz a si mesmo e seu amor por suas criaturas através da longanimidade e paciência. Deus pode pretender eliminar as desculpas das pessoas somente se ele souber de antemão que as admoestações serão em vão devido à perversidade, não à fraqueza, daqueles que são admoestados. Os que são endurecidos através da própria falta podem merecer, então, serem endurecidos pelo próprio Deus.[614]

Não há uma só página da Escritura que não mostre claramente que alguém pode resistir à graça por meio da obstinação. "O homem é, portanto, um tronco que, por mera e pura necessidade, aceita a graça?

---

[613] EP 772 (III 476). Para Is 5.4 cf. EP 661-662 (III 310); ETG 144 (III 646). Cf. HSC 153.193-194 para um recurso similar a Isaías 5 pelos remonstrantes. Em HSC 210, os contrarremonstrantes falam sobre "de vermaerde plaetse Esa. 5. vande ghelijckenisse des Wijngaerts, die de voorstaenders vande Vryen wille voornamelijck altijdt ghebruycken". Cf. 210-213.

[614] EP 661-662 (III 310).

Se isso é falso, então o homem consente livremente [*libere consentit*] e, por isso, não foi capaz de consentir, isto é, resistir".[615]

Deus não concede graça eficiente a todos, mas Ele não abandona à própria sorte aqueles aos quais concedeu a graça pela qual podem ser salvos, mesmo se Ele não lhes desse a graça através da qual eles de fato (*actu*) seriam salvos.[616] Para chamar as pessoas à salvação, Deus usa uma eficácia que é permitida (*fas*), justa e alinhada à justiça e à misericórdia.[617] A graça suficiente não é negada aos réprobos, mas a graça eficiente é; fé e arrependimento foram concedidos aos réprobos de modo que poderiam aceitá-los através dos meios necessários e suficientes que Deus lhes concedeu. Afirma-se justamente que eles são indesculpáveis.[618]

Como foi notado em 3.2, Armínio tinha a opinião de que Deus não deve a ninguém a graça *absoluta*, mas que Ele poderia assumir essa obrigação por meio de uma promessa e ao da demandar de um ato que necessitasse dessa graça.[619] Essa obrigação que Deus impõe a si mesmo é baseada na justiça (veja 3.1.2.). Isso leva Armínio a concluir que a justiça de Deus é também determinante para a necessidade da suficiência da graça de Deus.[620]

No contexto da discussão do conhecimento médio (veja 3.3.4.), uma distinção foi extraída entre o *modus* da natureza (*impulsio physica*)

---

[615] EP 776 (III 482): "An homo stipes est qui per puram putam necessitatem naturalem assentiatur gratiae? Si id falsum, homo ergo libere consentit, et propterea potuit non consentire, id est, resistere".

[616] EP 775 (III 481).

[617] ETG 61 (III 576).

[618] EP 665-666 (III 316).

[619] AAC 617-618 (III 246).

[620] Por essa razão, BLACKETER, "Covenant", 207, não está correto ao argumentar que o conceito de Armínio de uma graça universal preveniente é um componente "da ordem criada em si mesma". Não a ordem criada em si mesma, mas a justiça de Deus é o que o "obriga", em circunstâncias particulares, a distribuir a graça preveniente de forma universal. Além disso, a observação de Blacketer de que Armínio tem "um conceito relativamente naturalista da graça" não é justificada. A natureza de Deus pode, em certas circunstâncias, de fato "obrigá-lo" a arcar a criação com a graça, mas isso não torna a graça um "constituinte da ordem criada".

e o *modus* da vontade (*suasio*).[621] Esse é um tema importante também no contexto da resistibilidade da graça:

> Deus determinou salvar crentes pela graça, isto é, pela bondosa e gentil persuasão [*suasio*], adequada ou congruente com a livre escolha deles; não pela ação poderosa ou impulso, aos quais eles não querem nem podem resistir, nem podem querer resistir. Menos ainda [*multo minus*] a condenação de alguns procede da necessidade irresistível imposta por Deus.[622]

A graça, portanto, é resistível, ou preferivelmente, *não* irresistível; nesse sentido, ela deve ser caracterizada como *recomendação* ou *persuasão moral*. Armínio, em outro contexto, fala de uma persuasão bondosa e gentil pela qual Deus determinou impulsionar as pessoas à *proposta*. Esse movimento não apenas não remove o livre consentimento do *livre arbítrio*, mas na realidade o apoia.[623] Esse apoio à livre escolha deve ser compreendido no sentido de que é impossível escolher o bem sem a graça

---

[621] Também chamado de o *"modus* da liberdade", veja EP 770 (III 473): "At nos homines movemur secundum modum libertatis, quam Deus voluntati indidit, unde liberum arbitrium dicitur".

[622] EP 750 (III 443): "Deus statuit salvare credentes per gratiam, id est, lenem et suavem liberoque ipsorum arbitrio convenientem seu congruam suasionem, non per omnipotentem actionem seu motionem, cui resistere nec velint nec possint, nec velle possint. Multo minus damnatio nonnullorum ex ineluctabili a Deo necessitate imposita proficiscitur".

[623] EP 755 (III 450): "Non modo non tollat, sed stabiliat etiam". É difícil determinar se Armínio se contradiz ou não na seguinte citação: "[...] fidem ita esse merae voluntatis Dei, ut voluntas illa non utatur omnipotente et irresistibili motione ad fidem ingenerandam hominis, sed leni suasione et accommodata ad movendam voluntatem hominibus pro modo libertatis ipsius: ac propterea causam totalem cur ille credat, iste non, esse voluntatem Dei et liberum arbitrium hominis". A *vontade de Deus* de qualquer forma não está no mesmo nível que o *livre arbítrio do homem*, como se houvesse duas *causas* igualmente eficazes cooperando. O *livre arbítrio* afinal é totalmente dependente da graça de Deus para vir à fé. Eu mesmo prefiro outra interpretação, que considera o fato de que Armínio explicitamente nota que ele reproduz o conceito do oponente de Perkins, Hemmingius: "Respondebit ille cum quo tibi hic negotium, fidem ita esse [...]". EP 757 (III 453-454).

de Deus. Sendo assim, a graça de Deus liberta essencialmente a vontade livre, a salva[624] (cf. 3.4.), de modo que ela seja (novamente) capaz de escolher o bem. Se a graça não deixa intacta a livre escolha, para Armínio, isso significaria que a graça não é mais graça (cf. 4.2.). Que a livre escolha essencialmente precisa do apoio da graça enfatiza, uma vez mais, que ela não é tanto uma questão da contribuição da livre escolha humana, mas, preferivelmente, de sua dependência da graça divina.

É típico de Armínio que, imediatamente após essa caracterização da graça como persuasão, ele repare que a relação de Deus com a reprovação é muito menos uma questão de necessidade irresistível. As duas coexistem. Que Deus, de forma irresistivelmente necessária, não impõe condenação a alguns implica que também a graça não tem esse caráter irresistivelmente necessário. O enfático "muito menos" ilustra que Armínio repele muito mais a ideia de uma condenação irresistivelmente necessária do que uma operação irresistível de graça.

O conhecimento médio surge novamente no contexto da *persuasão,* quando Armínio introduz a distinção entre *persuasão* suficiente e eficiente. A passagem que a introduz declara que ninguém pode ter fé e arrependimento a menos que Deus lhe conceda.[625] A Escritura e a natureza ensinam que a concessão desses dons (fé e arrependimento) acontece de acordo com o *modus* da *persuasão* (*per modum suasionis*). Essa persuasão ocorre por meio da Palavra. Externamente, por meio da pregação da Palavra; internamente, através do Espírito Santo, que atua ou, preferivelmente, coopera de modo que a Palavra é compreendida[626] e aceita com uma fé firme. A Palavra é ineficaz sem o Espírito Santo e é assim sempre acompanhada por sua cooperação.[627] Pecar contra o Espírito Santo é rejeitar, perseguir e blasfemar contra a verdade e que alguém é persuadido na mente através da persuasão do Espírito. A persuasão interna do Espírito Santo é dupla: 1. suficiente (através dela, as pessoas podem querer, crer e se arrepender);

---

[624] Cf. 768 (III 470): "liberum arbitrium servatur".

[625] EP 665 (III 314-315): "fidem et poenitentiam nisi Deo dante haberi non posse".

[626] Esse fraseado distorce o intelectualismo de Armínio.

[627] EP 665 (III 315): "Est autem inutile citra Sp. sancti cooperationem; quare iunctam sibi semper habet Sp. sancti cooperationem".

2. eficaz (através dela, as pessoas querem, creem e se arrependem). A *persuasão* suficiente é aplicada de acordo com o decreto de providência, com certa presciência de que será rejeitada pela livre escolha humana. A graça eficiente é administrada de acordo com o decreto da predestinação, com certo conhecimento de que as pessoas quererão, crerão e se arrependerão. Afinal, elas são administradas da forma que Deus sabe ser mais adequada para persuadir e produzir arrependimento.[628] A distinção entre decreto de providência e predestinação, juntamente com a presciência de Deus e o fato de que ele sabe que precisa convencer as pessoas de uma maneira apropriada, pressupõe o *conhecimento médio*.

No presente contexto devemos também tratar da distinção entre graça comum e particular. Armínio observa que o tema é calorosamente debatido. A graça pela qual alguém crê é a graça comum (ou há pessoas que rejeitam a graça de Deus, mas, ainda assim, participam dela?) ou particular e pessoal? Contudo, Armínio relativiza o problema. Porque até a graça comum é imerecida, surgindo do beneplácito gracioso de Deus (*gratuiti favoris divini*) e estimula o louvor a Deus. Se a graça de Deus é particular ou comum, ambas obtêm livre aceitação[629] do ser humano e, em relação aos dois tipos de graça, Deus previu que buscariam a aceitação da pessoa. Para falar da graça particular, ela deve ser compreendida de maneira a admitir a livre escolha, enquanto a graça comum deve ser concebida de tal forma que o ser humano possa ainda ser considerado responsável por rejeitá-la enquanto Deus se mantém isento de toda injustiça.[630]

---

[628] EP 665 (III 315-316): "Propterea quod ita accommodatur prout Deus novit congruum esse persuadendo et convertendo illi cui adhibetur".

[629] Cf. AN 959 (II 722).

[630] EP 751-752 (III 445): "Caeterum an gratia oblata homini etiam ab illo accipiatur ope gratiae quae illi communis cum aliis repudiantibus eandem gratiam, an vero auxilio gratiae illi peculiaris, in controversia forte est. [...] Annon omnia illa sunt gratuiti favoris divini? [...] Quid ad hanc rem magnopere facit, sive gratiae communis ope sive peculiaris oblatam benedictionem fuerit amplexus, si tam illa quam haec adsensum hominis liberum impetraverit, et certo impetratura a Deo praescita fuerit? [...] ita peculiarem illam gratiam explicandam esse, ut cum libero arbitrio consistere possit: et gratiam communem ita

No contexto há, evidentemente, o tema da graça suficiente, necessária e eficiente. Quando a distinção entre graça particular e comum significa que a graça comum não é suficiente para levar alguém a crer, isso também presumiria, para Armínio, que alguém é incrédulo devido à necessidade ou coerção e, portanto, não pode ser culpado, assim, é Deus que deve ser repreendido por ser injusto.

Uma carta enviada por Borrius a Episcópio — ocasionada pelo conflito que surgiu durante o último debate realizado sob a presidência de Armínio, em 25 de julho de 1609, sobre o chamado para a salvação — é ilustrativa. Borrius relata que Armínio começou a explicar que ele *sabia* como a graça e a liberdade *não* se relacionam; a graça *não* é irresistível. Significativamente, Armínio também afirmou *não* saber como elas se relacionam; isso é algo que somente o Espírito Santo sabe.[631] Esse detalhe é outra indicação da linha de pensamento de Armínio. Não é a liberdade humana que constitui o ponto de partida ou a meta; ao contrário, a não irresistibilidade da graça deve ser defendida de modo que a justiça de Deus possa ser defendida. Embora essa citação não nos permita sugerir que Armínio, no fim não ensinou a graça resistível, mas apenas que ela *não* é *ir*resistível, a frase paradoxal que ele escolheu para usar concede-nos uma indicação referente à sua principal preocupação.

A graça é 1. bondade imerecida demonstrada às pessoas pobres, miseráveis, pecadoras. Deus concede seu Filho, justifica essas pessoas e então, as aceita como filhas; 2. a infusão de todos os dons do Espírito — na mente, na vontade e nas afeições — que diz respeito à regeneração; 3. a assistência e apoio contínuos do Espírito no regenerado. Em síntese, para Armínio, a graça de Deus consiste em

---

describendam, ut homo per illius repudiationem condemnatione dignus haberi possit, Deusque ab iniustitia alienus demonstrari". Cf. ETG 61 (III 576).

[631] Carta de Adrianus Borrius a Simão Episcópio, 30 de julho de 1609, Ep.Ecc. 130: "Dixerat Arminius antequam hic opponeret, nec posse se nec audere definire modum quo Spiritus sanctus utitur in hominis regeneratione et conversione: si quis hoc audeat, jussurum ut probet: posse se dicere quomodo non fiat, videlicet non per vim irresistibilem; sed quomodo fiat, non item: solum enim illum hoc nosse qui scrutatur profunditates Dei". Cf. DEKKER, *Rijker dan Midas*, 170.

começo, continuidade e consumação de todo bem, e de tal forma percebo sua influência que um homem, embora regenerado, não pode conceber nem fazer qualquer bem de maneira alguma nem resiste a qualquer tentação do mal sem essa graça preveniente, estimulante, essa graça resultante e cooperadora.[632]

A única diferença contrastada com os conceitos de seus oponentes não está na graça ou na livre escolha, mas no caráter irresistível da graça e, assim, concerne a seu "modo de operação".[633] É bom enfatizar de novo que a intenção de Armínio em promover uma operação não irresistível de graça foi não promover a contribuição humana na salvação à custa da graça, mas, em vez disso, sua reflexão sobre a graça de Deus, suficiente e eficiente, levou Armínio a rejeitar uma operação irresistível da graça por causa da justiça de Deus.

5.1.3. Expiação: particular ou universal?

Conforme Armínio, a expiação se estende a todas as pessoas. Não a réprobos e eleitos, mas em vez disso à humanidade em geral, independentemente de sua eleição ou reprovação prévia. Como ficará claro, isso está intricavelmente associado com o conceito arminiano da justiça de Deus, segundo a qual torna impossível para Ele amar um pecador e, assim, elegê-lo[634] se não for pela expiação de Cristo. Essa convicção pressupõe que, por diversas razões, a expiação deve ser universal em sua execução (*comparatio*) e oferta (*exhibitio*). Entretanto, isso não é verdade com respeito à aplicação (*applicatio*), porque ela depende da aceitação do sacrifício de Cristo através da fé. Armínio deseja manter uma distinção clara entre o sofrimento de Cristo e o fruto do sofrimento, da salvação

---

[632] *Verklaring*, 114 (I 664).

[633] *Verklaring*, 114 (I 664).

[634] EP 679 (III 337): "Nomen ipsum Electionis dilectionem significat".

e da apropriação da salvação. A fé está entre a execução e a aplicação, de acordo com o decreto de Deus:[635]

> Mas se determinássemos que algum homem fosse excluído do efeito [do ofício de Cristo como Mediador], determinaríamos, ao mesmo tempo, que Deus não remiu seus pecados, não porque Ele pode, mas não deseja, mas porque não pode, pois a justiça se interpõe no caminho, e porque quis não ser capaz; porquanto quis que sua justiça fosse satisfeita antes que Ele concedesse a qualquer pessoa a remissão de seus pecados, e não quis que sua justiça fosse satisfeita em favor de alguém assim.[636]

Para Armínio, toda sorte de absurdos resulta da afirmação de que Cristo morreu somente pelos eleitos.[637] Isso não apenas discorda da ordem dos decretos de Deus, como também é problemático para a vontade e a habilidade de Deus de realizar a expiação dos pecados de todas as pessoas.

> Se supusermos que, por esse método de mediação, os pecados de todos os eleitos fossem realmente removidos e transferidos para Cristo [...], então, ao mesmo tempo, deve ser estabelecido que, de acordo com o próprio rigor da justiça

---

[635] EP 677 (III 333); EP 678 (III 334); cf. EP 678 (III 335): "Perpetuus est error confusionis dispatatorum, seu compositionis dividendorum. Impetratio enim et ipse actus impetratorius confunditur cum applicatione, et ille in huius locum substituitur". EP 679 (III 336).

[636] EP 676 (III 331): "Quod si iam statuamus ullum hominem ab isto effecto exclusi, statuimus simul Deum illi peccata non remittere, non quia nolit cum possit, sed quia non possit, utpote iustitia obstante, et quia voluit non posse: propterea quod voluerit iustitiae suae satisfieri antequam peccata cuiquam remitteret, et noluerit iustitiae suae pro illo tali satisfieri".

[637] EP 676 (III 332): "Quantis autem absurditatibus et haec et illa sententia laboret, non facile est dicere".

> e da lei de Deus, a imunidade da punição e a vida eterna são devidas aos eleitos e que eles podem exigir esses benefícios de Deus pelo direito de compra e venda, sem que Deus seja capaz de lhe requerer, por algum direito, a fé em Cristo e a conversão a Ele.[638]

Para aqueles por quem Cristo não morreu, por cujos pecados a expiação não foi realizada, isso similarmente significa que a fé em Cristo não lhes pode ser exigida justamente (*nullo iuro*). Eles também não podem ser condenados justamente por causa de sua incredulidade nem Cristo pode ser justamente apontado como seu juiz.[639]

O fato de que (de acordo com as Escrituras) todos devem crer em Cristo como Salvador que ele morreu por todos e que obteve a reconciliação e a salvação em Deus pressupõe que sua execução também é para todos.[640] Todos são chamados e, portanto (*proptereae*), todos são redimidos por Cristo.[641]

Conforme Armínio, uma compreensão apropriada da justificação pode trazer clareza à questão. A justiça cumprida (*praestita*) por Cristo não é nossa quanto ao seu cumprimento, mas quanto à sua imputação através da fé (*imputata per fidem*). Armínio conclui que Cristo assumiu a

---

[638] EP 676 (III 331-332): "[...] Mediationis rationem [...] ut omnium Electorum tum peccata actu ab illis ablata et in Christum translata sint; [...] iam simul statuendum est secundum ipsum iustitiae Dei et legis rigorem electis deberi et immunitatem a poenis et vitam aeternam, eosque ista bona a Deo postulare posse iure solutionis et emptionis: absque eo ut Deus ab iis postulare possit ullo iure fidem in Christum et conversionem ad ipsum".

[639] EP 676 (III 332): "Nullo iure potest ab illis fides in Christum postulari, nullo iure illi propter infidelitatem condemnari, neque Christus iisdem ullo iure iudex statui". Para os mesmos argumentos, veja também EP 738 (III 425-426).

[640] EP 745 (III 435).

[641] EP 746-747 (III 438): "Imo si consideremus vocationem qua quis aut in se aut in parentibus vocatus est, omnes in universum homines illius vocationis sunt aut fuerunt participes; et propterea omnes a Christo redempti".

humanidade de todas as pessoas (*omnium hominum peccatorum, impiorum, Dei inimicorum*) independentemente da eleição e da reprovação.[642]

Não há pecado tão grande que impeça Deus de fazer algo a respeito, apenas (*modo*) se Deus quiser. E Ele quer (*vult*), apenas (*modo*) se estivermos prontos (*patiamur*) a permitir que nossa *ignorância* e nossa *fraqueza* sejam corrigidas por meio de sua luz e de seu poder, e permitir que nossa *maldade* seja vencida por sua *bondade*.[643] Deus deseja isso apenas se... quisermos. Essa condicionalidade da prontidão humana leva até à questão da liberdade e escravidão da vontade.

5.1.4. A vontade humana: escrava ou livre?

Armínio não foi um proponente da autonomia individual. Pelo contrário, ao defender a liberdade da vontade, sua única preocupação é que a justiça de Deus se ergue ou cai com ela, e é dessa maneira (indireta) que a liberdade se torna um atributo essencial para a humanidade como criaturas racionais de Deus. Segundo os escritos de Armínio, fica evidente, de modos diferentes, que ele não começa pela liberdade humana autônoma. Por exemplo, é inteiramente por causa de seu amor voluntário que Deus, depois da queda, decidiu um novo começo com a humanidade, estabeleceu um novo pacto, enviou seu Filho etc. Depende da graça de Deus em Cristo e da subsequente obra do Espírito Santo em chamar e regenerar o fato de uma pessoa "morta em seus delitos e pecados" se reconciliar com Deus por meio da união com Cristo ou não. Portanto, é a escolha graciosa e voluntária de Deus que reconcilia consigo por meio do evangelho, uma humanidade que não pode mais alcançar a

---

[642] EP 676-677 (III 332): "Iustitia a Christo praestita non est nostra qua praestita sed qua per fidem nobis imputata, adeo ut ipsa fides nobis ad iustitiam imputari dicatur. Rom. 4.5. Quae phrasis recte intellecta clarissimam lucem toti huic tractatui adferre potest. Concludo itaque Christum omnium in universum hominum personam sustinuisse, eo quo dictum est modo, et non electorum tantum".

[643] OR 48 (I 360).

felicidade através da obediência perfeita aos seus mandamentos. Deus deseja que todas as pessoas sejam salvas e faz tudo que é necessário para que isso aconteça ao conceder Cristo como Mediador e ao distribuir os meios de graça. Deus decidiu que apenas aqueles que creem em Cristo serão salvos, enquanto os incrédulos serão condenados porque estão fora de Cristo. É nessa situação que a raça humana se encontra após a queda. Ela agora é escrava do pecado, não pode mais alcançar a glória através de suas próprias obras e depende inteiramente da graça de Deus. Em Cristo, Deus oferece sua graça a todos e concede a todos a graça suficiente e os meios para crerem em Cristo e para perseverarem na fé. Conforme foi ilustrado acima, a maneira com que essa graça opera não é, no entanto, não que as pessoas são coagidas a crer em Cristo. Elas ainda podem recusar e rejeitar a graça de Deus e o Espírito Santo. Ela têm essa liberdade. Nesse contexto, tudo que já discutimos em conexão com a justiça de Deus está em jogo. Um ser humano *deve* aceitar a graça de Deus, da qual ele é totalmente dependente, embora *possa* resistir-lhe. Fazer a escolha certa depende inteiramente da graça, embora a rejeição da graça seja, apesar da graça e de tudo mais que Deus praticou, uma falta da pessoa que a rejeita. Tudo isso pode ser atribuído à graça de Deus e deve ser atribuído à graça de Deus, com a única condição de que não é às expensas da justiça de Deus.

  Armínio explicitamente nega que a humanidade tenha livre escolha (*liberum arbitrium*) para crer quando ele lida com as consequências da distinção entre a vontade antecedente e consequente em Deus. Ele enfatiza que não se pode concluir que as pessoas recebem a livre escolha (*liberum arbitrium*) para crer ou não crer. A distinção na vontade de Deus é integralmente consistente (*optime consentit*) com a condição de que ninguém tem fé, a menos que Deus a conceda (*nisi Deo dante*). Contudo, na frase seguinte, Armínio se apressa a acrescentar que, entretanto, "não pode ser negado que existe no homem uma livre escolha para não crer".[644]

---

[644] EP 742 (III 432): "Neque magis hinc sequitur, quod hominibus peristam distinctionem tribuatur liberum credendi vel non credendi arbitrium. Nam optime consentit cum ista

A distinção que Armínio defende entre a função dos seres humanos e a livre escolha para crerem ou não concorda plenamente com sua análise assimétrica da diferença entre eleição e reprovação (veja 3.3.2.) e com sua intenção de responsabilizar a graça de Deus tanto quanto possível quando se trata da salvação, mas responsabilizar a humanidade tanto quanto possível quando se trata da condenação, porque é precisamente na relação de Deus com o pecado, o mal e a condenação que a questão da justiça de Deus se torna o assunto mais premente.

Por sua própria natureza, o *livre arbítrio* é *flexível*. Ainda que, no estado de pecado, ele tenha sido empregado para o mal, ele ainda é *capax boni*. Essa capacidade não é um dom da graça, mas refere-se à livre escolha, por sua própria natureza:

> Porém, [*o livre arbítrio*] realmente não será inclinado para o bem exceto pela graça, que é como se fosse a forma que cria o poder e a capacidade de colocar a matéria em ação; embora ele seja, em si mesmo, suficiente para o mal.[645]

Com isso, Armínio deseja indicar duas coisas. Por um lado, ele defende a liberdade essencial da vontade como princípio básico; a vontade pode, por natureza, escolher entre o bem e o mal. Por outro lado, a vontade, que, em si mesma, é a suficiente para fazer o mal é dependente da graça para escolher o bem.

Armínio cita a obra de Agostinho *Da predestinação dos santos*: "Ser capaz de *ter* fé e caridade pertence à natureza dos homens, mas tê-las refere-se à graça dos crentes" (*Posse habere fidem et charitatem naturae est hominum, habere autem est gratiae fidelium*). De acordo com Armínio,

---

conditione, neminem fidem habere nisi Deo dante: quanquam negari non potest inesse homini liberum non credendi arbitrium".

[645] EP 768 (III 470-471): "Flexibile enim est natura sua: et ut malo addictum in statu peccati, ita capax boni; quam capacitatem illi gratia non donat: inest enim illi a natura. At reipsa ad bonum non flectetur nisi per gratiam, quae instar formae est potentiam et capacitatem materiae in actum producentis, quanquam per se sufficiens sit ad malum".

não se deve interpretar isso no sentido de que todos têm a graça pela qual cada *livre arbítrio* é, na realidade, influenciado para o bem, mas significa que todos têm um *livre arbítrio* que é *flexível* para ambas as direções — para o bem e para o mal — quando a graça se aproxima (*accedente gratia*).[646]

Em conexão com os resultados da queda e do pecado original, Armínio evidencia que a vontade não está apenas deformada, mas aprisionada, arruinada e inútil. Ela perdeu sua liberdade e é impotente sem a ajuda da graça. No não regenerado, a vontade livre é apenas uma capacidade de resistir ao Espírito Santo e de rejeitar a graça oferecida (veja 5.2.1.). No estado pós-queda (*inden stant der afwijckinghe ende der zonden*),

> o homem não é capaz por si mesmo, de pensar, querer ou fazer o que é realmente bom; mas é necessário que ele seja regenerado e renovado em seu intelecto, suas afeições ou vontade e em todos os seus poderes por Deus, em Cristo, através do Espírito Santo, para ser qualificado para compreender, estimar, considerar, querer e realizar o que for verdadeiramente bom. Quando ele se torna participante dessa regeneração ou renovação, considero que, dado que é libertado do pecado, ele é capaz de pensar, querer e realizar o que é bom, mas não sem o auxílio contínuo da graça divina".[647]

A livre escolha é salva (*servatur*) pela graça, cuja salvação acontece da seguinte forma. Ela é o objetivo da graça de Deus concedida (*gratia data*) de Deus que pode ser rejeitada, mas não resistida. Se essa primeira graça não é rejeitada, as pessoas recebem a graça subsequente de Deus (*gratia subsequente*) que não pode apenas ser rejeitada, mas também

---

[646] EP 768 (III 471): "Omnibus insit tale arbitrium quod flexile (leia-se: flexível, wdb) sit in utranque partem accedente gratia".

[647] *Verklaring*, 112-113 (I 659-660).

resistida.⁶⁴⁸ Pouco depois, Armínio observa que a graça restaura (*restituat*) a livre escolha.⁶⁴⁹ Se a graça tivesse que influenciar a vontade humana não de acordo com o *modus* da liberdade, mas conforme o *modus* da natureza, não seria livre arbítrio, mas a natureza humana que seria salva. Nesse caso, a livre escolha seria removida pela graça, enquanto é essencial para a graça que ela não seja removida, mas pelo contrário, corrija a natureza onde ela se tornou pecaminosa.⁶⁵⁰

Armínio defende-se contra a crítica de que, ao sustentar a livre escolha, ele dá nova vida à antiga heresia do pelagianismo. A grande diferença entre os pelagianos e ele próprio é que os primeiros atribuem a faculdade de realizar o bem à natureza ou ainda, em parte, à graça, embora ele próprio atribua isso à graça em sua inteireza. Mesmo se a graça fosse universal, escreve Armínio, de modo que todos possuíssem o poder (*potentia*) para terem fé e serem salvos se assim desejassem, não se conclui, todavia, que a natureza e a graça vão tão longe (*aeque late petere*) quando esse poder é concedido por Deus à natureza humana. A *capacidade* de crer pode bem vir da natureza (como dom de Deus), mas *a fé em si mesma* vem da graça. O mesmo é verdadeiro para a relação entre ser capaz de querer e querer.⁶⁵¹ O fato de uma pessoa poder seguir a graça com sua vontade deve ser explicado como uma *capacidade remota* que é inteiramente passiva, uma capacidade pela qual se pode obter o poder ativo e imediato que é necessário para querer aceitar a graça na realidade. Armínio significativamente acrescenta: não é pelagiano, e então deseja que "aqueles que atualmente analisam

---

⁶⁴⁸ EP 768 (III 470).

⁶⁴⁹ EP 769 (III 472).

⁶⁵⁰ EP 770 (III 474): "Nisi enim statuamus hominis adfectum alio moveri posse, etiam tum cum movet gratia efficax, sequetur voluntatem hominis non secundum modum libertatis, sed secundum modum naturae moveri, et sic non liberum arbitrium, sed hominis natura salvabitur. Liberum vero arbitrium, saltem quod ad usum ipsius, tolletur per gratiam, quum gratiae sit non tollere sed corrigere naturam ipsam, sicubi vitiosa facta est".

⁶⁵¹ EP 775-776 (III 482).

o dogma da predestinação provem que a doutrina deles não infere a *necessidade fatal*".[652]

A acusação pública feita contra Armínio foi a de que ele não defendeu a fé como dom de Deus, mas como algo que depende parcialmente da graça de Deus e parcialmente da capacidade da vontade livre, de modo que a pessoa pode crer ou não. Entretanto, Armínio considera essa declaração falsa devido a várias razões e a rejeita. Ele admite que uma formulação perfeita sobre esse tema exige uma discussão do *concurso* e da *concordância* da graça de Deus e da livre escolha ou do livre arbítrio do ser humano. No entanto, em sua Apologia, ele trai seu conceito em uma parábola que narra. Suponha que um rico dê esmolas a um mendigo. Esse donativo deixa de ser um donativo apenas porque o mendigo estende sua mão para recebê-lo? Nesse caso, pode-se afirmar justamente que o donativo depende, em parte, da generosidade do doador e, em parte, da liberdade do recebedor, embora o mendigo não se aproprie das esmolas se ele não as receber com a mão estendida? Pode-se dizer, corretamente, que o mendigo, por estar sempre pronto a receber, pode ter as esmolas ou não, como ele quiser? Se esses princípios não se sustentam no caso de um mendigo que recebe esmolas, quão menos (*quanto minus*) são válidos com respeito ao dom da graça? Para a receber esse dom, até mesmo *mais* atos da graça divina são requeridos.

Armínio, de forma alguma, deseja praticar injustiça (*iuiuria*) para com a graça. Ele adverte seus irmãos para que sejam cautelosos a fim de que eles mesmos não pratiquem injustiça (*iniuria*) para com a justiça de Deus (*iustitia*) — ao atribuí-la ao que ela rejeita — ou à graça de Deus — por torná-la algo que não pode ser chamado de graça.[653] Com a última, ele, indubitavelmente, quer dizer transformar graça em coerção. A partir da imagem do mendigo e da conexão feita imediatamente com a justiça de Deus, novamente torna-se claro que a principal preocupação de Armínio

---

[652] EP 776 (III 482).

[653] A31A 176-177 (II 51-52): "Sed videant fratres mei ne ipsi faciant iniuriam iustitiae divinae, illi tribuendo quod ipsa respuit, imo et gratiae divinae, illam in aliud quiddam, quao gratia dici nequit, transmutando".

está em sua defesa do *livre arbítrio*. A graça deve permanecer graça; a livre escolha, portanto, deveria ser defendida, mas seu estado é de total dependência da graça de Deus. Além disso, a justiça de Deus precisa ser satisfeita também. Ademais, isso pressupõe a liberdade da vontade, porque, de outra forma, Deus teria que ser considerado responsável pela incredulidade e pelo pecado da raça humana.

Poderíamos se perguntar se Armínio não oculta, por razões estratégicas, sua real preocupação (isto é, a autonomia humana) por detrás de um apelo à defesa da justiça de Deus, de modo que seja apenas um meio para introduzir uma antropologia divergente e torná-la palatável. Os escritos existentes de Armínio, incluindo os escritos e cartas inéditas aos amigos, não nos deixam pistas para insistirmos nessa sugestão. Armínio é tão constante, consistente e coerente em sua preocupação com uma justiça divina inviolada e inquestionável, fixando também a livre escolha humana em seu conceito da justiça e graça de Deus, que não há razão para duvidarmos da autenticidade de suas intenções.

Até onde posso afirmar, Ellis interpretou corretamente as declarações de Armínio sobre a relação entre graça e livre arbítrio. Ele escolheu expressar a relação como uma "interação" porque, para ele, os termos "sinergismo", "colaboração" e "cooperação" não a expressam adequadamente. Uma razão é a síntese coerente de Armínio de fé e obras. Armínio ainda conferiu "uma qualidade praticamente passiva ao assentimento da vontade com a iluminação da mente pelo Espírito. Armínio respondeu à acusação de Perkins, de pelagianismo, ao escrever que a disposição do homem de obedecer à graça divina era uma 'capacidade remota, e isso é puramente passivo'. [...] Uma pessoa é salva não tanto devido a escolher aceitar, mas porque ela escolheu não rejeitar".[654] Em minha opinião, essa é uma formulação muito útil.

---

[654] ELLIS, Episcopius, 84. Cf. as conclusões na p. 85: "Mesmo assim, Armínio não cria que as pessoas experimentavam a salvação porque queriam ou escolhiam crer, mas porque escolheram não resistir ao Espírito. Assim, ele não era pelagiano nem semipelagiano". Veja também MULLER, "Priority", 68-69: "O que verificamos, em contraste, no ensino de Armínio é a mínima possibilidade de abertura para a iniciativa humana na obra da

Houve um rumor de que Armínio ensinou a graça suficiente como concedida pelo Espírito Santo a todos a quem o evangelho é pregado, de modo que uma pessoa crê somente se ela quiser. Entretanto, ele enfaticamente nega que tenha dito isso dessa forma, porquanto a declaração está sujeita a interpretações diferentes. Armínio não concorda que a graça suficiente seja compreendida como graça habitual infundida, que torna as pessoas aptas (*aptos*) a ligar a fé ao evangelho (*ad fidem praestandam Evangelio*). A suficiência deve ser atribuída à assistência com a qual o Espírito Santo auxilia a pregação da Palavra, que Ele normalmente a usa como instrumento para atuar eficazmente no coração dos ouvintes. Não que as pessoas recebam a capacidade juntamente com a graça suficiente, e depois o Espírito e a graça calmamente esperam para ver se elas farão bom uso disso e alcançarão a fé. A graça deve ser atribuída sua função mais importante (*potissimas partes*) de persuadir a vontade a concordar com a Palavra pregada.[655]

Não apenas o conceito de Armínio de queda (veja 3.2.) — isto é, todo pecado em Adão[656] —, mas também suas observações sobre aqueles que pecaram e resistiram à graça e rejeitaram-na em seus pais ou avós merecem atenção quando lidamos com seu conceito sobre a natureza da liberdade da vontade humana.[657] Armínio pode, por exemplo, escrever que todos são chamados à verdade, na pessoa ou em seus pais, avós ou bisavós. Os pagãos se excluíram do pacto por seu próprio pecado e culpa, quer por seus próprios pecados, quer pelos pecados de seus ancestrais. Como punição para a rejeição de sua Palavra, Deus pode, portanto,

---

salvação. Ela é tão insignificante que é impossível rotulá-la de sinergismo no sentido de uma cooperação igual entre as vontades divina e humana no movimento do indivíduo em direção à graça".

[655] Cf. A31A 145-146 (I 763-765). Armínio pensa que ele, através disso, satisfaz a condição que estabeleceu para falar sobre a assistência do Espírito e sua suficiência a saber, que isso é realizado de modo a evitar extremamente o pelagianismo (ut *Pelagianismus quam longissime* evitetur). A31A 145 (I 764).

[656] AC 560 (III 162-163).

[657] EP 685 (III 345).

permitir não somente que os pais, mas também que a geração seguinte, trilhe os próprios caminhos, que podem prosseguir, acrescenta Armínio, desde que a justiça de Deus e seus pecados o exijam.[658] A principal preocupação de Armínio não é, portanto, com a liberdade da vontade, mas com a estabilidade do pacto de Deus com suas criaturas. Armínio se vê forçado a admitir a liberdade da criatura, que depende da graça de Deus, para não terminar em conflito com a justiça divina e todos os tipos de conexões e relações causais. A doutrina de Deus e também a doutrina da criação são, por isso, determinantes para a antropologia e soteriologia. Ninguém é chamado à salvação senão aqueles que Deus deseja que sejam chamados; os que são condenados são os que escolheram as trevas, a despeito da luz que se manifestou.[659] As pessoas devem "ser capazes de crer se quiserem" e "serem capazes de querer crer". Se elas não puderem fazer isso, não podem também ser punidas justamente (*iure puniri*) pela incredulidade.[660]

A respeito do pacto e sobre a relação entre filhos e pais, Armínio escreve: "Pois a *ratio* [razão] é eterna no pacto de Deus, que os filhos são incluídos e reconhecidos nos pais".[661] A declaração seguinte merece igual atenção: é verdadeiro "que o Espírito não sopra em todos, que Cristo não revela o Pai a todos e que nem todos são atraídos pelo Pai".[662] Embora nem todos sejam chamados pela revelação de Cristo e do evangelho, todas as pessoas ainda recebem algum tipo de chamado. Um chamado fora do evangelho não é imediatamente redentor, precedendo a graça

---

[658] EP 746-747 (III 438): "Vocationem qua quis aut in se aut in parentibus vocatus est". Veja também EP 738-739 (III 427-428); EP 776-777 (III 483-484).

[659] EP 738 (III 426): "Nemo autem ad illam vocatur quem Deus ad illam pervenire nolit: omnes autem homines qui condemnabuntur eo nomine condemnabuntur, quod quum lux in mundum venerit, ipsi tenebras magis quam lucem amaverint".

[660] EP 754 (III 448): "Nam nisi possint credere, imo et velle credere, non possunt iure puniri eo quod crediderunt".

[661] EP 685 (III 345): "Perpetua enim est foederi Dei ratio, quod Filii in Parentibus compraehendantur et censeantur". Cf. also EP 755 (III 451): "Quod alii populi ab alienati sunt ab ista promissione [i.e. em Ge 3.15], sua vel parentum culpa".

[662] EP 755 (III 450).

salvadora pela qual Cristo é oferecido. Se o primeiro, o chamado não redentor, for propriamente usado, as pessoas também recebem de Deus a graça salvadora em Cristo.[663]

Deus livremente decidiu aderir a certas volições (*volitiones*) de suas criaturas junto com as suas próprias volições; por exemplo, ao ato de querer a fé, Ele responde com perdão e vida eterna, enquanto a incredulidade, Ele responde com condenação eterna. Sem uma vontade livre, a pessoa não chega ao conhecimento da verdade, isto é, à fé. A vontade de Deus não é impedida pela liberdade da volição humana, pois a vontade de Deus é condicional. Se Deus deseja uma volição (*velit suam volitionem*) conectada na ordem e na maneira apropriadas, à volição humana precedente à salvação, então, não será surpreendente se essa pessoa, ao recusar concordar com Deus (assensos), for excluída da salvação por essa mesma volição divina.[664] Portanto, Armínio ensina que cada pessoa tem uma livre *volição*, a habilidade de concordar com Deus ou não. Armínio, de novo, se apressa a responder à questão de isso sugerir ou não que uma pessoa se elege ou se reprova. Não, responde Armínio, pois o ser humano é inteiramente (*omnino*) a causa meritória da condenação, embora a eleição seja devido à graça e até mesmo contraria o que a pessoa realmente merece.[665]

Quando questionado a respeito de as Escrituras ensinarem que um ser humano tem livre escolha, Armínio responde com uma pergunta retórica: "Por que mais haveria ameaças e promessas?".[666]

O ensino bíblico é rejeitado pela mente (*mens*) e vontade humanas, que são as duas faculdades mais importantes que o ser humano possui, de acordo com cuja prescrição e delegação as outras faculdades são

---

[663] EP 777 (III 484).

[664] EP 751 (III 444): "Quod [...] citra illorum liberam volitionem fieri nequit". "At quum Deus velit suam volitionem istam cum volitione hominis debito ordine et modo coniunctam salutis praecedaneam esse; mirum non est hominem suum adsensum negantem Deo, a salute excludi, ipsa eadem determinatione et proposito voluntatis divinae".

[665] EP 751 (III 444-445); cf. 3.3.

[666] EP 776 (III 482): "Quorsum alioquin minae et promissiones?'

influenciadas ou permanecem em estado inativo. Quando a doutrina das Escrituras é aceita e crida, a mente é vencida e a vontade conquistada (*expugnata*) pelo Autor da mente e da vontade, isto é, por Deus.[667] É Deus que, em Cristo e através da obra do Espírito Santo, usa a Palavra, convence a mente da verdade, de forma absolutamente clara, e sela sua certeza poderosamente nos corações. Portanto, toda honra dessa revelação, cuja meta é a unidade com Deus e Cristo, pertence a Deus e a Cristo no Espírito Santo.[668]

Armínio, às vezes, faz observações que, para nós, parecem ser positivamente "deterministas". Um exemplo é quando diz que Deus não sabe quais pessoas crerão mesmo depois de as predestinar à fé. Ele previu que as pessoas crerão através do dom divino, dom que é preparado através da predestinação.[669] Essas declarações são outra indicação do fato de que a principal preocupação de Armínio não é uma absolutização da liberdade humana. Entretanto, elas devem ser lidas de uma maneira "arminiana", isto é, a partir do contexto da teologia de Armínio. No caso das declarações citadas acima, significam que a presciência de Deus e seu conhecimento médio envolvidos na predestinação para a fé. A ênfase no dom de Deus como fonte para a fé é também típico de Armínio.[670]

---

[667] OR 65 (I 390-391).

[668] OR 71 (I 401).

[669] EP 654 (III 298): "Deum non praescire homines credituros prius, quam praedestinaverit ut credant. Praescivit enim eos suo dono credituros, quod donum praedestinatione praeparatum est".

[670] Esse parágrafo demonstra que Van den Brink erra, pelo menos com respeito a Armínio, na seguintes passagem, quando escreve: "Juist de remonstrantse visie (zoals klassiek verwoord door Arminius) gaat naar mijn waarneming uit van een concurrentieschema, dat zich uit in compromisdenken. Want waarom is die paar procent menselijke bijdrage, die in mindering gedacht moet worden op Gods werk, anders zo onopgeefbaar? In elk geval wilde men telkens de menselijke factor als een aparte, nadrukkelijk van Gods genade onderscheiden element gehonoreerd zien." VAN DEN BRINK, "Remonstranten en reformatorischen", 45. Cf. HICKS, Theology of Grace, 67: "É a falta de autonomia ou independência da graça de Deus que confere à teologia de Armínio o toque de monergismo. [...] Armínio teria se aliado a Lutero em seu debate com Erasmo [...] Armínio é um

Concluímos que o conceito de Armínio sobre a liberdade da vontade humana está inextricavelmente associado a, e procede de, sua preocupação com a defesa da justiça de Deus. Em nenhum contexto, a liberdade humana, nem a autonomia, é um tema independente na teologia de Armínio.

5.1.5. Santificação, perseverança e segurança: *securitas* ou *certitudo*?

No *Exanmen Perkinsiani* (Análise sobre Perkins), Armínio analisa a perseverança com bastante cuidado. Ele não se sente confortável em dizer que a fé verdadeira, redentora pode ser total e finalmente perdida, embora muitos pais da igreja parecem afirmar essa possibilidade.[671] Ele, pelo contrário, enfatiza que é de pouca utilidade afirmar que a apostasia é impossível, visto que conduz à negligência, embora a única coisa que possa causar a queda de uma pessoa é sua própria vontade Isso pelo contrário, é suficiente para encorajar as pessoas a perseverar. A Escritura nada diz a respeito da inflexibilidade da vontade, porque esse conforto não serviria para confirmar o crente.[672] Pouco depois, Armínio diz que ninguém persevera exceto se desejar, e livremente (*volens et libere*).[673] Nos *Articulli nonnuli* (Alguns artigos), Armínio deduz uma conexão entre a doutrina da perseverança e a da negligência. A convicção pela qual um crente pode estar seguro de que é impossível que ele apostate da fé ou que ele não apostatará não contribui para o tipo de conforto que se opõe ao desespero ou à dúvida, contrária à fé e à esperança. Essa convicção,

---

monergista no sentido de que tudo procede da graça, mas ele é um sinergista no sentido de que o homem precisa consentir". Veja também PLATT, Dutch Theology, 226.

[671] EP 757 (III 454): "Quod fides vera et salutifera totaliter vel finaliter excidat, non facile ausim dicere: [...]".

[672] EP 758 (III 455): "Defectus enim ille [...] per ipsam voluntatem deficientis, de cuius voluntatis inflexibilitate nihil Scriptura dicit propterea quod utile non sit istud consolationis argumentum usurpare ad confirmationem fidelium".

[673] EP 767 (III 468).

pelo contrário, contribui para a segurança, diametralmente oposta a esse temor salutar que qual somos chamados a desenvolver nossa salvação, o temor mais necessário nessa vida assaltada pela tentação.[674]

Um dos elementos mais importantes para Armínio em sua reflexão sobre a perseverança dos crentes é o estar e permanecer unido a Cristo como condição de perseverança. Somente em Cristo se pode obter a perseverança e somente através da fé é possível a união com Cristo[675] e, portanto, a segurança. Conforme Armínio, 1 João 3.9 é a prova mais consistente contra a possibilidade de apostatar da fé. Ele explica isso da seguinte forma: desde que a semente divina esteja na pessoa, essa pessoa não pode pecar para a morte. Mas gradualmente (*paulatim*), através da própria falta e negligência, essa semente pode ser removida do coração. Dessa maneira, exatamente como a primeira criação segundo à imagem de Deus pereceu, assim também a segunda dotação (*communicatio*) pode perecer.[676] Pouco mais tarde, Armínio fala sobre alguém que é membro real de Cristo, mas, então, lentamente morre, passo a passo; primeiramente morre em parte, então, morre completamente e, por fim, acaba não sendo mais um membro de Cristo.[677] Ninguém pode tomar uma ovelha da mão de Cristo, mas as ovelhas podem se desgarrar.[678]

Armínio também encontra indicações indiretas na Escritura de que apostatar não deve ser considerado impossível. Um exemplo é a necessidade de oração diária, referida nas Escrituras. A advertência de que, por exemplo, alguém pode voltar a viver em pecado quando já

---

[674] AN 962 (II 726): "Persuasio, qua quis fidelis sibi certo persuadet se a fide deficere non posse, saltem se non defecturum a fide, non tam solatio servit adversus desperationem seu dubitationem Fidei et Spei adversam, quam securitati ingenerandae, quae saluberrimo timori, quo salutem nostram operari iubemur, et qui in hoc tentationum loco magnopere est necessarius, directe adversatur".

[675] Cf. EP 762 (III 460-461).

[676] EP 759 (III 457): "Quamdiu autem semen Dei in illo est, non peccat ad mortem, sed potest paulatim ipsius vitio et negligentia semen illud ex corde eius auferri, atque ita perire secunda illa communicatio, quemadmodum prima creatio ad imaginem Dei periit".

[677] EP 767 (III 470).

[678] EP 762 (III 461).

morto para o pecado em Cristo também seria inútil se fosse impossível para alguém que está em Cristo realmente voltar a viver no pecado. A mortificação da carne é um processo para a vida inteira, e aqueles que creem em Cristo também podem produzir frutos que são muito maus, dignos de destruição. Essa pessoa por fim, pode ser eliminada, a menos que se arrependa de novo e retorne para Deus.[679]

Por detrás dos conceitos de Armínio há também um tema pastoral. Ele considera extremamente danoso e perigoso supor que uma pessoa regenerada não peca com o pleno consentimento de sua vontade (*pleno consensu*) porque a consciência protesta contra o pecado que a pessoa deseja cometer. Todos que ouvirem isso e tiverem o menor senso de justiça e injustiça estarão inclinados (*proclive*) a crer que, porque não pecaram com o pleno consentimento de sua vontade, têm prova certa de sua regeneração. Entretanto, para Armínio, pecar contra a consciência ainda é pecar com pleno consentimento. Esse pecar com pleno consentimento não pode coexistir com a graça do Espírito Santo, o que leva Armínio a deduzir que uma pessoa regenerada, às vezes, perde a graça do Espírito.[680]

Para Armínio, permanecer em Cristo é sempre a condição determinante para crescimento e perseverança na fé e para receber da salvação final. A segurança jamais está no próprio crente ou até mesmo no pacto. Se o pacto, em si mesmo, garantisse que as pessoas continuariam nele, promessas como o dom do temor, que impede a pessoa de apostatar de Deus (cf. Jr 23), seriam inúteis. As promessas são suficientes e apenas se a pessoa não desprezar a si mesma e a graça de Deus (*modo sibi ipsis et gratiae Dei non desint*).[681] As pessoas não são crentes por ouvir e compreender a Palavra, mas por concordar com ela (*approbatio*) e aceitá-la (*apprehendere*).[682] Deus deseja a vida eterna somente para aqueles que

---

[679] EP 759-760 (III 457).

[680] EP 766 (III 466-467); cf. AN 961-962 (II 725).

[681] EP 760 (III 458); cf. AN 962 (II 726).

[682] EP 760-761 (III 459).

creem e se arrependem, então, uma vez que alguém, por meio do pecado, se torna merecedor da condenação eterna e não demonstra verdadeiro arrependimento, Deus não deseja que este receba a vida eterna nesse estado. É apenas de acordo com a presciência de Deus que certa pessoa realmente se erguerá do pecado, aí, então, pode ser dito que uma pessoa certamente não apostatará da graça de Deus.[683]

Em seu discurso sobre o sacerdócio de Cristo, Armínio afirma que enquanto uma pessoa tiver um corpo mortal, ela não será capaz de sacrificar a Deus como deveria, pelo menos se nenhuma forte resistência (*strenuam luctam*) for oferecida diante de Satanás, do mundo e da própria natureza da pessoa e assim alcançar a vitória sobre eles.[684] Os crentes têm mais do que o necessário para lutarem e vencerem o pecado etc., "porém, não sem a assistência da graça do mesmo Espírito". Através de seu Espírito, Jesus os assiste em todas as suas tentações, lhes oferece sua mão e, "desde que estejam preparados para a batalha, implorem sua ajuda e não estejam desaparecidos, Cristo os preserva da queda".[685]

O conceito arminiano de segurança da fé como *certeza* que está entre o *desespero* e a *segurança* flui de sua teologia como um todo e não é um elemento isolado. Já concluímos que há uma estreita conexão entre *o duplo amor de Deus* e seu conceito de segurança da fé. A segurança é o fruto necessário, não um requerimento essencial, da visão apropriada de fé. Para Armínio, visão apropriada é naturalmente encontrado na compreensão correta do duplo amor de Deus como fundamento da teologia. Quando se tem uma clara compreensão disso, especialmente da correlação apropriada entre os dois amores divinos, a certeza será resultado da fé, e o desespero e a negligência, como as duas "pestes da religião", serão evitados (veja 4.4.).

---

[683] EP 761 (III 460).

[684] OR 24 (I 430).

[685] *Verklaring*, 114-115 (I 664).

5.2 Armínio em relação às doutrinas características da teologia reformada

5.2.1 Queda, pecado original e pecado

Os dons sobrenaturais do conhecimento, da justiça e da santidade, que Deus concedeu na criação, não estão corrompidos, mas foram removidos; nem mesmo um traço deles permaneceu depois da queda, somente as virtudes morais corrompidas permanecem.[686] Em sua correspondência com Junius, Armínio cita Agostinho, que afirma que, depois da queda, perdeu-se o *livre arbítrio*.[687]

No paraíso, Deus quis testar a obediência de Adão. Adão e Eva são as "raízes e os principais indivíduos da raça humana, nos quais, como em sua origem e linhagem, o todo da humanidade está então contido".[688] Todas as pessoas pecaram em Adão e o pecado é a transgressão da lei. Ninguém pode transgredir uma lei que lhe diz respeito, portanto, a lei que Adão transgrediu foi transmitida a todas as pessoas das quais se diz que pecaram em Adão.[689]

O fato de que esse pecado existe necessariamente nos descendentes de Adão devido à sua concepção e ao seu nascimento em pecado está de acordo com o *modus* do mérito, por meio da intervenção do julgamento (*iudicium*) e da sentença (*sententia*) de Deus. Deus imputa o primeiro pecado aos descendentes de Adão não menos do que aos próprios Adão e Eva, porque eles mesmos pecaram em Adão.[690]

---

[686] AC 526 (III 115): "Dico enim agnitionem [...], iustitiam [...] et sanctimoniam [...] non corruptas, sed sublatas esse; nullaque earundem in nobis post lapsum manere principia".

[687] AC 526 (III 116).

[688] AC 560 (III 162): "Communis ut Adamo et Evae tanquam humani generis radicibus et individuis principalibus: in quibus totum humanum genus ut in origine et stirpe sua tum continebatur, est praescripta".

[689] AC 560 (III 162-163).

[690] AC 603 (III 224): "Loquimur hic de existentia respectu actus Adami, non de eius necessaria existentia respectu nostrae corruptae conceptionis et nativitatis. Hoc enim

Portanto, Adão não caiu sozinho. Todos aqueles — que já existem ou não — a quem ele representou caíram juntamente com ele do sacerdócio e do pacto do qual o sacerdote era o mediador. Ninguém mais poderia cumprir as condições do sacerdócio de acordo com as demandas do pacto. Com isso, o sacerdócio chegou a um fim.[691]

Em *Examen Perkinsiani* (Análise sobre Perkins), Armínio adota uma comparação do *De libero Arbitrio et Pradestinatione* (Do livre arbítrio e da predestinação) do cardeal Contarini. Há dois pesos em uma pedra: um natural e um estranho. O mesmo é verdadeiro para uma pessoa. Através do primeiro pecado, há um peso que pode ser chamado de "inato". Outro peso surge da própria perversidade de cada pessoa, que impede o poder da graça que basta para remover o peso inato.[692] Para a interpretação dessa comparação, retornemos ao artigo 31 da *Apologia* de Armínio. Aqui se questiona se Deus pode justamente estar zangado por causa do pecado original, se o pecado original é uma punição distribuída por Deus pelo pecado de Adão e por nosso pecado nele. Isso não perduraria infinitamente? Armínio admite que o pecado original é pecado, mas nega que seja o pecado real. De acordo com ele, uma distinção deve ser deduzida entre o pecado de fato ou real, e qual é a causa para outros pecados.[693] O pecado original não é um pecado que foi, de fato, cometido e pode ser punido por Deus, mas como punição de Deus pelo pecado de Adão, em quem todos pecaram, ele ainda é a causa de outros pecados, o denominado peso "estranho" da pedra que procede da própria perversidade da pessoa.

---

posterius prioris illius effectus est per modum meriti, intervedente iudicio et sententia Dei, primi peccati reatum omnibus Adami posteris non minus quam ipsi Adamo et Evae inputantis; propterea quod et ipsi in Adamo peccaverant".

[691] OR 13 (I 410).

[692] EP 770 (III 473): "Ita est homini agnata ex primo primi parentis peccato gravitas quae nativa dicitur, vel dici potest. Est alia ex propria malitia hominis adscita, quae non tam inest, quam adest, ad impediendum ne gratiae sufficientis vires ad tollendam gravitatem nativam id efficiant quod sine impedimenti istius positione valerent".

[693] A31A 181 (II 59-60). See also RQ9 184 (II 65).

Os Artigos 13 e 14 da mesma *Apologia* são dedicados ao tema do pecado original. A dificuldade com esses artigos é que eles analisam os ensinos de Borrius e não diretamente os de Armínio. Com alguma reserva quanto a qual seja esse conceito, sumarizamos os conceitos ali expressos na convicção (cf. 3.3.2.) de que Armínio poderia ter concordado com Borrius. Em Adão, Deus, após a queda, estabeleceu um pacto de graça com todas as pessoas. As crianças que morreram sem, de fato, cometerem pecado não quebraram esse pacto. Se elas fossem punidas pelo pecado de Adão, seriam piores que os adultos. Não há razão para supor que Deus quisesse imputar o pecado de Adão à sua descendência mesmo antes de esta realmente pecar, pois, do contrário, Deus seria mais severo no seu relacionamento com essas crianças do que com os anjos caídos.[694]

Uma vez mais (cf. 3.2.) citarei uma declaração de Armínio que é típica de seu pensamento. Armínio aqui associa uma descrição sombria dos resultados da queda a uma confissão absoluta da necessidade de graça, com a única condição de que a justiça de Deus permaneça inviolada e (que, portanto), a raça humana seja considerada plenamente responsável pelo pecado:

> Eu confesso que a mente do homem natural e carnal é obscura e sombria, que suas afeições são corruptas e desordenadas, que sua vontade é obstinada e desobediente e que o próprio homem está morto em pecados. E eu acrescento isto: o mestre que obtém minha mais alta aprovação é aquele que valoriza ao máximo a graça divina; contanto que se agrade da causa da graça, para não infligir alguma ofensa à justiça de Deus nem remover a livre escolha daquilo que é mal.[695]

---

[694] A31A 154 (II 11-12).

[695] HaC 944 (II 700-701): "Fateor mentem Hominis animalis et carnalis esse obscuratam, affectus pravos et inordinates, voluntatem immorigeram, hominemque in peccatis esse mortuum: Et addo illum doctorem mihi maxime probari, qui gratiae quam plurimum

Igualmente, Ellis nota que Armínio muito claramente enfatiza a unidade essencial de Adão com toda a raça humana. As consequências da queda são muito sérias. A queda significa uma perda da habitação e da assistência do Espírito de Deus que, de acordo com Ellis, representa a graça de Deus.[696] O resultado é ignorância e cegueira e o intelecto julga o evangelho como loucura. O intelecto corrompido perverte a revelação natural. A vontade não está apenas prejudicada, mas também aprisionada, arruinada e inútil. Ela perdeu sua liberdade e, sem a assistência da graça, ela é impotente. Os não regenerados não têm vontade livre, mas somente uma capacidade para resistir ao Espírito Santo e para rejeitar a graça oferecida.[697] Em síntese, "Armínio rivaliza com Calvino em sua descrição do 'Adão' caído".[698]

De acordo com Ellis, o que é novo no conceito de Armínio é que "Armínio empregou a unidade adâmica para argumentar contra a reprovação incondicional". Se o pecado é o resultado da reprovação, então Adão com sua descendência estão todos reprovados. A unidade essencial de Adão e a humanidade, portanto, torna impossível a doutrina da eleição ou reprovação individual.[699]

Como Ellis compreende, para Armínio, a queda de Adão marca a junção dos dois temas centrais em sua teologia. Adão pecou livremente e nem a presciência de Deus nem seu decreto tornaram necessário que Adão pecasse. De outro modo, Deus seria o autor do pecado.[700]

Que o pecado original é considerado como punição ao invés de pecado significa que o pecado original não torna alguém culpado e, por

---

tribuit: modo sic causam gratiae agat, ne iustitiae Dei noxam inferat, et ne liberum arbitrium ad malum tollat". Cf. ELLIS, *Episcopius*, 84.

[696] ELLIS, *Episcopius*, 80: A graça é uma abstração para o Espírito Santo. "Graça é o Espírito Santo e a renovação da graça é uma renovação da união imediata entre Deus e a humanidade através da habitação do Espírito".

[697] ELLIS, *Episcopius*, 73; cf. 179.; cf. 179.

[698] ELLIS, *Episcopius*, 74.

[699] ELLIS, *Episcopius*, 75.78.

[700] ELLIS, *Episcopius*, 69

isso, não é punido.⁷⁰¹ A punição para o pecado de Adão consiste na ausência dos dons sobrenaturais concedidos por ocasião da criação, mas não em um *habitus* oposto a esses dons naturais. Conforme Ellis, Armínio decide antagonizar o conceito calvinista de que, à parte da perda dos dons sobrenaturais, há também a corrupção dos dons naturais, e o conceito tomista de que o pecado original consiste puramente na perda dos dons sobrenaturais.⁷⁰² Entretanto, isso conflita, de qualquer maneira, com as observações de Armínio sobre o pecado original em sua correspondência com Junius, à qual me referi no começo desta seção, onde disse que as virtudes morais estão corrompidas.⁷⁰³ Ellis está correto, contudo, em sua explicação do conceito de Armínio de que se alguns fossem punidos pelo pecado ou culpa original, e outros, pela rejeição ao evangelho, isso pressuporia que há dois decretos peremptórios de condenação humana e dois julgamentos: um *legal* e o outro *evangélico*.⁷⁰⁴

5.2.2. A essência e necessidade da graça

Junius questiona se a graça deve ser considerada benevolência de Deus ou dom espiritual. Conforme Junius compreende, a última hipótese pertence a outra ordem da criação, uma vez que são sobrenaturais, embora Armínio creia que jamais houve algo como um ser humano "puramente natural". Pois Deus criou a humanidade em graça, isto é, segundo sua imagem, o que denota através de uma graça sobrenatural.⁷⁰⁵

Para Armínio, a graça é orientada para a perfeição (sobrenatural). Esse princípio é constante e se aplica à situação pré-queda, bem como após a queda.⁷⁰⁶ A eleição ser *de graça* significa que ela é uma progressão

---

[701] ELLIS, *Episcopius*, 78.
[702] ELLIS, *Episcopius*, 76; cf. 179.
[703] AC 526 (III 115).
[704] ELLIS, *Episcopius*, 78.
[705] AC 512-520 (III 95-106).
[706] AC 526 (III 117).

da bondade orientada para o bem sobrenatural às pessoas *em um estado natural* ou às pessoas em pecado. No último caso, a *graça* é também chamada de *misericórdia*.[707]

A graça é uma só em si mesma e em sua essência, mas é aplicada de acordo com o *modo* e *razão* do objeto. A graça que se faz necessária, após a queda, para alcançar a meta intencionada antes da queda foi imensamente ampliada e multiplicada (*vehementer aucti et multiplicati*).[708] A natureza da graça de Deus se ajusta à natureza da pessoa. Ela não destrói a livre escolha, mas a aperfeiçoa e a guia. Conforme as Escrituras, a graça de Deus é resistível e serve ao bem, contrastando com a meta de fazer o réprobo se corromper ainda mais.[709]

Sem a assistência da graça de Deus, uma pessoa não pode fazer o bem e isso é verdadeiro mesmo em relação a Adão antes da queda.[710] Armínio argumenta que aqueles que supõem que Adão poderia fazer o bem, antes da queda, sem a graça de Deus não estão longe do pelagianismo.[711] Isso se aplica àqueles que afirmam que os pagãos seriam capazes de realizar algo sem a graça também.[712] A salvação é devido ao amor livre e imerecido de Deus.[713]

Com relação à máxima escolástica bem conhecida: "Deus fará o que está nele, pois o homem faz o que está em si" (*Facienti quod in ipso est, Deus faciet quod in se est*), Armínio não apenas afirma que ele gostaria de acrescentar que isso não é *justo*, mas *conveniente*, como, também que ele não adotaria tal máxima sem adicionar o seguinte: "Deus concederá mais graça àquele homem que faz o que está nele pelo poder da graça divina, que já lhe é concedida, de acordo com a declaração de Cristo: a

---

[707] AC 532 (III 123-124).
[708] AC 609 (III 234).
[709] *Verklaring*, 83-84. (I 629).
[710] EP 649 (III 291).
[711] A3A 158-159 (II 19).
[712] A31A 156 (II 15).
[713] EP 680 (III 338).

quem tem, mais lhe será dado" (*Facienti quod in ipso est vi gratiae divinae quae ipsi iam obtigit, huic Deus miorem gratiam largietur: iuxta dictum Christi: Habenti dabitur*). Assim também, para ser capaz de fazer o que está em seu poder, ele depende da graça de Deus.[714]

É importante compreender precisamente o que se exprime por "graça". Por exemplo, o que exatamente é "graça salvadora" (*salutaris gratia*)? Para Armínio, distinguir entre a primeira ou a segunda, preveniente ou subsequente, operativa ou cooperativa, bater, abrir, ou entrar na graça, é de grande importância para evitar uma confusão teologicamente desastrosa. Se é tão fácil acabar em heresia, seria bom ser absolutamente cauteloso.[715]

O *livre arbítrio* sem a graça é "incapaz de começar ou aperfeiçoar algum bem verdadeiro e espiritual" (*nullum verum et spirituale bonum incipere aut perficere*). Por graça, Armínio compreende "aquilo que é a graça de Cristo e que diz respeito à regeneração". Essa graça é *simplesmente e absolutamente* necessária para a iluminação da mente, para o equilíbrio das afeições e para a inclinação da vontade para o bem. É a graça que precede, acompanha e segue, estimula, auxilia, opera o que nós queremos e coopera, de modo que não queremos em vão.[716] De acordo com Armínio, as coisas resultam em erro se compreendermos a fé (prevista) como procedendo de nossos poderes e não como um dom de Deus operado em nós.[717]

---

[714] A31A 157 (II 16).

[715] A31A 158 (II 18).

[716] HaC 944 (II 700–701): "Gratiam, et quidem quae Christi est et ad Regenerationem pertinet [...] dico necessariam esse simpliciter et absolute, ad mentis illuminationem, affectuum ordinationem, et voluntatis ad bonum inclinationem [...] Haec praevenit, comitatur, subsequitur. Haec excitat, adiuvat, operatur ut velimus, et cooperatur ne frustra velimus".

[717] EP 653 (III 297): "Nisi addat, fidei quae ex nostris viribus sit emersura, et non ex Dei dono in nobis ingeneranda". Cf. BLACKETER, "Covenant", 218: "Armínio é otimista para com a habilidade humana de cumprir a obrigação de fé do pacto em Cristo, e para com a habilidade dos crentes de fazer o que está neles depois que o evangelho foi fixado em seus

5.2.3. Fé

Porque Armínio compreende a predestinação de uma maneira totalmente diferente da maioria de seus contemporâneos, incompreensões rapidamente surgem quando ele afirma que a predestinação diz respeito aos crentes. No conceito de Armínio, a fé é a condição para eleição e reprovação, mas se considerarmos a confusão terminológica, a fé ainda não ocupa um lugar que difere fundamentalmente do que se pensa sobre ela na tradição reformada. A fé é o *meio* para se tornar como Cristo[718] porque ela une com Cristo, e, por meio dessa unidade, a justiça de Cristo é imputada ao crente, o perdão dos pecados é concedido e o Espírito de renovação é recebido, depois do o que o processo de mortificação e vivificação acontece para que a pessoa se pareça mais e mais com Cristo.

A fé tem lugar eminente (*eximium*) entre os "auxílios da graça" (*adiumenta gratiae*) por meio dos quais a salvação é obtida.[719] Ela é "inspirada através do Espírito e da Palavra" (*per Spiritum et verbum inspirata*).[720] Ela é uma benevolência e dom de Deus,[721] um meio ordenado por Deus.[722] Ela é uma condição, mas uma condição *evangélica*; isto é, Deus, por meio de sua graça, nos faz cumprir essa condição.[723] A livre aceitação de um dom não o torna indigno do título "dom". Sendo assim, a fé é um efeito da iluminação da mente, o selo do coração através de Deus e é seu dom gratuito. Os meios necessários para ser capaz de crer,

---

corações para se conformarem com a lei moral". Aqui, não se considera a dependência completa e perpétua da graça como ensinada por Armínio.

[718] EP 652-653 (III 297).

[719] EP 749 (III 440).

[720] EP 758 (III 454).

[721] A31A 138 (I 745). Cf. PrD XVI (II 394).

[722] ETG 45 (III 563).

[723] A31A 139 (I 748): "Si quis dicat, esse quidem conditionem, verum Evangelicam, et quam ipse Deus in nobis praestet, vel quod melius est, quam Deus praestare nos faciat gratia sua; ille non contradicit huic veritati, sed illam confirmat".

e pelos quais as pessoas são eleitas, são o ouvir da Palavra de Deus e o compartilhamento do Espírito Santo.[724] Segundo Armínio, a fé é

> um dom gracioso e gratuito de Deus, concedido de acordo com a administração dos meios necessários para conduzir até o fim; ou seja conforme a administração que a justiça de Deus requer orientada para a misericórdia ou para a severidade. Ela é um dom que não é concedido de acordo com uma vontade absoluta de salvar determinados homens, pois trata-se de uma condição requerida no objeto para que seja salvo, e é, de fato, uma condição antes de ser o meio para obter a salvação.[725]

Uma distinção deve ser feita entre fé como qualidade ou *hábito* e fé como ação. A fé real justifica, isto é, o ato da fé é reconhecido como justiça com base na obediência de Cristo.[726] Deus exige fé real, e para a capacidade de crer realmente, Deus concede o que é habitual (o *hábito* de fé).[727] O elo entre fé e justificação constitui o tema da seguinte subseção.

5.2.4. Justificação

Deus pôs os pecados da humanidade em seu próprio Filho, de modo que quem crer nele, pode ser o liberto do pecado, receber a recompensa da

---

[724] RQ9 185 (II 67).

[725] AN 960 (II 723-724): "Fides est donum Dei gratiosum et gratuitum, datum secundum administrationem mediorum ad finem necessariorum ducentem, hoc est, quam postulat iustitia Dei vel in partem misericordiae vel severitatis, non datum secundum praecisam voluntatem salvandi fingulares aliquot homines. Est enim conditio in obiecto salvando requisita, et prius quidem conditio quam medium ad salutem obtinendum".

[726] Cf. AN 964 (II 728).

[727] Letter to Wtenbogaert, Jan. 31, 1605, Ep.Ecc. 81 (II 70).

justificação. Embora tenham pecado, os crentes não são considerados pecadores, mas como justificados em Cristo.[728]

Enquanto estava vivo, mas também muito frequentemente após sua morte, Armínio foi acusado de abandonar o ensino bíblico e reformado sobre a justificação.[729] Em sua *Apologia*, Armínio escreve o seguinte a respeito da justificação: Deus como Juiz julga um crente a partir do trono de justiça com base no mérito humano, ou a partir do trono de graça, com base na expiação no sangue de Cristo. Não importa quão santo um crente possa ser, não importa quantas obras magníficas de fé, esperança e amor ele possa ter realizado, Deus não o declarará justo sem se levantar do trono de sua justiça estrita e assentar-se em

---

[728] EP 743 (III 433).

[729] Um exemplo claro disso é a análise feita por Kersten - e questionada pelo presente estudo (KERSTEN, Gereformeerde Dogmatiek II, 177). Kersten, porém, não apenas compreendeu Armínio erroneamente, como também discordou significativamente da sua ideia da justificação. Entendo o conceito como dependente de uma "allervolkomendste voldoening" (cumprimento mais perfeito), Kersten conclui que qualquer e toda obra humana é excluída como base para a justificação e que não é um cristão, mas um pecador que é justificado. Com um apelo aos teólogos reformados desde o Sínodo de Dort (1618-1619), ele prossegue para ensinar uma justificação eterna como distinguida de uma justificação efetiva (KERSTEN, Gereformeerde Dogmatiek II, 181). Armínio, contudo, também ensina que a satisfação da justiça divina através da fiança de Cristo no pacto com o Pai necessariamente precede cada concessão da graça por Deus ao pecador. Em contraste com Kersten, no entanto, Armínio defende essa fiança para constituir a base para o evangelho em todo aspecto, de modo que, nessa decisão, também não há distinção entre pecadores predestinados e não predestinados. Cristo morre por todos independentemente de eleição ou reprovação. Além disso, para Armínio, a fé não é uma obra, mas sim o próprio oposto dela; a justificação pela obra e a justificação pela fé são polos opostos. Para Kersten, a fé é apenas uma apropriação, no sentido de se tornar consciente do estado já eternamente existente de justificação, enquanto, para Armínio, além disso, ela é também algo exigido por Deus e a forma pela qual o crente responde a essa exigência. O Pai aceita a fé por causa de seu caráter como uma obra de obediência ao evangelho. A fé é reconhecida como justiça não como um instrumento, mas como uma obra. É devido a ele que o ato de fé apreende: "Itaque fides non qua instrumentum, sed qua actio imputatur in iustitiam, quanquam propter illum quem adpraehendit". A31A 175 (II 49-51). A crítica de Kersten de que a justiça divina é reduzida na visão de Armínio ou que Deus abandona sua justiça é, portanto, totalmente incorreta. A própria base da doutrina de Armínio da justificação é encontrada na satisfação da justiça de Deus no sacrifício de Cristo

seu trono da graça e, devido à graça, reconhecer como justiça todo bem com que uma pessoa comparece diante dele.[730]

Uma correta interpretação dessas declarações deve levar em conta a distinção que Armínio faz entre teologia *legal* e *evangélica*. Na teologia *legal*, os seres humanos são julgados com base em sua obediência aos acordos que haviam no pacto das obras. No presente contexto, Armínio se refere a isso como o "trono da justiça estrita de Deus". Deus se levantou desse trono após a queda, quando decidiu estabelecer um novo pacto com a raça humana, no qual a obediência perfeita à lei não é mais determinante, mas, sim, a fé em Jesus Cristo como o Mediador do novo pacto. Esse Mediador satisfez a justiça de Deus com seu sacrifício substitutivo, pelo qual Deus considera justo todos aqueles que estão unidos a Cristo pela fé. Como a fé une com Cristo e, portanto, faz as pessoas compartilharem de seus benefícios; a fé é reconhecida como justiça. É isso o que Armínio compreende quando fala do "trono da graça de Deus".[731] Deus é nada menos que justo e sustenta sua justiça, mas ele faz isso a partir do trono de sua graça em Cristo. Em Cristo, tudo que o pecador crente recebeu em Cristo não lhe é atribuído de acordo com seu mérito, mas de acordo com a graça em Cristo. A citação seguinte, que procede imediatamente aquilo que Armínio escreve sobre Deus descendo de seu trono de graça, confirma isso:

> Sei que os santos que estarão diante do tribunal da justiça divina tiveram fé e através da fé praticaram boas obras. Mas, penso, eles comparecem e se colocam diante de Deus com a segurança ou confiança de "que Deus estabeleceu seu Filho Jesus Cristo como propiciação através de seu sangue, e que eles podem, assim, ser justificados pela fé de Jesus Cristo por meio da remissão dos pecados".[732]

---

[730] A31A 173-174 (II 46-47); veja PuD XIX (II 257) para o mesmo.
[731] Cf. AC 565 (III 170).
[732] A31A 175 (II 48).

A base da doutrina de Armínio da justificação é constituída pela satisfação da justiça de Deus no sacrifício de Cristo. A importância que Armínio atribui à fé na justificação não apenas como instrumento de justiça, mas também como condição para a lei, está diretamente relacionada com sua aplicação estrita da lógica.

Em diversas ocasiões, Armínio ressalta que não é correto declarar que a justiça de Cristo é imputada (*imputare*) ao pecador. A justiça de Cristo não é *reconhecida* ou *considerada* justiça, mas é, em si mesma a justiça. O que é considerado como justiça por Deus, portanto, não a justiça real de Cristo, mas preferivelmente o ato de fé da parte do pecador. A fé *não é* justiça, mas, através do decreto de Deus, é considerada justiça com base no fato de que a fé une com Cristo, pela qual todos que pertencem a Cristo atribuídas aos pecadores crentes. Para Armínio, essa linha de pensamento não é nada mais que um uso evidente de conceitos e seu sentido, com a consequência de que a fé recebe toda ênfase como instrumento, mas também como ato exigido por Deus. Que Armínio enfaticamente confere à fé uma função em contraste com as obras, totalmente de forma antitética,[733] deve, juntamente com seu ponto de vista sobre a fé como dom de Deus, ser considerado quando comparar seu ponto de vista com outros.

A fé, e a fé somente, é reconhecida como justiça, de modo que todo valor intrínseco é removido da fé em si mesma. E isso "não é sem Cristo, mas em referência a Cristo, em Cristo e devido a Cristo" (*non est extra Christum, sed respectu Christi, in Christo, et propter Christum*).[734]

O fato de Deus reconhecer a justiça de Cristo como realizada por nós e para o nosso bem-estar é a razão pela qual Deus reconhece nossa fé (isto é, a fé que tem Cristo e sua justiça como objeto) como justiça e que é a razão pela qual Ele nos justifica por meio da, a partir da e pela instrumentalidade da fé.[735]

---

[733] PrD XLVIII (II 408).

[734] HaC 945 (II 702).

[735] HaC 945 (II 702): "Quia hoc ipsum, quod Deus nostro bono et pro nobis iustitiam Christi praestitam esse censet causa est, cur Deus fidem nostram, quae Christum eiusque

Depois de transmitir uma exposição completa sobre a justificação, Armínio, novamente, sumariza na Declaração sua essência e, além disso, acrescenta que ele alegremente subscreveria o que Calvino escreveu sobre a justificação no Livro III das *Institutas*:

> Para o momento, apenas direi brevemente: Creio que os pecadores são considerados justos somente pela obediência de Cristo; e que a justiça de Cristo é a única causa meritória pelo qual Deus perdoa os pecados dos crentes e os reconhece como justos, como se tivessem perfeitamente cumprido a lei. Mas, uma vez que Deus não imputa a justiça de Cristo a ninguém exceto aos crentes, concluo que, neste sentido, pode-se afirmar correta e apropriadamente que, ao homem que crê, a fé é imputada por justiça através da graça, porque Deus constituiu seu Filho Jesus Cristo como propiciação, um trono de graça através da fé em seu sangue.[736]

5.2.5. Santificação e boas obras

Um dos atributos de uma pessoa regenerada é que ela não apenas deseja o bem, mas efetivamente o faz.[737] Armínio admite que há, de fato, uma batalha, no regenerado, entre o Espírito e a fraqueza e a corrupção restantes, mas essa fraqueza não é do tipo que não seja constantemente derrotada pelo poder do Espírito, para que as pessoas façam o que é bom

---

iustitiam habet pro obiecto et fundamento, nobis in iustitiam imputet, nosque fide ex fide, per fidem iustificet".

[736] *Verklaring*, 124-125 (I 700). Cf. PrD XLVIII (II 406). Cf. HICKS, *Theology of Grace*, 110: "A doutrina de Armínio da justificação deve ser considerada reformada, pois ele sempre afirmou que ela era".

[737] DR7 852 (II 538): "Non enim tantum vult id quod bonum est homo regeneratus, sed etiam facit". Cf. DR7 853 (II 539); 912 (II 643); 919-920 (II 657).

e cresçam nisso.[738] As boas obras dos crentes não são recompensadas exceto "devido à graça, unida com a misericórdia e por causa de Cristo".[739]

Quando Armínio é acusado de ensinar que o cumprimento perfeito da lei é possível, ele recorre a Agostinho para distinguir entre a possibilidade e a realidade da perfeita obediência à lei. Armínio considera que, quando sua possibilidade é negada, o livre arbítrio que a quer é violado, como são o poder e a graça de Deus, que o operam através de sua assistência. Agostinho (*De natura et gratia contra Pelagium*, cap. 69) declara: "Cremos firmemente que um Deus justo e bom não poderia exigir impossibilidades". Armínio concorda totalmente, mas quer evitar conflito, pois seria melhor dedicar tempo à oração que ainda falta.[740]

Em outro contexto, Armínio novamente confessa a possibilidade da obediência perfeita à lei. Ele acrescenta, entretanto, que isso não é possível de acordo com a medida mais estrita da perfeição mais elevada de Deus, mas somente quando se considera a misericórdia de Deus, na qual a capacidade que Deus concede para a obediência à lei é proporcional à medida da perfeição que, de fato, está no pacto *evangélico*. Contudo, agora, Armínio também acrescenta que a possibilidade não é tão importante se apenas se confessa, segundo Agostinho, que a perfeição é possível somente através da graça de Cristo.[741]

---

[738] DR7 832 (II 502): "At cum non amplius sub lege, sed sub gratia iam sitis, peccatum omnino vobis non dominabitur, sed vi gratiae facile illi resistetis, et membra vestra arma iustitiae Deo praestabitis". Cf. DR7 837 (II 510): "Si enim bonum habitaret in carne mea, iam actu possem praestare ad quod mens et voluntas inclinant". Veja DR7 843 (II 520) sobre o regenerado e a luta entre a carne e o Espírito: "Spiritus plaerunque superat, evaditque superior". Cf. DR7 869.871-872 (II 567.571-573).

[739] AN 964 (II 729): "Ex gratia, misericordia iuncta, et propter Christum".

[740] A31A 178-179 (II 55-56).

[741] RQ9 186 (II 68); AN 961 (II 724-725); Verklaring, 116-118 (I 672-691).

5.3 Resumo e conclusão

O Capítulo 5 analisa a relação de Armínio com a teologia reformada. Importância fundamental é primeiramente conferida aos elementos controversos da teologia de Armínio: predestinação, graça, expiação, vontade, santificação, perseverança e segurança. Esses elementos demonstram-se estar integralmente relacionados ao seu conceito (não controverso) da justiça de Deus. Os elementos controversos foram, assim, consistentemente avaliados de forma isolada, à parte da relação deles com a justiça de Deus.

Em segundo lugar, os conceitos de Armínio sobre as doutrinas distintivas da teologia reformada são explicados. A maioria dos temas tratados constitui aquilo pelo que Armínio foi acusado de heterodoxia, a saber: a queda e o pecado (original), a essência e a necessidade da graça, a fé, a justificação, a santificação e as boas obras. Quando a extensão da teologia reformada no século XVI é considerada, parece que, também em relação a esses temas não há divergências em Armínio que não possam ser explicadas a partir de seu entendimento da justiça divina no contexto do *duplo amor de Deus*.[742]

---

[742] Para uma discussão mais elaborada sobre o caráter reformado da Teologia de Armínio, veja "Met onderscheidingsvermogen", especialmente 269-273 (Versão Inglesa: DEN BOER, "Cum delectu"), no qual analiso o argumento recentemente proposto por Muller (2008) — uma abordagem estritamente histórica — de que Armínio não foi reformado conforme os "padrões confessionais da Igreja Holandesa". Veja MULLER, "Arminius and the Reformed Tradition".

PARTE II

A recepção e o contexto histórico-teológico da teologia de Jacó Armínio

CAPÍTULO 6

A recepção da teologia de Armínio na Conferência de Haia (1611)

6.1 Introdução, método e estado de erudição

6.1.1. Introdução e método

A *Remonstrância* declara que a ocasião concreta para sua composição (14 de janeiro de 1610) foi a exigência dos Estados da Holanda e da Frísia Ocidental aos pastores, em 23 de novembro de 1608, para expor em suas reflexões a respeito da Confissão Belga e do Catecismo de Heidelberg. Os debates envolvendo Armínio em Leiden haviam, naquele período, tornado certo grupo de pastores suspeito e acusado de pretender "uma mudança na religião" (*veranderinge van Religie*). Entretanto, os membros desse grupo consideraram inteiramente legítimo e em harmonia com o pensamento reformado revisar a Confissão e o Catecismo ou, pelo menos, sujeitá-los ao estudo detalhado, dado que eram documentos humanos.[743] Esses pastores remonstrantes consideraram absolutamente necessária essa revisão, agora que alguns de seus oponentes demonstraram defender conceitos que conflitavam com a Confissão, o Catecismo e com a própria Palavra de Deus. Eles pensaram que seus

---

[743] Para uma introdução histórica e a *Remonstrância*, veja HSC 1-12.

oponentes estavam tentavam, de todas as formas, ocultar uma teologia estranha usando a Confissão e o Catecismo, e tentando convencer outros dela.⁷⁴⁴ Se a Confissão e o Catecismo sob análise, de fato, ensinavam os fatos que os remonstrantes consideraram em conflito com a Palavra de Deus — embora os remonstrantes negassem que isso fosse assim então "os remonstrantes seriam forçados [...] a declarar que a Confissão e o Catecismo supra mencionados conflitavam com a Palavra de Deus sobre esses pontos de doutrina, porque os remonstrantes defenderam esses pontos de doutrina que conflitavam com a Palavra de Deus".⁷⁴⁵ Nos cinco pontos, os remonstrantes expandiram o conceito que rejeitavam plenamente. Os cinco foram esboçados como sua própria visão — mas também, como argumentaram, bíblico e confessionais — e se tornou bem conhecida como "Cinco Artigos dos Remonstrantes".

A Remonstrância foi o resultado de uma reunião envolvendo cerca de quarenta pregadores sob a liderança de Wtenbogaert e foi apresentada vários meses depois aos Estados da Holanda e da Frísia Ocidental. Todas as classes, nessa área, receberam ordens dos Estados de "não examinar nem sobrecarregar com mistérios utópicos — atualmente debatidos em excesso nas igrejas (Deus pode remediar isso), — os ministros que agora estão no ofício ou que ainda tenham de ingressar nele [...] e tolerar os conceitos dos outros com amor".⁷⁴⁶ Essa tolerância imposta pelo governo para a posição remonstrante causou considerável comoção e gerou muita oposição. Em 10 de dezembro de 1610, representantes do sínodo provincial, seguindo instruções das igrejas de Amsterdã, Schiedam, Hoorn, Enkhuizen e Edam, declararam em uma reunião dos Estados

---

⁷⁴⁴ HSC 5. Cf. 7.63.

⁷⁴⁵ HSC 5.

⁷⁴⁶ Resolução dos Estados da Holanda, de 25 de junho de 1610, citada em Wijminga, Hommius, 96: "de kerkendienaars, die jeegenwoordig in dienste zijn, als diegeene, die als nog in diensten sullen moogen koomen, bij examen of andersints niet en sal ondersoeken of beswaaren met de hooge Mysterieuse poincten, die jeegenwoordig al te seer (God beetert) in der kerken gedisputeert werden [...] en elkanderen in hunne gevoelen in der liefde [zal] dulden".

que estavam prontos para provar, em um sínodo oficial, que os artigos remonstrantes conflitavam com a Palavra de Deus, a Confissão e o Catecismo. Eles exigiram que os Estados não impusessem às igrejas esses artigos, os quais nunca analisados por um sínodo oficial, mas em vez disso, permitissem que um sínodo provincial tomasse uma decisão concernente a tais artigos. Em resposta a essa exigência, decidiu-se em 22 de dezembro de 1610, organizar uma "conferência amistosa" (*vrundlycke Conferentie*) envolvendo seis representantes de cada partido para discutir os cinco artigos. Essa conferência tornaria evidente se cada partido toleraria os conceitos da outra sobre os cinco pontos controversos. Se não, uma questão seria formulada.

Entre 11 de março e 20 de maio de 1611 ocorreram várias reuniões entre os dois partidos. Os participantes remonstrantes foram Johannes Wtenbogaert, Adriaan van den Borre (Borrius), Eduardus Poppius, Nicolaus Grevinchovius, Johannes Arnoldus e Simon Episcopius. Os oponentes, chamados de "contrarremonstrantes" depois de sua oposição à remonstrância, foram Ruardus Acronius, Libertus Fraxinus, Petrus Plancius, Johannes Bogardus, Johannes Becius e Festus Hommius. A conferência se tornou conhecida como Conferência de Haia (cf. local da reunião) ou *Schriftelicke Conferentie* (cf. título dos procedimentos publicados que surgiram primeiramente em 1612). As conferências aconteceram, em parte, oralmente, em parte, por escrito. Cada partido, por turnos, recebeu a chance de responder a teses, argumentos e refutações da outra. Do início ao fim, os participantes puderam falar entre si afim de expor ou perguntar mais informação. Os procedimentos publicados (*Schriftelicke Conferentie*) contêm primeiramente uma comissão dos Estados da Holanda e da Frísia Ocidental, seguida pelo texto da *remonstrância* e da *contrarremonstrância*. Depois disso, encontramos o relato escrito das discussões concernentes a questões como as peças submetidas pelos dois partidos para cada artigo da remonstrância (o terceiro e quarto artigos foram combinados; isso determinou a estrutura das discussões seguintes, de modo que a análise desses temas nos Cânones de Dort tem o título "O terceiro e quatro tópicos de doutrina"). Essas discussões seguiram um padrão estabelecido. Elas começaram com a resposta contrarremonstrante a um artigo remonstrante, para o qual os remonstrantes, então, apresentaram uma refutação. Os contrarremonstrantes responderam à essa refutação, e aos remonstrantes foi dada uma última oportunidade para responder. O relato dessas rodadas de discussões é seguido por um sumário do que cada partido considerava ser os pontos de diferença, bem como as sugestões aos Estados sobre como o tema poderia ser resolvido mais satisfatória e rapidamente.

Quando a última reunião entre os dois partidos aconteceu, em 20 de maio, a discussão ainda não havia se concluído. A segunda rodada dos debates sobre os artigos 2, 3, 4 e 5 ocorreu somente por escrito, bem como o sumário, a *questão* e as sugestões finais aos Estados. Em 29 de novembro de 1611, as últimas peças foram submetidas. O relato inteiro foi então publicado em 1612, seguindo ordens dos Estados da Holanda e da Frísia Ocidental. Depois disso, diferentes edições holandesas foram também impressas, bem como duas traduções em latim; uma do lado dos remonstrantes, outra, dos contrarremonstrantes. A *Schriftelicke Conferentie*, portanto, assumiu um lugar importante entre os documentos particularmente significativos para os debates sobre os cinco artigos remonstrantes antes, durante e depois do Sínodo de Dort (1618-1619).

A *remonstrância* foi um resultado direto das polêmicas envolvendo a teologia de Armínio, e foi composta pouco depois de sua morte. Hoenderdaal demonstra convincentemente que uma parte significativa das cinco teses positivas na remonstrância foi retirada diretamente da *Declaração* de Armínio de 1608.[747] Com isso, os pregadores remonstrantes, sob a liderança de Wtenbogaert, demonstraram que não apenas seguiam Armínio quanto ao tema da igreja e do Estado, como também compartilhavam suas convicções teológicas, pelo menos nos tópicos cobertos nos cinco artigos da *remonstrância*. A partir da remonstrância, pode-se traçar uma linha direta às discussões sobre ela durante a Conferência de Haia. É nesse contexto que a questão da recepção da

---

[747] HOENDERDAAL, *Verklaring*, 38-41.

teologia de Armínio pelos primeiros remonstrantes e seus oponentes deve ser considerada.

É claro que os cinco artigos da remonstrância foram, desde o início, e especialmente após a Conferência de Haia, determinantes para a direção que os debates seguintes tomariam. A *remonstrância* foi mais ou menos designada como um sumário, mas, ao mesmo tempo, começou a funcionar como um filtro. Estou convencido de que o debate se tornou tão estreito, e seus temas foram removidos do contexto no pensamento de Armínio, que não se pode falar de uma continuidade teológica ampla de Armínio aos os remonstrantes. Os cinco tópicos tratados na remonstrância, de fato, parte da teologia de Armínio. Nesse sentido, os remonstrantes são indubitavelmente "arminianos".[748] No entanto, a primeira parte desse estudo demonstra que esses tópicos estavam, no pensamento de Armínio, diretamente relacionados com seu conceito de justiça divina. A remonstrância não apenas significou que a discussão teológica se tornou até mais significativa politicamente, mas também que — como é mais pertinente ao presente estudo — a partir de então ficou limitada a quatro ou cinco temas teológicos e, portanto, separada de Armínio e sua teologia.

À luz disso, o próximo passo natural é examinar a recepção da teologia de Armínio ao traçar a extensão em que seu princípio fundamental (*iustitia Deis*) e seu conceito teológico (*o duplo amor de Deus*) reaparecem no debate documentado (*Schriftelicke Conferentie*) que se tornou determinante para os debates seguintes.

6.1.2. Estudos acadêmicos

Copinger tipifica a forma com que muitos analisaram a Conferência de Haia: "Nenhum bem resultou da conferência e não houve nenhuma

---

[748] Cf. STANGLIN, *Assurance*, 112: "Contudo, seria anacrôncio impor os cinco artigos remonstrantes como um sumário das peculiaridades de Armínio, mesmo se este tivesse concordado com eles em princípio".

determinação em favor de cada partido".⁷⁴⁹ Como o resultado pretendido da conferência não foi alcançado, ela é considerada um fracasso. Não foi suficientemente reconhecido que o "subproduto" da conferência, o *Schriftelicke Conferentie*, contém uma enorme quantidade de material para nosso entendimento dos pontos controversos, e que obtive muita influência na direção do debate seguinte.

Em 1874-1876, Rogge publicou uma obra de três volumes a respeito de Johannes Wtenbogaert e seu tempo.⁷⁵⁰ No segundo volume (1875), ele dedicou alguma atenção à Conferência de Haia. Entretanto, é especialmente o aspecto histórico que ocupa a atenção de Rogg,e e suas simpatias pelos remonstrantes se revelam de forma excessivamente pronunciada através de sua obra.

Em 1899, Vijminga defendeu uma dissertação sobre Festus Hommius.⁷⁵¹ Essa obra fornece uma narrativa detalhada da vida de Hommius e de seu envolvimento ativo nas controvérsias remonstrantes. Hommius assumiu uma posição proeminente e influente entre os ministros contrarremonstrantes. "Como um teólogo acadêmico, ele era bem versado nos temas; ele havia se envolvido na luta contra os remonstrantes desde o começo, e em cada aspecto".⁷⁵² Wijminga descreve o envolvimento de Hommius na composição da *contrarremonstrância*⁷⁵³ e na Conferência de Haia, como segue:

---

[749] COPINGER, *Treatise*, 69.

[750] ROGGE, *Wtenbogaert*. Para a Conferência de Haia, veja a parte 2, p. 70-102.

[751] WIJMINGA, *Festus Hommius*. Para a Conferência de Haia, veja p. 104-122.

[752] WIJMINGA, Festus Hommius, 279-280: "Als wetenschappelijk Theoloog was hij volkomen op de hoogte; den strijd met de Remonstranten had hij van den beginne af en op elk punt meê doorgestreden".

[753] "Zeer waarschijnlijk hebben zij na onderlinge bespreking de redactie aan Hommius opgedragen, gelijk zij dat bij andere missiven, die namens hen afgegeven werden, wel meer deden, zooals wij later zullen zien en kan aldus het vaderschap der Contra-remonstrantie aan hem worden toegekend". WIJMINGA, *Festus Hommius*, 108.

Porque Hommius, em nossa opinião, era, nesse período, líder e porta-voz dos contrarremonstrantes e, porque essa reunião foi de extrema importância para a história dos anos imediatamente seguintes — afinal, já aqui, as convicções do Sínodo de Dort comporiam os cânones que foram deduzidos —, eu decidi que não deveria limitar-me tanto aqui. Como resultado da conferência, Hommius logo se envolveu em outras tarefas.[754]

Wijminga, assim, reconheceu a grande importância da Conferência de Haia e provê importante detalhes fáticos. Em termos de conteúdo, entretanto, ele apenas se ocupou convicções amplamente conhecidas da *Schriftelicke Conferentie*. O ano de 1906 viu o surgimento de uma dissertação de Louvain sobre a doutrina da predestinação na igreja reformada da Holanda, até o Sínodo de Dort 1618-1619.[755] Van Oppenraaij quis demonstrar que o calvinismo holandês foi primeiramente moderado e tolerante, mas, ao longo tempo, os rígidos pastores calvinistas vieram a ter mais e mais influência. Isso levou à controvérsia remonstrante, que finalmente propiciou a eliminação dos apoiadores dessa doutrina antiga da igreja reformada.[756] Van Oppenraaij conferiu considerável atenção à

---

[754] WIJMINGA, *Festus Hommius*, 121-122: "Omdat Hommius, zooals ons bleek, hier de hoofdpersoon en woordvoerder der Contra-remonstranten geweest is en deze vergadering voor de geschiedenis der eerstvolgende jaren van het grootste gewicht geweest is - hier toch werden eigenlijk reeds de lijnen getrokken, waarlangs de Dordtsche Synode zich bij de vaststelling harer Canones bewogen heeft - meende ik mij hier niet al te zeer te mogen bekorten. Weldra werd Hommius ten gevolge van de conferentie weer in anderen arbeid gewikkeld".

[755] VAN OPPENRAAIJ, *Prédestination*. Para a Conferência de Haia, veja p. 166-170 e 180-209.

[756] "Grâce à l'influence de la communauté néerlandaise de Londres, le Calvinisme se montra au début modéré et tolérant; le decretum horribile de la prédestination absolue n'y trouva pas d'adhérents". VAN OPPENRAAIJ, Prédestination, vii. Veja, também p. 120: "Les premiers réformés néerlandais s'écartaient du point fondamental des doctrines dogmatiques de leur maître Calvin; sans se préoccuper de réfuter la prédestination absolue, ils professaient dans leurs livres dogmatiques, empruntés à la communauté de Londres, la prédestination conditionnelle et les doctrines qui en découlent: l'universalité de la

Conferência de Haia e analisou também as circunstâncias nas quais as reuniões ocorreram. Mais importante, Van Oppenraaij parece ter sido o primeiro a explicar as posições e os argumentos dos remonstrantes e dos contrarremonstrantes, primariamente com um sumário extensivo da *Schriftelicke Conferentie*.[757] Entretanto, não oferece uma análise real.

Em 1965, Polman publicou um artigo relativo à doutrina da reprovação eterna na Conferência de Haia de 1611.[758] Aqui, ele chama a *Schriftelicke Conferentie* de uma das mais ricas fontes para a controvérsia entre remonstrantes e contrarremonstrantes.[759] Polman segue estreitamente o debate sobre a reprovação durante a conferência e termina seu artigo com uma análise e uma avaliação dogmáticas dos temas.

Godfrey, em sua dissertação[760] (1974) a respeito dos debates sobre a expiação durante o Sínodo de Dort em 1618-1619, também dedicou atenção à Conferência de Haia. Quanto aos argumentos dos contrarremonstrantes, Godfrey se limitou a esboçar linhas amplas por causa da continuidade com as discussões defendidas durante o Sínodo de Dort.[761] À parte da continuidade, Godfrey também aponta

---

grâce; la liberté de l'homme sous l'opération de la grâce et la possibilité pour les fidèles de déchoir de la foi et de leur salut. Ces opinions mitigées ne tardèrent pas de se modifier; sous l'influence des prédicants calvinistes rigides, soit étrangers, soit indigènes mais qui avaient reçu leur formation théologique dans des universités calvinistes du dehors, les synodes, dès qu'ils purent se réunir, introduisirent comme livres dogmatiques la Confession néerlandaise et le Catéchisme de Heidelberg qui proclament la prédestination absolue. Pourtant des prédicants à l'esprit plus pénétrant et plus indépendant continuait à défendre l'ancienne doctrine". Cf. the final conclusions, p. 258-261.

[757] "C'est surtout dans les écrits échangés par les deux partis lors de la conférence de La Haye que nous retrouvons le plus facilement les points controversés entre arminiens et gomaristes par rapport à la prédestination et aux articles connexes, ainsi que les arguments et contre-arguments apportés de part et d'autre". VAN OPPENRAAIJ, *Prédestination*, 180. Aqui, ele trata do período que cobre até o ano de 1614.

[758] POLMAN, *"Verwerping"*, 176-193.

[759] POLMAN, *"Verwerping"*, 176.

[760] GODFREY, *Tensions*. Para a Conferência de Haia, veja p. 106-116.

[761] "Traçar em maior detalhe os argumentos teológicos expostos pelos contrarremonstrantes nesta conferência é desnecessário. O esboço dos pensamentos deles, como indicado, recebeu conteúdo nos detalhes inferidos posteriormente das referências nas

para uma diferença entre a conferência e o sínodo no que diz respeito à forma com que a morte de Cristo é descrita.⁷⁶²

A dissertação de Sinnema⁷⁶³ (1985) situou o tema da reprovação no Sínodo de Dort no contexto histórico dessa doutrina. Nesse contexto, ele, como Polman, analisou as discussões sobre a doutrina da reprovação durante a Conferência de Haia, a qual considera "a reunião mais importante dos dois lados antes do Sínodo de Dort, particularmente para esclarecer os temas em debate; assim merece atenção especial".⁷⁶⁴

Nessa visão geral de dogmas históricos e aspectos exegéticos, em sua tese⁷⁶⁵ (1997) sobre a relação entre a igreja e o Estado na região da Holanda em 1570-1620, Hofman fez uso extenso da *Schriftelicke Conferentie*.

Por fim, Verboom (2005) provê uma visão geral da discussão e acrescenta várias observações pessoais.⁷⁶⁶

Em síntese, parece que os estudos do século XIX fornecem informações especialmente relacionadas às circunstâncias históricas que cercam a Conferência de Haia, enquanto os estudos do século XX tratam mais do conteúdo e do significado histórico-dogmático da conferência. Ademais, digno de nota é o fato de que a erudição pareceu operar descritivamente, provendo um sumário ao invés de análise. De uma reunião.

---

obras de William Ames e das discussões no próprio sínodo. A meta não é minimizar a importância desse primeiro debate,, dispensar repetição". GODFREY, *Tensions*, 113-114.

⁷⁶² "Durante toda essa conferência os contrarremonstrantes tenderam a falar da morte de Cristo em termos moderados – 'pro solis fidelibus' ao invés de 'pro solis electis'. Essa moderação esteve ausente no Sínodo de Dort. Se a terminologia na conferência refletiu um estágio menos rígido ou polarizado na controvérsia ou se ela refletiu um desejo de usar a linguagem mais conciliadora antes que as autoridades civis, que eram conhecidas, tivessem simpatias remonstrantes, é incerto". GODFREY, Tensions, 113.

⁷⁶³ SINNEMA, *Reprobation*. Para a Conferência de Haia, veja p. 158-167.

⁷⁶⁴ SINNEMA, *Reprobation*, 159. Vgl. p. 167: "Sete anos mais tarde, os dois lados se enfrentariam novamente no Sínodo de Dort com basicamente a mesma diferença de agenda".

⁷⁶⁵ HOFMAN, *Eenich achterdencken*. Para a Conferência de Haia, veja p. 368-381.

⁷⁶⁶ VERBOOM, *Belijdenis*. Para a Conferência de Haia, veja p. 133-159. Cf. VAN ASSELT, "Willem Verboom".

importante como a Conferência de Haia, na qual houve muitas oportunidades para ataque e defesa, argumentos e exegese, que se esperaria uma imagem clara e distinta dos conceitos de cada partido. Portanto, é um tanto surpreendente que a *Schriftelicke Conferentie*, embora seja um relato muito substancial das diferenças entre os remonstrantes e os contrarremonstrantes,[767] seja usada raramente para determinar os respectivos conceitos.

6.2. *Iustitia Dei* e *Duplex Amor Dei* na Conferência de Haia

6.2.1. Predestinação

A primeira parte das discussões escrita e oral entre os remonstrantes e os contrarremonstrantes trata do primeiro artigo da remonstrância, sobre predestinação. Os remonstrantes têm grandes dificuldades com dois conceitos existentes, que diferem entre si somente com respeito ao objeto da predestinação. Os remonstrantes descrevem os dois conceitos da seguinte forma:

> I. Deus (como alguns dizem), por um decreto eterno e imutável, destinou, dentre a humanidade (que Ele não considerou como criada e muito menos como caída), alguns para vida eterna e outros para a condenação eterna, sem levar em conta justiça ou pecado, obediência ou desobediência, somente porque lhe agradou revelar a glória de sua justiça e misericórdia ou (como outros dizem) graça salvadora, sabedoria e poder livre, tendo ordenado também os meios que servem à sua execução deste por um decreto eterno e imutável, por meio de cujo poder as pessoas destinadas para

---

[767] VAN 'T SPIJKER, "Enkele aspecten", 44.

salvação devem necessária e inevitavelmente ser salvas e não podem se perder e as pessoas destinadas à condenação (que constituem a maior parte) devem necessária e inevitavelmente serem condenadas e não podem ser salvas;

II. Deus (como outros dizem), desejando fazer um decreto em si desde a eternidade, para eleger algumas pessoas e reprovar outras, considerou a raça humana não apenas como criada, mas também como caída e corrupta em Adão e Eva, nossos primeiros pais, e, como tal, merecedora da condenação; de cuja queda e condenação, Ele decidiu salvar alguns e levá-los à glória por meio de sua graça, para demonstrar sua misericórdia; e deixar outros, jovens e idosos, até mesmo filhos de parceiros do pacto, que foram batizados em nome de Cristo e morreram na infância, na condenação, por permitir seu justo julgamento subsistir para declarar sua justiça e tudo isso sem considerar arrependimento e fé em uns, nem impenitência e a incredulidade em outros. Para a execução desse decreto, Deus usa meios através dos quais os eleitos são necessária e inevitavelmente salvos, e os réprobos são necessária e inevitavelmente condenados.[768]

O primeiro conceito vê, como consequência da sabedoria de Deus,[769] o homem a ser criado (isto é, nem criado nem caído) como o objeto da predestinação, que é absoluta e cuja consequência necessária é a salvação dos eleitos e a condenação dos réprobos através dos meios que Deus ordenou para executar o decreto. A única fonte ou causa da predestinação é o beneplácito de Deus, e a única meta é a manifestação da glória da justiça de Deus nos réprobos, e a manifestação da misericórdia de Deus nos eleitos.

---

[768] HSC 6.
[769] Cf. HSC 36.108.

O segundo conceito difere do primeiro ao questionar a justiça de Deus, visto que Deus parece ser a causa e o autor do pecado.[770] Por essa razão, os proponentes do segundo conceito presumem que o objeto da predestinação seja o homem criado e caído. Este é merecedor da condenação e pode, assim, ser justamente condenado. A eleição permanece absoluta e se aplica apenas a certo número entre todos os que estão sujeitos à condenação. Para executar seus decretos, Deus usa meios pelos quais os eleitos são necessariamente salvos, e os réprobos, necessariamente condenados.

Por predestinação, os remonstrantes compreendem:

> I. Que Deus, por um decreto eterno, imutável decidiu em Jesus Cristo, seu Filho, antes da fundação do mundo, salvar dentre a raça humana caída e pecaminosa, em Cristo, por causa de Cristo e através de Cristo, aqueles que, por meio da graça do Espírito Santo, creem no mesmo Filho Jesus, e que perseveram até o fim nessa fé e obediência de fé através da graça: de modo contrário, Deus decidiu condenar o impenitente e incrédulo em seus pecados, como estranhos a Cristo, e abandoná-los sob sua ira conforme o testemunho do sagrado evangelho em João 3.36: "Por isso, quem crê no Filho tem a vida eterna; o que, todavia, se mantém rebelde contra o Filho não verá a vida, mas sobre ele permanece a ira de Deus" e várias outras passagens das Escrituras.[771]

Como se tornará evidente, há dois elementos nessa definição da predestinação que os remonstrantes consideram absolutamente crucial: 1. o lugar e a função fundamentais de Cristo; 2. o lugar e a função da fé e da incredulidade. Os remonstrantes estavam convencidos de que o caráter gracioso e eterno da eleição não era questionável. O primeiro

---

[770] Veja HSC 36; cf. 101.
[771] HSC 7-8.

desses elementos (isto é, o lugar de Cristo) será analisado extensamente em nossa descrição dos procedimentos concernentes ao segundo artigo da *remonstrância*.

Os contrarremonstrantes reagiram ferozmente à forma como os dois conceitos acima foram descritos e atribuídos a eles pelos remonstrantes. Diante dos Estados Gerais, declararam rejeitar as descrições "ali expostas",[772] como extraídas da "maneira mais odiosa" e "contendo uma doutrina abominável".[773] Em diversas ocasiões, os remonstrantes, mais tarde, inteligentemente apontaram para essa reação quando argumentaram que os contrarremonstrantes realmente defendiam um conceito de predestinação, ou elementos dela que eles próprios haviam anteriormente rejeitado como "abomináveis".[774] O que o torna abominável está diretamente relacionado ao decreto inevitável de Deus segundo o qual a humanidade necessariamente cairia no pecado, o que, portanto, torna Deus o autor do pecado.[775] Conforme os remonstrantes, os oponentes contrarremonstrantes na Conferência de Haia não declaram em alto e bom som que todo bem e mal dependem de uma necessidade inevitável, porém, há outros que ensinam isso sem desconfiança.[776]

Os contrarremonstrantes argumentam que o sentimento de seus oponentes "concorda mais com a razão humana [...] do que com a doutrina das igrejas reformadas, fundamentada somente na Palavra de Deus".[777] Eles expressam sua visão em palavras ambíguas que, até certo ponto, conflitam com a Palavra de Deus, a Confissão e o Catecismo.[778]

Sobre a predestinação, em geral — "esse ponto superior" —, os contrarremonstrantes observam que

---

[772] HSC 38.
[773] HSC 20.21.23.31.32.38.92.110.
[774] Veja e.g. HSC 81. Cf. HSC 92.101.388.
[775] HSC 101; cf. 102.
[776] HSC 102.
[777] HSC 19; veja também 23.
[778] HSC 20; cf. 26.27.

[ela] deve ser comentada em nossas igrejas, moderada e cuidadosamente de acordo com a regra da Palavra de Deus, apenas para promover a graça imerecida de Deus e para eliminar quaisquer mérito e dignidade humanos, bem como fortalecer o conforto estável dos crentes de modo que ninguém tenha motivo justo para ser ofendido por ela.[779]

Os remonstrantes atribuem aos opositores coisas que jamais quiseram permitir ou ensinar, e injustamente deduzem "várias consequências perturbadoras" da doutrina reformada.[780]

Dos sete artigos da contrarremonstrância, particularmente os três primeiros são importantes para a doutrina da predestinação, os quais os contrarremonstrantes afirmam ser ensinados em todas as igrejas:

1. Como em Adão, a raça humana toda, criada à imagem de Deus, caiu com Adão no pecado e, assim, se tornou tão corrupta que todos os homens são concebidos e nascem em pecado e, portanto, são, por natureza, filhos da ira, mortos em suas transgressões, de modo que não há mais em nenhum deles poder para se converterem verdadeiramente a Deus e crerem em Cristo, assim como um cadáver não tem poder para ressuscitar dos mortos; portanto, Deus, dessa condenação, retira e liberta certo número de homens que, em seu conselho eterno e imutável, escolheu por mera graça, de acordo com o beneplácito de sua vontade, para a salvação em Cristo, ignorando outros em seu julgamento justo e abandonando-os em seus pecados;

---

[779] HSC 20: "[...] in onse Kercken matichlijck ende voorsichtelijck pleech ghesproken te worden nae den Reghel van Gods woort, alleen tot voorstant van Godes onverdiende genade, ende wechneminge van alle menschelijcke verdiensten ende waerdicheyt, als oock tot versterckinghe vanden vasten troost der geloovigen, in sulcker voegen, dat dien aengaende met recht niemant sich daer aen en heeft te stoten".

[780] HSC 20.23.

2. Que não apenas os adultos que creem em Cristo e, consequentemente, caminham conforme a dignidade do evangelho são reconhecidos como filhos eleitos de Deus, mas também os filhos do pacto, desde que eles, na conduta, não manifestem o contrário; portanto, os pais crentes, quando os filhos morrem na infância, não têm razão para duvidar da salvação desses filhos;
3. Deus, em sua eleição, não contemplou a fé ou a conversão de seus eleitos nem o uso correto de seus dons como base (*oorsaken*) para a eleição; mas, pelo contrário, Ele em seu conselho eterno e imutável, propôs e decretou conceder fé e perseverança em santidade e, assim, salvar aqueles que Ele, de acordo com o seu beneplácito, escolheu para a salvação.[781]

À luz das afirmações remonstrantes mencionadas acima, é extraordinário que o ponto de partida para a predestinação seja a queda no pecado e a condição humana que adveio dela. O objeto da predestinação é, desse modo, o homem caído, embora os contrarremonstrantes consistentemente afirmem não ver diferença fundamental no conceito que tem seu ponto de partida no homem criado.[782] Os remonstrantes sugerem que há ambiguidades

---

[781] HSC 21; tradução de JONG, Crisis, 211. Para uma definição, veja HSC 40: "Onse meyninghe is dan dese, dat door verkiesinghe ter salicheyt inde schriftuere verstaen wort, een eeuwich onveranderlijck besluyt Gods, vvaer door hy van eeuwicheyt uyt alle andere menichten heeft uytghesondert seeckere bysondere Persoonen, welcker ghetal seecker ende hem bekent is, om de selve tot prijs sijnder eerlijcker genade salich te maecken, ende vvaer door hy oock met eenen besloten heeft, tot dien eynde Iesum Christum desen uytverkorenen te gheven tot een Middelaer ende Salichmaecker, ende in hen het gheloove crachtelick, dadelijck, ende seeckerlick te vvercken, ende alsoo door den gheloove in Christum, als door een middel tot dien eynde gheordonneert, salich te maecken".

[782] HSC 23-24: "Belangende nu dat eenighe Leeraers onser Kercken, jae oock D. Martinus Lutherus selve, wat hoogher gaen int aenmercken van Gods raet ende ordonnantie, aengaende der Menschen salicheyt, als hier te vorens is verhaelt, daer over en is tot noch toe noyt eenige oneenicheyt ofte strijt geweest in onse Kercken, ende dat daerom, dat

ocultas sob as palavras "certas pessoas". Pois com essa expressão se poderia expressar as pessoas consideradas por Deus como ainda não criadas ou as pessoas como criadas, mas em pecado e fora da fé em Cristo, ou como crentes em Cristo. Porquanto todas são, mesmo se consideradas de diferentes maneiras, "certas pessoas". [...] Por que essa descrição é tão ambígua e incerta? Indubitavelmente para cobrir com essa descrição geral os dois conceitos que rejeitamos: que Deus teria, na predestinação, considerado o homem como não criado; e, que Deus o teria considerado como caído no pecado original, fora de Cristo. Pode-se pensar que esse calçado se ajuste em ambos os pés, mas, na realidade ele é tão grande que também se ajustará nos nossos.[783]

---

hoe wel dese twee meyninghen daer in verschillen, dat d'eene stelt, dat Godt in sijnen eeuwighen raedt den Mensche aenghesien heeft als ongheschapen, d'andere dat Godt uyt den ghevallen Menschelijck geslachte eenige ter salicheyt vercoren heeft, d'andere voorby gaende, nochtans soo comen sy beyde met malcanderen over een int fondament, twelck is, eerstelijck, datter is een seker getal der uytvercorene kinderen Gods, die niet en connen verloren gaen, daer nae dat Godt in dese verkiesinge niet en heeft gesien opt gheloove, ofte yet goets, dat inde uytverkorene is alsoo weynich als in den ghenen die hy voorby gaet, voor ende aleer dat hy dat selve in hen werckt, ende dat in sulcker voughen, dat sy vanden haren daer toe niet en brenghen, maer dat het gheloove ende de Godsalicheyt vruchten zijn der Verkiesinge". Veja também HSC 31.

[783] HSC 75: "Schuylen onder de woorden Seeckere besondere Persoonen: want daer voor connen verstaen werden, ofte Persoonen by Godt aenghesien als noch niet gheschapen: ofte Persoonen aenghesien als gheschapen, ende legghende inde sonde buyten tgheloove in Christum: ofte, Persoonen aengesien als in Christum geloovende: want alle dese hoe wel verscheydelick aenghesien, zijn seeckere bysondere Persoonen. [...] Waer toe dese beschrijvinghe soo dobbelsinnich ende op schroeven gestelt? ontwijffelick, om onder soo eenen generale beschrijvinghe te bedecken beyde de ghevoelens die wy verwerpen, t'een, der ghener die willen dat Godt int predestineren den Mensche hebbe aenghesien als ongheschapen: t'ander, der ghener die willen dat Godt die hebbe aenghemerckt als leggende inde Erf-sonde, ende buyten Christum: want op beyde dese voeten past dese schoe, die oock soo ruym is ghemaeckt dat hy mede can passen op den onsen [...]".

Os contrarremonstrantes constantemente enfatizam a inabilidade total do ser humano caído para se arrepender e crer e, por causa disso, o caráter incondicional da eleição.[784] Fé, arrependimento e perseverança são frutos da eleição e meios para salvação e, portanto, meios também para a execução do decreto.

A reprovação não é discutida explicitamente nos sete artigos. Nota-se, com cuidado, que Deus ignora os não eleitos, abandonando-os no pecado, e que esse é um julgamento justo. Entretanto, imediatamente depois dos sete artigos, atenção é dedicada particularmente à reprovação:

> Contudo, é verdadeiro que esse ensino parece estranho ao entendimento humano, particularmente com respeito ao pecador réprobo e impenitente, e que é difícil de ser compreendido por aqueles que são ainda fracos na fé e não têm o discernimento maduro na Palavra de Deus. Por essa razão, essa doutrina deveria ser mencionada sóbria e cautelosamente, de modo que aqueles que não estão inflamados contra a doutrina da verdade por um zelo e ódio equivocados, não venham difamar nossas igrejas a esse respeito; mas similarmente quando se observa que Deus determinou não condenar ninguém exceto por causa do pecado, e que ele não influencia ninguém a pecar, e também que aqueles que estão mortos em pecados pecam livremente, mesmo se nada possam fazer a não ser pecar, não se pode fazê-los tropeçar nessa doutrina. Assim, qual a razão que temos para sermos ofendido pelos julgamentos de Deus contra os pecadores profanos e impenitentes? Por que não permitimos que Deus lide com essas pessoas profanas de acordo com a regra perfeita de sua justiça, ao invés de querer avaliar seus julgamentos, que, para nós, são incompreensíveis e insondáveis? Por que precisamos ficar

---

[784] Cf. HSC 53.

preocupados com aqueles que Deus, em seu julgamento, abandonou e reprovou? Queremos nos tornar advogados e apoiadores de pecadores réprobos e impenitentes contra o julgamento justo de Deus, ou pensamos que Deus não saberá como defender sua justiça, a menos que pensemos e falemos dele de maneira diferente da qual Ele próprio fala em sua Palavra? Vamos, preferivelmente, falar juntamente com o profeta régio: "Justo és, SENHOR, e retos, os teus juízos" (Sl 119.137). E: 'de maneira que serás tido por justo no teu falar e puro no teu julgar' (Sl 51.4b).[785]

O que ofende na reprovação é precisamente a injustiça aparente[786] que é atribuída a Deus. Os contrarremonstrantes, entretanto, apresentam três razões que consideram suficientes como resposta: 1.

---

[785] HSC 23: "Wel is waer, dat insonderheyt ten aensien vande verworpene ende onbekeerlijcke sondaren dese Leere den Menschelycken verstande vreemt dunckt, ende is een harde spijse voor den genen die noch swack zijn inden geloove, ende geen wel gheoeffende sinnen in Godes woort en hebben: Daerom ooc van dese Leere in onse Kercken soberlijc ende voorsichtelijck tegen de leere der waerheyt ontsteken en zijn, geen oorsake en hebben van onse Kercken daer over te lasteren: maer evenwel wanneermen aenmerct, dat Godt niemant en heeft voorgenomen te verdoemen, dan om der sonde, ende dat hy niemant tot sonde en beweecht, maer dat ooc de gene die doot leggen in hare sonden, al hoe wel sy anders niet en connen dan sondigen, evenwel vrywillichlijck sondigen, so en salmen hem aen dese Leere so niet stooten. Want wat reden hebben wy ons te stooten aen de oordeelen Gods over de godloose ende onbekeerlijcke sondaren? waerom en laten wy niet liever Godt na den volmaecten regel sijner gerechticheyt begaen met den selven godloosen, dan dat wy de selve sijne onbegrijpelijcke ende ons onbevindelijcke oordeelen willen gaen ondersoecken. Wat behoeven wy ons te becommeren met den genen die Godt in sijn rechtveerdich oordeel verlaten ende verworpen heeft? Willen wy dan ons selven voorspreeckers ende voorstanders maken van de verworpene ende onbekeerlijcke sondaren tegen Gods rechtveerdich oordeel, of meynen wy dat Godt sijn rechtveerdicheyt niet en sal weten te verantwoorden, ten zy dat wy anders van hem gevoelen ende spreken, dan hy selve in sijn woort spreect? Laet ons veel liever met den Coninclijcken Propheet seggen, Heere ghy zijt rechtveerdich ende alle uwe oordeelen zijn rechtveerdich, Psal. 119.v.137. Ende ghy sult recht behouden in uwe woorden, ende reyn blijven, wanneer ghy gerechtet wort. Psa. 51.v. 4."

[786] Cf. HSC 55-56.

Deus não deseja condenar ninguém exceto por causa do pecado; 2. as pessoas pecam livremente, embora não possam fazer nada, e Deus não influencia ninguém a pecar; 3. Deus é totalmente justo e pode defender sua justiça mesmo se isso for, para nós, incompreensível e incognoscível.[787] Os contrarremonstrantes consideram desnecessário tratar de questões utópicas e difíceis referentes ao assunto.[788]

Os remonstrantes não estão satisfeitos com isto:

> Porque a avaliação remonstrante da doutrina da predestinação, como defendida também por muitos nessas igrejas, surge, em sua maior parte, das dificuldades que encontram na reprovação como eles a explicam, por essa razão, é necessário que conheçam o que os contrarremonstrantes creem a esse respeito.

> Porquanto nossos oponentes, de todos os lugares, caluniam nossas igrejas, especialmente em relação a essa doutrina; portanto, é absolutamente necessário examinar o que é ensinado quanto à reprovação.[789]

Os contrarremonstrantes, no entanto, não concordam. Eles enfaticamente se recusam a se abrir sobre temas relacionados ao seu conceito de reprovação, entre outros, porque consideram que não se refere

---

[787] Cf. HSC 42: "Wy ghevoelen ende leeren dat Godt niemandt en verdoemt, noch niemandt voorghenomen heeft te verdoemen, dan rechtveerdichlijck om harer eygen sonden wille".

[788] HSC 42: "Onnoodich te zijn die hooge ende sware questien, dit stuck belanghende, in te treden"; cf. 48: "subtijle ende spineuse vraghen".

[789] HSC 46; cf. 45.107. Cf. 388: "Wy [hebben] veel eer oorsake om ons te stooten aen dat harde ende aen-stootelijcke ghevoelen van eenighe Leeraers inde Gereformeerde Kerck, sulcx als wy dat in onse eerste 5. Artijckelen hebben vervatet: Een ghevoelen by den Broederen selve inde Conferentie voor afgrijselijck ende grouwelijck verclaert. Ende soo't den Broederen belieft hadde hare meyninghe int stuck vande Reprobatie te verclaren, soo't betaemde, dan soude de aenstotelijckheyt van hare opinie noch claerder zijn ghebleken".

> à *questão* ou *controvérsia*, que agora surgiu (que Deus possa reparar isso) na doutrina das igrejas nesse país. Pois toleraríamos o conceito dos remonstrantes sobre isso [isto é, reprovação] se apenas eles quisessem admitir que Deus, devido à graça pura e de acordo com seu beneplácito, elegeu para salvação aqueles de quem se agradou salvar, sem qualquer consideração da fé como condição antecedente.[790]

Considerando que os contrarremonstrantes se recusaram a expor seu conceito deles sobre a reprovação, os remonstrantes tomaram a liberdade de deduzir conclusões do que seus oponentes defendiam quanto à eleição. Isso representou a afirmação de que Deus

> reprovou certas pessoas como pessoas particulares, sem considerar qualquer qualidade nelas, tendo a destruição ou condenação como o fim delas, sem querer lhes dar Cristo e a fé, a fim de levar os que são reprovados, através de sua incredulidade como um fruto da reprovação certamente (e acrescentamos, inevitavelmente) ao seu fim determinado (para usar suas palavras).[791]

Se a incredulidade procede do decreto de reprovação, Deus não pode justamente condenar o réprobo, "porque é extrema injustiça con-

---

[790] HSC 43: "[...] Statum quaestionis ofte Controversiae, die nu, Godt betert, int stuck der Leere inde Kercken hier te Lande is ontstaen. Want men soude de Remonstranten haer ghevoelen daer over wel vrij ghelaten hebben, soo sy slechts hadden willen bekennen, dat Godt uyt loutere ghenade nae sijn welbehagen ter salicheyt verkooren heeft, die ghene die't hem belieft heeft, sonder eenich ooghemerck te nemen op haer geloove, als op een voorgaende conditie".

[791] HSC 108: "[...] sekere besondere personen als besondere personen, ende sonder eenige qualiteyt inde selve aen te sien, heeft verworpen ten eeuwighen verderve of verdoemenisse als tot haer eynde, sonder hun Christum ende t'gheloove te willen gheven, om die ghene die so verworpen waren door t'ongheloove, als een vrucht deser verwerpinghe tot haer bestemt eynde (so sy spreken) seeckerlijck (Wy doen daer by onmijdelijck) te brenghen".

denar alguém por algo que procede necessariamente da reprovação (a qual é uma obra que é puramente própria de Deus)".[792]

Nas discussões sobre o primeiro artigo da remonstrância, parece que o principal ponto de discórdia é se os remonstrantes admitem uma predestinação à parte da predestinação de crentes e incrédulos.[793] A mais notável objeção dos contrarremonstrantes quanto a isso é que nessa predestinação Deus considera as pessoas como crentes e reconhece-lhes a fé, o que torna a fé uma "condição" (comovente) ou "causa". Os próprios contrarremonstrantes consideram ser o objeto da predestinação "certas pessoas", e a fé, um fruto da eleição.[794] Deus decidiu chamar os eleitos através da pregação do evangelho e atraí-los com seu Espírito. A fé não é dada a ninguém exceto aos eleitos.[795] Além disso,

> os meios para ter fé, Deus não os torna comuns a todos os homens. Pois, em primeiro lugar, Ele não faz com que todas as pessoas ouçam sua Palavra; e, ademais, Ele não atrai todos aqueles que ouvem a Palavra através do poder de seu Espírito, de modo que venham a Cristo. Portanto, Ele também não elegeu todos para a salvação, mas apenas algumas pessoas.[796]

A conexão entre os meios e a eleição é, assim, tão consistente que a partir do fato de que nem todos ouvem a Palavra e nem todos os ouvin-

---

[792] HSC 109-110; cf. 100.

[793] Cf. e.g. HSC 65-66.

[794] HSC 30, veja também 24.39.41.54; cf. 40: "Hier leydt de voornaemste knoop des gheschils".

[795] HSC 52.

[796] HSC 52: "Middelen om tot den geloove te comen en maeckt God niet allen menschen ghemeyn. Want eerstelijck en laet hy niet allen menschen zijn woort hooren: Daer nae so en treckt hy niet alle die zijn woort hooren door de cracht zijnes geests, dat zy tot Christum comen. Ergo so en heeft hy oock niet alle, maer alleen eenighe bysondere persoonen ter salicheyt verkoren".

tes são atraídos pelo Espírito, conclui-se que nem todos são eleitos. Os remonstrantes são da opinião de que nenhum argumento na Escritura inteira é mais provável que esse.[797] Entretanto, como compreendem, a linha de raciocínio por detrás disso surge

> dessa razão inquisitiva dos homens, que desejando entrar no julgamento secreto de Deus e compreender qual poderia ser a causa pela qual Deus não permitiu nem permite que o evangelho da salvação seja pregado a tantos milhares de pessoas entre os gentios e em outros lugares; e incapazes, eles mesmos, de irem longe o bastante, por fim, não podem encontrar solução a não ser isso: que deve haver necessariamente um decreto absoluto e incondicional ou determinação de predestinação.[798]

Os remonstrantes consideram que esse decreto não está de acordo com a natureza de Deus nem com a Escritura o que escancara a porta para uma vida devassa ou desesperada. Ele, além disso, torna a pregação ineficaz[799] Deus dissimularia quando o evangelho quando fosse pregado para aqueles que Ele decidiu reprovar. A condenação deles, então, não seria baseada na rejeição incrédula do evangelho, pois os réprobos estão destinados à condenação "sem considerar sua rejeição incrédula".[800]

---

[797] HSC 82.86.

[798] HSC 82: "Uyt des menschen curieuse vernuft, twelck willende treden in Gods heymelicke oordeelen, ende doorgronden wat d'oorsaeck mocht wesen, dat Godt so vele duysenden menschen onder den Heydenen, ende elders het Euangelium der salicheyt niet en heeft doen of noch en doet predicken: ende niet connende hun selven daer inne ghenoech doen, eyntelick gheen ander wtcomste en hebben weten te vinden dan dese, datter nootsakelick moest wesen een absoluyt ende precijs decreet, of besluyt van Predestinatie [...]"; cf. 87: Como Rei sábio, misericordioso e justo, Cristo determina para onde enviará sua Palavra, não de acordo com um decreto absoluto, "maer om andere oorsaken inden mensche selve schuylende, ons onbekent ende Christo bekent".

[799] HSC 82, see also 83.

[800] HSC 84: "Sonder aensien van dit ongheloovich verstooten"; veja 110.

Isso não se adequa à natureza de Deus; de fato, é contrário a ela.[801] A doutrina remonstrante de reprovação, por outro lado, é razoável e justa, pois remove toda alegação de inocência dos réprobos.[802]

Os contrarremonstrantes creem que se isso "depende da vontade humana (*willekeur*)", usar ou não o dom da fé diminuiria a honra que é devida a Deus e retiraria o único conforto que as pessoas têm.[803]

Os remonstrantes reconhecem que, de fato, não admitem outra predestinação diferente da que foi registrada na remonstrância.[804] Não é preciso dizer que eles recorrem à Escritura para se embasarem. Entretanto, para o presente estudo, os argumentos teológicos são importantes. Os remonstrantes focam o ataque na reprovação absoluta[805] na qual, por exemplo, a criação dos réprobos e seu abandono por Deus, a retenção dos meios de graça, a cegueira, o endurecimento, a persistência no pecado, a instauração do julgamento e a condenação eterna são todos denominados "frutos da reprovação". Como bom exemplo, eles citam o "conceito terrível" (*schrickelijck gevoelen*) de Nicasius van der Schuere, que escreveu a respeito da habilidade divina

> de encerrar o homem na condenação e predestiná-lo antes que ele nascesse; e, uma vez nascido, lançá-lo no abismo do inferno desde o princípio, antes que fizesse algo perverso. Por que Ele, então, não teria mais capacidade para influenciar e orientar o coração do homem para o pecado? O que mais? Condenar aqueles que não praticaram o mal ou influenciar e orientar essas mesmas pessoas para pecar? E depois que

---

[801] HSC 106.
[802] HSC 105.
[803] HSC 24.41.55.71-72.
[804] HSC 34.
[805] Cf. HSC 81: "Waer soude dat heen loopen, dat Godt, ghelijck hy sonder op het gheloove in Christum te sien soude barmherticheyt ter salicheyt bewijsen, oock also zijne strengicheyt bewijsen soude aenden mensche als aen een besonder persoon, sonder te sien op eenighe qualiteyt van sonden?'

Deus deseja condenar os réprobos, faz alguma diferença como Ele os condena — Se os influencia e os orienta a pecar, ou, então, os condena antes disso?[806]

A objeção remonstrante implicitamente concerne à doutrina de Deus, que está conectada à doutrina da reprovação. Por um lado, eles percebem uma grande diferença entre o conceito daqueles que compreendem o objeto da predestinação como o homem não criado e, com isso, "definem a criação como um meio para a condenação" e aqueles que defendem "que Deus, na predestinação, considerou o homem como criado e caído".[807] Por outro lado, ambos os conceitos erram pela função que conferem a Cristo e à fé na predestinação. Em ambos, a função atribuída desonra Cristo e questiona a justiça de Deus. No caso dos eleitos, por serem eleitos em Cristo sem que se fizesse previamente a satisfação; no caso dos réprobos, por serem reprovados sem haver cometido pecado previamente ou, então, porque o pecado foi necessário e inevitável.

Devido ao paralelo entre eleição e reprovação[808] (reconhecida também pelos próprios contrarremonstrantes[809]), esta também é uma

---

[806] HSC 32. Para Van der Schuere, veja BLGNP 3, 324-325. Van der Schuere (of: Verschuere) (ca. 1540-after 1584) publicado seu "Een cleyne of corte institutie, dat is onderwysinghe der christelijcker religie, ghestelt in locos communes in Gent in 1581". Vanhees relata que o trabalho encontrou oposição considerável, especialmente no que diz respeito à seção sobre predestinação e a causa do mal. Vanhees observa que foi reimpresso em Rotterdam em 1612, portanto, após a Conferência de Haia. Aparentemente, ele desconhecia a "recente" (onlancx) reimpressão de Amsterdã mencionada no HSC.

[807] HSC 33.

[808] Veja HSC 35.37.46.107.

[809] HSC 41: "Ten tweeden begeeren de Broeders, dat wy ons oock sullen verklaren over het stuck der verwerpinghe: waer op wy antwoorden, dat wanneer wy stellen een eeuwich besluyt van verkiesinghe van seeckere bysondere Persoonen, dat daer uyt oock claerlijck can verstaen worden, dat wy mede stellen een eeuwich besluyt van verwerpinge of verlatinghe van seeckere bysondere Persoonen: want daer en kan gheen verkiesinghe wesen, of daer moet oock verwerpinghe of verlatinghe zijn. Wanneer wt een seecker ghetal eenighe worden wtverkooren, soo worden daer mede oock d'andere verworpen: want diese al neemt die en verkiest niet".

consequência do conceito que considera o homem caído o objeto da predestinação. Visto que a eleição é incondicional, a reprovação deve ser incondicional também.

Se o decreto para estabelecer Cristo como Salvador procede do decreto da eleição, ele é "absurdo e claramente serve para desonrar Cristo".[810] Igualmente, a justiça de Deus também é questionada nesse conceito de predestinação no qual as pessoas caídas são o objeto:

> Se a designação de Cristo como Salvador procede da eleição de certas pessoas para a salvação, então, em termos de ordem, Deus destinou certas pessoas para a salvação antes que tivesse ordenado a satisfação de sua justiça. Mas isso novamente é absurdo e sem sentido porque é impossível para Deus partilhar a salvação aos pecadores (aos quais apenas a predestinação se estende) sem, em termos de ordem, primeiramente determinar a satisfação de sua justiça. A primeira hipótese pode, portanto, não ser verdadeira.[811]

Os contrarremonstrantes recorrem à imutabilidade "da essência e natureza de Deus" para provar que "também sua vontade e seu conselho devem ser imutáveis". Da imutabilidade divina, os remonstrantes inferem que Deus, desde a eternidade, decretou salvar aqueles que perseveram na fé e condenar aqueles que não creem, porque isso é evidente "na execução que Deus realiza no tempo do decreto que promulgou desde a eternidade, concernente à salvação e condenação humanas".[812]

Em contraste com os contrarremonstrantes, os remonstrantes distinguem "considerar como crentes" e "notar a fé" considerando a fé como condição ou causa da eleição. Conforme a compreendem, os contrarremonstrantes confundem "a causa que move Deus a eleger com

---

[810] HSC 109.
[811] HSC 109.
[812] HSC 60; cf. 70.

a forma de Deus considerar as pessoas na eleição, como se a causa e o resultado fossem a mesma coisa".[813]

> E quanto à maneira em que Ele considerou a fé na eleição — isto é, como causa ou como condição —, respondemos que, de qualquer forma, ela não é causa nem mesmo algo que, até em nível insignificante, se oporia à graça salvadora de Deus. Posto que isso esteja estabelecido, não pensamos que alguém continuaria preocupado a esse respeito, mas que a ocasião seria determinada por Deus, o Eleitor.[814]

Os remonstrantes compreendem a fé como "dom de Deus dado a nós devido à graça".[815] Sendo assim, não veem razão, conforme os contrarremonstrantes, para contrastá-la com o beneplácito e a graça de Deus, como se a fé e a graça fossem mutuamente exclusivas.[816] Na eleição, a fé não é considerada uma condição que deve ainda ser cumprida, mas é uma condição já cumprida; a eleição para salvação é, desse modo, absoluta com respeito ao crente.[817] A eleição de Deus

> é uma decisão da graça e do beneplácito de Deus em Cristo, de acordo com o qual Ele, por causa de Cristo e através de

---

[813] HSC 35.

[814] HSC 35:"Ende wat aengaet de maniere, hoe hy t'gheloove int verkiesen heeft aenghesien, te weten, als oorsaecke oft als conditie: daer op segghen wy, dat het in allen ghevalle niet en is aenghesien als oorsake, noch als yet dat de salichmakende ghenade Godts soude mochen int minste teghen zijn: twelcke vast ghestelt zijnde, so en houden wy niet datmen sich vorder in desen behoeft te becommeren, maer de gheleghentheyt hier van Gode den Verkieser behoort te laten bevolen wesen"; veja 93.94.105.

[815] Cf. HSC 106: "Dat ten lesten geseyt wort dat God den mensche t'gheloove geeft sonder sijn toedoen, als uyt hem selven, is oock ons gevoelen: maer is hier buyten propoost".

[816] HSC 37; see 93: "Even of ghenade ende gheloove waren strijdende dingen". Veja HSC 94.

[817] HSC 106.

Cristo, deseja salvar todos os que creem nele; não porque creem nele, mas somente devido à graça e misericórdia.[818]

Os contrarremonstrantes observam que, quando a fé é contrastada com as obras, como é feito pelos remonstrantes, a eleição não é nada, exceto "que Deus decidiu salvar não aquele que age, mas aquele que crê". Nesse caso, Deus não elegeria "pessoas específicas, mas condições ou qualidades".[819] Os remonstrantes, na realidade, se opõem à justificação pelas obras a justificação pela fé. Isso é precisamente o reverso do que aconteceu após a queda no pecado,[820] e constitui o próprio núcleo do evangelho. A fé e a graça estão em contraste com as obras e a lei.[821] "Se não for das obras, é da fé e, assim, da graça".[822] Além disso, se os remonstrantes dizem "que Deus, na eleição, contemplou os que perseveram na fé para salvá-los", então "não é devido à fé, mas por causa de Cristo, o qual aceitaram através da fé, compreendendo por fé perseverante a fé que permanece até o fim".[823] Conforme os remonstrantes, a eleição para a salvação depende, portanto, da "presciência infalível de Deus, de acordo com a qual ele conhece quem crê nele, se tornará ovelha e povo, e quem não será".[824] Na eleição, a fé é considerada um dom certo e realizado de Deus.[825]

Deus deve ter desejado salvar Jacó sem considerar a fé, e condenado Esaú sem considerar a incredulidade; haveria boa razão para duvidar

---

[818] HSC 74: "[...] is een besluyt der ghenade ende welbehaghens Gods in Christo, volghens twelck hy om Christi wille, ende door Christum wil salich maken alle die in hem ghelooven, ende dat, niet uyt oorsaecke dat sy in hem ghelooven, maer alleen wt louter ghenade, ende barmherticheyt".

[819] HSC 69.

[820] Cf. HSC 103.

[821] Cf. HSC 81.

[822] HSC 107.

[823] HSC 96.

[824] HSC 89; cf. 106.

[825] HSC 101.

que isso está em harmonia com a justiça de Deus. Não tanto no caso de Jacó, "que foi salvo, no fim", mas sim "no caso do desgraçado Esaú que foi odiado, reprovado e (conforme esse conceito), desde a eternidade, predestinado para a condenação eterna, sem se considerar sua perversidade".[826] Pelo contrário, está estritamente de acordo com a justiça de Deus Ele não salvar, pelas obras, pessoas que transgrediram sua lei, mas, em vez disso, desejar salvá-las pela fé.[827] Depois que o pacto das obras foi desfeito, não foi injusto da parte de Deus não conceder justiça aos que trabalham, mas àqueles que creem em Cristo.[828]

Dessa discussão sobre predestinação, pode-se deduzir as seguintes conclusões em relação à principal questão deste capítulo. A objeção remonstrante contra a predestinação incondicional parece se mover em duas direções com base nos argumentos teológicos que dizem respeito à justiça de Deus. A reprovação absoluta — em que a incredulidade procede da reprovação — não é possível, porque é mais injusto punir alguém por algo que necessariamente procede da reprovação. Se o homem não criado e não caído é o objeto da predestinação, Deus se torna o autor do pecado. De acordo com os remonstrantes, a eleição absoluta conflita com a justiça de Deus, porquanto a justiça de Deus deve ser satisfeita antes de ele destinar pecadores para a salvação. A eleição é, assim, recebida pela fé em Cristo e por meio dele.

Quando os remonstrantes chamam a predestinação incondicional de "absurda e abominável", eles parecem pensar particularmente na injustiça de Deus, especialmente em como ela se manifestaria na reprovação. A justiça de Deus é também a razão pela qual tal predestinação é "absurda e sem sentido". Para pressupô-la em termos de ordem, Deus elegeu certos pecadores para a salvação antes mesmo de ter determinado a satisfação de sua justiça.

---

[826] HSC 104.
[827] HSC 104.
[828] HSC 105.

Do lado dos contrarremonstrantes, a justiça de Deus constitui a razão de presumir o homem criado e caído como o objeto da predestinação. Eles defendem a justiça de Deus na reprovação incondicional com um apelo à incompreensibilidade dos julgamentos de Deus, e defendem que ela não pode ser apreendida pela razão humana. Entretanto, o próprio Deus seguramente será capaz de defender sua justiça. Por essa razão, os contrarremonstrantes reclamam que o conceito remonstrante está mais de acordo com a "razão humana" do que fundamentado na doutrina reformada, a qual está baseada na Palavra de Deus. Os remonstrantes também deduzem consequências falsas e péssimas do ensino reformado; essa observação novamente ilustra que os contrarremonstrantes querem se distanciar de uma abordagem (excessivamente) racional. Os contrarremonstrantes, com o conceito da predestinação absoluta, portanto, não situam em Deus o problema da justiça divina, mas, antes, no entendimento humano. A justiça de Deus não é problema quando se trata da função de Cristo no decreto de predestinação, embora para os remonstrantes, o oposto fosse verdadeiro.

Pode-se, portanto, concluir que houve algum tipo de continuidade entre Armínio e os remonstrantes com respeito à função da justiça de Deus em seus argumentos. Isso é, de qualquer forma, verdadeiro, quando o problema concerne à predestinação em si. O recurso dos contrarremonstrantes à incognoscibilidade da justiça de Deus, por outro lado, demonstra a influência dos aliados de Calvino (veja 7.2.). A justiça de Deus não desempenha virtualmente nenhuma função em qualquer argumento contrarremonstrante, não estabelece nem defende seus conceitos, tampouco ataca a dos remonstrantes. A frequência e ênfase com que os remonstrantes usam a justiça de Deus como argumento são, todavia, um tanto escassas.

Duas questões surgem: 1. A justiça de Deus também cumpre uma função adicional no debate entre os remonstrantes e os contrarremonstrantes? 2. Como foi o caso entre Armínio e seus oponentes, há pontos de divergência diametralmente opostos (por exemplo, a cognoscibilidade da justiça de Deus) para temas em que não se esperaria acordo, de modo que tentativas de conciliação pareceram estar fadadas ao fracasso desde o princípio?

6.2.2. A importância e função de Cristo e a expiação

Em conexão com o primeiro artigo, o tema sobre Cristo já havia surgido várias vezes, particularmente com respeito à importância que Ele tem na predestinação. Para os remonstrantes, Cristo é o fundamento da predestinação.[829] A eleição é em Cristo e por essa razão pertence aos crentes, pois ninguém está em Cristo se não crê nele.[830] Os contrarremonstrantes pressupõem que Cristo também é quem elege,[831] ou Deus quem elege através de Cristo.[832] Cristo, de fato, é o fundamento da salvação, mas eles não concordam com os remonstrantes, que defendem que Cristo é o fundamento da predestinação:[833]

> Deus, de acordo com o seu beneplácito, nos predestinou nele, ou nos predeterminou para o acolhimento, como filhos, por meio de Jesus Cristo; isto é, Ele nos predestinou para receber o acolhimento real, por meio de Jesus Cristo, como filhos; além disso, assim como ninguém recebe o acolhimento real como filho exceto através da fé concreta, conforme João 1.12 e Gálatas 3.26, às quais nossos irmãos também recorreram, embora essas passagens não sejam contra nós — portanto, dessas passagens não se pode senão concluir que Deus nos predestinou para sermos acolhidos

---

[829] HSC 33.37.88.
[830] HSC 58-59.61.78.
[831] HSC 67.
[832] HSC 71. 91.
[833] HSC 70.

como filhos de Deus através da fé em Jesus Cristo e por causa dele, e, por esse meio, sermos conduzidos à salvação.[834]

Os contrarremonstrantes não associam a importância e a função de Cristo à eleição e à justiça de Deus, como fizeram remonstrantes. Isso parece ser um dos pontos mais importantes de divergência entre os dois partidos também nas discussões sobre o segundo artigo. Esse segundo artigo da *remonstrância* é dedicado à extensão da expiação: o que significa dizer que Cristo morreu por todas as pessoas? Os contrarremonstrantes "prontamente concordam que o sofrimento e a morte de Cristo são de valor e poder tais que ela é, em si, suficiente para pagar pelos pecados de todas as pessoas".[835] Entretanto, eles ainda presumem que a realização da expiação, a obra vicária, a remoção real do pecado e da culpa, a posição em um estado de graça, bem como sua apropriação estão todas indissoluvelmente ligadas umas às outras que pertencem às pessoas de um mesmo grupo não aos incrédulos e aos impenitentes.[836] Em contraste, os remonstrantes distinguem entre a realização e a apropriação real da expiação: a primeira diz respeito a todos, sem exceção; a segunda, àqueles que se arrependem e creem. "Esse, então é o erro recorrente que nossos irmãos cometem e que frequentemente

---

[834] HSC 67: "Godt [heeft] naer het welbehaghen sijns willens in hem selven ons [...] ghepredestineert, ofte te vooren gheschickt tot aenneminge der Kinderen door Jesum Christum, dat is, dat hy ons daer toe heeft ghepredestineert, dat wy door Jesum Christum de dadelijcke aenneminghe der Kinderen souden verkrijghen, ende volghens dien, alsoo de dadelijcke aenneminge der Kinderen niemandt en verkrijcht dan door dadelijck geloove, ghelijck te sien is uyt Johan. 1.12. Gal. 3.26. welcke plaetsen de Broeders oock hebben aenghetogen, doch teghen ons niet en zijn: soo en can oock wt dese plaetse anders niet worden besloten, als dat Godt ons daer toe heeft ghepredestineert, op dat wy door t'gheloove in Jesum Christum, ende om sijnent wille tot kinderen Godts souden aenghenomen worden, ende door soodanighen middel ter salicheyt ghebracht".

[835] HSC 111; cf. 124-125.135.

[836] HSC 112.114.124.

lhes é atribuído, o qual consiste na confusão entre realização, que é para todos, e apropriação real, que é para uns poucos".[837]

Nas discussões, muitos argumentos lógicos e exegéticos surgem. Dada a questão particular a que este estudo é orientado, focaremos em temas mais fundamentais e mais afeitos à teologia sistemática. Um argumento remonstrante que foi proposto várias vezes se refere à relação entre eleição e expiação. A eleição é fundamentada em Cristo. Com base na "precedência necessária em termos da ordem dos méritos de Cristo, antes da determinação ou eleição de certas pessoas para salvação",[838] os remonstrantes argumentam que "o que em termos de ordem, precede à eleição para a salvação não pode ter acontecido para os eleitos como eleitos".[839] O raciocínio está no entendimento que têm da justiça de Deus, que deve primeiramente ser satisfeita, antes que Ele manifeste sua misericórdia aos pecadores:

> Quando afirmamos que Cristo obteve perdão de pecados para todos, queremos dizer que Cristo foi tão eficaz ao satisfazer a justiça de Deus, que Deus, sem violar sua justiça, abriu novamente a porta de sua graça para o pecador, apesar de que ninguém participará dessa graça exceto através da fé.[840]

---

[837] HSC 167: "Dan t'is de gheduerighe mislach die de Broederen begaen, ende die dickwils aenghewesen is, bestaende in vermenginghe van de verwervinghe, die voor allen, met de datelijcke toeeygeninghe, die maer eenigen gheschiet".

[838] HSC 118-119.

[839] HSC 118; cf. HSC 155: "Geven wy den Contre-Remonstranten dit argument te bedencken: Indien men simpelick houden wil dat Christus voor sijne schapen, voor zijne gemeynte etc. als sodanich zijnde, ghestorven is, dat dan inde ordre yemant eer een schaep Christi ende van zijne Gemeynte is geweest, eer Christus voor hem ghestorven was, ende hem met zijn bloedt verworven hadde, twelck absurd, ongherijmt, ende onwarachtich is. Ergo is Christus niet voor sijn schapen als sodanige gestorven, maer wel voor sijn schapen als sondaren ende verloren menschen, welcke qualiteyt, also hun met anderen, die by ghebreke van gelove noyt Christi schapen ghworden zijn, gemeyn is, so is oock Christus int gemeyn mede voor hen ghestorven".

[840] HSC 147: "Als wy dan seggen dat Christus voor allen de vergevinge der sonden heeft verworven, hebben wy daer inne dese meyninghe, namelijck, dat Christus, voldoende

A justiça de Deus, portanto, constitui o argumento mais importante para distinguir entre eficácia da "felicidade real" da expiação e para a precedência lógica da eficácia para a fé ou incredulidade. A eficácia se estende a todos os pecadores em geral; a fé e a incredulidade surgem apenas quando se lida com a eleição, que é fundamentada nessa eficácia.[841] A "universalidade do sofrimento de Cristo", desse modo, não conflita com a "particularidade" da eleição de certas pessoas.[842]

Os remonstrantes conectam a distinção entre realização e aplicação à forma com que a Escritura fala sobre

> o duplo amor que Deus e nosso Senhor Jesus Cristo têm por nós; o primeiro ao qual chamamos amor antecedente, que precede nossa conversão, nossa fé e nosso amor para com Deus, e é demonstrado a nós quando somos ainda inimigos; o outro, o consequente, é demonstrado a nós por Deus e Cristo depois que somos convertidos a Ele e o amamos. O primeiro amor é mais plenamente demonstrado por Deus no fato de que "Ele entregou o seu Filho para nossa reconciliação" (João 3.16; 1 João 4.9, 10; Romanos 5.8), e por Cristo no fato de que "Ele entregou sua vida por nós" (1 João 3.16; Efésios 5.2). O

---

de gherechticheyt Gods, so veel heeft teweghe ghebracht, dat God sonder quetsinge van sijne gherechticheyt, den sondigen mensche de deure wederom heeft open ghestelt tot sijne genade, hoewel niemant tot de ghemeynschap van dese ghenade en sal ingaen dan door t'ghelove"; cf. 121: "om dat nae de waerheyt des Evangeliums gheen salicheyt noch wille van salicheyt over den sondighen Mensche by God en kan zijn, dan door de doot ende verdiensten Christi".

[841] HSC 146-147; cf. 146: "Ghelijckmen seggen mach, dat een Medecijn meester sijne medecijne voor alle crancken bereydt heeft, sonder onderscheyt of alle crancken die sullen ghebruycken of niet, hoewelse niemandt helpen en sal dan diese ghebruycken, also ist oock gheleghen met de versoeninge in Christo: allen isse verworven: voor allen isse bereyt: ende evenwel en hebben d'onghelovige paert noch deel daer aen, om dat sy die door ongelove verwerpen: twelck niet soude connen gheschieden, wanneer sy henlieden van te vooren (midts ghelovende) niet en ware. toebestemt, ende Christus voor henlieden niet gestorven en ware".

[842] HSC 170.

segundo amor (descrito em João 14.22, 23, "Aquele que me, ama também a meu Pai e eu o amarei e me manifestarei a ele"; veja também Atos 10.34; Hebreus 11.6) foi mais plenamente revelado nisto: Deus e o Filho habitam em nós quando cremos neles, os amamos e participamos plenamente dos benefícios obtidos.[843]

Essa citação fala explicitamente do "duplo amor" de Deus (o *duplex amor Dei*), segundo o qual o primeiro, o amor precedente, tem a ver com a satisfação da justiça de Deus através da expiação. Entretanto, essa similaridade não significa que os remonstrantes adotaram o conceito de Armínio do duplo amor de Deus. Para os remonstrantes, o amor primário de Deus é um amor pela humanidade, e não pela justiça, embora o amor de Deus pela humanidade tome forma na expiação pelo pecado, isto é, na satisfação da justiça de Deus. O amor secundário de Deus não é o amor geral pela humanidade ou por todas as criaturas e a glória delas, mas seu amor pelos que creem. Em síntese, só porque os remonstrantes usam os mesmos termos de Armínio, isso não garante que eles também adotaram os conceitos subjacentes.

Pouco depois, os remonstrantes rejeitaram a noção de que Deus "ordenaria primeiramente amar o homem para a salvação e, desse amor, o elegeria para a salvação, antes que Ele determinasse entregar Cristo, seu

---

[843] HSC 164: "Tweederley liefde die Godt ende onse Heere Jesus Christus ons toedragen, d'eene mogen wy noemen eene voorgaende liefde, namelijck die onse bekeeringhe, gheloove, ende liefde tot God voorgaet, ende ons bethoont is als wy noch vyanden waren: d'ander volgende, die van Godt ende Christo ons bewesen wort, na dat wy tot hem bekeert zijn, ende hem lief hebben. D'eerste liefde is opt hoochste daer in betoont van Godt, 'dat hy ons zijn Soone tot onse versoeninghe heeft ghegeven', Johan. 3.16. 1. Johan. 4.9.10. Rom. 5.8. Ende van Christo, 'dat hy voor ons zijn leven inde doodt ghegheven heeft' 1 Johan. 3.16. Ephes. 5.2. De tweede liefde (vande welcke ghesproken wort Johan. 14.22.23. 'Die my lief heeft, die sal oock den Vader liefe hebben, ende ick sal hem lief hebben, ende sal hem my selven openbaren': etc. oock Actor. 10.34. Hebr. 11.6.) werdt hier in opt hoochste bethoont, dat den Vader ende den Sone, als wy ghelooven ende haer lief hebben, wooninghe in ons maecken, ende ons de volheyt vande verdiende goederen deelachtich maecken".

Filho". Igualmente, essa declaração lembra a rejeição de Armínio a uma ordem inversa do duplo amor de Deus, a qual verificou no pensamento de seus oponentes porém novamente, a justiça de Deus não é explicitamente referida nem expandida em termos de conteúdo.[844]

Outros argumentos mais ou menos conectados com a doutrina de Deus surgem das discussões sobre o chamado para a salvação e o mandamento para crer, os quais não se aplicam meramente aos eleitos. Se Deus sinceramente chama as pessoas à salvação através do sangue de Cristo, isso implica que Cristo morreu por todos aqueles que são chamados, pois, do contrário, Deus agiria "hipocritamente" (*gheveynsdelijck*).[845] Se Deus declara o mandamento para crer no Cristo crucificado, isso denota que Cristo morreu por essas pessoas, porquanto Deus não ordena que as pessoas creiam em uma mentira. Se Cristo não morreu por todos, embora todos são ordenados a crer, isso significaria "que eles não pecam na incredulidade, e que, no fim, não serão condenados por causa da incredulidade".[846] Associado está o fato de que, para os remonstrantes, a suficiência pressupõe eficácia real, assim como a vontade da parte de Deus de estender a todos o que é suficiente para todos.[847] Os remonstrantes também ressaltam que seus colegas podem muito bem enfatizar que creem que a morte de Cristo é suficiente "para o mundo inteiro, mesmo para milhares de mundos", mas que eles

> recolhem as velas da graça de Deus pouco depois de parecerem tê-las desfraldado, quando afirmam, no artigo 4 da contrarremonstrância, que Deus entregou seu Filho, Jesus Cristo, à morte da cruz para salvar os eleitos. Igualmente, embora o sofrimento de Cristo seja suficiente para pagar pelos pecados de todos, de acordo com o conselho e decreto

---

[844] HSC 174.
[845] HSC 119; cf. 161.172-173.
[846] HSC 120.
[847] HSC 149.

de Deus, ele, no entanto, tem poder de expiação somente aos eleitos e cristãos verdadeiros etc.[848]

A partir disso, os remonstrantes deduzem que os "contrarremonstrantes concordam com Beza, Piscator entre outros, os quais abertamente ensinam que com respeito ao conselho de Deus, Cristo não morreu pelos réprobos em suficiência, em poder ou em qualquer outro aspecto".[849] Os remonstrantes ilustram o absurdo disso envolve da seguinte forma:

> Um médico se orgulha de ter tem um remédio para todas as enfermidades, o qual ele oferece a todos os enfermos, convidando-os a virem e serem curados. Mas ele não tem o desejo nem tampouco a vontade de curar todos os enfermos; na realidade ele determinou deixar a maioria na enfermidade sem considerar se rejeitariam ou não seu remédio.[850]

Os contrarremonstrantes insistem que a expiação pode ser abranger além dos crentes ou eleitos apenas em termos de sua suficiência. À parte da quantidade de argumentos exegéticos e linguísticos, eles também propõem certos temas teológicos. Assim, deduz-se uma forte conexão

---

[848] HSC 147-148: "T'seyl der genade Gods, dat sy te voren so ruym schenen uytghespannen te hebben, wel haest weder in crimpen, wanneer sy segghen in hare Contre-Remonstrantie Articule 4. dat God sijnen Soon Iesum Christum inden doot des cruyces heeft overgheghevenom zijne uytvercoren salich te maken. Item, dat, hoewel het lijden Christi ghenoechsaem is tot betalinghe voor aller menschen sonden, nochtans dat het selve volghens den raedt ende besluyt Godes alleen inden vvtvercoorenen ende vvare Gheloovighe sijne cracht heeft tot versoeninge etc".

[849] HSC 148.

[850] HSC 149: "Een Medecijn-meester roemt sich dat hy een remedie heeft teghen alle franckheden, die hy den crancken aenbiedt, de selvighe noodende haer selven te laten ghenesen: ende daer en tusschen en heeft hy noch sin noch wille alle crancken te heylen, jae heeft bestemt verre den meesten deel in hare cranckheden te laten sterven, sonder opmerckinghe of sy sijner medecijne souden versmaden of niet".

entre a realização e a pregação da salvação. Como só é possível participar da salvação realizada por meio da fé na Palavra pregada, a realização universal sugeriria que a Palavra também seria pregada a todos. Uma vez que este não é o caso, a expiação também não é realizada por todos.[851] Não apenas a Escritura, mas também a experiência ensinam que Deus não deseja a salvação de todas as pessoas e que nem todos de fato serão salvos. Isso fica evidente, dentre outros motivos, do fato de que

> diariamente milhares se perdem, e nem todas as pessoas são chamadas à salvação, nem todos que são chamados se arrependem e tampouco recebem e são e apresentados a todos os meios de alcançarem o conhecimento da verdade, que é a pregação da Palavra. De acordo com isso, é evidente que Deus não deseja, isto é, não determinou, conduzir todas as pessoas à salvação e ao conhecimento da verdade, e que Ele, portanto, também não designou nem aplicou os meios para a salvação a todos, embora Deus, o Senhor, tenha prazer nisto, quando o homem se volta para Ele e vive (Ez 18.23).[852]

Os remonstrantes protestaram contra esse argumento. A razão de a Palavra não ser pregada em todo lugar não deve ser encontrada na morte de Cristo ou no decreto eterno, absoluto e cruel de predestinação que conflita com a natureza de Deus e com as Escrituras, mas nos "pró-

---

[851] HSC 113.

[852] HSC 138-139: "Dagelijcx vele duysenden verloren gaen, ende niet alle menschen ter Salicheyt gheroepen, niet alle gheroepene bekeert, ende niet alle menschen den Middel om tot de kennisse der waerheyt te comen, welcke is de Predicatie des woordts gegeven ende voorghedraghen wordt. Waer uyt dan claerlijck blijckt dat Godt niet en wil, dat is, niet en heeft voorghenomen alle menschen tot Salicheyt ende kennisse der waerheyt te brengen, ende dat hy daerom ooc de middelen ter salicheyt alle menschen niet en heeft toe gheschickt noch toegheeyghent, hoe wel God de Heere een behaghen ende welghevallen heeft, dat de mensche hem bekeere ende leve, Ezech. 18.23".

prios pecados e perversidades prévios do homem".[853] "Se não sabemos mais para onde ir com nossa predestinação absoluta", não devemos buscar refúgio na "razão humana" (*Menschelick vernuft*), mas, em vez disso, exclamar:

> Ó profundidade da sabedoria e conhecimento de Deus, cujos juízos e métodos são incompreensíveis e insondáveis. Pois embora creiamos que a Escritura é explícita e que precisamos firmemente crer que Deus deseja ter compaixão de todos, no entanto, a maneira e o método que Deus usa para isso e a decisão de enviar a Palavra da expiação aqui e ali, permanecem amplamente ocultos a nós.[854]

Para os contrarremonstrantes, o que Cristo conquistou, bem como a fé, são considerados por Deus na eleição como meios. Nesse sentido, a eleição para a salvação é encontrada em Cristo Jesus.[855] Os contrarremonstrantes consideram que o argumento remonstranteem termos de eleição foi suficientemente refutado. Eles afirmam que é "absolutamente sem sentido" que o "Deus totalmente sábio ordenasse os meios antes do fim".[856] Se Deus decidiu em seu "conselho totalmente sábio" que Cristo expiaria os pecados daqueles que jamais seriam reconciliados com Ele, isso denotaria que a morte de Cristo não foi poderosa o bastante para executar o conselho de Deus, "ou que Deus não foi sábio o bastante em seu conselho e determinou fazer algo que ele não poderá nem irá exe-

---

[853] HSC 161-162.

[854] HSC 162: "O diepte der rijckdommen der Wijsheyt ende kennisse Godts, welckers oordeelen ende vveghen onbegrijpelijck ende onvindelijck zijn. Want gheloovende dat de Schrift uytdruckelijck seydt, ende dat wy vastelijck ghelooven moeten, namelick dat Godt sich aller erbarmen wil, soo blijft ons noch even wel de maniere ende weghen die Godt daer toe inne gaet, als van twoort der versoeninghe hier te senden ende elders niet, ten meesten deel verborghen".

[855] HSC 126.

[856] HSC 127; veja p. 108.

cutar", "ambas hipóteses são sem sentido e abomináveis".[857] Nenhuma palavra é dita sobre a justiça de Deus. Apenas se observa que "nenhuma desonra seria cometida contra Cristo, o Senhor", e que a salvação não seria presumida como disponível fora de Cristo "caso se dissesse que o sofrimento e a morte de Cristo são o único meio através do qual todos aqueles que serão salvos obtêm a salvação".[858]

Os contrarremonstrantes afirmam que o argumento baseado no chamado externo também não se sustenta. No chamado externo, Deus não proclamou que Cristo morreu por todos desta forma, mas "junto ao chamado externo para a salvação há sempre o pré-requisito de fé e arrependimento. Portanto, não se proclama absolutamente a toda e qualquer pessoa que Cristo morreu por ela, seja qual for o estado em que ela esteja, mas somente para os pecadores arrependidos e crentes". Por essa razão, também não há hipocrisia em Deus:

> Do contrário, Deus agiria hipocritamente se Ele permitisse a proclamação de que Cristo morreu por cada pessoa, sem distinção, e se o impenitente e incrédulo soubessem que a morte de Cristo não os beneficiaria de forma alguma. Além disso, para falar apropriadamente, Deus não chama à salvação todos os externamente chamados, visto que as únicas pessoas a quem chama à salvação, isto é, às quais ele permite que a salvação fosse proclamada são os crentes e os arrependidos. O impenitente e o incrédulo são chamados ao arrependimento antes que ele os chame para a salvação.[859]

---

[857] HSC 143.

[858] HSC 127.

[859] HSC 132: "Ter contrarie God soude gheveynsdelijck handelen indien hy liet vercondighen dat Christus voor een yeder mensche, sonder onderscheyt, soude ghestorven wesen, ende dat daer nae de onboetveerdige ende ongeloovige souden bevinden dat Christi doot haerlieden gantschelijck niet te nut en comt. Daer beneven om eyghentlick te spreken en roept God niet ter Salicheyt alle die ghene die wterlijck gheroepen worden, want hy roept alleen ter Salicheyt, dat is, laet de Salicheyt alleen vercondighen den

Além disso, o mandamento para crer em Cristo não presume, em um sentido absoluto, "que Cristo tenha morrido por todos dos quais Deus, em geral, apresentou o mandamento para crer". É um mandamento condicional. Cristo morreu apenas por aqueles que obedecem a esse mandamento e, portanto, creem e se arrependem. Deus não exige que ninguém creia em uma mentira, porque é indubitável e certo que Cristo morreu por todos os que verdadeiramente creem que ele morreu por eles".[860] Um pecador impenitente deve se arrepender e "crer em Cristo de acordo com o conteúdo do evangelho sagrado".[861] Antes que, de fato, o faça, ele não tem qualquer razão para crer que Cristo realizou a expiação por ele também, "o que não pode saber, conforme esse ensino, antes que ele creia".[862] Contudo, os contrarremonstrantes enfatizam o outro lado: a "esperança da salvação". Para os incrédulos, há um meio pelo qual podem evitar a condenação merecida, a saber, "se crerem. E nenhuma pessoa está absolutamente eliminada da esperança da salvação enquanto estiver viva; ninguém pode afirmar que Cristo não morreu por determinada pessoa, pois ninguém pode afirmar isso de outro enquanto estiver vivo".[863] Enquanto este estiver vivo, há esperança. "Quem tem a esperança removida, ao qual Deus não lhe conceda também, em seu próprio tempo que, se arrependa e creia em Cristo?"[864] Em que essas pessoas precisam ou podem crer, então?

> Antes que tenha fé, o pecador duvida se Cristo morreu por ele. Mas todos os pecadores precisam crer sem duvidar que Cristo, através de sua morte, pagou um resgate que é suficiente para remover os pecados de todas as pessoas, e que os pecados de

---

gheloovighen ende boetveerdighen: De onboetveerdighe ende ongheloovighe roept hy eerst tot bekeeringhe eer hyse roept ter Salicheyt".

[860] HSC 133.
[861] HSC 134.
[862] HSC 141.
[863] HSC 139-140.
[864] HSC 140.

todos que se arrependem e creem realmente serão, portanto, removidos.⁸⁶⁵

6.2.3. Segurança da salvação e a justiça de Deus

É extraordinário que os contrarremonstrantes defendam a segurança da fé com o mesmo silogismo de Armínio. Para ambos, a promessa feita aos crentes e a percepção de que alguém é crente constituem o fundamento para a segurança da fé. Os contrarremonstrantes baseiam a segurança na promessa geral de Deus aos crentes, de que Cristo morreu por todos eles. Os crentes se apropriam dessa promessa geral, e pelo fato de crerem, concluem que Cristo morreu por eles.⁸⁶⁶

Entretanto, de acordo com os remonstrantes, aqueles que duvidam se creem, por estarem em pecado, e não sentem o poder da fé e o testemunho do Espírito Santo não serão auxiliados por esse silogismo contrarremonstrante. O "livro secreto de predestinação" é, para essas, pessoas um abismo de desespero. Por não experimentarem o poder da fé como fruto da predestinação, eles têm razão para duvidar que não foram predestinados e que Cristo, portanto, também não morreu pelos seus pecados.⁸⁶⁷

---

⁸⁶⁵ HSC 141: "De sondighe mensche eer hy ghelooft, twijfelt of Christus voor hem gestorven is: maer alle sondighe menschen zijn schuldich te gelooven sonder eenich twijfel, dat Christus door zijn doot heeft betaelt een rantsoengelt dat genoechsaem is om aller menschen sonden wech te nemen, ende dat daer door oock datelijck wech genomen worden de sonden aller der ghenen, die haer bekeeren ende in hem ghelooven [...]".

⁸⁶⁶ HSC 141-142: "De seeckerheyt des geloofs ende der Salicheyt steunt na onse Leere op een algemeyn woordt der belofte allen gheloovigen int ghemeyn toebehoorende, op dese maniere: Christus is gestorven voor alle geloovigen. Daer hebt ghy het algemeen woort. Nu seght een gelovich mensche, hem dit algemeyn woort toeeygenende, Ic ben een van de gelovige: Ende besluyt: daerom so ben ic versekert dat ic ben een van de gene voor welcke Christus gestorven is. Alsoo wort door onse Leere de rechte seeckerheyt des geloofs ende der salicheyt gestelt ende bevesticht".

⁸⁶⁷ HSC 178: "Wat raet dan met een die so swack is, dat hy aen zijn gheloove twijfelt, ende midts den last des vleesches, legghende onder sware ende grouwelicke sonden, de cracht zijns gheloofs ende t'ghetuygenisse van Gods Gheest tot zijnen geest, niet en ghevoelt?

Em contraste, seu próprio conceito sobre a expiação universalmente realizada talvez não lhes proporcione tranquilidade absoluta para a consciência, mas

> estabelece um fundamento, porque avança na confiança de que Deus (agora que sua justiça foi satisfeita através de Cristo, o Expiador) é capaz e deseja perdoar os pecados deles, meu e de todo pecador que se arrepende, sem qualquer distinção prévia de pessoas, por meio dessa predestinação como nossos irmãos a defendem.[868]

Com isso, os remonstrantes baseiam na justiça de Deus, satisfeita em Cristo, o conforto para aqueles que duvidam. "Pois, embora ninguém, de fato, participe dessas riquezas exceto através da fé, as riquezas de Deus ainda se estendem a todos; o depósito da graça está aberto para todos".[869]

6.2.4. A graça e a operação da graça

Durante as discussões sobre a distinção entre a realização e a aplicação da expiação, os contrarremonstrantes notaram que uma das objeções contra os remonstrantes era "que a expiação depende principalmente da vontade humana, e não da graça de Deus, para realmente ser aplicada a

---

als dickwils ghebeurt. Hoe sult ghy desen troosten? Wysen tot het secreet Boeck der Predestinatie? Tsal hun wesen een afgront van desperatie, want daer wt sal hy geen ander besluyt connen maken als dit: Christus is de versoeninghe der sonden voor alle ghepredestineerde. Gaet nu voort: Wat sal hy segghen? Ick ben ghepredestineert? Zijn conscientie sal hem vraghen, hoe hy dat weet? En weet hy dat niet, hoe sal hy besluyten dat Christus is de versoeninge voor sijne sonden? Ja, dewijle hy de cracht des geloofs als een vrucht der Predestinatie niet en gevoelt, heeft hy oorsaec te vreesen dat hy niet en zy ghepredestineert, ende dat daerom Christus voor sijne sonden niet en sy gestorven".
[868] HSC 178.
[869] HSC 181.

alguém".[870] Os remonstrantes negaram isso e atribuíram a apropriação à "graça pura" (*loutere genade*).[871] Nas discussões que ocorreram sobre o terceiro e quarto artigos da *remonstrância*, a liberdade da vontade humana, a graça e a operação da graça foram discutidas extensivamente.

De acordo com os contrarremonstrantes, o terceiro e quarto artigos concernem a um único tema e, por essa razão, tratamram dos dois em conjunto. O tema é a causa da fé salvadora e a forma com que ela é operada na pessoa; portanto, também se relaciona ao livre arbítrio humano e à graça divina. Segundo os contrarremonstrantes, há três formas de receber a graça salvadora: 1. somente pelo livre arbítrio; 2. apenas pela graça de Deus em Cristo; 3. em parte pelo livre arbítrio e em parte pela graça de Deus. "Embora os remonstrantes, no terceiro artigo, pareçam negar a primeira forma e, no quarto artigo pareçam presumir a segunda, fica claro que eles na verdade presumem a terceira". Eles concluem isso pela posição contrarremonstrante de que "a forma da operação da graça de Deus em Cristo não é irresistível". Assim como os jesuítas, os remonstrantes se apegam à ambiguidade no termo "irresistível" "para ocultar com isso sua opinião quanto à cooperação da vontade humana, e para tornar odioso nosso ensino sobre a graça de Deus".[872] A frase também conflita diretamente com o terceiro artigo e a primeira parte do quarto.[873]

O problema dos contrarremonstrantes com o conceito remonstrante não é a incapacidade de uma pessoa resistir ao Espírito de Deus, visto que sobre esse ponto, há concordância. Por natureza, um ser

---

[870] HSC 115.

[871] HSC 170.

[872] HSC 182; cf. 201.203. Zie 218-219: "Eer wy hier op antwoorden, soo staet aen te mercken, dat de Broeders in dit Argument rondelijck verclaren, wat sy verstaen, als sy ghebruycken die twijffelachtighe maniere van spreecken, dat het gheloove niet en wort ghewrocht Onwederstaenlijck, namelijck, dat selve soo vele te segghen is nae hare eyghene verclaringhe alhier, dat het gheloove niet en wort in den Mensche ghewrocht van eenen alleen, dat is, van Godt ende sijne ghenade alleen, also dat de Mensche daer in oock wat doe ofte mede-wercke".

[873] HSC 200.

humano não faz outra coisa[874] e nem pode fazer outra coisa "até essa resistência e desobediência serem superadas e removidas pelo Espírito de regeneração".[875] A questão real é se a graça de Deus atuaria mais eficazmente no homem do que de meramente permitir que depender da vontade humana para recebê-la ou não. Isso implicaria que a graça de Deus não faz mais do que produzir a eficácia suficiente para capacitar o homem a crer, enquanto o dos impedimento ou a superação dessa graça ou dessa capacidade "dependam dele [isto é, do homem] e de sua livre escolha".[876] Os contrarremonstrantes creem que a graça de Deus em Cristo opera de tal forma que todos aqueles que participam dela não apenas recebem capacidade para crer, mas, ao mesmo tempo, recebem também a fé própria. A graça de Deus impede, supera e remove toda resistência naqueles que a recebem. Nesse sentido, a operação da graça de Deus em Cristo pode ser considerada irresistível, "embora preferíssemos não usar essa palavra por causa de sua obscuridade e ambiguidade".[877] Portanto, os contrarremonstrantes não desejam, de fato, descrever o aspecto distintivo de sua visão como "graça irresistível" em contraste com a "graça resistível". Com base em sua interpretação da doutrina remonstrante da graça, argumentam que esta questiona a *sola gratia*. A questão é "Se é ou não apenas pela graça que o se operam princípio, a continuação e a consumação de todas as boas obras no homem, e se é a graça que opera fé e arrependimento no homem".[878] Para eles, a graça resistível implica em negar a *sola gratia*, e defender a graça resistível e rejeitar a predestinação incondicional representam ensinar o livre arbítrio, que não pode ser conciliado com a *sola gratia*.[879]

---

[874] HSC 183; cf. 201.
[875] HSC 214.
[876] HSC 283.202; cf. 217: "Welck is de meenighe der Synergisten, ende halve Pelagianen".
[877] HSC 183; cf. 201.
[878] HSC 202.
[879] HSC 203.

A operação da graça não é apenas "uma doce persuasão e influência" que deixa a decisão ao livre arbítrio,[880] mas é um "poder divino excelente e invencível" [...], que não pode ser vencido ou totalmente impedido por alguém".[881]

Os contrarremonstrantes também demonstram a consequência desse conceito sobre a operação da graça. A graça divina salvadora está inseparavelmente ligada à eleição e, como uma graça especial, se estende apenas aos eleitos. Os que não são regenerados nem crerão em Cristo não recebem essa graça, que "sempre opera poderosamente a regeneração e a fé em todos os que participam dela".[882] Quem não crê nunca recebe essa graça. A Palavra é pregada a muitos que, "no entanto, não são capazes de crer".[883] Em contraste, em seu povo (isto é, os eleitos), Deus atua "de tal modo que dobra e inclina a sua vontade, de modo que não desejam resistir, mas se dispõem a servir a Deus".[884] A remoção da resistência da vontade é o fator importante mais necessário quando Deus deseja operar a fé em alguém.[885] "Ninguém pode ser convertido antes que Deus, por meio de sua graça, remova a resistência".[886] A fé é um dom de Deus realmente infundido no coração.[887] Se Deus opera a fé, a pessoa é totalmente passiva.[888]

---

[880] HSC 185-186.

[881] HSC 186.

[882] HSC 186.

[883] HSC 186; cf. 214: Há uma iluminação da mente e uma persuasão da verdade também nos réprobos, mas não produzem bastante efeito para que eles se arrependam se quiserem, "overmidts tot de bekeeringhe niet alleen van nooden sijn Ooghen om te sien, maer oock een nieuw herte, ende wechneminghe vant steenen herte: Welcke genade dese luyden niet gehadt en hebben".

[884] HSC 187; cf. 201.219-220.

[885] HSC 201.

[886] HSC 220.

[887] HSC 187.

[888] HSC 203: "Want daer verclaren sy [i.e. de remonstranten, wdb], dat het geloove daerom in ons gewrocht wort, door een wederstaenlijcke werckinghe der ghenade, om dat t'geloove als gehoorsaemheyt in ons ghewrocht wordt: Ende vorders, dat een saecke niet

Portanto, há um decreto absoluto de eleição — absoluto no sentido de que Deus não viu qualquer condição ou obra que o movesse a salvar essa ou aquela pessoa — de "indivíduos" aos quais Deus determinou certamente salvar. Deus decidiu, ainda, conceder fé como fruto da eleição e distribuir os meios necessários para a fé, de acordo com esse decreto. Na eleição, o arrependimento e a fé são, assim, vistos como meios para a execução do decreto, e não como a causa.[889] Eles são "meios que Deus ordinariamente usa externamente como instrumentos de nossa conversão". Esses meios devem ser defendidos pois é por eles que Deus deseja converter, o que também implica que não há desculpa para ser negligente.[890]

Associado a esse conceito sobre predestinação está um "chamado duplo de Deus":

> um que é apenas externo e expresso através da pregação externa da Palavra; outro que é interno e acompanhado pela obra interna, poderosa do Espírito Santo da regeneração.[891]

A palavra pregada é visível, externa portanto, não penetra o coração e pode ser resistida e rejeitada, e é sempre rejeitada a menos que o Espírito Santo também atue internamente. O chamado interno é realizado somente nos eleitos, os quais, através da operação do Espírito

---

en can gehoorsaemheyt ghenaemt worden, welck in yemant van eenen anderen alleen gewrocht wort, also dat hy daerinne niet en doet dan lijden. Waer uyt claerlijc te sien is, dat de Broeders rondelijck bekennen, als men seght, dat t'gheloove ghewrocht wordt door een wederstaenlijcke ghenade, datmen dan oock moet segghen, dat het ghewrocht wort niet van eenen anderen alleen, dat is van Gods ghenade alleen, also dat de mensche daer in niet en soude doen dan lijden, maer dat hy daer in ooc wat moet doen ofte wercken".

[889] HSC 204.
[890] HSC 224.
[891] HSC 207: "Eene, die alleen wtwendich is, ende geschiet door de uyterlijcke Predicatie des woorts: ende eene inwendighe, die boven dien vergeselschapt is met d'inwendighe crachtige werckinge des H. Geests der wedergeboorte [...]"; cf. 206.

Santo são irresistivelmente regenerados.⁸⁹² Através "da graça especial, poderosa da regeneração", uma "vontade boa" é produzida.⁸⁹³

Embora Deus não conceda a sua graça para todos aos quais proclama sua palavra,

> esse chamado externo é acompanhado pela obra interna, poderosa do Espírito da regeneração, pelo qual pessoas são convertidas. Deus, entretanto, tem muitas razões importantes pelas quais ainda prega a Palavra àqueles aos quais não converte realmente.⁸⁹⁴

Um tanto extraordinariamente, os contrarremonstrantes consideram por que tais razões não poderiam ser reveladas a nós — embora não pensem que seja esse o caso — antes de apresentarem algumas razões reais quanto a por que Deus prega a Palavra àqueles que Ele não converterá:

> E, presumindo que essas razões não nos foram totalmente reveladas, seria conveniente querer entrar em sua oculta Sala do Conselho com nosso entendimento, hostil a Deus, e querer sondar seus juízos incompreensíveis? E visto que não podemos fazer isso, [convém a nós] querer negar sua verdade clara, é tão plenamente revelada a nós em sua Palavra, por não podermos compreendê-la em tudo com nosso entendimento ou por pensarmos que sua verdade

---

⁸⁹² HSC 207; cf. 217.

⁸⁹³ HSC 208.

⁸⁹⁴ HSC 221: "Dat dese uytterlijcke roepinghe verghesalschapt zy met d'inwendighe krachtighe werckinge des Gheests der wedergeboorte, waer door de Menschen bekeert worden, soo heeft hy nochtans veel ghewichtighe redenen, waerom hy die lieden, die hy niet datelijck bekeert, sijn woort even wel laet verkondighen [...]".

clara conflita com nosso entendimento, o qual deveríamos fazer prisioneiro da Palavra de Deus?[895]

Tendo primeiramente estabelecido que as razões não podem ser totalmente reveladas a nós, os contrarremonstrantes prosseguem, notando que Deus tem bons motivos. Um deles é encontrado na inabilidade humana em distinguir os eleitos dos réprobos:

> Pois, uma vez que eleitos e réprobos se misturam no mundo, enquanto estiverem nessa vida e não puderem ser reconhecidos pelo discernimento humano, a Palavra é apresentada geralmente a um como também ao outro, de modo que os eleitos podem ser convertidos por meio da pregação, como meio externo que serve à conversão e é ordinariamente usado por Deus para esse fim, e para que os eleitos não sejam enganados devido aos réprobos.[896]

Um segundo motivo é que Deus deseja demonstrar, através da pregação, quão consideráveis são a cegueira e a corrupção dos não regenerados, que não entendem a Palavra proclamada e a consideram loucura.

---

[895] HSC 221: "Ende ghenomen, dese redenen en waren ons niet volkomelijck gheopenbaert, betaemt het dan ons, dat wy in sijne verborgene Raedt-camer met ons vernuft, dat vyantschap tegen Godt is, willen indringhen, ende sijn onbegrijpelijcke oordeelen doorgronden? Ende om dat wy sulcx niet en connen doen, dat wy daerom sijne clare waerheyt, die ons soo volcomelijck in sijn woordt gheopenbaert is, souden willen loochenen, om dat wy die met ons vernuft niet en konnen in alles begrijpen, ofte om dat wy houden, dat de selue strijdt teghens ons vernuft, d'welck wy altijdt onder Godts woort behooren gevangen te gheven?"

[896] HSC 222: "Want alsoo d'Wtverkorene ende de Verworpene, soo langhe sy in desen leven zijn, onder malcanderen in de Werelt vermenght zijn, ende door t'doordeel [sic] van Menschen niet en connen onderscheyden werden: Soo wort het woordt int ghemeen, soo den eenen als den anderen voorgedraghen, op dat d'Wtverkorene door de Predicatie des woordts, als een uytterlijck middel daer toe dienstich, ende ordinarie van Godt ghebruyckelijck, souden moghen bekeert worden: Ende op dat om der Verwerpene wille, den Wtverkoorenen niet en soude te cort gheschieden".

A terceira razão importante é que os eleitos e os crentes sabem mais adequadamente reconhecer "a misericórdia excessivamente magnífica e imerecida que Deus lhes demonstra".[897] Isso acontece quando percebem que outros, os quais a Palavra também é proclamada, permanecem na incredulidade, da qual eles próprios foram libertados através da graça de Deus, embora, por natureza, não sejam melhores.

Deus não precisa remover de ninguém a desculpa da inabilidade, porque criou a humanidade com a habilidade e não tem o dever de restaurar essa habilidade a ninguém. Porém, a Palavra é, na realidade, pregada àqueles que não serão convertidos de modo a remover a desculpa da ignorância.[898] Os contrarremonstrantes respondem negativamente contra a objeção de que a Palavra da graça se torna uma Palavra de condenação. Através da falta do homem, ela se torna o "cheiro de morte para a morte". Mas Deus não oferece a ninguém a graça

> [...] para que os reprove. Pelo contrário, Ele oferece a graça sob a condição de fé e arrependimento, de modo que os que não participam da graça podem saber por que razão não a recebem; a saber, porque a condição exigida não é cumprida, embora esta lhes tenha sido revelada e transmitida. Por conseguinte, eles não podem alegar da ignorância.[899]

Deus executa seu conselho, de acordo com o qual Ele determinou salvar alguns e deixar outros na condenação, de maneira absolutamente sábia através dos meios da proclamação da Palavra. o fato de haver entre aqueles a quem a Palavra é proclamada, alguns que Deus não determinou

---

[897] HSC 222.

[898] HSC 222.

[899] HSC 223: "[...] opdat hyse verwerpen soude: maer hy biedt de genade aen onder conditie van gelove ende bekeeringe, op dat de gene, die de genade niet deelachtich worden, mogen weten welck doorsake is, waerom sy de selve niet en verkrijgen, namelijck, om dat de gheeyschte conditie van hem niet vervult en is, hoe wel de selve haer geopenbaert ende bekent gemaeckt was. Waerom sy geen onschult van onwetenheyt hebben te pretenderen".

salvar eficazmente não prova que Deus é hipócrita ao lhes anunciar a Palavra. Os argumentos para isso são o caráter condicional e o conteúdo limitado da proclamação geral da promessa:

> Que essa blasfêmia fique longe de nossos pensamentos. Pois quando a promessa de salvação é apresentada e, da mesma forma, foram pregadas as condições que devem estar presentes naqueles que participam dessa salvação, Ele age seriamente, sinceramente e sem hipocrisia. Porquanto Deus verdadeiramente concederá salvação a todo aquele em quem essas condições são encontradas. O fato de Deus (não através de sua graça) não cumprir essas condições em todas as pessoas não significa que Ele age com hipocrisia, dado que não prometeu cumprir essas condições naqueles aos quais a Palavra é pregada.[900]

Os contrarremonstrantes negam que todos podem fazer tudo que Deus ordena. Conforme os mandamentos de Deus, pode-se, de fato, aprender "o que devemos e o que não devemos praticar, mas não o que podemos praticar". Exortações não pressupõem que as próprias pessoas possam contribuir para o seu arrependimento. Exortações são meios externos pelos quais Deus opera o que ele exige em seu povo (isto é, os eleitos).[901] O que Deus faz pelo desenvolvimento externo da igreja, como pregação, punição dos pecados, admoestações sérias, bênçãos e

---

[900] HSC 224: "Sulcke Gods lasteringhe zy verre van onse gedachten. Want als hy de beloften der salicheyt laet voordraghen, ende daer by laet verkondighen de conditien, die ghevonden moeten worden in de ghene, die der selver sullen deelachtich worden: soo handelt hy ernstlijck, sinceerlijck ende ongeveynsdelijck. Want hy waerlijck gheven sal de salicheyt allen den ghenen, in den welcken dese conditien ghevonden worden. Dat hy nu in allen Menschen dese conditien door sijne ghenade niet en wil vervullen, daer mede en handelt hy niet gheveynsdelijck: want hy en heeft dat niet belooft, dat hy in alle de ghene, dien twoort gepredickt wort, dese conditien sal vervullen".
[901] HSC 209.

punições, é suficiente para fazer com que algo que já é bom produza bons frutos, mas não para tornar algo perverso em bom (os remonstrantes comparam a igreja a uma vinha com base em Isaías 5).[902] Quando a Escritura fala que Deus espera por frutos, isso não pode ser aplicado a Deus diretamente, mas indiretamente como um antropomorfismo.[903]

Deus não deseja que todas as pessoas, sem exceção, sejam salvas. Os contrarremonstrantes usam uma arma comumente usada pelos opositores quando sustentam a afirmação com uma questão retórica: "Como Ele pode querer salvar os cidadãos de Tiro se lhes nega os meios necessários para o arrependimento e não os deseja conceder-lhes?"[904]

Os contrarremonstrantes veem seu pensamento confirmado em passagens da Escritura que descrevem a corrupção da natureza humana e a incapacidade dos não regenerados para o bem espiritual.[905] Se a vontade humana ainda tivesse valor o ato de fé deveria ser atribuído a ela, mas isso diminuiria a graça de Deus e daria às pessoas motivo de orgulho diante daqueles que não aceitaram essa graça.[906]

Talvez, antecipando a crítica remonstrante quanto a isso, os contrarremonstrantes citaram a questão 9 do Catecismo de Heidelberg em sua "Prova da Confissão e do Catecismo":

> Deus, então, não comete injustiça com o homem por exigir, em sua lei, o que ele não pode fazer? Resposta: não. Pois Deus criou o homem para que ele fosse capaz de fazer isso, mas o homem, na instigação do diabo, em desobediência deliberada, privou a si mesmo e todos os seus descendentes desses dons.[907]

---

[902] HSC 211.
[903] HSC 212.
[904] HSC 217.
[905] HSC 187.
[906] HSC 188.
[907] HSC 189.

Os contrarremonstrantes também consideram suficiente um simples apelo a essa questão do catecismo contra a crítica remonstrante de que "Deus teria agido injustamente" se ele punisse as pessoas por não fazerem as coisas para as quais não têm sequer a habilidade.[908] Eles parecem não perceber a ameaça real que sua visão apresenta ao argumento da justiça de Deus.

Os contrarremonstrantes "negam inteiramente que coisas inconvenientes e em conflito com a natureza de Deus e o bom senso procedam de sua doutrina". Isso remonta à repreensão anterior de que o conceito deles implica tolice e hipocrisia em Deus. Eles, portanto, forçosamente responderam que, de fato, da doutrina remonstrante, muitas "coisas inconvenientes" necessariamente acompanham esse "conflito entre honra, bondade, onipotência, sabedoria e fidelidade de Deus e outros atributos divinos".[909] A justiça de Deus é uma omissão notável nessa lista. Isso encerra nosso sumário do conceito contrarremonstrante da graça e sua operação.

Como os contrarremonstrantes, os remonstrantes conectaram seu conceito sobre a operação (resistível) da graça ao seu entendimento quanto à predestinação:

> Se os meios para o arrependimento e a fé não são administrados por Deus de acordo com uma prévia decisão absoluta de salvar essa ou aquela pessoa específica como meras pessoas, sem considerar alguma qualidade de arrependimento e fé, e para isso, acaba por conceder fé a essas pessoas e não a outras, Deus não opera arrependimento e fé irresistivelmente.[910]

---

[908] HSC 212; veja também a p. 222.
[909] HSC 220.
[910] HSC 191: "Indien de middelen totte bekeeringe ende gheloove des menschen niet en werden van God gheadministreert nae een voorgaende absoluyt besluyt van dese ofte die persoonen int besonder, alleen als bloote persoonen, sonder eenige qualiteyt van bekeeringe ende geloove aenghemerckt, sekerlijck salich te maken, ende tot dien eynde

A partir de uma gama de dados bíblicos, os remonstrantes argumentam que quando, a despeito da vontade sincera de Deus pelo o contrário, as pessoas ainda se recusam a vir, não querem ouvir quando Ele chama, são desobedientes quando Ele deseja que elas obedeçam e quando Ele se queixa de elas não desejarem não estão dispostas a vir quando Cristo as chama, "então, é possível resistir a Deus quando Ele quer nos converter através de sua graça".[911]

O evangelho exige uma obediência inocente que não pode ser operada irresistivelmente porque, senão, não poderia mais ser chamada de obediência.[912] A exigência por obediência, as ameaças e os mandamentos que encontramos nas Escrituras são todos em vão se Deus deseja cumprir suas exigências e mandamentos irresistivelmente. Um mandamento é útil somente se há liberdade.[913]

> Todas as leis transmitidas à humanidade exigem que as pessoas façam ou não façam o que é prescrito; qual tipo de lei a humanidade não pode transgredir e qual tipo de desobediência é inevitavelmente estimulada?[914]

Além disso, há vários "absurdos" na graça irresistível que conflitam com a natureza de Deus e com o bom senso. Por exemplo, ninguém

---

t'gheloove te gheven, en de andere niet: So en werckt God de bekeeringhe ende t'gheloove niet onwederstaenlijck"; cf. 322.

[911] HSC 192-193: "Indien men can weygheren te comen als Godt ons ernstelijck tot hem wil vergaderen, ende daer toe sijn hant gestadich uytstreckt, niet willen hooren als hy ons roept: onghehoorsaem zijn als hy wenscht dat wy doch ghehoorsaem wesen wilden, ende beclaecht dat wy hem niet ghehoorsamen willen, niet willen comen als Christus ons aenspreeckt, op dat wy salich worden: So canmen God wederstaen als hy ons door zijn ghenade wil bekeeren".

[912] HSC 196; cf. 241.

[913] HSC 245-246.

[914] HSC 238: "Alle Wetten den mensche gestelt, vereysschen des menschen doen of laten, wat Wet is dat, die de mensche niet overtreden en can, ende wat ghehoorsaemheyt ist, daer toe den mensche onvermijdelick wordt veroorsaeckt?"

pode ser convertido exceto aqueles que realmente serão convertidos. Alguém que não é convertido, então, seria chamado à salvação em vão. Esse último ponto novamente levanta a questão sobre qual seria o objetivo de Deus ao chamá-lo. Não seria salvá-lo. Deus, então, seria insensato e hipócrita se oferecesse salvação, mas quisesse reter os meios necessários para obtê-la, como a fé e o arrependimento.[915] Também não poderia torná-los indesculpáveis, pois não se culpa algo que Deus tenha feito sozinho, mas algo que uma pessoa pratica contra Deus. Alguém se torna indesculpável somente por rejeitar a oferta da graça de Deus, que está "de acordo com a intenção correta e original de Deus", planejada para ser aceita como uma palavra de graça e vida, e não rejeitada como uma palavra de morte e condenação.[916]

Outro absurdo é a consequência de que ninguém seria capaz de se arrepender antes da conversão. Negligência ou dúvida e desespero ocorreriam.[917]

A razão pela qual os remonstrantes dedicam não um, mas dois artigos à graça é "tornar nosso conceito claramente compreendido, para que não deturpemos a graça de Deus, mas atribuamos a ela tudo e qualquer coisa que lhe poderia ser atribuído".[918]

O ponto de diferença com os contrarremonstrantes não concerne ao livre arbítrio, como estes dizem ser, pois nesse caso o ponto de conexão se centraria na origem da fé; aí os remonstrantes e contrarremonstrantes concordam. O terceiro artigo torna isso claro o suficiente, e até foi subscrito pelos contrarremonstrantes. A diferença não tem a ver com a causa da fé, mas a forma com que essa causa (isto é, a graça) opera.[919] A operação não irresistível da graça não pressupõe que a causa da fé resida parcialmente na vontade humana. A graça de Deus e a vontade

---

[915] HSC 196-197.
[916] HSC 197; cf. 240.
[917] HSC 197-198; cf. 249: "Alle cracht der vermaninghen, alle lust, vlijdt, sorghe ter bekeeringe in den menschen wert uytgebluscht ende gedempt".
[918] HSC 226.
[919] HSC 226-228.

humana não são duas causas primárias que, de acordo com seu poder e sua natureza, produzam juntas um efeito, como dois cavalos puxando uma carruagem. Os remonstrantes rejeitam totalmente esse conceito.[920] A graça de Deus e a vontade humana são duas causas que têm sua própria ordem e função. A graça de Deus opera por conta prórpia, vai à frente do homem e o acompanha. A vontade humana segue a graça e a acompanha, não por si, mas a partir do poder da graça. É nesse sentido que a vontade humana coopera e produz a fé real. Se assim não fosse, alguém poderia crer sem desejar crer; nesse caso, também não seria a pessoa, mas Deus nessa pessoa que crê:[921]

> Se uma pessoa crê, isso é uma obra de sua vontade e se é sua obra, a vontade é a causa próxima. Expressando de outra maneira, ela deseja o que deseja, sendo influenciada e estimulada pela graça, e, com essa graça, não é diminuída, mas recebe sua honra por ser a primeira e a única [causa] por cujo poder a vontade pode querer, e querer tudo que quiser, embora por si mesma, a vontade nada deseje, pelo contrário. De outra forma, conforme nossos irmãos parecem compreender, o ser humano nada seria senão mero instrumento sem movimento; o ser humano seria como os tubos de um órgão, totalmente surdos e mudos, mas Deus, através do Espírito, então o tocaria, como o ar no órgão.[922]

---

[920] HSC 228.

[921] HSC 229.

[922] HSC 281: "Soo de mensche ghelooft, soo is het een werck des willens, en soo het haer werck is, soo is de naeste oorsaeck de wille: want andersins dat sy wil dat wilse, door de ghenade beweecht en geroert zijnde: ende die en wert dan daer door niet vercleent, maer haer eere gheghevoen, dat sy de eerste is en de eenighe, door cracht van de welcke de wille kan willen, ende wil al wat sy wil, selfs van haer selfs niet willende dan t'contrarie: Anders soo't de Broeders schijnen te willen hebben, soo sal de mensch niet dan een bloot Instrument sonder beweginghe zijn: de mensch sal zijn ghelijck de pijpen in den Orgel, van haer selven gantsch stom en stemmeloos, maer Godt door sijnen Gheest sal daer in spelen als de windt int Orghel doet".

A ilustração do mendigo que recebe esmolas, que Armínio usou para exemplificar seu conceito, é usada em várias ocasiões pelos remonstrantes também. Assim, um mendigo que recebe esmolas pode rejeitá-las. Tudo que temos, recebemos de Deus. No entanto, não o recebemos irresistivelmente, pois algo que não pode ser rejeitado, não pode, na verdade, ser chamado de dom.[923]

Na citação abaixo, os remonstrantes, uma vez mais, explicam como é possível sustentar que a regeneração é puramente devido à graça de Deus, a despeito da cooperação da vontade humana:

> O estado em que o homem se encontra deve, como dito antes, aqui também ser distinguido propriamente. Ao se considerar o homem como fora da graça preveniente de Deus, como totalmente alheio à vida de Deus em função de sua avidez por más ações e por andar na futilidade de seus pensamentos, então é puramente obra de Deus chamá-lo e precedê-lo através de sua graça. Mas quando se considera que o homem foi desperto pela graça preveniente e, através do poder dessa graça, conduzido até aqui, conforme descrito acima, então argumentamos que ele é cooperador de Deus na execução de sua regeneração. Um cooperador — para que as pessoas nos compreendam bem — não como alguém que trabalha sozinho para isso [isto é, a regeneração], como nossos irmãos alegam, mas como despertado, preparado e fortalecido para isso pela graça de Deus, que o precede e ainda o acompanha com seu apoio e auxílio. A regeneração igualmente se mantém como uma obra da graça de Deus em Cristo, visto que o homem não coopera, exceto através da

---

[923] HSC 243: "Wy geven een aelmoes aen eenen bedelaer, kan hyse wederom niet wederstaen? Alle het goet dat wy besitten, hebben wy van God, ten wert ons nochtans niet onwederstaenlijc gegeven, want eygentlijck en ist geen gave datmen niet verwerpen en can". Cf. HSC 275.283.

graça, como explicado mais precisamente acima, na *questão*. Em suma, admitimos, tanto quanto nossos irmãos, que o homem natural está morto em seus pecados, desde que se admita uma distinção magnífica entre a morte física e a espiritual, que ainda permanece no homem; enquanto ele está na morte espiritual, a liberdade natural de sua vontade, que Calvino admite e que nós, por muitas razões, já provamos, não pode ser eliminada sem violar a natureza criada.[924]

No entanto, qual é exatamente a dificuldade com o conceito contrarremonstrante, e o que impulsiona os remonstrantes a objetarem a isso? Várias vezes parece que, para os remonstrantes, a graça tem tudo a ver e está plenamente de acordo com a natureza de seu objeto, que é a humanidade, e com seu sujeito, que é Deus. A predestinação incondicional e a operação irresistível relacionadas à graça estão em conflito com a natureza humana, que é essencialmente livre e — entre

---

[924] HSC 254: "Den staet daer in de mensche gestelt is moet oock behoorlijck hier, so voorseyt is, onderscheyden werden: want sietmen den mensche aen buyten de voorkomende genade Godts, als gantsch noch vervreemt vant leven Gods door den sin in boose wercken, en wandelende in de ydelheyt zijns verstants en der ghedachten, soo ist puerlijcken Godts werck alleen hem te roepen en voor te komen door zijn genade, maer sietmen hem aen als opgeweckt sijnde door de voorcomende ghenade, ende door cracht der selfder ghenade so verde ghebracht, als te vooren is verclaert, so houden wy dat hy een mede wercker Godes is int voltrecken sijnder wederghebornte: Een mede wercker, seggen wy, datmen ons recht verstae, niet als van t' syne daer toe doende, soo de Broeders spreecken, maer als van Godes ghenade, die hem is voorghecomen, ende noch met haere bystant ende hulpe vergheselschapt, daer toe verweckt, bereyt ende gestserckt: blyvende also de wederghebornte een louter werck van Godts ghenade in Christo, dewijl de mensche doch niet mede en werckt dan door de ghenade: so als voor henen int stellen van den staet des verschils naerder is verclaert. In somma, wy bekennen ymmer so wel als de broeders dat, de natuerlicke mensche doot is in sijne sonden, alleenlijck datmen ons toestae so veel onderscheyts tusschen den lichamelijcken en Geestelijcken doot, dat de mensche in den geestelijcken doot noch hebbe behouden de natuerlijcke vrymachticheyt zijner wille, welcke Calvinus bekent, en wy met vele redenen te voren bewesen hebben hem niet te konnen benomen werden sonder crenckinge der geschapene natuere [...]"; cf. 282.

outras — também está em conflito com a justiça de Deus, conforme os remonstrantes repetidamente afirmam.[925]

A predestinação incondicional e a graça irresistível, que necessariamente presumem uma operação especial do Espírito Santo somente nos eleitos, de acordo com os remonstrantes, conduzem ambas infalivelmente à suposição de que Deus é hipócrita em sua oferta de graça, e não apenas quando Ele pune o pecado. Pois, onde a regeneração não ocorreu, Deus não quis regenerar. Ele chama, ordena, implora e suplica por regeneração, e até mesmo prega o arrependimento, mas não deseja regenerar. Contudo, aquele que não é convertido na proclamação dessa "Palavra impotente [...] ([uma conversão] da qual não foi capaz, pois Deus não a quis)" é punido forçosamente por causa de sua incredulidade.[926]

---

[925] HSC 229: "Wy hebben dickwils geseyt, ende seggen noch, dat wy te vreden zijn, datmen den Mensche ontrecke, ende de ghenade Godes toeschrijve, soo veel cracht ende eere alsmen kan, wy sullen het gaerne toestaen: Alleen dragen wy sorghe, datmen onder t'decsel van ghenade niet in en voere eene werckinghe, die na stijl der H. Schrift, gheen genade in Christo en kan genoemt werden, ende die de natuyr des Menschen niet en vernietighe, maer verbetere [sic! The opposite is intended: niet en verbetere, maer vernietighe, wdb]. Oock datmen toesie, datmen Godts gherechticheyt soo weynich crencke, als sijne ghenade". Cf. HSC 242: "Gelijck een harde steen haer selven niet vermorwen en can, maer door cracht van buyten vermorwet wordt, dat also oock de natuyrlijcke mensche, niet can herboren worden, sonder dat van buyten come de cracht der ghenade Gods: te weten niet om de natuyre uyt te trecken, maer om te verbeteren, want anders en ware het gheen wedergheboorte, tot verbeteringhe, maer destructie tot vernietinghe van smenschen natuyre streckende". Cf. 252. Cf. 259: "ten overvloet verclaren, dat wy wel te vreden zijn, dat de Broeders den mensch ontrecken, en der ghenade toeschrijven soo veel macht en eere alsse connen bedencken en stellen so veel werckinghen der ghenaden Godts als moghelijck is, wy en hebben daer niets teghen: alleen dat ghecaveert, datmen onder den aenghenamen naem der Ghenade Godts niet in en voere een manier der werckinghe die nae de H. Schrift geen ghenade can zijn, en des menschen natuere in plaets van verbeteren, vernietighe: en datmen also de Ghenade verantwoort, dat aen d'andere sijde de gherechtichicheyt Godts gheen overlast en lijde".

[926] HSC 248-249: "Soo sal blijcken der Broederen volle ende ronde meyninghe te zijn, dat soo waer geen wedergeboorte dadelijck en volcht, dat oock God aldaer niet en heeft willen wederbaren, noch sijnen levendichmaeckenden Geest mededeylen: Ende daerom, al roept hy, al ghebiedt hy, jae bidt en smeeckt hy tot de weder geboorte: evenwel nochtans so en wil hy niet wederbaren: En al laet hy t'woort der bekeeringhe prediken,

Pouco depois, os remonstrantes tratam mais uma vez, de modo extenso, do vínculo entre a Palavra e o Espírito na pregação e da conexão entre esse vínculo e a justiça de Deus no castigo do impenitente e sua não dissimulação (*iustitia in dictis*) na pregação:

> E se dará o mesmo com tudo que a pregação do evangelho implicar. O que Deus, o Senhor, através de seu servo declara, convida, ora, suplica, ameaça, reclama e adverte sempre será inútil, tão ineficaz, de fato risível se a Palavra da reconciliação, na boca dos servos, pode, na realidade, fazer mais pela conversão de pecadores que a palavra de Cristo: *Lázaro, vem para fora*, que, então, prosseguiu para ressuscitá-lo. Na realidade, seria o caso de, com a espada do Espírito, as armas da nossa batalha espiritual serem impotentes para derrubar as fortalezas e levar cativo todo pensamento à obediência de Cristo, quando seguimos o mandamento de Cristo e, em seu nome, chamamos com promessas e ameaças, ao arrependimento, aqueles que estão mortos em pecado e — conforme nossos irmãos dizem — tão incapazes de obediência e vida espirituais como Lázaro estava para a

---

nochtans so ist sonder den levendichmakenden geest Christi: sonder den welcken dat noch het woordt meer crachts heeft tot des menschen wedergheboorte, als een doode letter, noch de mensche meer crachts tot zijn bekeeringe, als een doode tot zijnder opweckinghe. Ende evenwel so sal de onbekeerde mensche, om dat hy hem selven op de predicatie van dat crachtelose woort, ter bekeeringhe niet en heeft beghevan (twelck hy niet en vermochte by gebreck van den wille Gods) sonder ghenade in der eewicheydt verdorven en ghestraft: jae noch des te ongenadigher gheplaecht werden, om dat hy dat woort niet en heeft aenghenomen, twelck hem doch evenwel ter salicheyt niet helpen en konde, overmidts hem Godt niet bekeeren en wilde: ende daerom hem aenbiedende t'woort, nochtans den levendich maeckenden Geest niet gheven en wilde. Welck alles tot noch toe van den Broederen ContreRemonstranten als een lasteringe verworpen sijnde, nu vanden selfden soo rondelijck en opentlijck werdt bekent. Wat nu uyt so een grove meyninghe al volcht, geven wy den Broederen in redelijcheyt selfs te bedencken. Onsent halven, wy en konnen niet sien hoe dat alsdan Godt de Heere oft ongheveynst sal zijn int aenbieden van zijn woort, oft rechtvaerdich int straffen van sodanighe menschen".

vida física? O que mais fareamos, como se disséssemos aos ossos dos mortos no cemitério: Arrependam, arrependam-se e viverão!, enquanto Deus, o Senhor, não quiser conduzir as pessoas ao arrependimento através da Palavra pregada, mas por meio de um poder invencível que está acima e além dessa Palavra? Qual seria o resultado se Ele permitisse que essa Palavra fosse pregada aos homens para a condenação mais terrível, sem, ao mesmo tempo, oferecer o Espírito doador de vida, o único que dá ouvidos para ouvir? Eles sofreriam justamente a punição por não se converterem através dessa Palavra?[927]

Os remonstrantes definem esse conceito como um "erro grave" (*mislach, die ghewislick grof genoech is*). Mas há até mais erro no conceito contrarremonstrante. Estes supõem que a capacidade de se arrepender não é conferida através da Palavra, mas pelo Espírito; enquanto os remonstrantes pensam que o Espírito normalmente não produz a capacidade de arrependimento exceto pela Palavra como semente de

---

[927] HSC 257-258: "Even so veel salt dan zijn met de gantsche Predicatie des Evangelij, t'sal ymmer soo ydel, soo vergeefs, jae soo belachelick zijn wat Godt de Heere door zijne Dienaer roept, noodicht, bidt, smeeckt, dreycht, claecht, en waerschouwt, indien het woordt der versoeninghe in den mondt der Dienaren niet meer en vermach tot bekeeringhe der sondaeren, dan het ghemelde woordt Christi, Lazare coemt uyt, en vorderde tot sijnder opweckinghe. Ghewisselijcken, ist met het swaert des Gheestes soo ghestelt, zijn de Wapenen onses Gheestelijcken crijchs soo onmachtich om de bollewercken ter neder te werpen, en de ghedachten ghevanghen te voeren onder de gehoorsaemheyt Christi: wanneer wy dan na de bevele Christi door tselve woordt uyt zijnen naem ter bekeeringhe nooden met beloften, met dreyghementen, die ghene die in sonden doodt zijn, ende nae der Broederen segghen, ymmer so onbequaem tot het Gheestelijck ghehoor en leven, als Lazarus tot het Lichamelijcke was: wat doen wy anders dan oft wy opt Kerck-hof tot de doodts beenderen riepen, bekeert u, bekeert u, ende ghy sult leven? dewijl doch Godt de Heere niet door t'ghepredickte woort, maer door een onverwinnelijcke cracht boven dat woort haer wil bekeeren? Wat salt dan sijn wanneer hy den Menschen sulck een Woordt laet Predicken tot haerder swaerden verdoemenis, sonder met eenen aen te bieden den levendichmaeckenden Geest, die alleen ooren geeft om te hooren? Sullen die dan oock met recht daerom straffe lijden, datse door sulck een woordt niet en zijn bekeert?"

regeneração e instrumento para o arrependimento, do começo ao fim. "Conforme compreendemos, aqueles que buscam fora da Palavra pela operação do Espírito Santo obrigatoriamente caem em entusiasmo [*Gheest drijverye*] e diminuem a honra e o poder da Palavra de Deus". Quando Deus prega a Palavra àqueles que não serão regenerados sem o Espírito de Cristo doador de vida, Ele estaria agindo de forma demasiadamente hipócrita, condenando-os até mais severamente, embora fossem inocentes. É impossível que Deus pregue a Palavra sem razão, a não ser para tornar algumas pessoas indesculpáveis. A proclamação da Palavra sem o Espírito — que é o único que "pode dar ouvidos para ouvir" — não pode eliminar a inocência de ninguém.

> De acordo com isso conclui-se também que a Palavra de Deus deve retornar vazia, sem resolver o que foi designada a resolver, não por causa da culpa humana, mas devido à sua própria falta de poder. Nós, em contraste, presumimos que onde e a quem Deus pregar sua Palavra, Ele também estará prontamente disposto a operar o arrependimento com o Espírito doador de vida, embora não de uma forma irresistível, pois isso conflitaria com a natureza da Palavra, a qual o Senhor tem prazer de usar para esse propósito.[928]

A dificuldade que os remonstrantes têm com o pensamento de seus oponentes reside no "propósito e objetivo de Deus", como se Ele disponibilizasse disponível os meios de graça de tal maneira que apenas certas pessoas, e ninguém mais, fossem salvas, sem se considerar

---

[928] HSC 258: "Waer uyt dan oock volghen moet dat het woort Gods niet by menschen schult, maer by gebreck van eyghene cracht, ledich wederkeeren moet, sonder uyt te rechten daer toe het ghesonden was. Waer teghens wy houden dat soo waer en wien Godt zijn woort laet Predicken, daer is hy oock met den levendichmakenden Geest vol vaerdich om te bekeeren, hoe wel niet om op een onwederstaenlijcke wijse sulcx te doen, dewijl dat strijden soude tegens den aert des woorts, dat den Heere gelieft daer toe te gebruycken".

o livre arbítrio. O fato de que, com a mesma operação de Deus alguns se arrependem e outros não, não implica que Satanás é, às vezes, mais poderoso que Deus. Ele não precisa exercer mais poder do que Satanás para alcançar sua meta, porque tem conhecimento infinito. Para tornar isso claro, os remonstrantes usam o conceito do conhecimento médio:

> Embora a mesma operação, igualmente poderosa em si mesma, seja usada a obra do Diabo e de outros é resistível ao passo que a operação de Deus é poderosa, porquanto é administrada de acordo com o conhecimento infinito de Deus do tempo, das pessoas nesse estado.[929]

Uma operação resistível do Espírito Santo se estende apenas à vontade, não à mente, "apesar de nossa mente não poder evitar o conhecimento simples" e, muito menos, "nosso coração, quando Ele vem bater no nosso coração. Pois devemos observar isto, se resistiremos ou não".[930] Além disso, o Espírito e a graça de Deus não cessam de trabalhar no momento que uma pessoa recebe capacidade para crer, como se tudo dependesse totalmente da vontade. Os remonstrantes novamente resumem os artigos e, então, expõem a seguinte síntese:

1. A humanidade (estando fora da graça) é incapaz de pensar, querer ou fazer o que é bom;
2. A graça não é apenas o começo, mas também a continuidade e a consumação de todo bem, de fato, de todas as boas obras ou ações que alguém possa imaginar. A causa da incredulidade, definimos apenas na perversidade da vontade humana,

---

[929] HSC 261: "Of schoon de selfdige werckinge gebruyckt werde, sijnde even crachtich in haer selven, maer des Duyvels ende anderer werckinghen wederstaenlick, maer Godes, crachtich, om datse nae Gods oneyndighe wetenheyt ontrent sulcken tijdt, sulcken menschen, in sulcken staet aenghedient wert".

[930] HSC 230; cf. 244.247.

mas negamos que a fé dependa da vontade humana sem o auxílio da graça. Isto é, assim como dizemos que a graça precede, no início, o arrependimento para o despertamento de nossa vontade também dizemos que a mesma graça acompanha o progresso do arrependimento, embora não sem nossa vontade, que, agora, foi despertada através da graça preveniente e está apta a agir com e através da graça conjunta. Se é nesse sentido que nossos irmãos afirmam que nosso conceito torna o arrependimento dependente em parte da vontade do homem, o admitimos, isto é, na medida em que Deus não opera a fé e o arrependimento reais em nós sem nossa vontade, que já foi despertada por meio da graça. Mas negamos toda cooperação de nossa vontade se alguém deseja separar a vontade da graça de Deus.[931]

Deus não opera a fé real sem a vontade humana. Entretanto, o arrependimento não depende da vontade porque Deus mantém-se como a causa mais importante e espontânea de arrependimento, "o qual ele produz puramente pela liberdade de sua vontade sem depender

---

[931] HSC 231-232: "1. Dat de Mensche (staende buyten de ghenade) gheen bequaemheyt en heeft om t'goede te dencken, te willen, of te doen. 2. Dat de ghenade is niet alleen t'beginsel, maer oock den voortganck ende t'volbrenghen alles goets, jae aller goeder daden, of werckingen die men kan bedencken. De oorsaeck des ongheloofs stellen wy alleen inden verkeerden wille des Menschen: maer, dat oock alsoo het gheloove soude staen aen den wille des Menschen sonder hulpe vande ghenade, ontkennen wy, in vougen, dat ghelijck wy seggen, dat de ghenade inden beginne der bekeeringe voor gaet tot opweckinghe van onsen wille, alsoo segghen wy oock, dat de selve ghenade mede gaet inden voortganck der bekeeringhe, doch niet sonder onsen wille, die nu al is opgheweckt, door de voorkomende ghenade, ende bequaem ghemaeckt om met ende door de vergeselschappende ghenade te wercken. Ist nu in desen sin dat de Broeders seggen, dat nae onse meeninghe, de bekeeringe ten deele soude staen aen des Menschen wille, wy staen het toe, te weten, soo verre dat Godt het dadelijck gelooven ende bekeeren in ons niet en werckt sonder onsen wille, zijnde nu alreede opgheweckt door sijn ghenade, maer ontkennen alle mede-werckinghe van onsen wille, daer men den wille soude willen afsonderen vande ghenade Godts".

de qualquer outra causa".[932] Os remonstrantes, portanto, insistem que eles, também, creem que a graça de Deus não apenas produz a capacidade de crer, mas, "ao mesmo tempo, também o próprio ato de fé". Ele, na verdade, faz isso infalivelmente, mas não de um modo irresistível.[933]

A forma com que Deus atua e pode atuar com a vontade humana é diferente da forma com que Ele trata a mente e as afeições. Isso é o resultado da natureza da vontade, como transmitida por Deus na criação. Na criação, Deus dotou a mente e as afeições com dons espirituais. Uma infusão similar não seria possível para a vontade, porque a vontade é livre para desejar o bem ou o mal. Sem essa liberdade, a humanidade não seria capaz de pecar.[934]

A vontade, assim, possui liberdade natural, com a qual foi dotada na criação, uma liberdade que pertence à própria essência do ser humano e que não pode, portanto, ser removida. Sem a liberdade, o pecado é impossível. A queda teve consequências enormes, especialmente devido à perda dos dons espirituais pertencentes à mente e às afeições. Contudo, a vontade jamais possuiu esses dons e, assim, não poderia perdê-los na queda. Mesmo após a queda, a vontade tem e mantém a liberdade de fazer o bem ou o mal, com a qual foi dotada na criação, "embora não possa realmente expandir sua autoridade no pecador, dada a obscuridade da mente e a desordem das afeições".[935]

O processo de arrependimento, conforme compreendido pelos remonstrantes, está diretamente relacionado à natureza humana antes

---

[932] HSC 233: "Evenwel en hangt de bekeeringe, (eyghentlijck te spreecken) aen onsen wille niet, aengesien God altijdt blijft d'eerste ende d'opperste vrye oorsaecke van onse bekeeringhe, die hy te weghe brengt uyt enckele vryheyt zijns willens, sonder aen eenighe ander oorsaeck te hanghen".

[933] HSC 233.

[934] HSC 250: "Maer inde vville en mochte soodaenighen instortinghe niet gheschieden, als die nae haeren aert vry was om oft het goede, oft het quade te willen, ende naer haer werck goedt oft quaet ghenaemt te werden, sulcx als haer t'verstandt soude verthoonen, en d'affecten haer souden aenporren, sonder welcke vryheyt niet moghelijck waer gheweest, dat de mensche oyt hadde ghesondicht".

[935] HSC 250.

e depois da queda. Através dos meios da mente e das afeições, nos quais pode operar de modo irresistível, Deus atua na vontade humana, na qual não pode atuar irresistivelmente devido à liberdade essencial do ser humano. Nem todos os não regenerados se encontram na mesma situação:

> [...] alguns estão fora do chamado, visto que andam na vaidade de seus pensamentos, sem conhecer o caminho da verdade. Outros já foram chamados e despertados pela graça de Deus e, através desse auxílio, são conduzidos tão longe que a mente conhece a verdade salvadora por meio de sua iluminação, e as afeições são inflamadas com amor pela mesma verdade para estimular a vontade a aceitá-la. Os primeiros, na Sagrada Escritura, são realmente chamados de "mortos em seus pecados" porque neles não há conhecimento nem desejo e, muito menos, vontade pela verdade salvadora. Mas os últimos certamente não estão mortos, pois a vontade e as afeições já foram vivificadas e como consequência da eficácia delas, a vontade também é capacitada a exercer sua faculdade inata e a capacidade para desejar ou não, no que consiste, de fato, a vivificação da vontade.[936]

---

[936] HSC 251-252: "[...] Sommighe staen als buyten alle beroepinghe, wandelende in de ydelheyt haers verstants en der ghedachten, sonder den wech der waerheyt te kennen: Andere zijn nu al reede gheroepen en opgheweckt door de ghenade Gods, ende door der selfder hulpe so verre ghebracht, dat het verstandt door verlichtinghe de Salichmaeckende waerheyt kent, ende de affecten met liefde tot de selfde waerheyt ontsteecken sijnde, den wille tot de aenneminghe der selfde porren: De eerste werden eyghentlijcken in de Heylighe Schrift doodt in hare sonden ghenaemt, om dat in soodanighe noch kennisse, noch lust en is, veel min wille tot de Salichmakende waerheydt: Maer de laetste en zijn ghewisselijck niet doot, want beyde het verstant ende affecten zijn alreede levendich gemaect, en wt cracht van dien de wille oock machtich geworden om hare aengheschapene faculteyt en macht van te konnen willen oft niet willen int werck te stellen, waer in de levendichmakinghe van de wille eyghentlijck is ghelegen".

Através da graça de Deus, o livre arbítrio essencialmente livre é, desse modo, realmente libertado; isto é, tornado capaz de fazer de novo o que lhe diz respeito: querer ou não querer. Essa libertação acontece através dos meios da operação de Deus na mente e nas afeições. Deus usa as faculdades da pessoa para torná-la viva novamente. Embora a pessoa esteja morta no pecado, ela ainda possui os "poderes e faculdades da alma". Contudo, Deus não usa esses poderes, "exceto de acordo com a natureza e disposição deles. Entre os poderes da alma há também a vontade, cuja propriedade essencial é a liberdade e, portanto, é certo que Deus, de forma alguma, torna a pessoa viva irresistivelmente, contra a natureza dessa liberdade".[937] Os remonstrantes, então, prosseguem em descrever o processo de regeneração:

> E à luz do fato de que a regeneração e a vivificação não ocorrem instantaneamente com um influxo do Espírito, mas começam com uma obra que Deus ordena à raça humana fazer e, ao fazê-la a pessoa gradualmente é vivificada; ou seja, através do serviço à lei e, depois, também ao evangelho, por meio da iluminação da mente para o verdadeiro conhecimento, através da transformação das afeições em relação ao bem celestial oferecido e, finalmente, mediante a inclinação da vontade para aceitar o bem conhecido e desejado.[938]

---

[937] HSC 253.

[938] HSC 253: "Ende dien volgende dat oock de wedergeboorte ende levendichmakinge niet en geschiet met een instortinghe des Gheestes in instanti, maer begonnen wordt van een werck dat Godt den mensche selfs beveelt te doen, ende welck doende de mensch allenskens werdt levendich ghemaeckt, te weten door den dienst des wets, en daer naer oock des Evangelij, door verlichtinghe des verstants tot ware kennisse, door veranderinghe der affecten tot het aengebodene hemelsche goet: ende alsoo eyndelijck door de neyginghe der wille om t'bekende ende begeerde goet aen te nemen".

A graça de Deus é a "causa superior, a primeira e mais importante, que move nossa vontade a assentir".[939] O fato de que a graça supera toda resistência naqueles que, de fato, creem não significa que ela, sempre e em todo lugar, supera toda resistência nos quais deseja operar poderosamente. É verdade que apenas a graça produz o ato de fé, embora por "apenas" deve-se compreender "que a graça é a causa superior, única e principal da fé". Entretanto, isso não elimina o fato de que "ninguém realmente crê sem a vontade prévia de crer".[940] Deus torna uma pessoa indisposta disposta, mas isso não pode acontecer juntamente com uma graça coercitiva e irresistível que, por sua vez, sugere que Deus não opera o arrependimento irresistivelmente.[941]

Há uma incongruidade entre a causa da fé e a causa da incredulidade. A última, conforme os remonstrantes notaram, reside somente na vontade perversa dos seres humanos. Para os remonstrantes, é importante que a causa do pecado e da incredulidade, clara e inequivocamente, reside no ser humano. Se Deus deseja converter as pessoas e isso não acontece, é por causa "da culpa e da malícia deles".[942]

Os remonstrantes suspeitam que os contrarremonstrantes não querem dizer que a causa pela qual uma pessoa necessariamente pode crer, e outra pessoa não pode crer, está no fato de que uma é eleita, e a outra, réproba.[943] A razão pela qual muitos permanecem não regenerados não está, portanto, na resistência da pessoa ao Espírito, "mas reside apenas no fato que ela não recebeu o Espírito de regeneração, isto é, que Deus não quis derramar esse Espírito nela, o que representa dizer que isso se deveu a uma carência na graça e na vontade de Deus".[944] O conceito dos contrarremonstrantes é claramente

---

[939] HSC 279.
[940] HSC 235; cf. 237.
[941] HSC 270.
[942] HSC 240.
[943] HSC 228.
[944] HSC 266.

que Deus concede a graça da conversão somente àqueles que Ele escolheu absolutamente para a vida eterna e que devem inevitavelmente crer. Mas para os outros, Deus não deseja conceder essa graça. Por que não? Porque Ele os destinou à condenação e, portanto, também aos meios que acarretam a condenação, como a incredulidade, impenitência etc.[945]

Além disso, os remonstrantes reconhecem que pode haver uma inabilidade para crer, mas apenas como resultado de "pecados e perversidade prévios [...] após um desprezo malicioso da graça oferecida, depois de terem olhos para ver, mas não quererem ver; ouvidos para ouvir, mas não quererem ouvir".[946]

Os remonstrantes não querem tornar revoltante a doutrina reformada; pelo contrário, eles tentam "libertá-la da repulsa que lhe é atribuída por esse ensino detestável e antibíblico dos jesuítas e outros oponentes".[947] Esses oponentes, de fato, fizeram a mesma crítica sobre a doutrina reformada como os remonstrantes fizeram quanto ao pensamento contrarremonstrante. Essas observações finais identificam um dos temas dos remonstrantes, ao se oporem aos conceitos defendidos por seus colegas.

6.2.5. Perseverança

Há muita coincidência com o que já se disse nas discussões sobre perseverança e esses temas, como a doutrina de Deus, são raramente propostos. Não causa surpresa considerar a conexão inseparável que há entre

---

[945] HSC 267: "Dat Godt de ghenade der bekeeringhe alleen den genen doet, die hy absolutelijc verkooren heeft ten eewigen leven, ende die moeten onvermijdelijck gelooven: maer de andere en wil Godt dese ghenade niet doen: waerom? om dat hyse absolutelijck verordineert heeft ter verdoemenis, ende alsoo oock tot de middelen die ter verdoemenisse leyden, als dan sijn ongeloove, onbekeerlijckheyt, etc".

[946] HSC 269.

[947] HSC 230.

a predestinação incondicional e a doutrina da perseverança conforme compreendida pelos contrarremonstrantes. Para eles, dúvidas sobre a perseverança implicam em dúvidas sobre a predestinação incondicional. Através desse laço estreito, os contrarremonstrantes não podem aceitar qualquer dúvida com relação à perseverança, e são forçados a defender essa doutrina com garra e a presumi-la como necessária uma vez que abordaram a predestinação absoluta no artigo.

O ponto de partida da objeção contrarremonstrante contra o quinto artigo da *remonstrância* é a tese de que, na doutrina da perseverança, eles lidam com o fundamento do conforto dos filhos de Deus e um "importante tópico de doutrina".[948] Este é um dos pontos mais importantes que afasta as igrejas reformadas dos "erros do papado".[949] Segundo a compreendem, os remonstrantes verificaram a perseverança no ser humano, com o resultado de que a segurança da perseverança e, portanto, também da salvação, desaparece. Para os contrarremonstrantes, a doutrina da perseverança é o fundamento para a verdadeira segurança da salvação; "sem essa segurança a firme confiança necessária para a fé verdadeira não pode existir".[950]

Os contrarremonstrantes ensinam que os verdadeiros crentes podem cair em pecado profundo, mas são preservados de tal modo "que não perderão total e finalmente a fé verdadeira e o Espírito doador de vida".

O fundamento da perseverança é "o decreto imutável de Deus da eleição eterna, na firme promessa e garantia de Deus Pai em seu pacto de graça, no cuidado leal e eficaz do Senhor Jesus Cristo e na habitação

---

[948] HSC 286; cf. 341.

[949] HSC 308. Ela é "een vande voornaemste hooft-stucken der Reformatie" [um dos principais chefes da Reforma], contínua e unanimemente defendida contra o papado, 309. Cf. HSC 425-427.

[950] HSC 309; cf. 326: "Overmidts het ware gheloove bestaet niet alleen in een bloote kennisse Christi ende der waerheydt, maer oock in een vast vertrouwen op de verdiensten Christi, ende altijdt is vergheselschapt met soodanighe vruchten der Godtsalicheydt, die niet alleen uytterlick zijn, maer oock die voort comen uyt een oprecht ende inwendelick vernieut herte". Cf. HSC 347.

constante e eterna do Espírito Santo".[951] Uma prova da teologia sistemática é encontrada no decreto imutável da eleição eterna, porque a fé verdadeira não é dada a ninguém, exceto aos eleitos.[952] Aqueles que não perseveram na fé nunca tiveram fé verdadeira.[953]

A firme confiança, que pertence à essência da fé, é encontrada na segurança da salvação, que tem sua base na doutrina da perseverança dos verdadeiros crentes que, por seu turno, baseia-se no decreto eterno de Deus da eleição imutável.

Os remonstrantes defendem seu pensamento explicando que creem firmemente que os verdadeiros crentes têm "poder abundante" para serem capazes de persistir na fé até o fim. Eles também afirmam que "simplesmente" (*plat uyt*) não negam que os cristãos não possam apostatar, mas que não podem afirmar isso com plena segurança. Entretanto, eles tendem mais na direção de que os verdadeiros cristãos realmente podem apostatar da fé verdadeira "e, por essa razão, também falaremos dessa forma durante este debate".[954]

O primeiro argumento que expõem é que uma doutrina que, em si mesma é "obstrutiva e danosa à piedade verdadeira e às boas obras" para aqueles que a ensinam, bem como para aqueles que são instruídos nela, não provêm de Deus e por isso, não deveria ser ensinada.[955] Com isso, os remonstrantes situam seu ponto de partida nas consequências práticas da doutrina da perseverança, e estão convencidos que ela resultará em negligência e "vida devassa, acabando com todo zelo pela salvação".[956] Os cristãos seriam capazes de viver no pecado mais profundo sem perder

---

[951] HSC 286.
[952] HSC 288.
[953] HSC 289; cf. 328.337.
[954] HSC 296-297.
[955] HSC 297.
[956] HSC 298; cf. 342.346.

o Espírito Santo;⁹⁵⁷ portanto, não haveria mais lamento pelo pecado ou, se houver, ele seria reduzido:

> Para expressar brevemente, alguém que uma vez creu não terá (de acordo com essa doutrina) mais dúvidas de que permanecerá para sempre impenitente e perdido; com isso, a conversão como um todo (isto é, a mortificação do velho homem e a renovação do novo homem) perece. Essas coisas estão diretamente opostas à clara Palavra de Deus — que, do princípio ao fim, fala continuamente contra elas — e ao ensino de que se pode perder a fé e a graça, a qual (por natureza, atributo e caráter) opera a cautela para não pecar, produz lamento pelos pecados cometidos e promove diligência para se erguer do pecado, realizando isso com o sincero temor de que a pessoa pode ser endurecida, de fato, ser brevemente alcançada pela morte, morrer no pecado e perecer; em síntese, dado que ela poderosamente promove a seriedade, coragem e o zelo por toda prática piedosa.⁹⁵⁸

As muitas formas em que as Escrituras falam sobre perseverança na fé podem, de acordo com a "razão humana", não serem conciliadas

---

⁹⁵⁷ cf. HSC 304.

⁹⁵⁸ HSC 299: "[O]m int cort te segghen, daer is voor die ghene die maer eens ghelooft geen achterdencken meer, (naer dese Leere) dat sy ymmermeer onboetveerdich blijven ende verloren gaen sullen: daer mede dan voorts de gheheele bekeeringhe, dat is de doodinghe des ouden Mensches, ende de levendichmakinghe des nieuwen Mensches wert uyt geroeyt: Welcke dinghen al strijden reghelrecht teghen het uytgedruckte Woort Gods, dat vanden beginne ten eynde toe doorgaens daer teghen spreeckt ende de leere datmen het Gheloove ende de ghenade wel verliesen can, die (als uyt haer aert, eyghenschap ende natuere) de sorchvuldicheydt van niet te sondighen veroorsaeckt, de droefheydt over de bedrevene sonden te weghe brenght, de neersticheydt om uyt de sonden op te staen vordert, doende met ernst vreesen datmen soude moghen verhart worden, Jae schielicken metter doot oversnelt zijnde, inde sonden sterven ende verderven, in Somma daert crachtelick ende onderhout den ernst, de dapperheyt ende vuyrichheyt tot alle Godtsalighe oeffeninghe".

com uma fé que não se pode perder.⁹⁵⁹ Os remonstrantes têm em mente todo os tipo de advertência, conselho, mandamento, promessa, ameaça, persuasão moral, oração que pretendem fazer com que os cristãos persistam na fé, bem como elogios àqueles que perseveram.⁹⁶⁰ Promessas, pactos e meios como a Palavra de Deus são condicionais em natureza e, desse modo, não são absolutos e inevitáveis, mas resistíveis.⁹⁶¹ Nesse contexto, a sabedoria e a justiça de Deus são expostas como argumentos. Se Deus, "que é a própria sabedoria, justiça e retidão", em toda sinceridade tenta influenciar as pessoas a perseverarem através desses meios, então tais pessoas podem também apostatar da fé:

> Pois, de outro modo, a maior insensatez e hipocrisia seria atribuída ao Deus perfeitamente sábio, fiel e justo se Ele agisse, por esses e muitos outros meios de modo a influenciar os cristãos a perseverarem, mas se não apenas soubesse, mas até mesmo imutável e desobstruidamente decidisse que essas pessoas, sem dúvida, perseverariam até o fim, sim, que elas não poderiam falhar em perseverar, como elas mesmas saberiam de antemão, sim, pode-se considerar e crer como sendo totalmente certo que perseverarão e jamais poderão apostatar de novo; da mesma forma seria muito insensato e hipócrita elogiar, aplaudir e louvar quem perseverara como se, ao perseverar, realizasse algo grandioso e notável e obtivesse uma vitória magnífica, embora, de acordo com a vontade e conhecimento imutáveis de Deus, isso fosse impossível ou, de outra forma, a pessoa deve perseverar e

---

⁹⁵⁹ HSC 299.
⁹⁶⁰ HSC 299-301; cf. 359.437.
⁹⁶¹ HSC 348; cf. 352.354.360.376.

superar, sabendo o mesmo sobre si, estando sempre acima de todo temor, perigo e ansiedade de apostatar.⁹⁶²

Se Deus tivesse decidido que a perseverança dos cristãos seria tão absoluta, e que inevitavelmente que não há perigo de apostatar, Cristo não teria orado tão fervorosamente para que seus discípulos fossem perseverantes, como fez, por exemplo, no caso de Pedro.⁹⁶³

Uma fé que, além de conhecimento, possui também a confiança como elemento essencial não pode coexistir com todo tipo de pecado cometido pela pessoa regenerada. Ademais, uma fé como dom infundido, como uma raiz que permanece até se os frutos e as obras de fé desaparecerem, não é reconhecida como fé pelos remonstrantes. Além disso, se uma fé (habitual) infundida existisse, Deus reconheceria como filhos apenas aqueles que realmente creem. O dom de fé infundido não pode ser exigido por Deus nem é uma fé real.

Os contrarremonstrantes se defendem de uma parte importante dos argumentos remonstrantes ao ressaltarem que a perseverança não pertence aos hipócritas e falsos cristãos, mas somente às pessoas "que foram enxertadas em Cristo através da fé verdadeira e se tornaram participantes do Espírito doador de vida, cujo atributo é temer a Deus, estar

---

⁹⁶² HSC 301: "Want andersins soude den alderwijsten, warachtigen ende oprechtighen Godt, de grootste onwijsheyt ende gheveynstheydt toegheschreven moeten worden, wanneer hy door sodanige ende so veelderhande middelen soude arbeyden de gheloovige menschen tot volhardinghe te beweghen, daer hy nochtans niet alleene seeckerlick weet, maer selfs onveranderlick ende onverhinderlick heeft besloten, dat soodanighe menschen buyten alle twijfel sullen volharden, jae niet en connen nae laten te volharden, oock soo dat die selve menschen al van te voren weten, jae voor gheheel seecker houden ende ghelooven moeten, datse volharden sullen ende nimmermeer afvallen connen, ghelijck het oock een groote onwijsheyt ende veynsinghe ware te roemen, te loven ende te prijsen, den genen die volhart hebben, als of sy met de volhardinghe wat groots ende wat sonderlincx uytgherecht, ende een groote Victorie behouden hadden, daer het nochtans nae sijnen onveranderlicken wille ende wel weten onmoghelick was, of sy en moisten volharden ende overwinnen, hebbende de selve oock ten heuren wel weten, altijdt ghehouden buyten alle vreese, perijckel ende schroom van af vallen".

⁹⁶³ HSC 366.

alerta quanto ao o pecado, odiá-lo, desenvolver a salvação em temor e tremor". Por conta própria, esses cristãos verdadeiros facilmente perderiam a fé, mas, através das promessas graciosas de Deus e a proteção fiel, isso não acontecerá.[964]

Conforme os contrarremonstrantes, a promessa de perseverança e a advertência para perseverar não conflitam se são aplicadas "da maneira correta e com cuidado, de acordo com a situação da congregação, cada qual em seu tempo e lugar".[965] Ambas servem para a edificação, na qual as advertências para a perseverança devem ser consideradas como nada "senão meios através dos quais a promessa de perseverança é consumada e cumprida".[966] A necessidade do uso de meios "não remove a solidez da promessa, nem a promessa desfaz os meios, mas são duas coisas que podem coexistir".[967]

O fato de Deus usar meios desfaz toda negligência. Os contrarremonstrantes estão pensando no caso de cristãos verdadeiros que caíram no pecado e se levantarão novamente e, com base na promessa de Deus, os cristãos sabem disso. Contudo, também sabem que Deus não faz isso, exceto

> através dos meios e, por essa razão, até quando estão prostrados, é dever e obrigação deles usar cuidadosamente os meios, pelos quais Deus ergue aqueles que caem, bem como fazer uma reflexão séria sobre a abominação ao pecado, a oração fervorosa, a diligente atenção à Palavra de Deus etc. Eles são atraídos para isso não como escravos, por um temor de morte e destruição, mas como filhos de Deus

---

[964] HSC 308-309.
[965] HSC 311.
[966] HSC 312.
[967] HSC 316; cf. 321.

poderosamente estimulados e atraídos pelo amor ao Pai e o despertar do Espírito Santo.⁹⁶⁸

Afirmar que a doutrina da perseverança teria como consequência a negligência é injusto e é "calúnia antiga" (*oude lasteringhe*). Um verdadeiro cristão não comete "todos os pecados que se pode cometer". Ele peca, mas "não devido a malícia, perversidade, lascívia e prazer ilimitados no mal, como o incrédulo".⁹⁶⁹ Ele pode, por causa da fraqueza, "cair em certos pecados, que, em termos do ato externo, também são, às vezes, graves". Se não houvesse verdadeiro lamento por esses pecados, o resultado seria a perda da salvação. Entretanto, Deus, de acordo com sua promessa, conduz o cristão ao justo lamento e ao "sério aperfeiçoamento de vida", cujo resultado é o verdadeiro cristão não pecar novamente, o que conflitaria com a natureza da fé verdadeira. Um cristão verdadeiro, portanto, não aplicará distorcidamente a doutrina da perseverança para se tornar negligente, mas a aplicará apenas "para consolá-lo da fraqueza que ainda permanece nele, contra sua vontade".⁹⁷⁰

A doutrina da segurança "nada é, senão uma declaração da promessa de Deus, que ele fez para o cristão verdadeiro em sua Palavra, de que ele preservará o cristão verdadeiro na fé verdadeira até o fim, externamente através dos meios acima mencionados e internamente através da operação poderosa do Espírito Santo". Os meios, contudo, não são suficientes, e seriam totalmente em vão "a menos que Deus também operasse interna e poderosamente o dom da perseverança por

---

⁹⁶⁸ HSC 315: "Door middelen, dat daerom nochtans ondertusschen haer Ampt ende schuldighen plicht is, gevallen zijnde, sorchvuldich te gebruycken van middelen, door welcke God de gevallene wederom opricht, gelijc daer zijn ernstige overdenckingen vande grouwelicheden der sonden, yverige gebeden, vlytich gehoor des Goddelicken woorts, ende diergelijcke. Waer toe, hoewel sy niet ghedreven en worden door vreese van sterven ende verderven, als slaven, so worden sy daer toe nochtans, als Kinderen Gods, door liefde hares Vaders ende opweckinge des H. Geests, crachtelic aengeporret, ende gedreven".

⁹⁶⁹ HSC 314.

⁹⁷⁰ HSC 313-314.

meio de seu Espírito Santo no cristão verdadeiro".[971] Por isso, a doutrina da perseverança está conectada e baseada na doutrina contrarremonstrante da predestinação.

Deus não age hipocritamente quando usa ameaças e outros meios similares para induzir a perseverança naqueles aos quais Ele decidiu e prometeu que perseverarão. Deus afirma que aqueles que apostatam de fato se perderão. Ele também sabe que os cristãos verdadeiros são mais bem impelidos e incitados a perseverar através dessas ameaças.[972] "Deus frequentemente usa essas ameaças condicionais não para ressaltar alguma incerteza quanto a nossa salvação e perseverança, mas para apontar para a inércia e a negligência que são encontradas nos cristãos verdadeiros".[973]

Também, com respeito ao uso da perseverança, faz-se distinção entre meios externos e a obra interna do Espírito, assim como a natureza condicional da fala de Deus serve para isentá-lo da acusação de hipocrisia, que é, de fato, uma forma de injustiça.

Quando as Escrituras parecem falar sobre cristãos que abandonam a fé, trata-se de uma maneira de falar que não reflete a realidade, mas a aparência dela. Muitos hipócritas têm grande conhecimento da verdade; de muitos se diz que são santificados porque "se retratam como tais e são notados como tais por outros, conforme a análise do amor, embora não sejam santificados real e internamente". De acordo com os contrarremonstrantes, algo similar acontece no batismo, que não é uma purificação interna, mas externa. A água do batismo é "o sinal externo do sangue do testamento", através do qual a pessoa é santificada para

---

[971] HSC 317; cf. 318.323-324. Cf. 322: "De smeeckinghen zijn uytterlicke middelen, by de welcke, indiense niet crachteloos en sullen wesen, moet comen d'inwendighe crachtighe werckinghe des H. Gheests, door welcke, midtsgaders door soodanige uytterlicke middelen God belooft heeft, dat hy de gave der volherdinghe in alle ware Gheloovighen sal wercken ende te weghe brenghen".

[972] HSC 317.

[973] HSC 319; cf. 326. Cf. 329: "Want door t'voor-stellen van sulck een groote straffe, die op d'afvallicheydt seeckerlick soude volghen, wil Godt de ware gheloovighe van den af-val afschricken ende behouden".

a comunidade externa de fé e é separada".⁹⁷⁴ Portanto, não é verdadeiro, como os remonstrantes afirmam, que

> todas as crianças nascidas de pais cristãos receberam o Espírito Santo da regeneração. Mas exatamente como nem todos os adultos, quando professam a fé, e são, portanto, batizados, têm realmente o Espírito da regeneração (como fica provado pelo exemplo de Simão o mágico [Atos 8.13]), mesmo assim são considerados como tais [isto é, que têm o Espírito da regeneração] de acordo com nossa avaliação amável, enquanto não demonstrarem abertamente o contrário; similarmente, devemos, pela mesma análise amável acreditar que todas as crianças nascidas de pais cristãos (os quais as representam em sua própria profissão de fé) e são batizadas [receberam o Espírito Santo da regeneração] até o tempo em que elas serão adultas e demonstrarão o oposto, pois a promessa é estendida a essas crianças em geral.⁹⁷⁵

Análoga à análise amável que se aplica aos adultos que professam a fé, desse modo, os filhos dos cristãos devem ser considerados o regenerados, contanto que não demonstrem o contrário. A analogia para a profissão de fé é, de fato, tão consistente que a fé dos pais assume a

---

⁹⁷⁴ HSC 330.

⁹⁷⁵ HSC 336: "Alle cleyne Kinderen, die van gheloovighe Ouders gheboren werden, den H. Gheest der wedergheboorte souden hebben ontfanghen, maer ghelijck niet alle volwassene, als sy het gheloove belijden, ende daer op ghedoopt werden, den Gheest der wedergheboorte hebben, als blijcken can uyt het exempel van Symon den Tovenaer, Actor. 8.13.21. nochtans van ons naer het oordeel der liefde, daer voor alle moeten worden ghehouden, soo langhe sy het contrarie niet openbaerlick en betoonen, alsoo ist, dat wy dit naer het selve oordeel der liefde moeten ghelooven, van alle cleyne Kinderen die van Gheloovighe Ouders gheboren zijn (t'welck haer in plaetse van belijdenisse is) ende ghedoopt werden totter tijdt toe dat sy haer selven int opwassen anders betoonen: overmidts dese Kinderen int ghemeen de belofte ghedaen is". Cf. TRIGLAND, Geessel, 667.

função de uma profissão de fé pelos próprios filhos, qa qual não podem fazer devido à sua idade:

> Ora, se essas crianças, como adultas, através de uma vida perversa e profana, demonstrarem que não têm o Espírito da regeneração, então não se poderá afirmar que perderam o Espírito, mas, pelo contrário, será um sinal indubitável de que jamais o tiveram.[976]

Em resposta, os remonstrantes enfatizam que não duvidam de forma alguma que cristãos e santos "como tais (isto é, como cristãos) perseveram na graça, no favor e no cuidado de Deus".[977] Eles definem isso não apenas como o fundamento do consolo dos filhos de Deus, mas também como um "fundamento necessário a toda religião, particularmente da religião cristã, que está fundamentada nas promessas de Deus e em Jesus Cristo".[978]

Armínio chamou o duplo amor de Deus de o fundamento da religião (cristã). Não é impossível que a declaração remonstrante sobre o fundamento da religião se relacione a isso. Que Deus certamente preservará os cristãos também é para Armínio um ponto de partida básico que procede diretamente do amor de Deus por justiça e de seu amor pela humanidade. Os remonstrantes, contudo, não se referem explicitamente à justiça de Deus como a fonte para sua declaração *básica*, o que torna difícil determinar se estão ou não adotando ideias de Armínio ou sendo influenciados por ele.

---

[976] HSC 336: "Wanneer nu de kinderen in het opwassen door een boos ende Godtloos leven bethoonen, dat sy den Gheest der wedergheboorte niet en hebben, dan machmen niet segghen datse de selve verloren hebben, maer dat is een seecker teecken datse de selve noyt ghehadt en hebben"; cf. 374.

[977] HSC 339.

[978] HSC 340.

Com a ênfase na função de uma fé ativa para a perseverança, os remonstrantes indicam o núcleo da diferença que têm em relação aos seus antagonistas. Deus conforta as pessoas não por serem pessoas, mas por serem cristãs. Os verdadeiros cristãos não procuram nem encontram conforto na graça de Deus sem encontrar, em si mesmos, a fé. Não é a fé "que uma vez tiveram (porque, do contrário, têm o mesmo conforto, de fato, como grande conforto, tanto nos pecados mais abomináveis como na piedade mais excelente, se apenas cressem em um momento ou outro), mas a fé que ainda está presente e sempre permanece", a qual proporciona fundamento para o conforto. Se a fé não desempenha função na perseverança, o resultado será a negligência. Seria também a mais absoluta insensatez da parte de Deus ordenar a perseverança e ao mesmo tempo, confortar aqueles a quem Ele ordena que perseverem dizendo-lhes que eles não falharão em perseverar.[979] A perseverança para os remonstrantes "nada é além da própria, constante e contínua fé".[980] O pecado, em contraste, separa a humanidade de Deus. Conforme Paulo em Romanos 8, nada pode separar os cristãos do amor de Deus em Cristo, mas se presumíssemos que até esse pecado não pode mais causar separação, e se até mesmo o pecado estivesse incluído entre "todas as coisas que cooperam para o bem daqueles que amam a Deus", isso abriria as portas para todo tipo de pecado.[981]

Dúvida e desespero são fruto do questionamento quanto aos fatos de a salvação ter sido preparada ou não para a pessoa envolvida, bem como pela dúvida quanto à possibilidade de ser certamente salvo ou de receber a salvação.[982] Essa dúvida é danosa, mas duvidar que "alguém sempre permanecerá como está, que sempre preservará a vontade e a integridade que tem agora e que não será mudado pelo próprio livre arbítrio devido à frouxidão, negligência, perversidade, tentação não é

---

[979] HSC 340.
[980] HSC 341.
[981] HSC 386.
[982] HSC 346.

danoso, mas pelo contrário, louvável como fonte de cautela e profundo cuidado para evitar o pecado e fugir ddele, bem como de todas as oportunidades que levam a ele".[983]

O conforto que os filhos de Deus possuem consiste de duas partes: 1. que eles, em meio às dificuldades que acompanham a religião, estão certos da extraordinária e gloriosa recompensa que lhes foi preparada; 2. que eles, através do poder de Deus e da consideração da recompensa, são mais do que fortes para permanecerem firmes até o fim e vencer todos os inimigos, "se apenas mantiverem os olhos fixos no prêmio que foi estabelecido diante deles. Porquanto a fé é a vitória deles e a nossa".[984]

Se Deus tivesse que preservar as pessoas na fé através dos mesmos poder e graça que produziram sua primeira criação, isso seria absurdo e "absolutamente inadequado". Pois aqueles que foram vivificados depois da regeneração seriam incapazes, como o eram antes da regeneração. Essas pessoas sempre permaneceriam na graça e jamais pecariam, nem pecariam devido à falta de graça. A última hipótese implicaria que o "homem, mesmo com a ajuda da graça de Deus que lhe foi dada, não pode abandonar o mal mais do que o abandona, nem fazer o bem mais do que o faz; e que Deus abandona os seus antes que eles o abandonem; de fato, Ele não pode ser abandonado pelos seus antes que Ele os abandone".[985]

Os remonstrantes consideram importante a diferença de que seus conceitos evitam o desespero e a negligência, enquanto "ambos são claramente promovidos pelo conceito dos contrarremonstrantes".[986]

A graça de Deus deve receber toda e elevada honra quando se trata de arrependimento e salvação. Sem diminuir essa graça divina, entretanto, a vontade humana regenerada pode também ser considerada uma causa concomitante de perseverança. Pois a vontade foi vivificada através da graça e recebeu novos poderes pela graça, "por meio da qual

---

[983] HSC 346.
[984] HSC 341.
[985] HSC 342-343.
[986] HSC 341; cf. 345.352.

a vontade pode receber e usar os benefícios e dons que recebe e, então, perseverar na graça". A disposição para lutar vem de Deus e da vontade, mas, ao mesmo tempo, é totalmente dependente da graça de Deus.[987] A vontade não é uma causa igual à graça nem coopera com ela, mas é uma causa subordinada à graça:

> Pois a vontade é como uma regra influenciada, estimulada, mantida e protegida através da graça do Espírito; de fato, do contrário, ela não perseveraria nem por um momento. Pois ela persevera não porque deseja perseverar cegamente e sem causa, mas porque é influenciada através da graça, como através de uma causa preveniente e concomitante da qual depende, sem a qual não perseveraria nem poderia perseverar mas sempre de forma que possa aceitar ou resistir ao movimento e à operação do Espírito. No segundo caso, essa é a causa integral de sua apostasia, não dependendo de qualquer outra, mas realizando espontaneamente o que realiza. Sua perseverança, por outro lado, depende apenas da graça, como a primeira, a mais sublime e a principal causa, não sem a vontade, a qual a graça influencia e desperta para agir [...].[988]

---

[987] HSC 343.

[988] HSC 344: "Want doorgaens so ist datse door de genade des Geestes daer toe beweeght wort, aengheporret, onderhouden ende bewaert: Jae het is onmoghelijck datse anders soude connen een oogenblick volherden: Want daerom volhert sy als sy volhert niet om dat sy wilt volharden blindelick ende sonder oorsaeck, maer om dat sy door de genade als door een voorgaende ende medegaende oorsake, daer van sy hangt, beweeght wort, sonder welcke sy niet en soude noch konde willen volherden: maer altijdt so dat sy de beweginghe ende werckinghe des Geestes ofte waer nemen ofte teghenstaen kan. In welcken laetsten ghevalle sy volkomen oorsake is van haren affval, als niet hangende aen eenighe andere oorsake, maer doende uyt haer selven vrywilligh het ghene sy doet. Maer anderssins hangt haer volhardinge alleene aende genade als de eerste, hoochste ende principale oorsaeck: nochtans niet sonder den wille, den welcken de ghenade tot het werck beweecht ende verweckt [...]".

Essa citação ilustra novamente a convicção e a intenção dos remonstrantes. Eles pensam que podem unir três coisas em seu conceito deles sobre a graça e a operação (não irresistível) da graça. Em primeiro lugar, que a graça de Deus é realmente suficiente para todos e é inequivocamente designada para todos. Em segundo lugar, a salvação deve ser totalmente atribuída à graça de Deus. E em terceiro lugar, a incredulidade e a impenitência ou a apostasia da fé só podem ser atribuídas ao ser humano que, a despeito de tudo, ainda se afasta de Deus e de sua graça. Além disso, "a disposição dos cristãos para batalhar" não é uma disposição que ocorre sem a graça, mas "através da graça, que adverte, influencia, incita e os estimula de mil de maneiras".[989]

A necessidade de cooperação humana, ainda assim, não faz a perseverança depender dessa cooperação, da mesma maneira que, por exemplo, a justificação não depende da fé, embora Deus não justifique ninguém que não creia.[990]

6.2.6. A *questão*

A despeito da segurança e dos argumentos contrários, os contrarremonstrantes mantiveram a versão da *questão* no fim da conferência, convencidos de que os remonstrantes ensinavam que a fé é a causa da eleição. Com base nessa convicção, que não era compartilhada pelos antagonistas, eles repreenderam os remonstrantes por definirem que a primeira e a principal causa da salvação está no ser humano e não no beneplácito e se pura graça de Deus. "Não podemos compreender isso como nada mais que privas Deus de sua glória e reduzir, ou até mesmo destruir, sua graça". Os contrarremonstrantes consideram a fé em relação à eleição um meio subordinado e como fruto da eleição.[991]

---

[989] HSC 344.
[990] HSC 344.
[991] HSC 390-393.

No que concerne à expiação, os contrarremonstrantes não compreendem como pode haver uma "via média" entre a suficiência do sacrifício de Cristo e a real apropriação dele. Por essa razão, eles suspeitam que os remonstrantes, que querem ensinar, além da suficiência universal, uma expiação universalmente adquirida, ensinam "a restauração universal de toda e qualquer pessoa a um estado de reconciliação com Deus", a despeito das insistentes negações do contrário pelos próprios remonstrantes. Os contrarremonstrantes também observam que não veem como poderia ser útil discutir "se alguém recebe ou não algum bem no qual a pessoa não teve uma parte nem jamais terá na eternidade". Em acréscimo ao "valor e poder" suficientes do sofrimento e da morte de Cristo para a expiação de todas as pessoas diante de Deus, os remonstrantes ensinam que a expiação e o perdão foram adquiridos para todos, que é a vontade de Deus que essa expiação seja estendida a todos e que é a intenção e o propósito de Cristo realmente salvar todas as pessoas, "mesmo aquelas que se perderão".

Portanto, há uma diferença de opinião quanto a se os três atributos acima mencionados, aplicados à expiação, implica ou não em que todas as pessoas realmente serão salvas, algo que os contrarremonstrantes afirmam, mas que os remonstrantes negam. A clara perplexidade expressa pelos contrarremonstrantes sobre o fato de seus opositores se preocuparem com a aquisição da expiação para as pessoas que jamais compartilharão da expiação, perplexidade essa alinhada ao silêncio total quanto às motivações que os remonstrantes haviam exposto, revela incompreensão dos conceitos do partido oposto. Isso está relacionado ao caráter fundamental (*sine qua non*) da expiação que foi de fato adquirida. Durante as discussões, foi determinante, para o conceito contrarremonstrante sobre a eleição e a proclamação da graça, a convicção de que todo ato da graça de um Deus justo para com os pecadores deveria ser fundamentado na justiça que foi realmente satisfeita.[992] O que é notável é que os remonstrantes, em sua *questão*, ignoram esse último

---

[992] HSC 393-395.

argumento a respeito da satisfação da justiça de Deus e se concentram tanto na oferta bem-intencionada de graça, como na questão poderem confiar que essa promessa foi feita a eles.[993]

No que diz respeito à graça e à operação da graça, a doutrina contrarremonstrante é marcada pelo conceito de que a humanidade "depois da queda, está tão completamente corrompida e inteiramente morta em pecado" que é impossível para a vontade humana, sem "as operações especiais e inclinações poderosas do Espírito Santo [...], ser inclinada e determinada em direção ao verdadeiro bem espiritual". Igualmente, após a queda, a vontade permanece "não coagida", mas não pode escolher o bem espiritual se a oposição da vontade não é, de fato, eficazmente bloqueada e removida, e a vontade, "inclinada e determinada para assentir sem qualquer coerção".

Um desdobramento desse conceito é o fato de que, em todos aqueles nos quais Deus age através de seu Espírito com a intenção de produzir fé e arrependimento, "fé e arrependimento serão também produzidos", e que, "de acordo com isso, nem todas as pessoas às quais a Palavra é pregada recebem também o Espírito que dá vida":[994]

> Por essa razão afirmamos que a causa única e imediata de fé, ou o motivo pelo qual duas pessoas que ouvem a mesma proclamação da Palavra e internamente são iluminadas suficientemente em sua mente, uma crê e se arrepende enquanto a outra permanece incrédula e impenitente, é porque, através de uma operação especial do Espírito Santo, a vontade de uma é real e poderosamente inclinada e determinada a isso. E se essa operação do Espírito Santo ocorresse tão poderosamente na outra, ela creria e se arrependeria também.[995]

---

[993] HSC 419.
[994] HSC 395-397.
[995] HSC 396: "Waerom wy segghen, dat de eenighe ende naeste oorsaecke des gheloofs, ofte waerom het geschiet, dat van twee Menschen die eenderley Predicatie des woorts

Além disso, em conexão com esse tema, os contrarremonstrantes duvidam da franqueza dos remonstrantes e suspeitam que eles não queriam expor sua opinião abertamente, escondendo-a com o termo ambíguo "não irresistível". De acordo com os contrarremonstrantes, os remonstrantes atribuem à cooperação da vontade humana o papel de causa ao lado da graça de Deus. Embora admitam que os remonstrantes veem a graça de Deus como causa principal e mais importante de arrependimento, enfatizam que isso conflita com a insistência dos remonstrantes na inata livre escolha humana. A ênfase que os próprios remonstrantes conferiram, durante as discussões, à dependência da livre escolha da graça de Deus e à sua função totalmente secundária está absolutamente ausente do resumo contrarremonstrante da posição remonstrante.⁹⁹⁶

O fato de os remonstrantes perceberem uma conexão direta entre seu conceito sobre a operação da graça e o cuidado em evitar a hipocrisia ou injustiça da parte de Deus é, no resumo contrarremonstrante, tratado no contexto da proclamação do evangelho:

> Que Deus está totalmente pronto, em qualquer lugar e a qualquer pessoa à qual Ele pregue sua Palavra, para conduzir todos ao arrependimento com seu Espírito que dá vida. E que Deus seria dissimulado se pregasse sua Palavra a uma pessoa a quem Ele também não concedesse imediatamente o Espírito de Cristo que dá vida.⁹⁹⁷

---

aenhoren, ende die inwendelick beyde in haer verstant genoechsamelijc verlicht zijn, d'eene gelooft, ende sich bekeert, daer d'andere in ongelove ende onbekeerlijcheyt blijft, is, om dat door een bysondere werckinge des H. Geestes, de wille des eenen daer toe dadelijck ende crachtelijck geneycht, gebogen, ende ghedetermineert wort: ende indien dese werckinge des H. Gheests ontrent den andere even crachtich gheschiet ware, dat de selve oock soo wel als d'andere soude ghelooft ende sich bekeert hebben".

⁹⁹⁶ HSC 396-399.
⁹⁹⁷ HSC 398: "Dat waer ende wien Godt syn Woort laet predicken, dat hy oock daer met synen levendich-makenden Geest volveerdich is, om haer alle te bekeeren. Ende dat Godt

Entretanto, os contrarremonstrantes não abordam essa acusação e evidentemente a consideram desnecessária depois da defesa realizada no conjunto principal das discussões.

Ao explicarem a diferença da perseverança dos cristãos verdadeiros, os contrarremonstrantes enfatizam que essa perseverança se aplica apenas aos cristãos verdadeiros, e não aos hipócritas, os falsos cristãos ou aqueles que têm uma fé apenas temporal. Não há algo como uma impossibilidade absoluta de apostatar; entregues a si mesmos, os cristãos poderiam apostatar.[998] Os verdadeiros cristãos podem cair em pecado profundo, mas não apenas recebem poder suficiente para lutar contra e vencer Satanás, o mundo e a carne, como também são poderosamente protegidos, de modo que "jamais, nem totalmente nem finalmente, perderão e novo [a fé], nem apostatarão da fé verdadeira de uma vez por todas".[999]

No fim, os remonstrantes consideram que as diferenças que têm com os contrarremonstrantes remontam a um único ponto: o artigo sobre a predestinação para a salvação e condenação.[1000] Como o compreendem, os contrarremonstrantes ensinam que a predestinação é um decreto segundo o qual Deus, desde a eternidade, decidiu salvar algumas pessoas simplesmente por serem pessoas, ou, então, por serem pessoas que pecaram em Adão, enquanto condena outras. Foi, ainda, sua decisão conduzir as pessoas à salvação ou à condenação, concedendo aos eleitos os meios para a salvação com tal poder que eles certamente serão salvos, e não conceder os meios para a salvação, de forma alguma ou, pelo menos, não de uma forma suficientemente poderosa.

---

den gheveynsden hypocrijt soude spelen, indien hy yemandt syn woort liet predicken, dien hy met eenen den levendich-maeckende gheest Christi niet en soude gheven".

[998] Veja o que os remonstrantes argumentam sobre essa "distinção infundada" (*ongegronde distinctie*) em HSC 427.

[999] HSC 399-401.

[1000] Cf. HSC 437: "Alle de swaricheyt valt over de hooge aenstotelicke Predestinatie metten gevolge van dien".

Em contraste, remonstrantes pressupõem que Deus determinou, desde a eternidade, salvar certas pessoas, consideradas crentes em Cristo (graciosamente imputado a elas por Deus através de meios suficientes e poderosos), e condenar outras que, através da própria falta (isto é, por negligenciar e rejeitar os meios para a salvação que lhes foram concedidos), não creem em Cristo:[1001]

> Se alguém falasse a verdade honestamente, teria de reconhecer que isso representa os dois grupos, que a diferença está situada apenas nisso, e que se esse ponto fosse afrouxado, todo o restante seria afrouxado também. Pois se a predestinação fosse como os contrarremonstrantes afirmam, tudo que eles creem com respeito aos outros artigos deve ser igualmente verdadeiro. E *vice-versa*, se o conceito remonstrante, nesse ponto, fosse correto, o que eles confessam sobre todos os outros artigos deveria ser verdadeiro também, pois tudo está unido.[1002]

Um importante ponto de acordo entre os partidos é a convicção de que a eleição se baseia somente na graça e na misericórdia de Deus em Cristo, e não em qualquer mérito ou dignidade humanos. Uma diferença importante, por outro lado, é o lugar e a função de Cristo na eleição: Ele é um meio subordinado ou o fundamento lógico que precede a eleição? Outra questão importante é se a fé é fruto da eleição ou de ouvir o evangelho.

[1001] HSC 409-410.

[1002] HSC 410: "Alsmen de waerheydt in oprechticheyt spreecken sal, soo moetmen bekennen, dat dit de rechte meeninge is ten weder-zijden, ende dat het gheheele gheschil hier inne alleene bestaet: ende dat dit poinct alleen vereffent zijnde, alle de reste vereffent is. Want: Staet het soo met de Predestinatie als de Contra-Remonstranten seggen, so moet oock waer zijn dat sy ghevoelen van alle d'andere Articulen: Gelijck ter contrarie: indien der Remonstranten gevoelen over dit stuck waer bevonden wordt, soo sal oock waer bevonden moeten worden, t'ghene zy bekennen over alle d'andere Articulen: want het alles aen malcanderen hangt".

Os remonstrantes creem na última hipótese e deixam a disseminação da Palavra ao "governo sábio, impenetrável, justo e misericordioso do Senhor". Aqueles que não são salvos não são condenados por causa da falta de uma graça suficiente, mas por desprezarem-na.[1003]

Quanto à doutrina da reprovação fica claro que, nesse aspecto, os contrarremonstrantes ainda têm a "mais formidável objeção" (*meeste swaricheyt*).[1004] Ela ocultaria sentimentos monstruosos e os contrarremonstrantes consistentemente se recusam a explicar que pensam sobre a reprovação, e isso embora a eleição e a reprovação sejam "duas partes extremas e estão no mesmo nível, uma oposta a outra". Os remonstrantes identificam a causa dessa recusa no temor contrarremonstrante de que, sendo exposta, a reprovação seria imediatamente desaprovada como "abominável, inadequada para o Deus bom e justo e totalmente em conflito com a Palavra Sagrada". Eles concordam com os remonstrantes que Deus decidiu condenar os incrédulos não porque estão fora de Cristo, mas por causa do paralelo entre eleição e reprovação. Assim, teriam de admitir que ensinam que, se a fé é fruto da eleição, a incredulidade deve proceder da reprovação, como fruto.

As caracterizações usadas em conexão com esse tema tornam claro que se trata de uma questão sensível, na qual existe, de fato, a "mais formidável objeção". Exatamente em conexão com esse tema, a questão da justiça de Deus desempenha um papel, e a justiça de Deus é referida explicitamente mais uma vez. Isso confirma a impressão de que a justiça de Deus constitui um tema teológico relevante para esses primeiros remonstrantes a rejeição da doutrina contrarremonstrante e devido à adoção de outro conceito.

Conforme os remonstrantes, a extensão da expiação está diretamente relacionada à doutrina da predestinação. O entendimento deles quanto a Cristo ser o fundamento da eleição, antecedente em ordem, implica que Cristo também morreu por todos e adquiriu salvação para

---

[1003] HSC 412-413.
[1004] Cf. HSC 417.

todos a fim de aplicá-la àqueles que creem. Considerando também que os contrarremonstrantes ensinam que o poder e o valor da morte de Cristo bastam para expiar todas as pessoas, a diferença pode ser situada na questão de "Cristo morreu dessa maneira por todos, Ele adquiriu para todos o remédio da salvação, isto é, a reconciliação com Deus e o perdão dos pecados".[1005] Os remonstrantes respondem afirmativamente, os contrarremonstrantes, negativamente. Os remonstrantes também lidam extensamente com o assombro contrarremonstrante de que eles estão bastante preocupados com a suficiência da morte de Cristo para pessoas que jamais participarão:

> A razão pela qual ensinamos que Cristo obteve expiação para todos, embora muitos, pela própria falta não participarão dela, é porque as Sagradas Escrituras ensina isso; porque é verdadeiro; porque promove consideravelmente a honra de Deus e de Cristo, bem como o louvor de seu grande amor demonstrado pela raça humana; porque, do contrário, não se pode, sem falar uma mentira, pregar o evangelho aos incrédulos nem proclamar-lhes Cristo, nem chama-los à fé em Cristo com o argumento de que Cristo morreu por eles, dado que, de acordo com o conceito contrarremonstrante, não se sabe isso antes que eles, de fato, creiam; finalmente, porque, do contrário, não se pode persuadir o incrédulo e impenitente, com as Sagradas Escrituras, de que eles estão, com sua incredulidade, pisoteando o sangue de Cristo pelo qual são santificados (Hb 10.29) e estão, portanto, perdidos, não por uma deficiência de Cristo e seus benefícios, mas por sua própria falta.[1006]

[1005] HSC 417-418.

[1006] HSC 419: "d'oorsaeck, waerom wy leeren dat Christus voor alle ende yeder de versoeninghe heeft verworven, hoe wel vele de selve door haer eyghen schuldt, niet deelachtich en worden, is, om dat het de H. Schrift leert: om dat het waer is: om dattet grootelijcx dient tot Godes ende Christi eere, mitsgaders tot lof van sijne groote liefde,

Os dois argumentos mais importantes são deduzidos da proclamação do evangelho, que não podem ser realmente aplicado a toda e qualquer pessoa se Cristo, de fato, não morreu por todos, e a partir da questão de se as pessoas podem, na realidade, ser convencidas de que estão perdidas não por causa de uma deficiência da parte de Deus, mas por sua própria falta. Embora ambos os elementos não estejam totalmente desconexos com o tema da *justiça*, algo que é ignorado é se Deus pode ou não oferecer graça sem ter direito a isso na satisfação de sua justiça através do sacrifício substitutivo de Cristo.

Os remonstrantes consideram logicamente consistente que os contrarremonstrantes ensinem uma graça irresistível.[1007] A única diferença antagônica aos contrarremonstrantes, com respeito ao terceiro e quarto artigos, portanto, concerne também à operação da graça, se ela é irresistível ou não e se a graça é designada apenas para os eleitos ou para outros também. Enquanto os contrarremonstrantes são da opinião de que isso envolve contradição — ensinar que a fé é um dom de Deus e que ela é aplicada resistivelmente —, os remonstrantes preferivelmente argumentam que a graça perderia seu caráter e se tornaria "coerção" (*nootdwanck*) se fosse aplicada irresistivelmente.[1008]

Como solução, os remonstrantes propõem não estabelecer a natureza da operação do Espírito Santo, porquanto seria incompreensível começar com ela. Conforme a norma que adotaram, a sinceridade da oferta do evangelho é de novo relevante, juntamente com a responsa-

---

den Menschelijcken gheslachte bewesen: om datmen anders sonder onwaerheydt te spreecken, den ongheloovighen het Euangelium niet predicken, noch hun Christum vercondighen, noch tot het geloove in Christum nooden mach, met dit Argument, dat Christus voor hun ghestorven is, aenghesien men dat niet en weet na der ContraRemonstranten meeninghe, voor ende aleer sy datelijck ghelooven: Eyntelijck, om datmen anders den ongheloovighen, ende onboetvaerdighen mette heylighe Schriftuere niet overtuyghen en kan, dat sy t'bloet Christi daer door sy gheheylicht waren Hebr. 10.29. met haer ongheloove vertreden, ende alsoo niet by ghebreke Christi, ende sijner weldaden, maer by haer eyghen schuldt verloren gaen".

[1007] HSC 419-420.

[1008] HSC 420-422.

bilidade do ouvinte de não desprezar a graça de Deus. A norma adotada defende que a fé,

> assim como todo o bem salvífico, é atribuída apenas à graça de Deus em Jesus Cristo, e que aqueles aos quais a Palavra de Deus é pregada devem firmemente crer que o Senhor lhes prega sua Palavra com a intenção de convertê-los, e que e devem garantir que não desprezarão essa graça.[1009]

Com respeito à perseverança dos verdadeiros crentes, parece que "além da verdade, também a piedade" (*Godvruchticheyt*)[1010] é um dos pontos em que os remonstrantes insistem. A preocupação com a piedade, que é "o único fundamento e motivo para essas diferenças",[1011] tornará esses pregadores temerosos de "colocar um travesseiro suave sob os ouvidos das pessoas sem pretender", através desse ensino, que "alguém que crê seja, a partir desse ponto, liberto de toda preocupação e do temor de condenação, não importa quão sério seja o pecado que ainda cometa". Essa é uma preocupação válida "especialmente nessa época libertina, em que mesmo os mais dissolutos costumam parecer cristãos e filhos amados de Deus".[1012]

Como um tipo de compromisso, os remonstrantes propõem que

> enquanto consola os filhos de Deus com a proteção fiel e duradoura do supremo pastor Jesus Cristo, como Aquele que,

---

[1009] HSC 422: "Ghelijck oock alle het Salichmakende goet, alleen de ghenade Godts in Iesu Christo werde toegheschreven, ende dat die ghene dien het Woort Godts gepredickt wort vastelijck moeten ghelooven, dat de Heer haer sijn Woordt doet predicken, in meeninghe van haer te bekeeren: ende dat sy derhalve moeten toesien, dat sy dese ghenade niet en verwaerloosen, etc".

[1010] HSC 428.

[1011] HSC 428.

[1012] HSC 426; cf. 428: "dese verdorvene tijden".

de sua parte, está totalmente disposto e é capaz de protege-los para que não apostatem, deve-se ao mesmo tempo, adverti-los a desenvolver a salvação com temor e tremor, e ao fazê-lo, garantir que aquele que está de pé não caia.

Com isso, ninguém será deficiente da verdade das Sagradas Escrituras nem da Confissão e enquanto oferece o conforto apropriado das Escrituras, ainda protege contra a negligência, de modo que o cristão pode navegar entre o desespero e a negligência para entrar no porto da salvação eterna através da graça de Jesus Cristo e atracar ali.[1013]

Do resumo que cada rupo expôs do conceito do outro, muitos fatos podem ser concluídos. O conceito dos contrarremonstrantes essencialmente se resume a isto, que não podem compreender como um pecador poderia ser salvo exceto por meio da operação poderosa do Espírito, pelo qual a regeneração é realmente realizada. As doutrinas da graça irresistível, da predestinação incondicional, da extensão limitada da expiação e da perseverança dos santos são, mais ou menos, implicações lógicas dessa convicção. A motivação dos contrarremonstrantes parece estar, além de na glória de Deus, particularmente na preocupação deles com a doutrina da graça e da salvação e na segurança da fé. Segundo entendem, uma pessoa não pode ser salva da maneira concebida pelos remonstrantes, não pode estar certa da salvação, e a função, que a

---

[1013] HSC 428: "de gheloovige kinderen Godts troostende, met die ghetrouwe ende ghestadige bewaringhe haers opperherders Jesu Christi, als die aen zijne sijde volcomen ghewillich, ende machtich is, om haer te bewaren dat sy niet uyt en vallen: alle tijt daer by vermane, dat sy haer salicheyt wercken moeten in vreesen, ende beven, ende dat doende, hy die staet, toe sie, dat hy niet en valle. Hier mede en salmen noch de waerheyt der H. Schriftuer, noch Confessie te cort doen, ende den behoorlicken troost der Schriftuere aen dienende, even wel de sorgheloosheyt weeren, op dat de gheloovige also tusschen wanhope ende sorgheloosheyt heenen seylende, de haven der eeuwigher Salicheyt, door de ghenade Jesu Christi bezeylen, ende aen doen moghen".

liberdade da vontade ocupa diminui a honra que realmente é devida a Deus.

Eles demonstram pouca compreensão do conceito remonstrante, e muitos dos argumentos deste grupo são simplesmente ignorados. Afirmam continuamente notado que os remonstrantes estão ocultando seus reais pensamentos com palavras que parecem ortodoxas. O ensino deles é novo, herético e está absolutamente claro que conflita com a Escritura e a Confissão. Essa atitude de suspeita e essa falta de confiança na honestidade das intenções dos remonstrantes parecem ter sido a causa para, durante a conferência, não haver realmente uma discussão honesta e abertura para ouvir, nem se procurar saber as motivações dos outros e nem houve prontidão para conceder o benefício da dúvida às intenções expressas. O resultado definitivo foi que os dois partidos agiram conforme visões diferentes e não declinaram para discutir a essência de seus pontos de vista.

Poderíamos pensar em muitas razões para o encerramento da conferência. Motivos pessoais, política eclesiástica, mútua ausência de compreensão e confiança — todos seriam responsáveis. Quanto às razões relacionadas à teologia sistemática, podemos ser mais específico e concreto. O que impressiona é o zelo com que séries de textos da Escritura são interpretados de acordo com as próprias pressuposições dogmáticas de cada parte, embora a reflexão metódica pareceu estar quase ausente. Não houve discussão sobre a natureza da revelação nem sobre o conhecimento humano de Deus, embora esses tópicos parecessem de importância fundamental. A importância e a função de Cristo com respeito à graça e à salvação é outro tópico em que aparentemente os dois partidos sustentaram diferenças de opinião fundamentais, mas a despeito das muitas palavras dedicadas a ele, afigura-se que não houve discussão real, profunda. Muitas vezes ressalta-se que esse tópico estava estritamente ligado à justiça de Deus, algo com que os remonstrantes também se preocupavam e chamavam à atenção, embora bem menos do que se poderia esperar. Entretanto, os contrarremonstrantes não trataram nem sequer uma vez das questões concernentes a isso, por conta do que o resultado da discussão foi menos do que satisfatória, como era esperado. Isso também foi verdade quanto à reprovação, um assunto muito importante para os remonstrantes por causa de sua conexão com a doutrina de Deus, mas sobre o qual os remonstrantes se recusaram a se pronunciar porque alegaram não ser relevante. Isso confere apoio à suposição de que os contrarremonstrantes deram pouca etenção, ou, pelo menos, não suficiente, aos motivos que estimularam os remonstrantes.

Os remonstrantes situam toda a discussão explicitamente em um contexto e desenvolvimento histórico. Eles admitem que a "predestinação absolutamente ofensiva, juntamente com suas consequências, que nossos irmãos querem ensinar, [...] já tem muitos seguidores e é promovida por muitos homens eruditos".[1014] Contudo, seu próprio conceito não se trata de "novidades nem em termos da igreja primitiva nem em termos da doutrina das igrejas reformadas em geral" nem em termos da confissão das igrejas reformadas na Holanda. Desde o início da reforma, conceitos diferentes foram promovidos. Os remonstrantes ressaltam que o professor Henricus Anthony, de Franeker, recentemente elogiara a obra de Anastasius Veluanus, *Der leecken wech-wijser*. Muitos no campo reformado, leram esse livreto e o consideraram simplesmente uma "joia". Os remonstrantes se referiram a esse livro em conexão com a reprimenda de que eles estão promovendo novas ideias, apesar de notarem que, quanto ao o livre arbítrio, não falavam como Veluanus.[1015]

Os remonstrantes também se opõem ferozmente às acusações de que promovem heresias arianas, samosatianas e socinianas, reparando que uma "prática comum e antiga procurar eliminar aqueles mestres que atraíam atenção pelos falsos rumores de estarem infectados com essa ou aquela heresia".[1016]

[1014] HSC 437.
[1015] HSC 430.
[1016] HSC 431.

A decisão de revisar a Confissão e Catecismo, como proposta pelos remonstrantes, foi tomada pelos Estados Gerais em 1597 e 1606, e o Sínodo Particular da Holanda do Sul aprovou a decisão em 1606.[1017] Os remonstrantes enfatizavam o caráter humano e, portanto, falível desses escritos, e defendiam a necessidade de uma revisão com base nisso. Eles, então, conectaram-na em conformidade com o "primeiro princípio da reforma" (*eersten gront der reformatie*), de modo que a resistência contra a revisão se tornou nada menos que o estabelecimento de um princípio que cheirava a papismo. Antes que essa revisão acontecesse, eles não quiseram se comprometer mais do que a "Palavra de Deus e a consciência permitem".[1018]

Os remonstrantes notam que, desde o princípio da reforma, a paciência e a tolerância pacíficas foram praticadas especificamente em conexão com a predestinação. Eles apontam para a amizade entre Felipe Melâncton e João Calvino, bem como para a mão de comunhão que Teodoro Beza estendeu aos luteranos depois do Colóquio de Montbéliard, embora estes promovessem um conceito que "não foi diferente dos conceitos dos remonstrantes". Além disso, em Genebra, os escritos do teólogo luterano Nicolas Hemmingius foram publicados e expressam claramente os conceitos dos remonstrantes, enquanto descrevem o conceito oposto como *Stoicum fatum, Zenonis dogmata* (O destino estoico; os dogmas de Zenão). As obras dele foram publicadas em Genebra e "altamente recomendadas pelos teólogos para a leitura detida dos alunos, como alguns dos remonstrantes que estudaram ali podem verdadeiramente atestar". Outro exemplo notado é o da Inglaterra, onde William Whitaker assumiu uma posição, e Pedro Baro, outra. Ademais, dominicanos e jesuítas e entre os próprios jesuítas, "de fato, têm as mesmas divergências que nós", cujas discussões já duravam mais de vinte anos (confira mais em 7.3.2.).[1019]

[1017] HSC 1-5.428.

[1018] HSC 429.

[1019] HSC 434-435. Para esse parágrafo, cf. 7.3.2.

Ao situar seu conceito no contexto das discussões que aconteciam na Holanda e em toda Europa, nos círculos protestantes e católico-romanos, os remonstrantes pretendem obter aceitação e tolerância. A esse respeito, a referência positiva à *Eirenicon* de Franciscus Junius é digna de nota.[1020] Não sem uma intenção retórica, eles escrevem:

> Estamos apenas em busca da verdade e da paz, particularmente para nossa querida pátria, particularmente por causa da Jerusalém espiritual, e para estar em paz entre nós mesmos, para resistir com poder espiritual ao anticristo e ao papado. Aquele que conhece todos, que vê nossos pensamentos, que ouve as declarações mutuamente expressas inúmeras vezes, sabe disso.[1021]

Também digno de nota que os remonstrantes chamam a atenção para a diferença — ou, como a compreendem, para uma contradição — entre a doutrina e a pregação, entre a teoria e a prática. O que é consistentemente ensinado e encorajado na pregação não concorda com uma predestinação incondicional. Especialmente em relação às admoestações, ameaças, punições, orações, administração dos sacramentos e ao exercício da disciplina eclesiástica, alguém não poder concluir outra coisa senão que todos os pregadores compartilham das opiniões remonstrantes. De acordo com os remonstrantes, isso explicaria porque muitos pastores contrarremonstrantes não explicam a doutrina que defendem sem variação, "ou, então, a dissimulam e [a] misturam por falar ambiguamente e com distinções estranhas, de modo que não se

---

[1020] Veja SELDERHUIS, "Frieden aus Heidelberg", 249-257; SARX, Junius, 109-138; DE JONGE, *Irenische Ecclesiologie*, especialmentey 169; VENEMANS, *Junius*.

[1021] HSC 436: "T'is alleen na waerheyt ende vrede dat wy trachten: bysonder om onse lieve Vaderlant: bysonder om des geestelijcken Jerusalems wille: ende om vrede onder ons hebbende t'Antichristische Pausdom met geestlicke cracht tegen te staen. Dat weet hy die alles weet: de gedachten siet, ende onse onderlinghe propoosten menichmael ghehoort heeft".

pode mais identificar seus fundamentos". Isso, por seu turno, explica porque muitos afirmam jamais ter ouvido seus pregadores proclamarem o que agora afirmam ser seu ponto de vista. Quando um pregador explica o conceito da predestinação um pouco mais claramente, outros reconhecem imediatamente que isso conflita, em sua inteireza, com as advertências que o mesmo pastor então profere.[1022]

Os remonstrantes não têm dificuldade em tolerar os contrarremonstrantes desde que os últimos ensinem a predestinação *a posteriori*, como muitos deles já o fazem por cautela:

> Entretanto, estamos satisfeitos em tolerá-los a esse respeito, sob a condição de que, quando a ensinarem, que se acrescente a advertência; a saber, não a priori (isto é, antes) do decreto extremo de predestinação, mas a posteriori (isto é, depois) da fé e dos frutos da fé. A partir disso, nenhum outro decreto pode ser promulgado senão este: *os cristãos serão salvos, os incrédulos serão condenados*, que é a mesma predestinação como os remonstrantes ensinam.[1023]

Os remonstrantes suspeitam que muitas pessoas na igreja não tolerariam o conceito contrarremonstrante da predestinação se este fosse ensinado total e abertamente em todos os seus aspectos. Como exemplo, notam que há pessoas que não desejam ouvir os contrarremonstrantes, porque ensinam ostensivamente "que Deus criou certas pessoas para a destruição". O que não está claro não é o conceito dos remonstrantes, mas dos contrarremonstrantes! "O qual com táticas

---

[1022] HSC 437.

[1023] HSC 437: "De welcke men nochtans te vreden is daer inne te dragen, mits daer van leerende, so haer eyghen cautelen mede brengen, Te weten, niet a priori, dat is van t'voorste, namentlic het hooge decreet vande Predestinatie, maer à posteriori, twelck is het achterste, namentlijck tgheloove ende de vruchten des gheloofs: Daer uyt anders geen besluyt ghemaeckt can worden dan dit, De Geloovige sullen salich, ende d'Ongeloovige sullen verdoemt worden. Twelck even is de selve Predestinatie die de Remonstranten stellen".

inteligentes, foi atribuído aos remonstrantes entre as pessoas comuns, a fim de torná-las odiados por algo de que não são culpados, e a que se opõem diretamente".[1024]

Para sumarizar o que foi declarado acima como pertinente à questão central deste capítulo, deve-se concluir que há continuidade entre Armínio e os remonstrantes também quanto ao tema teológico, que foi determinante para a posição de Armínio. A justiça e a retidão de Deus desempenham, igualmente, uma função nos argumentos remonstrantes com respeito aos cinco artigos da remonstrância, às vezes diretamente, e outras vezes mais indiretamente. A descontinuidade, portanto, não é absoluta, mas parece ser relativa. O conceito teológico básico de Armínio do *duplo amor de Deus* não aparece na *Schriftelicke Conferentie*, e a justiça de Deus não é um princípio básico totalmente determinante do pensamento remonstrante naquele período.[1025] Isso é evidente, por exemplo,

---

[1024] HSC 438.

[1025] Cf. a forma como Simão Episcópio, um dos que participaram da Conferência de Haia, fala sobre o amor duplo de Deus (EPISCOPIUS, "Institutiones theologicae", 310-311). Isso evidencia uma mudança significativa nesse conceito (veja 4.1.). Ambos concordam acerca do amor primário de Deus à justiça para seu próprio bem, admitindo que Episcópio compreende a justiça da mesma forma que Armínio. A diferença surge no que diz respeito ao amor secundário, pois, para Episcópio este ainda é um amor à justiça, mas àquela justiça moralmente presente em um ser humano, seja total, seja parcialmente; ou seja, a medida do amor divino se altera de acordo com a medida da justiça. Para Armínio, contudo, o duplo amor de Deus não é um amor que varia de acordo com nível de justiça encontrado em uma pessoa, mas sim um amor fundamental (e não variável) pela *humanidade*, que pode ser limitado apenas por uma coisa: o amor primário de Deus por justiça. Deve-se considerar a distinção de Armínio entre justiça na teologia *legal* e na teologia *evangélica* (para essa distinção, veja 2.2.2.). Na primeira, o amor divino por justiça (ou retidão), que é requerido da humanidade para ser capaz de receber o amor (secundário) de Deus, é mais ou menos moral em natureza, isto é, está conectado à obediência para as condições do pacto. Na segunda, entretanto, o amor de Deus por justiça é determinado, antes de tudo, cristologicamente. A justiça (ou retidão) exigida da humanidade pode ser atingida apenas por meio dos méritos do sacrifício de Cristo na cruz e mediante a unificação do pecador com Cristo pela fé com base no novo pacto. A diferença entre Armínio e Episcópio pode ser descrita como consistindo nisso: para Armínio, a justificação constitui a base do amor de Deus pela humanidade, embora para Episcópio essa base seja constituída pelo estado santo ou

quando, durante as discussões orais e escritas sobre o segundo artigo, a satisfação da justiça de Deus constitui o argumento mais importante para a convicção de que o sacrifício substitutivo de Cristo foi realmente realizado por todos, embora esse argumento esteja totalmente ausente da versão remonstrante da *questão*.

Deve ser notado que os contrarremonstrantes, em nenhum momento, tratam dos argumentos remonstrantes baseados na justiça de Deus. Queriam eles tanta certeza que a justiça de Deus não representaria um problema para os seus conceitos que imaginaram ser possível simplesmente ignorá-la? Teria sido por constrangimento que evitaram essas questões? De qualquer forma, parece que estavam convencidos de que, em seu próprio conceito, a responsabilidade humana pelo pecado não se perdeu. Da forma como isso é defendido, afigura-se que a interpretação de Vermigli do conceito de Aristóteles da voluntariedade foi de influência particular (veja 2.1.4.).

Com respeito aos remonstrantes, imagina-se por que não argumentaram mais enfática e consistentemente segundo a base da justiça, e não insistiram com uma resposta satisfatória do campo contrarremonstrante. Não há resposta fácil para essas questões. No entanto, parece justo concluir que a justiça de Deus não foi tão decisiva e fundamental, nem tão conceitualmente arraigada para os remonstrantes quanto teria sido para Armínio. Por essa razão, se poderia com facilidade, e talvez imperceptivelmente, transferir sua importância primária a outros tipos de argumentos. Na teologia de Armínio, esses argumentos estavam subordinados à noção de justiça. Para os remonstrantes, essa relação entre os diferentes argumentos foi, no mínimo, substancialmente alterada. Contudo, se a justiça de Deus perde a posição e relação com outros argumentos que ela possuía no pensamento de Armínio, isso imediatamente muda toda a estrutura em que ocorrem as discussões

---

parcial de santificação de uma pessoa. Mesmo que Episcópio adotasse o conceito como aquele interpretado por Armínio, em termos de conteúdo, há uma clara tendência moral que está ausente em Armínio.

sobre temas como predestinação, expiação, livre arbítrio e graça. Com base no exame acima da *Schriftelicke Conferentie*, estamos fortemente inclinados a sugerir que a mudança na função da justiça de Deus nos debates realmente resultou em uma discussão diferente, em que a liberdade da vontade humana, por exemplo, poderia se tornar uma meta em si mesma.

Depois da morte de Armínio, outros prosseguiram com seu pensamento. Através das circunstâncias políticas e sociais, o campo remonstrante exerceu grande influência em muitos protestantes que, por qualquer razão, não quiseram pertencer ao campo contrarremonstrante; um processo para o qual os contrarremonstrantes provavelmente contribuíram depois da designação de Vorstius como sucessor de Armínio, ao teimosamente aglutinarem o socinianismo e o remonstrantismo.[1026] O debate se estendeu mais e mais, mais pessoas se envolveram e mais sentimentos e motivos começaram a desempenhar um papel. Eu mesmo estou convencido de que o conceito sobre as intenções teológicas originais de Armínio, que jamais foi claro, se tornou até mais obscurecido devido a essas circunstâncias.

6.3. Resumo e conclusões

O Capítulo 6 traça a extensão em que o tema principal de Armínio, *a justiça de Deus,* e seu construto teológico, o *duplo amor de Deus*, foram aceitos na discussão sobre a remonstrância como documentado na *Schriftelicke Conferentie* (1611), que se tornou determinante para a direção dos debates que se sucederam. Por um lado, parece haver continuidade entre Armínio e os remonstrantes. A justiça e a retidão de Deus desempenham um papel também nos argumentos remonstrantes sobre os cinco artigos, às vezes diretamente, em outras, indiretamente. A descontinuidade, que está também presente, não é, portanto, absoluta, mas parece ser

---

[1026] ROHLS, "Calvinism, Arminianism and Socinianism", 3-48. Cf. SCHWEIZER, *Centraldogmen II*, 35.

relativa. Porém, é significativo que o conceito fundamental de Armínio do *duplo amor de Deus* não seja encontrado na *Schriftelicke Conferentie*, e que a justiça de Deus não se afigura ser o tema principal determinante do pensamento remonstrante naquele período, como foi com Armínio.

Os contrarremonstrantes, em nenhum momento, discutiram qualquer argumento remonstrante que estivesse baseado na justiça de Deus. Parece que estavam convencidos de que, em seu próprio conceito, a responsabilidade humana sobre o pecado não estava comprometida.

Para os remonstrantes, a justiça de Deus não era tão fundamental nem estava tão inerentemente entrelaçada em sua teologia como foi para Armínio. Por essa razão, sua importância fundamental poderia facilmente ser transferida para outros argumentos. Na teologia de Armínio, esses outros argumentos estavam subordinados ao conceito de justiça. Para os remonstrantes, a hierarquia desses argumentos havia, no mínimo, se alterado consideravelmente. Como consequência, o contexto em que a discussão sobre predestinação, expiação, livre arbítrio e graça ocorreu era inteiramente distinto. Por essa razão, foi, de fato, uma discussão diferente que surgiu, em que a liberdade humana estava no centro.

O foco sobre os pontos controversos da teologia de Armínio só cresceu e se expandiu depois de sua morte e como resultado da *remonstrância*, cujos cinco artigos, que esboçaram a posição remonstrante, determinaram a direção do debate integral que aconteceria. Por conseguinte, não apenas os contrarremonstrantes, mas também os próprios remonstrantes, são responsáveis pela delimitação da discussão teológica, que ocultaria as raízes originais dos debates.

CAPÍTULO 7

Contexto teológico da teologia de Armínio

7.1. Introdução

O contexto histórico-teológico da teologia de Armínio foi abordado de muitas perspectivas. Richard Muller descreveu Armínio como teólogo escolástico protestante, apontando para a influência do pensamento escolástico e medieval do século XVI. Keith Stanglin enfatizou o contexto acadêmico imediato de Armínio, bem como a confrontação e os diálogos com seus colegas em Leiden. Essas são duas correções valiosas para a caricatura que prevaleceu por longo tempo, segundo a qual Armínio era descrito como um representante importante no contexto acadêmico de uma linha (especificamente holandesa) do protestantismo enxertada no humanismo bíblico erasmiano. Era também costumeiro retratar pessoas como Veluanus,[1027] Sybrants, Wiggerts, Herberts, Coornhert, Coolhaes, Duifhuis etc. como as principais testemunhas

---

[1027] Stanglin, em *Assurance* (241), considera Armínio "de alguma forma parte da tradição protestante holandesa não calvinista que remonta ao pensamento de Anastasius Veluanus". Essa declaração, entretanto, não considera as situações e contextos amplamente divergentes de cada um, o que torna difícil defender esses tipos de delineações nas supostas tradições e pensamentos.

dessa mentalidade holandesa de humanismo bíblico e tolerância e como "precursores" de Armínio.[1028]

Muller e Stanglin, em particular, fizeram contribuições importantes para a compreensão contextual da teologia de Armínio.[1029] O presente capítulo pretende outra abordagem complementar. Tentaremos relacionar a teologia de Armínio com o contexto de seu tempo ao seguir duas linhas que foram escolhidas com base no estudo da teologia de Armínio na Parte 1. A seção 7.2 considerará se a escolha por voluntarismo ou intelectualismo nas doutrinas de Deus e do homem foi influenciou ou não o desenvolvimento teológico de Armínio. Para fins de comparação, João Calvino também será considerado. Calvino fala, em momentos distintos, da vontade pura de Deus como a norma absoluta de justiça. Mesmo à primeira vista, isso parece estar tão diametralmente oposto ao conceito de Armínio de que a vontade e a liberdade de Deus estão sujeitas à norma de justiça, que faz sentido dar a essas diferenças nossa estrita atenção. Inteiramente associado a esse tema está o conhecimento da justiça de Deus (veja 2.3). O conceito de Calvino sobre o conhecimento da justiça de Deus será, portanto, comparado com o de Armínio posteriormente. Um tema inseparavelmente conectado com esse do conhecimento, embora mereça nossa atenção separadamente, é a relação de Deus com o mal e o pecado. Assim, a seção 7.3. analisará como a teologia de Armínio se relaciona com as discussões extensas que ocorreram durante o curso do século XVI, quanto a se Deus é ou não *autor/causa do pecado/mal.*

Este capítulo não pretende ser exaustivo. É de caráter mais exploratório e está amplamente baseado em literatura secundária. As duas trajetórias que seguiremos aqui devem ser usadas para complementar os resultados dos primeiros estudos de Armínio. Unidas, elas juntam mais esforços para situar e explicar a teologia de Armínio em seu contexto histórico-teológico.

[1028] Para um esboço dos vários pontos de vista, bem como das referências bibliográficas, veja NAUTA, "Historiografie", 206-227.

[1029] Ainda vale a pena ler o que Bangs diz em "Arminius and the Reformation" (1961) e em "Arminius as a Reformed Theologian".

7.2. Voluntarismo, intelectualismo e o conhecimento da justiça de Deus

Já foi notado anteriormente que o intelectualismo de Armínio foi influente para a forma com que falou da justiça de Deus. O intelecto é fundamental em Deus e seleciona, dentre todas as possibilidades, o que é bom e está de acordo com a boa natureza de Deus. A vontade de Deus está sujeita à norma de sua justiça essencial e é livre para realizar, através de seu poder, uma das possibilidades já escolhidas por seu intelecto. A inseparabilidade da sabedoria, do conhecimento e da justiça de Deus enfatiza novamente o lugar proeminente que a justiça de Deus ocupa, para Armínio, com respeito à vontade de Deus. A posição de Calvino sobre a relação entre a vontade de Deus e sua justiça, à primeira vista, parece ser radicalmente oposta à de Armínio. Em contextos diferentes, Calvino escreve que a vontade pura de Deus é a norma absoluta de justiça. A partir do contexto histórico-teológico da teologia de Armínio, precisamos considerar se os diferentes conceitos que Armínio e Calvino tiveram a respeito da relação do intelecto e da vontade de Deus, e sobre a importância e função da justiça de Deus nisso, estão na raiz da crítica de Armínio de que a justiça de Deus não está protegida na teologia de Calvino, a despeito de seus esforços. Primeiramente trataremos do alegado voluntarismo de Calvino e, então, de sua rejeição absoluta à distinção nominalista entre *potentia absoluta* e *potentia ordinata*. No fim, retornaremos à principal questão notada acima.

7.2.1. O voluntarismo de Calvino

O *Articuli de Praedestiantione* (Artigo da Predestinação), não datado, de Calvino contém sua impactante, mas concisa, confissão de que o decreto eterno e secreto de Deus é a causa de todas as coisas, incluindo a queda no pecado e a distinção entre eleitos e réprobos. Depois de três teses positivas, Calvino se torna defensivo e trata de várias objeções à sua posição. Essas teses apologéticas proveem um discernimento claro da posição de Calvino:

> Mesmo se os réprobos forem instrumentos da ira justa de Deus, e os eleitos instrumentos de sua misericórdia, a causa dessa distinção deve ainda não ser buscada em nenhuma outra fonte exceto a vontade pura [*mera voluntas*] de Deus, que é a norma absoluta [*summa regula*] de justiça.[1030]

Isso parece ser o exato oposto do que já vimos em Armínio. Uma decisão da vontade de Deus determina o que é justo; a vontade de Deus não tem norma, mas é uma norma em si mesma. Esse conceito,

---

[1030] CO 9,713-714: "Articuli De Praedestinatione. Ante creatum primum hominem statuerat Deus aeterno consilio quid de toto genere humano fieri vellet. Hoc arcano Dei consilio factum est ut Adam ab integro naturae suae statu deficeret ac sua defectione traheret omnes suos posteros in reatum aeternae mortis. Ab hoc eodem decreto pendet discrimen inter electos et reprobos: quia alios sibi adoptavit in salutem, alios aeterno exitio destinavit. Tametsi iustae Dei vindictae vasa sunt reprobi, rursum electi vasa misericordiae, causa tamen discriminis non alia in Deo quaerenda est quam mera eius voluntas, quae summa est iustitiae regula. Tametsi electi fide percipiunt adoptionis gratiam, non tamen pendet electio a fide sed tempore et ordine prior est. Sicut initium et perseverantia fidei a gratuita Dei electione fluit, ita non alii vere illuminantur in fidem, nec alii spiritu regenerationis donantur, nisi quos Deus elegit: reprobos vero vel in sua caecitate manere necesse est, vel excidere a parte fidei, si qua in illis fuerit. Tametsi in Christo eligimur, ordine tamen illud prius est ut nos Dominus in suis censeat, quam ut faciat Christi membra. Tametsi Dei voluntas summa et prima est rerum omnium causa, et Deus diabolum et impios omnes suo arbitrio subiectos habet, Deus tamen neque peccati causa vocari potest, neque mali autor, neque ulli culpae obnoxius est. Tametsi Deus peccato vere infensus est et damnat quidquid est iniustitiae in homimbus, quia illi displicet, non tamen nuda eius permissione tantum, sed nutu quoque et arcano decreto gubernantur omnia hominum facta. Tametsi diabolus et reprobi Dei ministri sunt et organa, et arcana eius iudicia exsequuntur, Deus tamen incomprehensibili modo sic in illis et per illos operatur ut nihil ex eorum vitio labis contrahat, quia illorum malitia iuste recteque utitur in bonum finem, licet modus saepe nobis sit absconditus. Inscite vel calumniose faciunt qui Deum fieri dicunt autorem peccati, si omnia eo volente et ordinante fiant: quia inter manifestam hominum pravitatem et arcana Dei iudicia non distinguunt". Cf. Inst. III.23.5: God's will is the "suprema iustitiae regula".

que Calvino expressa em diferentes pontos se seu *corpus*, levou muitos a argumentar que Calvino está de acordo com a tradição nominalista medieval posterior, que adota uma posição voluntarista,[1031] mais ou menos influenciada por John Duns Scotus.

Entre aqueles que defendem essa posição está Alister E. McGrath, que considera o voluntarismo típico dos primórdios da Reforma. O voluntarismo foi adotado da tradição medieval posterior na linha de Scotus, Ockham, Biel e Rimini.[1032]

> A vontade divina é, portanto, o principal árbitro e princípio de justiça, estabelecendo a justiça por suas decisões ao invés de agir de acordo com a base da justiça estabelecida. De fato, um estudo do sentido da *iustitia Dei*, a justiça de Deus, conforme os teólogos da *via moderna*, indica que os fundamentos totalmente arbitrários do conceito da "justiça de Deus" são nada mais. nada menos que a personificação das decisões arbitrárias da vontade divina.[1033]

McGrath contrasta seu conceito ao dos intelectualistas como Tomás de Aquino, que argumenta que o "mérito está definitivamente baseado na justiça".[1034] McGrath é da opinião de que o voluntarismo de Calvino está sempre implicitamente presente e aparece de forma enfática na vanguarda de sua correspondência com Socino, na qual Calvino demonstra uma abordagem consistentemente voluntarista para a *razão do mérito de Cristo*. O valor do que Cristo realizou não é intrínseco, mas se baseia na decisão de Deus. "A continuidade de Calvino parece estar com *como um todo* a tradição voluntarista medieval tardia, derivando de

---

[1031] Veja e.g. SCHNEEWIND, *Invention*, 32: "Como Lutero, Calvino é um voluntarista".
[1032] McGRATH, *Intellectual Origins*, 81-82.
[1033] McGRATH, *Intellectual Origins*, 81.
[1034] McGRATH, *Intellectual Origins*, 80.

William de Ockham e Gregório de Rimini, em relação aos quais Scotus marca um ponto importante de transição".[1035]

Se McGrath estiver correto, isso esclarece consideravelmente o contexto das objeções de Armínio aos elementos da teologia de Calvino e de outros que seguiam a mesma tradição. Em um sistema voluntarista, a justiça de Deus seria completamente arbitrária, não poderia ser compreendida por ninguém e poderia ser defendida com um apelo à primazia — e, com isso, a função normativa para a justiça de Deus — da vontade de Deus. A escolha de Armínio pelo intelectualismo, portanto, por si só, já explicaria por que ele, que, por várias razões, considerou a defesa da justiça de Deus e seu conhecimento tão importantes, constantemente considerou a autoria divina do pecado como consequência da "tradição de Calvino". A diferença entre voluntarismo e intelectualismo, então, resulta logicamente em posições opostas que não podem ser conciliadas precisamente no aspecto da relação de Deus com o pecado e o mal. Antes que se chegue a essas conclusões, primeiramente, muitas características do voluntarismo, em geral, e do suposto voluntarismo de Calvino precisam receber atenção cuidadosa.[1036]

A vontade de Deus é central no voluntarismo. Uma distinção importante, feita para preservar a liberdade de Deus, é entre sua *potentia absoluta* e sua *potentia ordinata*, entre o que Deus pode fazer e o que Deus realmente *quer* fazer.[1037] O que Deus pode fazer é uma questão da natureza divina; o que Deus pode, de fato, fazer é uma questão da vontade divina. Entretanto, assim que Deus executa uma possibilidade, não está mais sob seu poder absoluto, mas sob seu poder ordenado.

[1035] McGRATH, *Intellectual Origins*, 100.

[1036] Cf. MULLER, *The Divine Essence and Attributes*, 484-486.

[1037] Para um breve esboço da origem e do desenvolvimento dessa distinção, veja, entre outros, HELM, Ideas, 316-320; cf. 317: "Assim, uma das principais motivações para a introdução dessa distinção é proteger a liberdade divina; ou expressado de uma forma diferente, proteger a contingência do que Deus de fato quis". Cf. OBERMAN, Harvest, 36-38; VAN DER KOOI, Spiegel, 167-173.

Uma variação pode ser encontrada na formulação de John Duns Scotus dessa distinção. Ele compreendeu as duas potências como poderes que existem lado a lado. Para ele, a distinção é de natureza jurídica. O *poder ordenado* é o poder para agir dentro da *lei*, o *poder absoluto* é o poder para agir fora das fronteiras dessa lei (*ius*) e para ser capaz de alterar essa lei.[1038]

Conforme Paul Helm, há ainda outra forma de compreender a distinção entre o poder absoluto de Deus e o poder ordenado: pensar sobre Deus como vontade pura, excluindo outros elementos de sua natureza e incluindo sua sabedoria e justiça. Essa distinção, escreve Helm, "é rejeitada por Calvino com menosprezo".[1039]

As consequências que resultam dessa terceira concepção pode ser ilustrada com uma citação de Theo Kobusch:

> Por exemplo, Deus pode [...], de acordo com seu *poder absoluto*, aceitar uma pessoa sem qualquer forma de mérito adquirido e reprovar outra sem que ela tenha se tornado culpada. Devido ao seu poder absoluto, Ele não pode ignorar um débito sem ser injusto nem punir uma pessoa sem culpa precedente — embora esse ato não possa mais ser chamado de punição. Deus até mesmo condenar alguém que está sem pecado à condenação eterna. De duas pessoas que, em termos de habilidade natural e sobrenatural e mérito são iguais, Ele pode, como se pode verificar pelo exemplo de Jacó e Esaú, escolher uma e rejeitar a outra, "embora pelo *poder ordenado*"(OT VIII, 22). [...] Em termos de conteúdo, entretanto, a moralidade é inteiramente dependente da vontade de Deus. Ou, como Gabriel Biel expressa: *Nec enim quia aliquid rectum est aut iustrum, ideo Deus vult; ded quia deus vult, ideo iustum et rectum* (não é porque algo seja reto

---

[1038] HELM, Ideas, 117-119. JESCHKE, Weltaktualität, 59-60; cf. 60.
[1039] HELM, Ideas, 319.

ou justo que Deus, portanto o deseja; mas porque Deus o deseja, então, isso é justo e reto: Collcetorium I, 423).[1040]

Calvino também insistiu fervorosamente na defesa da liberdade de Deus. Contudo, ele atacou repetidamente a distinção entre o poder absoluto e o poder ordenado, conforme notado, precisamente como defesa da liberdade de Deus. No entanto, é evidente que Calvino não criticou a distinção quanto ao seu intento de defender a liberdade de Deus, mas quanto à forma em que existia e era promovida especialmente em Paris, na Sorbonne.[1041] Susan E. Schreiner e Walter Dieter Jeschke remontam essa resistência contra um poder absoluto em Deus à preocupação de Calvino pela segurança da salvação.[1042] Um poder absoluto de Deus que poderia arbitrariamente desfazer a vontade de Deus, ordenada e revelada vontade divina de salvação, acaba destruindo a segurança da

---

[1040] KOBUSCH, "Nominalismus", em: *TRE* 24, 597-598.

[1041] JESCHKE, Weltaktualität, 63: "Es zeigt sich, daß der Nominalismus keine einheitliche Große ist und Calvins Polemik unmittelbar auf die Pariser Schule bezogen ist. Calvin hat in Paris studiert. Er zeigt sich vertraut mit den Werken Anselms, Petrus Lombardus', Bernhards und Duns Scotus'". Entretanto, outros foram menos positivos sobre a familiaridade de Calvino com as obras especialmente de Scotus, cf. HELM, Ideas, 346; cf. SCHREINER, "Double Justice", 327 n. 10. Ademais, Helm, em Ideas (328-329), discorda da repetida afirmação de Steinmetz de que Calvino negou o poder absoluto e a distinção ordenada: "'O poder absoluto' ou 'vontade absoluta' (absoluta voluntas) foi usado pelos sorbonistas em um sentido mau, blasfemo e, portanto, é melhor não o usar de maneira alguma. Mas isso não significa que Calvino rejeite o pensamento que o poder de Deus não seja condicionado por algo fora dele mesmo". Calvino preferiu falar sobre o poder infinito de Deus.

[1042] JESCHKE, Weltaktualität, 66: "Mußte aus dem Grund der Heilsgewißheit die nominalistische potentia absoluta abgelehnt werden, so muß andererseits aus demselben Grund jeglicher Dualismus, der die Durchsetzung von Gottes Heilswillen gefährden könnte, ausgeschlossen werden". This goal becomes clear in that Calvin rejects belief in chance. "Sie wird ebenso sichtbar in der Bekämpfung einer theoretisch vorstellbaren, nun aber als persona gedachten, Gott ebenbürtigen Gegenmacht. Keine Macht darf vorstellbar sein, die die Durchsetzung von Gottes Willen grundsätzlich in Frage stellen kann". Cf. JESCHKE, Weltaktualität, 94. SCHREINER, "Double Justice", 336.

salvação.¹⁰⁴³ Particularmente, em seus sermões sobre Jó, Calvino fala da distinção entre o poder absoluto e o poder ordenado de Deus. Isto é, ele fala de uma "justiça dupla em Deus", que consiste *iusticia Dei ipsius* não comunicável e uma "justiça da criação [*kommunikativ noetishce*] comunicavelmente noética", no qual a *iusticia Dei ipsius* constitui o contexto ontológico para a justiça divina.¹⁰⁴⁴ "Jó propõe a questão da teodiceia sobre a justiça de Deus. Se alguém busca uma resposta na formulação do poder absoluto, se depara com um Deus arbitrário, déspota".¹⁰⁴⁵

> Portanto, agora verificamos como há uma justiça dupla em Deus: uma que vemos revelada na *lei*, com a qual Deus está contente porque ela o agrada dessa forma; e outra que está oculta, que ultrapassa toda razão e percepção da criatura.¹⁰⁴⁶

Contra a arbitrariedade do Deus tirano, Calvino, no contexto da providência de Deus e do sofrimento humano, situa a justiça de Deus no centro.¹⁰⁴⁷ Essa conexão direta entre o fato de Calvino rejeitar um poder absoluto e presumir a justiça de Deus pode ser encontrada com relativa frequência em seus escritos.¹⁰⁴⁸ Steinmetz define a separação entre poder e justiça divinos como a "principal objeção" de Calvino à

---

¹⁰⁴³ CO 34,339; cf. JESCHKE, *Weltaktualität*, 130; STEINMETZ, *Calvin in Context*, 49; VAN DER KOOI, Spiegel, 166-167; FABER, *Symphonie*, 377-380.

¹⁰⁴⁴ JESCHKE, *Weltaktualität*, 128.

¹⁰⁴⁵ JESCHKE, *Weltaktualität*, 62.

¹⁰⁴⁶ CO 33,496: "Nous voyons donc maintenant, comme il y a double iustice en Dieu, l'une c'est celle qui nous est manifestee en la Loy, de laquelle Dieu se contente, pource qu'il luy plaist ainsi: il y a une autre iustice cachee qui surmonte tous sens et apprehensions des creatures".

¹⁰⁴⁷ JESCHKE, Weltaktualität, 137: "1. Die iustitia Dei ipsius soll Gottes Freiheit betonen. [...] Diesen Aspekt der prinzipiellen Freiheit Gottes übernimmt Calvin von der nominalistischen potentia absoluta-Diskussion".

¹⁰⁴⁸ Veja, por exemplo, CO 2,700; CO 8,361; CO 9,259-260.288; CO 29,398; CO 31,387.402; CO 36,391; CO 38,129; CO 39,436; CO 40,309; CO 45,41.

distinção entre um *poder divino absoluto* e *ordenado*.[1049] Quase exclusiva aos sermões sobre Jó está a ideia de uma justiça *dupla* em Deus. Jó é confrontado com um sofrimento que não pode ser compreendido, para o qual não há causa aparente. Para defender o governo de Deus sobre todas as coisas, bem como a justiça de Deus, Calvino formula o conceito de uma justiça dupla como uma "chave hermenêutica"[1050] relevante para compreender o livro de Jó. Porquanto Calvino usa esse conceito quase que exclusivamente em seus sermões sobre Jó, Schriener argumenta que Calvino, mais tarde, se distanciou desse conceito, pois se sentiu desconfortável com suas implicações.[1051] Em termos da frase "justiça dupla", isso é, de fato, verdadeiro. Contudo, concretamente, Calvino jamais abandonou a distinção entre a justiça de Deus, que pode ser compreendida pela humanidade (relacionada à lei revelada), e os atos de Deus, cuja justiça é difícil determinar, mas que está presente de maneira oculta — desconhecida à humanidade — e será revelada no fim dos tempos.

Calvino defendeu as objeções e questões, que surgiram por causa de seus conceitos relativos à causa onipotente e à soberania de Deus, fundamentalmente sob duas perspectivas: 1. pela forma com que ele descreveu e enfatizou a justiça essencial de Deus e sua confiabilidade, entre outros atributos, ao proceder segundo a *simplicidade de Deus*; 2. pela maneira com que enfatizou a distinção essencial entre Criador e criatura, que significa que um ser humano não está em condições de compreender e apreender a justiça de tudo que Deus quer e faz (o que leva à humildade). Como resultado, a humanidade, nesta vida, tem de lidar com muitas aparentes injustiças em Deus, mas pode, entretanto, confiar que Deus é essencialmente justo e bom. Na sequência esses dois argumentos, usados por Calvino serão mais elaborados.

[1049] STEINMETZ, *Calvin in Context*, 49.

[1050] JESCHKE, Weltaktualität, 119: "wichtigen hermeneutische Schlüssel". SCHREINER, "Double Justice", 323: "interpretive device".

[1051] SCHREINER, "Double Justice", 322-323.332-333.

7.2.2. A essência de Deus

O ponto de partida para Calvino é a simplicidade de Deus. A natureza de Deus é mais bem caracterizada por sua justiça:

> que a natureza de Deus é justa, que não é mais possível que Ele se afaste de sua justiça e equidade sem afirmar que Ele renuncia sua essência e que não é mais Deus.[1052]

Conforme Jeschke argumenta, a justiça pertence à natureza de Deus, à sua essência. É sinônimo de Deus.[1053] Visto que Deus é Juiz, sua natureza precisa ser justa. A justiça é a fonte dos atos de Deus.[1054] "De acordo com Calvino, a justiça essencial de Deus é a medida para seus atos de predestinação e providência. Portanto, por essa razão, ela é o paradigma incompreensível para a totalidade de todos os atos de Deus no mundo".[1055] A justiça de Deus é, para Ele, a "regra em si mesmo" (*regle en soy*), a norma que existe no próprio Deus.[1056] A unidade de Deus e a justiça de sua natureza se revelam também na conexão estreita entre a justiça e o poder de Deus, que são virtualmente iguais.[1057] Calvino se

---

[1052] CO 33,372: "Que la nature de Dieu est iuste, et qu'il n'est non plus possible qu'il se detourne de droiture et equité, que de dire qu'il renonce à son essence, et qu'il ne soit plus Dieu". Cf. Jeschke, *Weltaktualität*, 128.

[1053] Jeschke, *Weltaktualität*, 128: "Gerechtigkeit gehört essentiell zu Gottes Natur, zu seinem Wesen. Sie ist synonym für Gott".

[1054] Jeschke, *Weltaktualität*, 128.131.

[1055] Jeschke, Weltaktualität, 131: "Gottes ureigenste Gerechtigkeit ist nach Calvin maßstab für sein Prädestinations- und sein Providenzhandeln! Damit ist sie aber unergründliches Paradigma für Gottes gesamtes weltaktuelles Handeln!"

[1056] CO 34,346; cf. Jeschke, *Weltaktualität*, 145.

[1057] CO 2,156: "Ergo, quum sibi ius mundi regendi vendicet Deus nobis incognitum, haec sit sobrietatis ac modestiae lex, acquiescere summo eius imperio, ut eius voluntas nobis sit unica iustitiae regula, et iustissima causa rerum omnium. Non illa quidem absoluta voluntas de qua garriunt sophistae, impio profanoque dissidio separantes eius iustitiam a potentia; sed illa moderatrix rerum omnium providentia, a qua nihil nisi rectum

refere ao poder absoluto de Deus conforme ensinado pelos mestres da Sorbonne como uma blasfêmia diabólica do inferno. Deus tem um poder ilimitado "que é sempre a regra de toda justiça. Assim, dilaceramos Deus quando o consideramos poderoso e não mais justo. É verdade que sua justiça nem sempre será totalmente nossa":[1058]

> Seria mais fácil afastar a luz do calor ou separar o calor e o fogo do que separar o poder de Deus de sua justiça.[1059]
>
> Portanto, não rejeito apenas o que os escolásticos tagarelam sobre o poder absoluto como também o desprezo, porque eles separam sua justiça de sua autoridade [*imperium*].[1060]

Além disso, a vontade de Deus e a justiça de Deus estão inseparavelmente conectadas.[1061] Isso deve ser lembrado quando Calvino fala de forma aparentemente voluntarista a respeito da vontade de Deus como regra para a justiça.[1062] A simplicidade totalmente inclusiva de Deus torna impossível separar a justiça, o poder e a vontade de Deus.

---

manat, quamvis nobis absconditae sint rationes". Cf. JESCHKE, *Weltaktualität*, 48.136, e HELM, *Ideas*, 328.

[1058] CO 34,339-340: "Laquelle toutes fois est la regle de toute iustice: car c'est deschirer Dieu par pieces, quand nous le voudrons faire puissant, et qu'il ne sera plus iuste. Vrai est que sa iustice ne nous sera pas tousiours en son entier". Cf. JESCHKE, Weltaktualität, 59; THOMAS, Incomprehensible God, 116.

[1059] CO 8,361: "Solis enim lucem a calore avellere, imo suum ab igne calorem, facilius erit, quam Dei potentiam separare a iustitia".

[1060] CO 9,288: "Itaque quod de absoluta potestate nugantur Scholastici non solum repudio, sed etiam detestor, quia iustitiam eius ab imperio separant".

[1061] Veja CO 35,479: "Quoy donc? Ce sont choses inseparables, que la puissance de Dieu et sa volonté. Dieu est tout-puissant: est-ce pour faire ce que l'homme aura basti en son cerveau? Fy: mais c'est pour accomplir ce qu'il a ordonné en son conseil".

[1062] HELM, Ideas, 343. Helm observa: "Mas vimos que o aparente voluntarismo dessas observações deve ser moderado pelo compromisso de Calvino com a ideia da simplicidade divina (como presumivelmente deve ser por Scotus), mas especialmente pela inseparabilidade da vontade de Deus e sua justiça". Cf. HELM, "Divine Providence", 391-405.

Se Calvino define o poder infinito de Deus como regra de toda justiça, ele não pretende se livrar da justiça do poder de Deus. Pelo contrário, o poder de Deus é parte de sua justiça de um modo que pode ser considerado sua regra ou norma. A incompreensibilidade e impenetrabilidade da justiça de Deus não removem nada de sua justiça, mas nos ensina a ser humildes e dependentës e a confiar em Deus.[1063]

7.2.3. A incompreensibilidade da justiça de Deus

A última observação nos introduz ao segundo argumento de Calvino. Há uma distinção ontológica entre criatura e Criador que, como tal, pressupõe a incognoscibilidade ou incompreensibilidade (*incomprehensibilitas*) de Deus. Com a queda no pecado, essa separação se tornou até mais vasta.[1064] Em sua revelação, Deus adapta-se ao entendimento humano.[1065] Isso é verdadeiro também quanto à justiça de Deus. A própria justiça de Deus (*iustitia Dei ipsius*) é incompreensível para os seres humanos. A justiça divina que pode ser conhecida (*iustitia comunicativa*) está arraigada na vontade de Deus de adaptar-se às suas criaturas; ela é a justiça que está revelada na lei.[1066] Como o próprio Calvino escreve:

> Ora, ao contrário, devemos adorar esse poder secreto, confessando que estamos lidando aqui com uma justiça oculta que não podemos verificar no tempo presente. Há outros que, para provar que Deus é justo, querem abolir seu poder, exatamente como hoje há aqueles que não podem admiti-lo, quando se prega que Deus nos elegeu por sua bondade ime-

---

[1063] Cf. CO 34,175; CO 35,60.

[1064] Cf. THOMAS, *Incomprehensible God*, 169.171.

[1065] Para o conhecimento de Deus na Teologia de Calvino, veja e.g. THOMAS, *Incomprehensible God*; DOWEY, *Knowledge*, especialmente 3-40; PARKER, *Knowledge*; VAN ECK, *Humanitas*, 53-54; FABER, *Symphonie*, 380-389.

[1066] Cf. JESCHKE, *Weltaktualität*, 130-131. Cf. MULLER, *Christ and the Decree*, 19.

recida [*bonté gratuite*] e que Ele determina todas as coisas de acordo com sua vontade e que nada acontece, exceto como ordenado e governado por sua mão. Pois considerando que não podem compreender isso, eles dirão: "O que? Se Deus escolheu alguns e reprovou outros dessa forma, deve-se concluir que Ele criou pessoas para destruição. Isso se concilia com a justiça de Deus?". E, então, "se tudo acontece de acordo com a vontade de Deus, e dado que há muitas coisas perversas, o que devemos dizer a esse respeito?" Ora, esses pobres tolos ou essas pessoas desequilibradas não podem se humilhar para afirmar: "É verdade que consideramos estranho que Deus tenha criado pessoas a quem, de modo nenhum, Ele deseja salvar. Mas sabemos que a justiça de Deus é elevada e profunda demais para nós. Virá o dia em que nosso Senhor nos tornará capazes de saber o que agora está oculto de nós".[1067]

Jeschke argumenta que o único benefício de Calvino com sua distinção entre uma justiça incognoscível e cognoscível de Deus em relação à especulação nominalista do *poder absoluto* está no conhe-

---

[1067] CO 34,340-341: "Or au contraire il faut que nous adorions ceste puissance secrete, confessans qu'il y a là une iustice enclose que nous ne pouvons maintenant voir. Il y en a d'autres, qui pour prouver que Dieu est iuste, veulent abolir la puissance: comme auiourd'hui ceux qui ne peuvent souffrir qu'on presche que Dieu nous a esleus par sa bonté gratuite, et qu'il dispose toutes choses selon sa volonté, et que rien n'advient sinon comme il est ordonné et conduit par sa main. Car d'autant qu'ils ne peuvent digerer cela, ils viendront proposer, Et comment? Et si Dieu en a ainsi choisi d'aucuns, et qu'il ait reprouvé les autres: il s'ensuivra qu'il a creé les hommes à perdition. Et cela est-il convenable à la iustice de Dieu? Et apres, si toutes choses se font par la volonté de Dieu, et veu qu'il y a tant de choses mauvaises, que dira-on là dessus? Or ces povres fols, ou plustost enragez, ne se peuvent humilier iusques là, de dire, Il est vrai que nous trouvons ces choses estranges, que Dieu ait creé des hommes qu'il ne vueille point sauver: mais cognoissons que la iustice de Dieu est trop haute et trop profonde pour nous: le iour viendra que nostre Seigneur nous rendra capables de cognoistre ce qui nous est maintenant caché"; cf. JESCHKE, Weltaktualität, 131.

cimento escatológico da justiça de Deus.¹⁰⁶⁸ Thomas, pelo contrário, nega uma relação com o nominalismo: "O fato de Deus ter uma justiça secreta não deve ser interpretado como o fantasma do nominalismo posterior; em vez disso, como verificaremos, é até outro exemplo do recurso de Calvino à incompreensibilidade do caráter e dos métodos de Deus. Não podemos esperar compreender completamente ou justificar os métodos de Deus".¹⁰⁶⁹ Ambos apontam para a função que Calvino atribui aos juízos ocultos e incompreensíveis de Deus, a saber, que eles levam à humildade.¹⁰⁷⁰ Calvino escreve:

> [...] às vezes precisamos adorar seus juízos incompreensíveis e secretos enquanto todos nós induzimos nossos espíritos de volta à humildade para declarar: "Olhe, é verdade que, por ora, isso parece ser irracional. Mas, e daí? Não vamos ganhar nossa causa contra Deus". E depois, sem ter outra resposta, devemos chegou à conclusão de que Ele é justo. Posto que, agora, vemos em parte, contemplando em um espelho, vagamente, vamos esperar pelo dia em que poderemos contemplar a glória de Deus face a face. Então, compreenderemos o que, no presente momento, está oculto de nós.¹⁰⁷¹ Portanto, não devemos nos sentir envergonhados

---

¹⁰⁶⁸ JESCHKE, *Weltaktualität*, 132.

¹⁰⁶⁹ THOMAS, *Incomprehensible God*, 117.

¹⁰⁷⁰ JESCHKE, Weltaktualität, 132: "Gott wendet seine ureigenste Gerechtigkeit an, um demütig zu machen, Geduld einzuüben, Gehorsam zu schulen. Ist die iustitia communicativa eine distributive, bzw. Aufgrund der Rechtfertigung eine imputative, so ist die iustitia Dei ipsius pädagogisch (insofern ist sie ja auch kommunikativ im Ergebnis, allerdings ohne daß der Mensch sie versteht!) ausgerichtet!"; cf. THOMAS, *Incomprehensible God*, 117-118.168.

¹⁰⁷¹ CO 33,373: "[...] toutesfois il nous faut adorer ses iugemens incompehensibiles et secrets, en recueillant tous nos esprits en ceste humilité pour dire, Voici il est vray que maintenant ceci nous semble tout contraire à toute raison: mais quoy? Nous ne gaignerons pas nostre cause contre Dieu: et puis sans avoir autre replicque, il nous faut tenir ceste conclusion-la, qu'il est iuste. D'autant donc que maintenant nous ne voyons

quando nossa sabedoria não vai além da de [Paulo], que foi ao terceiro céu e viu os mistérios que não podem ser descritos a uma simples pessoa. No entanto, ele não poderia ter descoberto outro propósito do que esse, ao qual teve de se submeter dessa maneira.[1072]

Como notado antes, a vontade de Deus é, para Calvino, a regra de toda justiça. A vontade de Deus, entretanto, nunca pode ser separada de sua natureza. Deus não é um Deus ilegal, que é uma lei para si mesmo. A vontade de Deus está isenta de todo erro, é a regra superior de perfeição e a lei para todas as leis.[1073] Calvino também estava convencido de que a vontade de Deus, que é a regra de toda justiça, é a vontade de um Deus santo. "Em virtude de sua divindade, Ele não está sujeito a dar explicação de seus métodos; e em qualquer situação, em vista da pobreza de nosso entendimento, não somos competentes para saltar nas profundezas de sua vontade. No entanto, podemos estar certos de que, devido ao que Deus é, o que Ele deseja é justo".[1074] Calvino insiste, assim, que a "ordenação de Deus, que eles criticam por ser a razão deestarem destinados à destruição, é orientada pela equidade; desconhecida, de fato, por nós, mas indubitavelmente certa".[1075]

---

qu'en partie, voire comme en un miroir, et par obscurité: attendons le iour que nous puissions contempler face à face la gloire de Dieu: et alors nous compredrons ce qui nous est maintenant caché".

[1072] CO 49,230: "Neque enim pudere nos debet si non sapimus supra eum, qui in tertium usque coelum raptus viderat mysteria homini ineffabilia: neque tamen alium hic finem reperire poterat quam ut se ita humiliaret". Cf. CO 33,77: "Il nous faut humilier". Cf. CO 33,239.

[1073] *Inst.* III.23.2. (CO 2,700); cf. HELM, *Ideas*, 326-327.

[1074] HELM, *Ideas*, 327. Cf. a interpretação de Voetius da posição de Calvino e outros: BECK, *Gisbertus Voetius*, 366.

[1075] *Inst.* III.23.9 (CO 2,706): "Nos vero inde negamus rite excusari, quandoquidem Dei ordinationi, qua se exitio destinatos conqueruntur, sua constat aequitas, nobis quidem incognita, sed illa certissima". Cf. HELM, Ideas, 328; 331-332: "Antes, o que ele diz é algo mais inconsistente e menos surpreeendente que isso; que se, de fato, Deus decreta X

Thomas define a incompreensibilidade como um "tema fundamental nas *Institutas* e nos comentários". Em seus sermões sobre Jó, Calvino faz da *incompreensibilidade* de Deus, além de "um tema no desenvolvimento orgânico dos sermões", também "seu tema unificador". Ele constitui "o princípio básico para compreender o livro de Jó".[1076] Muller confirma que isso é verdadeiro para Calvino em geral quando ele escreve que "Calvino jamais se cansa de argumentar que o homem é incapaz de alcançar, apreender, compreender o divino".[1077]

A magnificência, o poder infinito e a soberania de Deus para Calvino de fato existem em contraste com o insignificante, limitado e dependente estado da raça humana. O ser humano insignificante deve estar ciente de seu lugar diante desse Deus magnífico. A incompreensibilidade de Deus é uma consequência importante da distinção Criador-criatura. Ela diz respeito a ele ser Deus e para Calvino se aplica tanto quanto à justiça de Deus. Além disso, sua justiça não pode ser compreendida ou sondada, o que tem como consequência que as pessoas às vezes pensam que podem acusar Deus de injustiça. Entretanto, nada é mais injusto, pois Deus não é absolutamente justo e essa vontade será totalmente revelada no dia final. Enquanto isso, todas as pessoas insignificantes, porque são humanas, devem reconhecer a justiça de Deus e honrá-lo devido aos seus juízos incompreensíveis:

---

ou decretou X, então, por esse mesmo fato seu decreto é justo, embora não possamos imediatamente percebê-lo nem conhecer as razões pelas quais o decretou, mas possamos, na realidade, pensar que o que Ele fez não pode ser justo. Isso é compatível com a afirmação de que, seja o que Deus decretar, Ele tem razões para isso, embora a 'ficção' do poder divino absoluto não seja compatível com isso. Para Calvino, o decreto insondável de Deus, portanto, não é um decreto de puro poder, divorciado de todas as outras características da natureza divina; ele é o decreto de um Deus necessariamente santo e justo. Não podemos, no momento, sondar as razões para o decreto porque elas não estão disponíveis a nós".

[1076] THOMAS, *Incomprehensible God*, 169.
[1077] MULLER, *Christ and the Decree*, 20.

É verdade que devíamos sempre ter nossa boca aberta de alguma forma, mas essa forma é glorificar Deus. Mas quando presumimos sujeitar tudo à nossa razão, e não permitirmos que Deus conserve nada para si mesmo, em que isso acarretará? Não estamos desprezando Deus abertamente? Ele desejará manter algo oculto de nós. E por quê? Para que nos tornemos cientes de nossa ignorância e para que não falhemos em reconhecer que Ele é justo e em adorar seu conselho prodigioso e incompreensível.[1078]

Ele nos enviará muitas adversidades, muitos males [...]. Poderíamos pensar que Deus foi muito longe ao tratar a raça humana assim, severamente. Mas então? Nesse caso, devemos aprender através de tudo a confessar que Deus é sempre justo, que Ele sabe a razão pela qual nos trata dessa forma e que essa razão é boa e justa, mesmo se for desconhecida a nós.[1079]

7.2.4. Resumo e conclusão

Nem a caracterização de Calvino como puro voluntarista (McGrath) nem a sugestão de que rejeitou toda distinção entre *poder absoluto* e

---

[1078] CO 34,215-216: "Il est vrai que nous devons tousiours avoir la bouche ouverte en une sorte, c'est assavoir, pour glorifier Dieu: mais quand nous presumerons de tout assubiettir à nostre sens, et que nous ne voudrons pas que Dieu se reserve rien, où sera-ce aller cela? N'est-ce point despitter Dieu manifestement? Il nous voudra cacher une chose. Et pourquoy? Afin que nostre ignorance nous soit cognue, et que nous ne laissions pas cependant de recognoistre qu'il est iuste, et d'adorer son conseil admirable, et incomprehensible". Cf. THOMAS, *Incomprehensible God*, 173.

[1079] CO 35,375: "Il nous envoyera beaucoup d'adversitez, et beaucoup de maux [...]. On pourroit estimer que Dieu est excessif, en traittant les hommes si rudement. Mais quoy? Si faut-il qu'en tout cela nous apprenions de confesser que Dieu est tousiours iuste, et qu'il sait la raison pourquoi il nous traitte ainsi: et qu'elle est bonne et iuste: combien qu-elle nous soit incognue". Cf. THOMAS, *Incomprehensible God*, 175.

ordenado (Steinmetz) concordam com os fatos.[1080] Mas ao a sugestão de Paul Helm de que Calvino é mais bem compreendido como situá-lo na tradição intelectualista de Tomás de Aquino também é duvidosa.[1081] A ênfase que Calvino atribui à liberdade de Deus, juntamente com as declarações que, de modo consistente, tendem na direção da primazia da vontade de Deus, justificam a suposição de que o reformador é mais voluntarista que intelectualista. Entretanto, aqueles que focam somente nisso ignoram a principal preocupação de Calvino. Além da liberdade divina e o estado exaltado que resulta da distinção qualitativa entre criatura e Criador, há também a fidelidade de Deus.[1082] Por essa razão, sua simplicidade deve ser enfatizada mais do que qualquer faculdade ou atributo divinos. A justiça de Deus não é o menos importante de seus atributos e está além de qualquer dúvida. Isso não elimina o fato de que o estado exaltado de Deus significa que a justiça de suas ações não pode ser avaliada por seres humanos de acordo com a lei como a norma revelada e (portanto) adaptada de justiça. Até que as limitações do entendimento humano sejam removidas no fim dos tempos, a justiça dos atos de Deus permanece oculta, e é, assim, uma questão de fé.

Em um de seus sermões sobre Jó, os dois argumentos de Calvino estão unificados muito evidentemente. Não devemos avaliar a justiça de Deus de acordo com nosso próprio entendimento, pois isso a limitaria muito. Sempre devemos estar convencidos de que o poder de Deus não pode estar separado de sua justiça, visto que Deus não pode ser dividido em partes.[1083]

[1080] Cf. HELM, *Ideas*, 328-336.

[1081] HELM, *Ideas*, 346.

[1082] Cf. BAARS, *Om Gods verhevenheid*.

[1083] CO 34,340: "Não devemos medir a justiça de Deus de acordo com nossa apreensão (pois isso seria restringi-la demais): mas enquanto tivermos que ter esse espírito resoluto, o poder de Deus não poderá ser separado de sua justiça, especialmente porque Deus não pode ser desmembrado". "Il ne faut point que nous mesurions la iustice de Dieu selon nostre apprehension (car ce seroit la restreindre par trop): mais tant y a qu'il nous faut avoir ce poinct resolu, que la puissance de Dieu ne se peut separer de sa iustice, d'autant que Dieu ne se peut desmembrer". Cf. HELM, *Ideas*, 332.

Munido dessa informação, é possível compreender porque Armínio defende a autoria divina do pecado como uma consequência não intencionada do conceito de Calvino. Calvino continuamente se defendeu contra essas acusações e continuamente expôs a incognoscibilidade da vontade e justiça de Deus como seu argumento mais importante. A consequência é que se pode recorrer à incompreensibilidade da vontade de Deus e à incognoscibilidade de sua justiça sempre que sua justiça for questionada. Nem sempre é possível provar a justiça nas ações de Deus e, desse modo, isso não se torna uma preocupação urgente. Da perspectiva de Calvino, não convém ao ser humano questionar a justiça de Deus. De fato, isso é um sinal de arrogância.

Para Armínio, ao contrário, a justiça de Deus e seu conhecimento são necessários e muito urgentes. Como Calvino, Armínio está convencido da justiça absoluta de Deus. Contudo, por considerar que a justiça e o conhecimento estão entre os principais fatos que promovem a adoração a Deus, ele vai além de simplesmente postular essa justiça. O conceito de Armínio de que Deus atua na vontade, na regeneração através dos meios da mente humana para persuadir a vontade é totalmente coerente com isso. Torna-se ainda mais necessário que Deus se revele às suas criaturas de forma que revele a sua justiça. O intelecto humano não será persuadido pela revelação de um Deus que parece ser injusto e cuja justiça (e cujos atos) é incognoscível e incompreensível. A antropologia intelectualista de Armínio sobre esse ponto está diretamente oposta ao conceito voluntarista de Calvino. Especialmente para a doutrina da salvação, isso tem implicações de longo alcance.[1084]

Stanglin demonstrou que todos os quatro "teólogos de Leiden concordaram que o *beneplácito* de Deus é a causa eficiente impulsiva

---

[1084] KENDALL, R.T; *João Calvino e o Calvinismo Inglês até 1649*. Natal: Editora Carisma, 2019, cf. 37, 217-30, tentou demonstrar que Calvino teve um conceito intelectualista da fé, enquanto Armínio defendeu uma posição voluntarista. "Kendall e Bell consideram que o intelectualismo sugere passividade para receber a salvação e o voluntarismo presume um ato humano autônomo de preparação para a salvação". Stanglin define isso como um "equívoco básico". STANGLIN, *Assurance*, 101.

de eleição. A vontade divina, portanto, com respeito à *ordo salutis*, pode corretamente ser chamada *fundamento*".[1085] Ele destaca a "hesitação do padrão reformado para definir o *beneplácito*, recorrendo, ao invés disso, ao mistério. Para a teologia reformada, a soberania de Deus significa que Ele tem direito de fazer com a criação o que quiser, e que Ele é justo ao agir assim". Nesse contexto, Stanglin se refere à declaração de Beza de que a vontade de Deus é a única regra de justiça, e cita ainda Kimedoncius, que nota que a injustiça de Deus é mais justa que qualquer justiça humana, e que o cristão piedoso está satisfeito com essa resposta. "Esse agnosticismo irreversível quanto à volição de Deus na extensão da salvação essa vontade em si mesma como um fundamento da salvação por um lado, preserva a soberania livre e absoluta de Deus na salvação, mas, por outro, pode causar ansiedade para a alma que já é frágil".[1086]

Esses exemplos ilustram que o conceito de Calvino sobre a justiça essencial de Deus, por um lado, e sua irreversível incognoscibilidade e ocultação, por outro, foi amplamente aceito e disseminado pelos teólogos reformados no tempo de Armínio. É como se precisamente essa incognoscibilidade da justiça de Deus permitisse aos contemporâneos de Armínio adotarem diferentes pontos de vista, que logicamente pressuporiam a autoria de Deus do pecado e sua injustiça. Clarke sugeriu o mesmo:

> Um nominalista estaria contente em deixar isso [isto é, a aparente ausência do amor de Deus pelo mundo] como uma dificuldade não resolvida, pois os pensamentos de Deus não são como os do homem nem são seus métodos como os do homem; os pensamentos e métodos de Deus são infinitamente superiores. Portanto, se Deus é revelado como amor, então devemos dizer que ele é amor, mas não devemos esperar compreender de que modo Ele é amor e precisamos

---

[1085] STANGLIN, *Assurance*, 217.
[1086] STANGLIN, *Assurance*, 218; cf. 219.

aceitar que, por exemplo, Ele escolhe fazer aparentemente coisas cruéis, como reprovar algumas pessoas absoluta e incondicionalmente. Títulos para Deus, como "amor" não tem, de uma perspectiva humana, nenhum valor. Contudo, ir tão longe com princípios tais quais Isaías 55.8ss para Armínio, é tornar a revelação de Deus na Escritura uma antirrevelação, que deixa seu infeliz recipiente mais confuso do que antes. Se Deus se revela às suas criaturas como amor, justiça etc., então elas, ou pelo menos os cristãos, devem ser capazes de reconhecer, até certo ponto, de que forma Deus é assim. Aqui, Armínio deliberadamente "vira o jogo" das tendências crescentemente nominalistas da teologia reformada de seu tempo.[1087]

Precisa-se de mais pesquisas quanto ao significado do voluntarismo para o movimento da Reforma, bem como quanto ao fato de a transição de alguns para uma abordagem intelectualista — seja como resultado, seja como intensificação da divulgação do tomismo ao fim do século XIV — forma um contexto para conflitos como os de Armínio e seus associados contra seus opositores.

[1087] CLARKE, *Ground*, 122.

7.3. O debate sobre a causa do pecado: Deus é o *autor do pecado*?

O tópico da seção precedente já abordou a questão que, no século XVI, desempenhou um papel significativo em todos os campos teológicos e em todas as suas discussões, a saber, a questão da origem do pecado e do mal. A questão central é sempre se certas doutrinas implicam ou não em Deus ser responsável pelo mal e, assim, deve ser denominado *autor do pecado*. É evidente que as pessoas começaram a pensar a respeito disso somente no século XVI. Esse é um tema com o qual as pessoas se digladiaram por séculos, especialmente no contexto da providência e predestinação, no qual a soberania e o governo de Deus sobre todas as coisas são princípios relevantes, e que pouco ou nenhum espaço é reservado para a contingência da criatura.[1088] Que, no tempo e contexto de Armínio, as pessoas também estavam bem cientes dessa discussão é evidente no *corollarium* que Gomarus acrescentou à sua tese sobre a predestinação de 1604:

> Questiona-se — quer essa blasfêmia procede dessa doutrina, quer não — que Deus é o autor do pecado. Pois assim Castellio e seu seguidor Coornhert e, os luteranos estão acostumados a se opor a nossas igrejas, especialmente a Calvino e Beza (que muito bem merecem da igreja e da verdade sobre a predestinação contra os pelagianos), para incitar aqueles ilustres restauradores das igrejas ao ódio [...]. Nós, entretanto, com as igrejas reformadas, com justiça [mérito] o negamos; e não temos a menor dúvida de que a

---

[1088] Cf. e.g. LUTHER, WA 785, que fala a respeito de um "quaestio omnibus soeculis tractata et nunquam soluta". SCHWEIZER, *Centraldogmen* I, 404.

verdade e a santidade dessa opinião prevalecerão, apesar das portas do inferno.[1089]

Há vários pontos dignos de nota nessa citação. Em primeiro lugar, a questão não é se certos doutores ensinam abertamente que Deus é o autor do pecado, mas se essa blasfêmia é uma consequência (necessária ou lógica) de outras posições doutrinárias. No presente caso, trata-se da doutrina da predestinação (incondicional). Em segundo lugar, o que é dito com relação aos pelagianos implica no afastamento da predestinação, conforme ensinada por Calvino, Beza, bem como Gomarus. Aparentemente, não há meio-termo (o que Armínio nega em sua *Examen Thesium Gomari*). Em terceiro lugar, Gomarus não se esforça para listar e discutir nenhum argumento de seus oponentes. Ele não vai mais além do que negar "com justiça" que essa doutrina pressupõe que Deus seja o autor do pecado.

Nesta subseção isso será ilustrado principalmente com base na literatura secundária, mas também em algumas fontes primárias, e com inúmeros exemplos de que o antigo debate sobre a relação de Deus com o mal realmente prosseguiu no tempo da Reforma. Não apenas católicos romanos, libertinos e luteranos atacaram os reformados nesse aspecto, mas também no campo reformado houve muitas diferenças de opinião. Pode-se também, com cautela, falar de certo desenvolvimento. Não é somente a argumentação teológica que muda. A atitude com relação àqueles que defendem posições diferentes no campo reformado também parece se alterar. Muitos choques rudes resultam em mais pontos de vista inflexíveis, assim como em diminuição da tolerância para com opiniões divergentes. Os reformados admitem que é difícil para a compreensão humana preservar o que a Bíblia ensina sobre a predestinação incondicional, mas que Deus não é injusto nem é o autor do pecado. Porém,

---

[1089] Citado de ETG 153-154 (III 654). Cf. SINNEMA, *Reprobation*, 143; CLARKE, "Understanding", 32. Clarke observa, nesse contexto: "A citação revela muito a respeito dos processos de pensamento dos contemporâneos calvinistas de Armínio".

eles, defendem os dois fatos, porque fazer o contrário pareceria cair no pelagianismo. A unidade nesse aspecto é mais forte e também é considerada de maior importância do que as variações formais e materiais que a evidência reformada, em termos da forma com que analisam os argumentos de seus oponentes.

7.3.1. A Idade Média

O *corollarium* de Gomarus, portanto, não é apenas uma observação passageira ou uma questão de importância terciária. Ele desponta de teses teológicas que parecem ser inconciliáveis. Já Agostinho, com sua ênfase na eficiência universal de Deus ou na predestinação, enfrentou protestos do lado pelagiano, de que ela desconstrói a responsabilidade humana e torna Deus responsável pelo pecado. No século XIV, alguém como Thomas Bradwardine também buscou apoio em Agostinho diante de acusações similares.[1090]

Não foram apenas os agostinianos predestinistas como Bradwardine e Gregório de Rimini que, na Idade Média, tiveram de se defender das consequências que outros deduziram de seus conceitos. Desde John Duns Scotus, os nominalistas se preocuparam com a questão das consequências que a ênfase na liberdade de Deus e na primazia de sua vontade trariam para a natureza da moralidade divina. Das várias soluções e dos argumentos que foram propostos na Idade Média, dos quais muitos serão brevemente mencionados abaixo, torna-se um tanto evidente em qual direção eles foram buscar suas respostas. A similaridade do debate sobre o mesmo tema no século XVI é notável. A análise seguinte da Idade Média serve, assim, também como introdução à Reforma.

Hugo de São Vitor fala dos atos permissivos de Deus no que diz respeito ao mal: "Embora Deus não possa ser o autor do pecado, Ele o permite". Conforme Tomás de Aquino, tanto o mal quanto o bem estão

---

[1090] OBERMAN, *Bradwardine*, 123.133.

sob a providência de Deus. Entretanto, ele enfaticamente declara que Deus somente conheceu e ordenou o mal de antemão, mas não o pretendeu. Ademais, Tomás distingue entre o mal como punição e o mal como consequência da queda do ser humano. Deus é autor do pecado apenas no primeiro caso.[1091] Deus não é diretamente nem indiretamente a causa do pecado. Ele é a causa de cada ato na medida em que é um ato e assim, também, do pecado como um ato. Contudo, porque o pecado é um ato com um defeito, e um defeito surge causativamente da criatura e não de Deus, Deus não é a causa do pecado.[1092]

Thomas Bradwardine atribui grande ênfase na magnificência de Deus e na liberdade de sua vontade. Ele absolutamente não admite a contingência e, por essa razão, é forçado a se defender contra a acusação de tornar Deus responsável pelo pecado. Um aspecto importante para Bradwardine é que a magnificência de Deus implica incompreensibilidade, mas não arbitrariedade. Seus oponentes derivaram a incalculabilidade de seu poder absoluto e, dessa forma, explicaram a inadequação do conhecimento humano. Bradwardine pensou que seus oponentes eram pelagianos, que refletiram sobre Deus muito em termos humanos e, por isso, desconstruíram sua magnificência. "Ao indicar a esfera ilimitada da autoridade da vontade de Deus, Bradwardine rejeita o artifício contemporâneo com o poder absoluto de Deus. A liberdade da vontade de Deus não leva à arbitrariedade e eliminação das normas de justiça".[1093] O conceito de Bradwardine de que a *permissão* é um antropomorfismo formulado pelas pessoas, porque elas não compreendem que a realidade

---

[1091] DEN HARTOGH, *Voorzienigheid*, 166.173.175.

[1092] *ST* II/I, q.79, a.1-2.

[1093] OBERMAN, *Bradwardine*, 127. OBERMAN, *Forerunners*, 164 n. 48; cf. 161-162 sobre a justiça de Deus na punição: "Mas visto que Deus é onipotente, totalmente Senhor livre de toda sua criação, cuja vontade somente é a lei mais justa para toda criação, se Ele tivesse que punir eternamente o inocente, particularmente posto que o faz para a perfeição do universao, para o benefício de outros e para a honra de si próprio, quem presumiria discutir com Ele, contradizê-lo ou perguntar: 'Por que você faz isso?' Creio firmemente que ninguém! 'Não tem o oleiro direito sobre a massa, para, do mesmo barro, fazer um vaso para honra e outro, para desonra?'"

deve ser interpretado nesse contexto. Mais do que a tradição, Bradwardine compreende a permissão de Deus como uma forma de vontade real.[1094]

Além de apontar para a incompreensibilidade de Deus, Bradwardine também usa outros meios para escapar da acusação de que ele faz de Deus o autor do pecado. Em primeiro lugar, ele nega que o mal tenha uma essência real ou uma existência concreta em contraste com o dualismo marcionita. Ele, então, introduz uma distinção entre obra e intenção. "Por assim distinguir entre obra e intenção, Deus pode permanecer como o autor universal sem ser responsável pelo pecado. O mal realizado pelos homens acontece porque '*convolunt malitiam simul cum actionibus*'" (suas ações estão misturadas na maldade).[1095] "Uma catástrofe também é obra de Deus e, embora, não possamos ainda compreendê-la, é certo que todas as obras de Deus são boas. No devido tempo se tornará claro para nós porquê e como elas podem ser chamadas de boas".[1096] Porque Bradwardine está especificamente preocupado em "eliminar a autonomia e toda vanglória pelagiana da realização humana", ele vai um passo além, ao tornar a intenção da obra outra parte do plano de Deus. O que ocorre sem a vontade de Deus não é contrário à sua vontade. "O pecado jamais é a meta da vontade de Deus, mas pode ser seu meio: *"Deus enim nequam simpliciter vult peccatum sed secundum quid ..."*.[1097] Para resumir, Bradwardine tenta resolver o problema da relação de Deus com o mal, por um lado, ao tornar o mal "menos mal" e, por outro, ao recorrer às distinções lógicas e à deficiência do entendimento humano, que será removida no fim dos tempos.[1098]

Gregório de Rimini também é da opinião de que Deus, embora universalmente ativo de forma que ninguém lhe possa resistir, não é responsável pelas obras pecaminosas. Para ele, Deus, em sua rejeição

---

[1094] OBERMAN, *Bradwardine*, 129.

[1095] OBERMAN, *Bradwardine*, 127.130-132.227-228.

[1096] OBERMAN, *Bradwardine*, 127.

[1097] OBERMAN, *Bradwardine*, 228.

[1098] Para Bradwardine, veja também HALVERSON, *Aureol*, 129-133; cf. OBERMAN, *Bradwardine*, 228.

dos condenados, não os ordena a fazer o mal, mas retém deles a graça para fazer o bem.[1099] Gregório, também nesse contexto, adverte que não deveríamos imaginar que podemos compreender todos os mistérios de Deus. De acordo com Oberman, Gregório usa, além disso, o argumento de que todas as pessoas estão em um estado de pecado para serem capazes de contestar a sugestão de que Deus é o autor do pecado, para preservar a responsabilidade humana pelo pecado e para ilustrar a gravidade do pecado.[1100]

Oberman classifica algumas das observações que Gabriel Biel faz com relação à base de seu voluntarismo como "declarações extremas". Para Biel, a vontade de Deus tem prioridade sobre toda e qualquer estrutura moral, e apenas isso determina o que é bom e justo. Deus pode fazer coisas que Ele havia dito que eram injustas e, ao fazê-las, elas se tornam justas: "Do que se conclui que apenas a vontade divina é a primeira regra de toda justiça" (*Unde sola voluntas divina est prima regula omnis iustitiae*).[1101] É importante notar que Biel também se refere à justiça de Deus e à justiça em geral no contexto de seu voluntarismo. O que Biel observa, quando introduz a predestinação, revela a mesma atenção à justiça de Deus: o Criador de tudo e o Soberano do mundo pode fazer o que quiser com suas criaturas, sem ser injusto.[1102] Igualmente, para Biel, esta não é uma questão de arbitrariedade ou ilegalidade, mas, antes, uma

---

[1099] OBERMAN, *Bradwardine*, 219. Veja também HALVERSON, Aureol, 143-157; 155: "Rimini está ciente de que essa leitura de Paulo parece atribuir injustiça a Deus e a negar o livre arbítrio".

[1100] OBERMAN, *Bradwardine*, 221: "Embora o ponto de partida da doutrina de Gregório da predestinação seja o supralapsariano (eleição e condenação apartir da eternidade), ele deve — para contradizer a autoria de Deus do mal, preservar a responsabilidade humana e demonstrar a gravidade do pecado — usar argumentos infralapsarianos: todas as pessoas estão em estado de pecado, mas, para algumas, Deus estende sua mão". Deve-se notar que a "eleição e condenação a partir da eternidade" não pressupõe, necessariamente um conceito surpralapsariano. Cf. SINNEMA, "Beza's View of Predestination", 228; 225: "Beza foi o primeiro teólogo a adotar uma posição supralapsariana".

[1101] OBERMAN, *Harvest*, 96.

[1102] OBERMAN, *Harvest*, 97.

questão de inabilidade humana para determinar os motivos e causas dos atos de Deus. Além disso, a simplicidade da essência de Deus recebe mais ênfase do que a prioridade da vontade de Deus.[1103]

Dessa breve e superficial análise do tratamento medieval e do envolvimento com os temas que tanto ocuparam Armínio, fica, evidente que esse período também enfrentou questões similares. Assim que emerge o envolvimento intenso e direto de Deus na providência e predestinação de tudo que acontece nos mundos, a relação de Deus com o pecado e o mal e, portanto, a teodiceia se torna uma questão premente, para o que respostas divergentes são apresentadas.[1104] Não apenas há diferenças nos argumentos usados para defender a justiça de Deus, mas também diferem no nível em que consideram que essa defesa necessária difere. Não é surpreendente que o mesmo seja verdadeiro no período da Reforma.

7.3.2. O século XVI

O ponto de partida para o tratamento dado por Lutero ao tópico desta seção é seu *De servo arbitrio*, a obra que claramente realçou as diferenças entre os reformados e o programa evangélico-humanista da Reforma, e marcou a ruptura com Erasmo.[1105] Aqui a essência da Reforma é descrita como a dependência que o pecador, escravizado ao pecado e Satanás, tem da graça de Deus, imerecida e livremente concedida. O tema da justiça

---

[1103] OBERMAN, *Harvest*, 98-99.

[1104] Cf. OBERMAN, *Bradwardine*, 227: "Não pode nos surpreender que, ao lidar com o pecado, ele esteja particularmente ocupado com a questão de como Deus, que está tão intensa e diretamente envolvido em tudo que acontece no mundo, pode ser inocentado".

[1105] Para a literatura sobre o debate entre Lutero e Erasmo, bem como sobre o conceito de Lutero da relação de Deus com o mal, veja AKERBOOM, *Vrije wil*; KOLB, *Bound Choice*, especialmente 62-66.166-169; NESTINGEN/FORDE, *Captivation*, 1-79. Cf. LUTHER, WA 786, em que Lutero, em sua conclusão, expressa seu respeito por Erasmo e o agradece pelo fato de que "solus prae omnibus rem ipsam es aggressus, hoc est, summam caussae [...]. Unus tu et solus cardinem rerum uidisti, et ipsum iugulum petisti, pro quo ex animo tibi gratias ago"..

de Deus aparece regularmente. De forma extraordinária, Lutero trata da questão com temas puramente soteriológicos. O ponto não é a relação do envolvimento providencial de Deus em todas as coisas com sua justiça, embora Lutero refletisse sobre essas questões. O foco está, em vez disso, nos atos salvíficos de Deus, na soteriologia e, portanto, na predestinação. Esse foco poderia constituir uma diferença entre o tratamento que a Reforma e a Idade Média deram ao tópico. É uma diferença em nível, no entanto, é uma diferença importante. Fica claro que Lutero abordou o tema da justiça da providência de Deus diferentemente do tema da predestinação de Deus quando ele traça um paralelo entre os dois. Aqueles que veem a prosperidade dos ímpios e as adversidades sofridas pelos cristãos fiéis vivenciam a "injustiça" de Deus. Lutero indica como ele lida com isso, distinguindo três luzes: a luz da natureza, a luz da graça e a luz da glória. Tudo que é injusto à luz da natureza é simplesmente esclarecido pela luz do evangelho e do conhecimento da graça, que ensinam que os ímpios florescem como o corpo, embora pereçam na alma. O dilema se resolve facilmente: há vida depois desta vida (*Esse vitam post hanc vitam*). O problema que a providência de Deus propõe é, assim, "resolvido" mediante a luz da graça. A diferença com o problema apresentado pela predestinação se torna clara quando Lutero indica que essa luz da graça não pode explicar

> como Deus pode condenar aquele que, por sua própria força, nada pode fazer senão pecar e se tornar culpado. A luz da natureza e a luz da graça aqui sustentam que a falta reside não na miséria do homem, mas na injustiça de Deus [...] Mas a luz da glória sustenta o contrário, e um dia revelará Deus – a quem somente diz respeito o julgamento, cuja justiça é incompreensível – como um Deus cuja justiça é a mais justa e evidente. Contanto que, enquanto isso, apenas creiamos nela como somos instruídos e encorajados a fazer pelo exemplo da luz da graça.[1106]

[1106] LUTHER, WA 785.

De acordo com Lutero, o desejo de compreender, explicar e decifrar a justiça de Deus simplesmente expõe o grande problema. Em sua *Diatribe*, Erasmo havia indicado que o conceito de Lutero presumia a culpa de Deus, mas Lutero considerava que Erasmo, por meio disso, revelou que servia à *razão* como *mestre*. As pessoas exigem que Deus aja de acordo com a justiça humana (*iure humano*) e faça o que parece ser justo aos olhos delas; caso contrário Deus não mais seria Deus. Elas não têm respeito pelo enigma da majestade de Deus, e pedem explicações quanto às coisas que Ele deseja e faz que parecem não ser justas. "A carne não permite conceder glória a Deus, em termos de crer nele como justo e bom, quando Ele fala e age acima e além das definições do Código de Justiniano ou do quinto livro de Ética de Aristóteles! [...] Regras devem ser estabelecidas para ele e Ele não condena qualquer um, mas aquele que merece devido a nossa avaliação [*nostro iudicio id meruerit*]"![1107]

A motivação de Lutero é também soteriológica em natureza. Se a razão é observada aqui e se sugere que Deus pode punir somente de acordo com o mérito — isso é, de acordo com nossas normas —, isso implica que Deus pode também recompensar apenas de acordo com o mérito. Porquanto, recompensar sem mérito também é injusto.[1108] "Mas então, ai de nós, miseráveis diante desse Deus. Pois quem pode ser salvo?"[1109] Se Deus salva aqueles que não merecem, então consideramos que isso é justo e bom, mas se Ele condena aqueles que não merecem, consideramos que isso é injusto e inaceitável porque é desvantajoso para nós. Lutero, portanto, pensa que a Diatribe não é justa em sua argumentação e visa

---

[1107] LUTHER, WA 729-730.

[1108] LUTHER, WA 730. Lutero não menciona nem analisa a justiça ou fé imputada de Cristo, que constitui uma diferença considerável oposta a Armínio, para quem a punição merecida não sugere que Deus possa recompensar ou salvar as pessoas apenas com base nos próprios méritos, visto que, nas últimas, a justiça de Cristo é imputada a elas. Nesse sentido, pode-se falar na realidade de uma recompensa merecida.

[1109] LUTHER, WA 730: "At uae nobis tunc miseris, apud illum Deum! Quis enim saluus erit?"

apenas nossa própria vantagem.¹¹¹⁰ Se ficamos satisfeitos por Deus coroar aqueles que não merecem isso, não devemos ficar insatisfeitos quando Ele condena aqueles que não o merecem. Se Deus é justo no primeiro caso, por que, portanto, também não no segundo? No primeiro exemplo, Ele derrama sua graça e misericórdia em pessoas indignas, no segundo, derrama sua ira e severidade nos indignos. Em ambos os casos, Deus é injusto de acordo com as avaliações humanas, mas justo e verdadeiro de acordo suas avaliações.¹¹¹¹

Para Lutero, a questão é se a graça é conquistada ou não. Aquele que eleva o próprio intelecto ou capacidade para compreender o nível de uma norma e, então, torna claro que não entende sua posição diante de Deus, exige justiça da parte de Deus e considera que a condenação e a salvação são baseadas no mérito. Como resultado, ele assimila um ensino pernicioso e antibíblico. Somente a humildade e a fé podem auxiliar, de acordo com Lutero. O reconhecimento humilde de estar totalmente perdido e da incapacidade humana de compreender as obras de Deus é útil. Lutero atribui isso à terrível depravação humana, que se preocupa com a justiça de Deus e seus juízos e assume ter o direito de querer compreender e analisar o juízo de Deus.¹¹¹²

Somente à luz da glória esses mantos desaparecerão. Então, a fé que agora temos na justiça de Deus se tornará visível e veremos sua justiça. Se a justiça de Deus fosse agora avaliada de acordo com as normas humanas, Lutero sugere que ela não seria justiça de Deus de maneira nenhuma, pois não diferiria de forma alguma da justiça humana. Deus é único, verdadeiro e, por essa razão, totalmente incompreensível e inacessível ao entendimento humano. Considerada dessa perspectiva, é razoável e até necessário que sua justiça também seja incompreensível. Conforme Lutero, é exatamente esse o sentido de Paulo quando ele exclama em Romanos 11: "Ó profundidade da riqueza, tanto da sabedoria

---

[1110] LUTHER, WA 730.

[1111] LUTHER, WA 731.

[1112] LUTHER, WA 784.

como do conhecimento de Deus! Quão insondáveis são os seus juízos, e quão inescrutáveis, os seus caminhos!"[1113]

A resistência de Lutero contra a razão como uma ameaça à salvação não o impede, no fim de sua obra, de recorrer à razão para concluir que quando Deus prevê e preordena todas as coisas e que nada acontece exceto por sua vontade, essa razão em si mesma testifica que não pode haver algo como liberdade de escolha para a humanidade, ou para os anjos, ou para qualquer outra criatura.[1114]

Para resumir, em seu exemplo contra Erasmo sobre a questão relativa a como Deus pode ser justo se ele predestina pessoas, Lutero é influenciado puramente por temas soteriológicos. Ele admite que há um problema em face da razão humana, mas atribui esse problema ao orgulho e à confiança na razão de pessoas pecadoras, que ousam se posicionar contra Deus e que não têm fé para confiar que Deus é justo e que essa justiça será revelada no fim dos tempos. Para Lutero, é uma questão sobre a essência da Reforma, spbre a *soli gratia* e sobre o limite do entendimento humano. Em síntese, a distinção entre Criador-criatura constitui seu argumento mais importante.

De natureza totalmente diferente, mas ainda de considerável influência, foi a obra muito filosófica de Zuínglio, *De providentia*.[1115] Zuínglio levanta o tema da justiça de Deus, talvez porque tinha previsto que sua obra seria atacada precisamente nesse ponto. Roma fez grandes esforços para condenar esse livro, mas também no campo reformado

---

[1113] LUTHER, WA 784. Conforme OBERMAN, em *Bradwardine*, (220, Rm 11.33), que também é citado por Lutero, é a passagem que "desde Duns se tornou habitual citar no fim da doutrina da predestinação". Veja também OBERMAN, *Harvest*, 98: As palavras de Paulo em Romanos 9.20, 21 se tornaram, desde Scotus, "o climax tradicional de todas as análises do mistério da eleição e reprovação"; "sempre que usadas, elas não representam a ilegalidade de Deus, mas a inescrutabilidade de seus caminhos e a liberdade absoluta, com a qual ele, não tendo débito com ninguém, se fez devedor daqueles que cumpririam requerimentos estabelecidos".

[1114] LUTHER, WA 786.

[1115] BÜSSER, *Zwingli und Laktanz*, 72-93.

ele despertou, além de elogio,¹¹¹⁶ crítica ácida. Conforme Den Hartogh, a crítica procedeu do determinismo muito rígido (*zeer rigide determinisme*) no qual Zuínglio terminou, quando, por exemplo, ele declara que é de acordo com a decisão de Deus que um é assassino, outro, adúltero. Além disso, Zuínglio recorre a Romanos 9 para defender que Deus não é injusto:

> Não há vaso que diga: "Por que o Senhor não fez de mim um copo?" Deus lida conosco da mesma forma, mas sem que sua justiça seja questionada. Pois somos aos olhos de Deus, até menos que a massa de barro é para o oleiro.¹¹¹⁷

Zuínglio estava ciente de que poderia ser repreendido por tornar Deus o autor do mal. Para contestar essa acusação, ele usa a lógica: Deus é o Deus Altíssimo e as pessoas podem ter somente conhecimento do bem em um sentido derivado (o mal como privação do bem). Não há distinção para Deus entre o bem e o mal, porque Deus está acima da lei. E assim, tudo que Ele faz é bom, mesmo se isso for algo que nós, como pessoas, consideraríamos "mal".¹¹¹⁸

Em Martin Bucer, cuja teologia inteira é determinada pela doutrina da predestinação,¹¹¹⁹ podem ser encontrados muitos elementos que coincidem com a reação de Lutero a Erasmo. Para Bucer, a predestina-

---

¹¹¹⁶ Veja e.g. DONNELLY, *Scholasticism*, 118n64.128.182; DEN HARTOGH, *Voorzienigheid*, 243.

¹¹¹⁷ Z 2,180: "Denn ghein seichkachel spricht: Warumb hastu mich nit ouch zù einem erlichen trinckgschirr gemacht? Also, warlich handlet got mit uns on verletzen siner grechtigheit; denn wir sind, gegen im ze rechnen, minder denn der leimscholl gegen dem hafner".

¹¹¹⁸ DEN HARTOGH, *Voorzienigheid*, 221. Para o conceito de Zuínglio sobre a bondade e justiça de Deus, veja também BURGER, "Entwicklung", 71-76; STEPHENS, "Place", 395.401.

¹¹¹⁹ Veja STEPHENS, Holy Spirit, 23: "A doutrina da predestinação ou eleição é algo que molda toda a teologia de Bucer. Mesmo onde ela não é expressa explicitamente, sua marca é encontrada. A centralidade dessa doutrina e a forma com que Bucer a interpreta o distingue de Lutero, por um lado, e de seus oponentes católicos e radicais, por outro lado". Para o conceito de Bucer sobre a predestinação, veja e.g. VAN 'T SPIJKER,

ção é uma divisão irrevogável da raça humana entre eleitos e réprobos. Stephens ressalta que essa ênfase na eleição como causa da salvação não levou Bucer a ignorar a contribuição de Cristo na salvação. Deus nos elegeu em Cristo, somente através dos méritos do sangue de Cristo:[1120]

> O sentido da doutrina de Bucer da predestinação é que a salvação do homem se baseia na livre escolha soberana de Deus, feita antes da fundação do mundo. Seu propósito, além de ser uma afirmação do soberano amor de Deus, é negar ao homem qualquer participação na realização de sua salvação e oferecer-lhe um fundamento seguro para confiar, (isto é, em Deus ao invés de si mesmo).[1121]

Exatamente como Lutero, Bucer considera que a razão para a eleição agora é desconhecida, mas se tornará clara no fim dos tempos. Enquanto isso, as pessoas devem crer que Deus é Deus e que não há necessidade de duvidar de sua justiça. A razão humana não pode apreender a intenção de Deus de qualquer forma, e está mais inclinada a chamar Deus de mentiroso que admitir sua própria inabilidade:

> A resposta de Bucer às variadas objeções envolve uma afirmação quanto à justiça e à soberania de Deus e quanto ao homem não ter direito de questionar Deus. Ele admite que isso pode ofender a razão humana, que Deus julga aqueles que nada podem fazer de diferente. Mas ele está contente com a afirmação de que Deus é justo, mesmo se inescrutável. "[...] os juízos de Deus são um grande abismo, eles são insondáveis, mas justos. Porquanto o Senhor é justo em

---

"Prädestination bei Bucer", 85-102; DE KROON, *Perspectieven*, 20-46; VAN DEN BOSCH, *Bucer's Praedestinatiegedachten*.

[1120] STEPHENS, *Holy Spirit*, 24-25.

[1121] STEPHENS, *Holy Spirit*, 27.

todos os seus métodos, mesmo no contexto que, para nossa razão, Ele pareça ser o oposto".[1122]

Bucer similarmente responde à acusação do católico Albertus Pighius de que os reformados fazem de Deus o autor do pecado ao apontarem para a fragilidade do entendimento humano. Deus endurece pessoas em pecado, mas de uma maneira justa; como Ele faz isso, entretanto, nos é oculto.[1123]

Deus exige fé de todos, mas Ele não a concede a todos; porém, Ele não é injusto com ninguém. Deus opera tudo em todos, também as volições e obras nas pessoas, mas elas também agem ao seguir a própria vontade: o mal é devido à própria falta, o bem é devido a Deus. Bucer considerou ainda que não é a necessidade, mas apenas a coerção que desfaz a vontade.[1124]

Calvino foi acusado em mais de uma ocasião e por diferentes flancos de tornar Deus o autor do pecado com sua doutrina da predestinação. Na obra *De libero hominis arbitrio et divina gratia, libri decem* (Do livre arbítrio do homem e da graça divina, livro 10) (1542), Pighius descreveu a doutrina da vontade escravizada e a necessidade absoluta de tudo que ocorre — que Deus opera não somente o bem, mas igualmente o mal no ímpio — como a essência de todas as doutrinas compartilhadas pelos reformados hereges. Esse erro terrível, ele afirmou, levou à total indiferença moral.[1125] Calvino entendeu que, com essa acusação de tornar Deus o autor do pecado, Pighius pensava que ele fazia a acusação mais séria que alguém poderia ter feito.[1126]

[1122] STEPHENS, *Holy Spirit*, 28. Veja também DE KROON, *Perspectieven*, 37-39.

[1123] Veja SCHWEIZER, *Centraldogmen I*, 203-204.

[1124] STEPHENS, *Holy Spirit*, 28; SCHWEIZER, *Centraldogmen I*, 203.

[1125] SCHWEIZER, *Centraldogmen I*, 203-204. Para o debate entre Pighius e Calvino, veja e.g. MELLES, *Pighius*; SCHULZE, *Reply*, 1971.

[1126] CALVIN, CO 6,361: "Quum ante mentiebatur, Deum nos facere mali autorem, illud erat extremum probrum, quo nos gravari posse existimabat". Cf. CO 6,258.

Na controvérsia Bolsec (1551-1555)[1127] um dos pontos mais importantes da crítica ao conceito de Calvino da predestinação foi que ela deduzia ser Deus o autor do pecado.[1128] Calvino fez tentativas enérgicas de certificar a pessoas como Bullinger[1129] que isso não era verdade e que sua única preocupação era defender a graça de Deus em oposição a Bolsec, que tornou a salvação dependente da vontade humana. No entanto, Bullinger permaneceu convencido de que Calvino fez declarações que, pelo menos, tornaram as acusações de Bolsec compreensíveis.

A forma como Bullinger falou de providência e predestinação é caracterizada pela preocupação contínua de não tornar Deus o autor do pecado e do mal. Ele se posiciona como mediador ao buscar reunir o que era ou o que parecia estar em polos opostos, como Zuínglio e Bibliander, Bolsec e Calvino.[1130] Nesse contexto, Den Hartogh observa que, para Bullinger, essa era uma questão de fundamental importância, e ele podia, de fato, estar correto quando ressalta que Bullinger, afinal, foi e continuou a ser o sucessor de Zuínglio e, por essa razão, talvez, sentiu ser necessário distanciar-se continuamente dos conceitos de seu predecessor.[1131]

Bullinger deseja evitar tanto o perigo do pelagianismo, por um lado, como do maniqueísmo, por outro.[1132] Ele enfatiza os meios e as causas intermediárias na providência e na predestinação. A única causa

---

[1127] Veja HOLTROP, *Bolsec Controversy*. Conforme MULLER, Review of *"Bolsec Controversy"*, 589, o estudo de Holtrop tem os seguintes problemas: "o sistema teológico em que Holtrop fundamenta sua exposição, a distinta ausência de objetividade, as interpretações tendenciosas, as conclusões impropriamente deduzidas e o desejo subjacente de 'provar' um ponto teológico moderno". Veja também SCHWEIZER, *Centraldogmen I*, 205-238.

[1128] Veja e.g. VENEMA, *Bullinger*, 58; HOLTROP, *Bolsec Controversy*, 55.59.67.90-92.

[1129] Para a seção seguinte sobre Bullinger, veja e.g. DEN BOER, "Briefwisseling", 4-26, especialmente 6-7.11.13-16.25; VENEMA, *Bullinger*, 38-40.54-55.65.68-69.94.104-105.119; DEN HARTOGH, *Voorzienigheid*, 226-228.231-232; HOLTROP, *Bolsec Controversy*, 347-349; SCHWEIZER, *Centraldogmen I*, 258-265.275.

[1130] Cf. HOLTROP, *Bolsec Controversy*, 349.

[1131] DEN HARTOGH, *Voorzienigheid*, 231-232.

[1132] DEN HARTOGH, *Voorzienigheid*, 231-232; cf. ETG 14.77 (III 537.591).

da salvação reside na graça de Deus em Cristo, que é recebida pela fé. A única causa da condenação, entretanto, está na culpa e incredulidade do homem. Formalmente, Bullinger defende a dupla predestinação, mas sempre que expõe seu conceito, identifica a predestinação e a eleição e se recusa a formular o decreto da reprovação:

> Talvez a explanação mais provável para essa ambiguidade é aquela que reconhece que, embora Bullinger desejasse, na ocasião, expressar formalmente uma doutrina da dupla predestinação, ele se manteve particularmente preocupado em evitar qualquer formulação que tornasse Deus responsável pela incredulidade perversa dos não eleitos ou que impedisse a pregação indiscriminada do evangelho a todos os pecadores, sem exceção.[1133]

Desse modo, por um lado, há uma eleição e uma reprovação, por outro, Bullinger jamais formula a reprovação. A queda de Adão não está incluída no decreto de Deus. Bullinger evita ainda todas as questões quanto à relação entre a vontade de Deus e a condenação dos réprobos. Embora Deus sempre aja de acordo com sua própria justiça, e que seus atos não podem e não devem ser avaliados de acordo com as normas humanas, ele nada faz contra a lei e atua de uma maneira que exibe sua sabedoria e justiça.

Bullinger e Calvino concordam completamente com a *sola gratia* da salvação. Entretanto, conforme Bullinger, no ponto em que começa a falar assimetricamente sobre eleição e reprovação, Calvino erra:

> A referência de Calvino à contribuição ativa de Deus na origem do pecado e da condenação, de acordo com Bullinger, não concorda com o testemunho da Escritura a respeito da

---

[1133] VENEMA, Bullinger, 104.

bondade incondicional de Deus para com todos, sem distinção. Deus não deseja que alguns se percam, mas que todos se arrependam. Nada pode ser dito que desconstrua essa verdade, e não se pode afirmar certamente que Deus desejou a queda no pecado, cegou pessoas, as endureceu, etc. Aqui, Bullinger claramente tem em vista as consequências que também Calvino deduziu de sua recusa em falar sobre uma "permissão" da parte de Deus. O próprio Bullinger coloca toda ênfase na bondade de Deus e na pregação incondicional do evangelho a todos, sem discriminação. Se alguém ainda permanece como incrédulo é inteiramente por sua falta, e é devido a seu pecado, sua incredulidade e sua rejeição ao evangelho que Deus justamente condenou essa pessoa.[1134]

Não foi apenas em Zurique que as pessoas ficaram perturbadas com as declarações de Calvino[1135] também em Berna, alguns, como Pighius e Bolsec, acusaram Calvino de fazer de Deus o autor do pecado.[1136] Nesse contexto, Neuser fala sobre uma frente comum composta de teólogos suíço-germânicos, bem como de católicos romanos que se opunha a Calvino quanto à sua posição relativa à reprovação: "[Essa

---

[1134] DEN BOER, "Briefwisseling," 24-25: "Calvijns spreken over Gods actieve aandeel in het tot stand brengen van zonde en verdoemenis is naar Bullingers overtuiging niet in overeenstemming met het Schriftgetuigenis van Gods onvoorwaardelijke goedheid jegens allen zonder onderscheid. God wil niet dat sommigen verloren gaan, maar dat allen tot bekering komen. Niets mag er gezegd worden dat aan deze waarheid afbreuk kan doen. Laat staan dat gezegd wordt dat God de zondeval heeft gewild, mensen verblindt en verhardt enzovoort! Hier doelt Bullinger uiteraard op de consequenties die ook Calvijn getrokken heeft uit zijn weigering om over een 'permissie' door God te spreken. Bullinger zelf legt alle nadruk op Gods goedheid en de onvoorwaardelijke prediking van het Evangelie aan allen zonder onderscheid. Als iemand desondanks ongelovig blijft, is dat volledig zijn eigen schuld en wordt hij vanwege zijn zonde, ongeloof en verwerping van het Evangelie door God rechtvaardig verworpen".

[1135] DEN HARTOGH, *Voorzienigheid*, 219.

[1136] HOLTROP, *Bolsec Controversy*, 354.357-360. Cf. também, NEUSER, "Kritik", 239; SCHWEIZER, *Centraldogmen I*, 255.

frente comum], composta por pessoas que estavam em campos opostos, correlacionou a rejeição da dupla predestinação, a ênfase na *bonitas Dei* e a preocupação de que Deus se tornasse o autor do pecado".[1137]

A defesa de Calvino contra Bolsec pode ser ignorada em sua maior parte, visto que os argumentos mais importantes foram tratados na seção precedente. Para Calvino, trata-se da total dependência humana de Deus e a rendição a Ele, cujo objetivo é que Deus receba toda honra que lhe é devida.[1138] Além disso, o argumento dos limites do entendimento humano surge várias vezes e, nesse contexto, Calvino deduz uma distinção entre a justiça humana e divina.[1139] Alguns teólogos concordam com Calvino nesse aspecto, mas não explicaram como é possível que Deus governe as ações das pessoas por decreto ordenado e oculto e não apenas por permissão, embora ele, entretanto, não seja o autor do pecado. "Os teólogos de Thonon não explicaram como Deus não é a 'causa do pecado' e o 'autor do mal', mas apenas afirmaram que Ele não é".[1140] Viret também apoiou Calvino quando declarou que Deus pode, como o oleiro, fazer vasos diferentes com a mesma massa de barro e pode fazer uso de cada vaso como Ele quiser, de acordo com seu próprio beneplácito. "A causa dessa vontade é sempre justa, mesmo se não a conhecemos sempre".[1141]

Embora Muller estivesse correto em qualificar significativas no conceito de Holtop quanto à controvérsia Bolsec como "o ponto decisivo no desenvolvimento da forma ortodoxa, escolástica da doutrina reformada da predestinação",[1142] a crítica contundente de Pighius e Bolsec,

---

[1137] NEUSER, em CALVIN, *Praedestinatione*, XVII: "Sie verband – die sonst in entgegengesetzten Lagern standen – die Ablehnung der doppelten Prädestination, die Betonung der 'bonitas dei' und die Scheu, Gott könnte zum Urheber der Sünde gemacht werden".

[1138] CALVIN, CO 6,257. Para a resposta de Calvino, veja também CALVIN, *Praedestinatione*.

[1139] CALVIN, CO 6,258.

[1140] HOLTROP, *Bolsec Controversy*, 68.664.

[1141] HOLTROP, *Bolsec Controversy*, 61; cf. 72.

[1142] MULLER, Review of *"Bolsec Controversy"*, 588-589. Cf. HOLTROP, *Bolsec Controversy*, 363: "Quando o partido de Calvino consolidou seu poder em 1555, ele obteve significativa

sem dúvida, serviu de forte estímulo para refletir sobre a doutrina reformada da predestinação, pela forma em que ela deveria ser discutida e por suas consequências para outros aspectos da teologia. A controvérsia Bolsec não apenas levou Calvino a escrever suas obras apologéticas da predestinação e muitos outros teólogos para informar Genebra de seus conceitos, como também muitas obras, como a famosa *Tabula praedestinationis* (Diagrama da Predestinação) de Beza, e o *Consensus Genevensis* (Consenso de Genebra) de 1552, resultaram dessa reflexão.[1143] Além disso, o próprio conceito de Calvino foi confirmado como resultado do debate e se tornou a norma confessional em Genebra.[1144]

Em inúmeras publicações, Muller ilustrou a (des)continuidade entre Calvino e a ortodoxia reformada antiga. Todo tipo de distinção escolástica já pode ser encontrado em Calvino, e os elementos dos conceitos de Calvino são, em contraste com o que muitos presumiram, mais rigorosos e deterministas quanto à doutrina da predestinação do que os dos teólogos da ortodoxia antiga. Além disso, a doutrina reformada da predestinação pode, em termos de detalhes como a permissão divina e a relação da causalidade primária de Deus para as causas secundárias, bem como muitas outras distinções, ser atribuída tão prontamente a Vermigli, Bullinger, Musculus e muitos outros. Quanto a Calvino:[1145]

> Em contraste com muitos de seus contemporâneos e sucessores, Calvino não recuou da conclusão de que a permissão e a volição são uma só na mente de um Deus eterno e totalmente soberano. A reprovação não poderia

---

influência para negociar com outras cidades. Ele preparou caminho para desenvolver e estabelecer a ortodoxia calvinista. O fracasso do tumulto de maio e a consolidação do poder de Calvino no outono de 1555 foram fatores decisivos na história da teologia reformada. Daí em diante, sua influência seria assegurada em Genebra, Zurique, Basileia e Berna".

[1143] DE BOER, "Consensus genevensis", 71-72. Cf. MULLER, "Use and Abuse", 33-61; SINNEMA, "Decree-Execution Distinction", 192; SINNEMA, "Beza's View of Predestination", 220.

[1144] MULLER, Review of *"Bolsec Controversy"*, 588-589.

[1145] MULLER, Review of *"Bolsec Controversy"*, 588.

ser compreendida simplesmente como um ato passivo de Deus. Esse ensino representa o lado mais plenamente determinista da doutrina de Calvino; um ponto em que a ortodoxia antiga modificaria as formulações e procuraria outros modelos.[1146]

Distinções como essas encontradas na ortodoxia antiga têm, por contraste ao que sempre se sugeriu, uma meta antiespeculativa e conduziram a conceitos menos rígidos sobre os decretos do que encontramos em Calvino.[1147] As controvérsias dos anos 1560, portanto, não levaram a um tratamento mais escolástico da predestinação, e onde elas se tornaram mais escolásticas isso enfaticamente *não* conduziu a uma concepção mais rígida e mais determinista. Entretanto, o conceito de Calvino foi formulado no sentido de que, apesar de todos os tipos de nuanças e distinções que foram posteriormente adicionados, a base de seu conceito que consiste em uma predestinação incondicional composta de eleição e reprovação, lenta, mas certamente se tornou o conceito dominante e, por fim, virtualmente a única doutrina da predestinação reconhecida pelos reformados. Aqueles que defenderam outros conceitos, como Bibliander, Huber e Baro, que serão tratados abaixo, são cada vez menos tolerados após a controvérsia Bolsec.

Portanto, a ortodoxia antiga, por um lado, procurou respostas, muito mais do que a Reforma inicial, para a questão de como se pode ser evitar que Deus seja ou pareça ser o autor do pecado em função da

---

[1146] MULLER, *Christ and the Decree*, 24.

[1147] SINNEMA, Reprobation, 449-450: "O movimento de Calvino para o calvinismo do século XVII, com sua crescente tendência escolástica orientada para maior precisão na formulação doutrinária, não resultou necessariamente em uma posição doutrinária mais rigorosa como, às vezes, se presumiu. Embora não se possa generalizar com base em uma doutrina, pelo menos no caso da reprovação o advento do escolasticismo reformado trouxe consigo uma moderação da teologia reformada antiga". Cf. VOS, "Scholasticism and Reformation", 115: "Certamente que o estilo sistemático foi filosófico em grande medida, mas ele foi determinista? Muito pelo contrário". MULLER, Review of *"Bolsec Controversy"*, 589; MULLER, "Arminius's Gambit", 252-253.

doutrina da predestinação incondicional. Ela foi motivada a procurar essas respostas pelas acusações direcionadas contra doutrina dentro e fora do campo reformado, e encontrou em seu próprio método teológico não apenas a possibilidade, mas também uma boa causa para discutir seriamente essas questões. O recurso à inabilidade do entendimento humano, que teve relevante função em Calvino, e outros temas não desapareceram inteiramente, mas assumiu uma função muito mais modesta contra os argumentos.[1148] Por outro lado, era como se houvesse pressão crescente na ortodoxia antiga para concordar com esse conceito e não expressar uma opinião divergente.

Ambos os desenvolvimentos se tornaram visíveis diretamente depois da controvérsia Bolsec, na discussão que aconteceu em Zurique, de 1556 a 1560, entre Pedro Mártir Vermigli e Theodore Bibliander. Bibliander (1505-1564), que assumiu a cadeira de exegese em Zurique como sucessor de Zuínglio, foi um renomado erudito humanista.[1149] Seus conceitos sobre a predestinação e o livre arbítrio eram geralmente conhecidos. Em 1535, ele se voltou contra o que considerou ser a terrível doutrina de acordo com a qual Deus coagiria as pessoas a praticarem más obras por causa de uma necessidade absoluta. Durante o caso Bolsec, ele afirmou não ser nem pelagiano nem maniqueísta, pois um grupo destrói a graça de Deus, enquanto o outro o torna autor da corrupção e de todo mal.[1150] O próprio ponto de partida de Bibliander é a boa vontade de Deus, segundo a qual Ele deseja a salvação de todas as pessoas. Com base nisso, Deus escolheu todas as pessoas em Cristo antes da fundação do mundo. Essa predestinação não é pessoal, mas uma predestinação da disposição na fé no Filho e na incredulidade, a eleição se torna visível. A fé é o dom gratuito de Deus, mas há espaço para a vontade humana; cada pessoa pode se arrepender e buscar refúgio na graça de Deus. Uma

---

[1148] Cf. e.g. o recurso de Gisbertus Voetius à insuficiência do entendimento humano com respeito aos decretos de Deus em relação às ações humanas contingentes em GOUDRIAAN, *Reformed Orthodoxy and Philosophy*, 153.177.192.

[1149] Para Bibliander, veja EGLI, *Analecta Reformatoria* II.

[1150] HOLTROP, *Bolsec Controversy*, 347-348.

pessoa pode também resistir à sua eleição. A condenação é, desse modo, a falta do ser humano, e o ato de Deus da predestinação não pode ser responsabilizado. Deus não deseja a condenação, mas Ele sabe quem será condenado. Que Deus deve preordenar alguém à condenação é, para Bibliander, inconciliável com a bondade de Deus.[1151]

Em 1556, a situação de Zurique mudou consideravelmente quando Pellicanus, um dos simpatizantes de Bibliander, morreu e foi substituído por Vermigli como professor de teologia e filosofia. Pode-se verificar muitos argumentos que justificariam a conclusão de que pelo menos uma razão para a mudança de Vermigli para Zurique foi a propagação de sua própria doutrina da predestinação, que demonstra a influência de Lutero, Zuínglio e especialmente de Bucer[1152] e seu desejo de purgar a igreja da doutrina do livre arbítrio.[1153]

Vermigli foi o primeiro teólogo importante a incorporar método e terminologia escolásticos em sua teologia. Com isso, ele inspirou, sancionou e estimulou o uso de método e tradição escolásticos para os reformados. A ortodoxia de Vermigli estava tão fora de questão que ele não se tornou suspeito de ser um papista por promover esse método. A filosofia aristotélica não foi considerada um instrumento neutro, pois, de acordo com Vermigli, Aristóteles foi um parceiro do protestantismo. Por essa razão, Vermigli veio a servir como um tipo de ponte entre a

---

[1151] STAEDTKE, "Prädestinationsstreit", 536-540. Veja também DONNELLY, *Scholasticism*, 145.182.

[1152] DONNELLY, *Scholasticism*, 123.127-129. Cf. BOUGHTON, "Supralapsarianism", 75-77.

[1153] STAEDTKE, "Prädestinationsstreit", 543: "Jedoch steht soviel fest, daß Vermigli seine Prädestinationslehre nicht nur um ihrer selbst willen, sondern zu der Zeit vor allem wegen Bibliander besonders ausführlich und programmatisch vorgetragen hat. Es kann kein Zweifel darüber sein, daß er die feste Absicht hatte, die Lehre Calvins in Zürich unter allen Umständen zur Herrschaft zu bringen". Veja também HOLTROP, *Bolsec Controversy*, 350-351; DEN BOER, "Briefwisseling", 7-8. James, ao contrário, enfatiza a atitude conciliatória de Vermigli e o desejo de evitar controvérsia também com Bibliander: JAMES, Frank, *Vermigli and Predestination*, 33-34.

abordagem de Lutero e Calvino e o maduro escolasticismo reformado representado por Zanchi.[1154]

Em seus comentários, Vermigli repetidamente analisa o problema da autoria divino do pecado e formula seus pensamentos sobre esse tópico. Embora a análise desse tema no comentário de Romanos ainda seja encontrada em linguagem literária, metafórica e não filosófica, Vermigli faz uso de mais conceitos e distinções filosóficas e escolásticas no comentário sobre Samuel, que escreveu em Zurique. De acordo com Donnelly, ele aparentemente percebeu que uma análise muito mais detalhada era necessária. As alterações e os acréscimos para o comentário de Samuel "permitem a Mártir realçar a justiça e a santidade de Deus sem menosprezar sua soberania".[1155] Muller enfatiza que o fundamento escolástico do argumento de Vermigli não leva a uma formulação mais rígida da doutrina da predestinação, mas é causada por uma compreensão determinista menos aberta dos decretos.[1156] Em 2.1.4, já indicamos o conceito influente de Vermigli sobre a ausência de

---

[1154] DONNELLY, *Scholasticism*, 189.194.207; cf. DEN HARTOGH, *Voorzienigheid*, 97; BASCHERA, "Vermigli", 325; JAMES, "Crossroads", 62-78. Cf. a tese interessante de BURNETT, "Educational Roots": "A decisão de que apenas candidatos com mestrado seriam considerados para cargos pastorais assegurou que, desde a metade dos anos 1580, todos os novos pastores de Basileia teriam esse tipo de treinamento avançado em dialética, que, por sua vez, moldou sua exegese da Escritura" (p. 315). O conhecimento de dialética foi então aplicado à teologia. Burnett fala de uma "mudança dialética" na metade dos anos 1570: "um passo importante para o desenvolvimento do escolasticismo reformado. Uma nova geração de teólogos, educada com a convicção humanista de que a dialética era uma disciplina prática que deveria ser instrumento de análise textual, e treinada no uso da dialética aristotélica, agora aplicou esse treinamento ao estudo do texto da Escritura. O significado desse desenvolvimento não pode ser extremamente enfatizado" (p. 316-317). Ela conclui: "A emergência do escolasticismo reformado no final do século XVI foi atribuído às preocupações polêmicas dos teólogos protestantes e ao desejo de sistematizar a doutrina protestante. Os desenvolvimentos descritos nesse ensaio apontam para outro fator mais básico: a evolução da dialética em si mesma, juntamente com a crescente proficiência, de uma enorme proporção de futuros pastores nos princípios da dialética avançada".

[1155] DONELLY, *Scholasticism*, 118. Veja STAEDTKE, "Prädestinationsstreit", 541.

[1156] MULLER, *Christ and the Decree*, 66.

coerção e presença de espontaneidade como a condição suficiente para repreensão e, portanto, para responsabilidade pelo mal e pecado.[1157]

A tese fundamental de Vermigli é que Deus não é de *per se* e *proprie* causa do pecado e que nada, nem mesmo o pecado, ocorre fora de sua vontade, escolha e providência. Obras são boas à medida que procedem de Deus; o mal à medida que procede da depravação humana. Deus é a causa do pecado apenas como *causa removens prohibens*. Se Deus remove sua graça, que ele não deve a ninguém, o pecado ocorre. O mal considerado não como ilegalidade, mas antes como *privação* da justiça, está limitado às causas secundárias. Quando perguntado sobre a razão pela qual Deus concede a uma pessoa mais graça e, à outra, menos, Vermigli aponta para a liberdade de Deus decidir nessa questão.[1158]

No comentário de Vermigli sobre Reis, há, em acréscimo ao sumário da passagem do comentário de Samuel, uma quantidade de novos elementos. Ele analisa a relação entre o pecado e a liberdade da vontade humana. Vermigli ainda admite que não é concedida graça suficiente a todas as pessoas, embora elas ouçam o evangelho externamente e, mesmo internamente, recebam alguma graça. Donnelly observa: "A negação de Mártir da graça suficiente concedeu-lhe uma posição simples, clara e pura, mas o preço foi alto, pois isso implica o que muitos considerarão uma doutrina severa da predestinação". A pregação da Palavra é designada para os predestinados. Eles a ouvem, creem e são justificados. Ao ver a obstinação dos réprobos, os eleitos reconhecem o quanto a natureza humana é realmente depravada. Vermigli ainda nota que a razão pela qual Deus deseja que a Palavra seja proclamada a todos é porque Ele deseja que os eleitos e réprobos vivam nesse mundo sem que seja possível distingui-los pela razão humana. "A razão humana considera a decisão de Deus de punir, ao invés de ter pena dos não regenerados uma afronta aberta, pois a razão tenta fazer um paralelo

---

[1157] BASCHERA, "Vermigli".
[1158] DONNELLY, Scholasticism, 118-121; SCHWEIZER, Centraldogmen I, 287-288; JAMES, *Vermigli and Predestination*, 81-87; 86n116: "Unde apparet Deum illud peccatum quodammodo voluisse, ac eius quadea(n)tenus fuisse auctorem".

entre a justiça de Deus e a justiça humana. Mas não há paralelo ou base de comparação".[1159]

A batalha sobre a predestinação entre Bibliander e Vermigli resultou, em fevereiro de 1560, na exoneração do primeiro. Donnelly considera que a vitória de Vermigli e a demissão de Bibliander, sem dúvida, significaram um passo importante no processo pelo qual Zurique chegou a um acordo sobre a doutrina totalmente reformada da graça e da predestinação. Além disso, eruditos como Holtrop e Staedtke sugeriram que esse evento sinaliza uma mudança relevante.[1160] Outra mudança importante foi a controvérsia de Estrasburgo entre Zanchi e Marbach a respeito da predestinação. Daquele momento em diante, não apenas a eucaristia, mas também a predestinação se tornou uma diferença insuperável entre os reformados e luteranos.[1161] A crescente unidade entre Zurique e Genebra culminou na Segunda Confissão Helvética (1566), que também mantém as reservas típicas para a formulação da doutrina da predestinação que poderia comprometer a bondade de Deus e ameaçar torná-lo o autor do pecado.[1162]

Em 1561, Estrasburgo viu o luterano Marbach colidir com o reformado Zanchi, "o mais exaustivo e influente em estabelecer o escolasticismo calvinista"[1163] quando se trata da predestinação.[1164] O conceito de

---

[1159] DONNELLY, *Scholasticism*, 122-123. Veja também JAMES, *Vermigli and Predestination*, 59.

[1160] DONNELLY, *Scholasticism*, 183-184; HOLTROP, *Bolsec Controversy*, 351; STAEDTKE, "Prädestinationsstreit", 536.

[1161] Cf. ADAM, Streit, 30, que argumenta que a divergência existiu desde o debate entre Zanchi e Marbach, mas não teve relevância pública até 1586.

[1162] VENEMA, *Bullinger*, 94; cf. DONNELLY, *Scholasticism*, 183-184; cf. SCHWEIZER, *Centraldogmen I*, 291: "So finden wir die calvinisch durchgebildete Lehre in Zürich und der Schweiz überhaupt nun verbreitet, mag man immerhin das Gewicht stärker darauf legen, die Missdeutung zu meiden, und darum den am leichtesten zu missbrachenden Phrasen mehr ausweichen als Calvin".

[1163] DONELLY, *Scholasticism*, 207.

[1164] Veja também VAN 'T SPIJKER, "Straßburger Prädestinationsstreit", 327-342; GRÜNDLER, *Gotteslehre*; para a preocupação de Zanchi acerca da relação de Deus com o pecado, veja p. 105-106.121-122.

Zanchi de que tudo que acontece, acontece necessariamente, foi atacado por Marbach por ser fatalista e determinista. Durante o debate, Zanchi viajou no outono de 1561 a Heildelberg, Marburgo, Estugarda, Tübingen, Schaffhausen, Zurique e Basileia para angariar apoio. Ele recebeu esse apoio de todos, com exceção de Estugarda e Tübingen. Em vista de todos os debates sobre a predestinação que foram travados nos dez anos anteriores, não é estranho que Moltmann considere esse apoio amplo no campo reformado para as teses da predestinação de Zanchi como um "primeiro consenso, que, de uma perspectiva histórica, se tornou a base para a doutrina reformada ortodoxa da predestinação".[1165]

O humanista Sebastião Castellio (1515-1563) era, em seus círculos, o mais importante antagonista da necessidade absoluta. Ele enfatizou particularmente que quando se ensina que a humanidade não é livre e que Deus determina e predestina todos, isso resulta em problemas para a questão do mal. As "soluções" geralmente apresentadas, como a de que Deus tem uma vontade dupla (oculta e revelada), não o satisfaz e nada resolve. Algo não é justo porque Deus o deseja, mas Deus o deseja porque é justo. Castellio considerou se poderia haver algo como uma justiça divina que não seja conhecida por nós. Ele admitiu que os métodos e juízos de Deus são sempre incompreensíveis, mas precisamente a justiça com a qual Deus pune o mal e não o bem é uma regra conhecida pela humanidade e que deve ser defendida. Deus pune o ímpio pelos seus pecados; entretanto, ele criou pessoas, não ímpios, e não para puni-los. Ensinar que Deus criou certas pessoas para a condenação eterna é, de acordo com Castellio, uma doutrina falsa que conflita com a natureza de Deus e a enormidade de sua misericórdia. Além disso, ela torna Deus um hipócrita que secretamente deseja algo

---

[1165] MOLTMANN, Prädestination, 97, veja também 72-109. Schweizer é da mesma opinião, veja SCHWEIZER, *Centraldogmen I*, 448: "Der Zanchische Streit wurde für die dogmatische Entwicklung grösserer Kreise dadurch noch wichtiger, dass er mittelst der eingeholten Gutachten die völlige Uebereinstimmung der reformirten Hauptsitze rücksichtlich der Prädestinationslehre ans Licht zog, wodurch hinwieder die Lutheraner in ihrer abweichenden Entwicklung gefördert worden sind". Veja também 418-470.

diferente do que Ele ordena. Todos os esforços morais, portanto, se tornam inúteis. A vontade de Deus e o mandamento devem necessariamente estar de acordo.[1166]

Quando trata da diferença entre Calvino e Castellio, Schweizer repara que Calvino considera os eventos reais desse mundo como providência de Deus. A injustiça então parece apenas ser injusta. Da perspectiva de Deus, as coisas que parecem ser injustas são realmente sábias e justas, embora não estejamos em um uma condição de penetrar nesse segredo de Deus e ver a justiça naquilo que, a nós, parece injusto. Castellio, por outro lado, é da opinião de que os eventos em nosso mundo que são contrários ao nosso senso de justiça não são para serem compreendidos como vontade e obra de Deus, mas como procedente da perversidade da criatura e antagônica à vontade de Deus.[1167]

Quando Castellio resume suas objeções contra a predestinação conforme ensinada pelo teólogo da Basileia, Martin Borrhaus, ele lhe aponta para duas coisas. Borrhaus parece tornar Deus o autor do pecado e atribuir hipocrisia. Castellio sabe que Borrhaus nega isso, mas imagina se ele realmente pode ser coerente com sua negação. Ele expõe diversos excertos dos escritos de Borrhaus e conclui que a partir deles, Deus se torna consistentemente o autor do pecado.[1168]

Fausto Socino faz a mesma crítica. Ele nega uma predestinação que remove toda piedade e acaba atribuindo a Deus muitos fatos que são indignos dele. Se tudo ocorre necessariamente, não há real sentido em fazer qualquer esforço. Ademais, todos os tipos de coisas terríveis devem então ser atribuídos a Deus: injustiça, ignorância e perversidade.

[1166] SCHWEIZER, *Centraldogmen I*, 332-333.
[1167] SCHWEIZER, *Centraldogmen I*, 333-334.
[1168] SCHWEIZER, *Centraldogmen I*, 319-356. Cf. GUGGISBERG, *Castellio*, 104.112.157-158.206.241-242; 241. Castellio está convencido de que, na predestinação de Calvino, Deus é o autor do pecado e que a raça humana assim tem sua perversidade procedente dele. Para Borrhaus, veja também BURNETT, "Educational Roots", 312.

Como exemplo, Socino pensa que é injusto punir alguém por omitir fazer algo que ele era inteiramente incapaz de fazer.[1169]

Agora, retornaremos à antiga ortodoxia reformada, da qual Teodoro Beza é o representante mais famoso e mais produtivo. Sobre a providência e a predestinação, Beza caminha em uma direção diferente da de Calvino, a despeito das muitas similaridades concretas. Um exemplo claro é o fato dele situar a *permissão* na essência da providência.[1170] Beza constantemente lidou com a questão da origem do mal. Não o intelecto humano, mas, antes, a vontade de Deus é a medida de justiça. Deus ainda tem razões que são ocultas a nós, no entanto, são justas no conselho de sua vontade de condenação. Além do tema da limitação humana e do mistério dos juízos de Deus, Beza faz uso de todo o tipo de distinção, tal como aquelas entre a primeira e a segunda causas, entre necessidade e coerção e entre decreto e execução,[1171] para apresentar uma defesa racional de como Deus pode predestinar e governar todas as coisas sem se tornar responsável pelo pecado.[1172]

[1169] SCHWEIZER, *Centraldogmen I*, 375.

[1170] DEN HARTOGH, *Voorzienigheid*, 281.

[1171] SINNEMA, "Decree-Execution Distinction", 191-207; SINNEMA, "Beza's View of Predestination", 222-225; 224: "Uma característica distintiva da posição de Beza é que ele formula uma separação entre o decreto e sua execução e atribui causas separadas a cada um. Portanto, ele insiste que, embora a causa da reprovação esteja na vontade de Deus, a causa da condenação real é a pecaminosidade humana. Isso o permite negar que Deus (ou seu decreto) é a causa do pecado ou uma causa de condenação. Entre o decreto e sua execução no tempo, a agência humana e o pecado intervêm, de modo que Deus não deve ser culpado de forma alguma".

[1172] DEN HARTOGH, *Voorzienigheid*, 266-268.281-282; SCHWEIZER, *Centraldogmen I*, 367- 368.406-407; cf. HOLTROP, *Bolsec Controversy*, 68: "No que concernia à salvação, Beza atribuiu 'todas as coisas' a Deus. Mas na reprovação, ele distinguiu entre o decreto decisivo de Deus e a culpa - ou condenação - do homem na história". A razão para isso é que Deus, do contrário, se tornaria o autor do pecado e desejaria algo injusto. Veja 134, nº 188: "Aqui, Beza argumenta contra uma 'lógica falsa' que poderia presumir – com base na 'lei de partes contrárias' – que se a eleição é a causa da fé e de boas obras, a reprovação deve ser a causa da incredulidade e do pecado. Nesse aspecto, ele introduziu suas distinções de 'eficiente e deficiente', 'causalidade primária e secundária'". Veja também SINNEMA, "Beza's View of Predestination", 221-222: "Beza também compartilhou da

Beza defende uma doutrina da dupla predestinação absoluta, embora insista que a reprovação se refira justamente à própria perversidade do homem e à recusa obstinada de aplicar as bênçãos de Cristo a si mesmo. Essas distinções entre a vontade eterna de Deus e a administração da revelação e da salvação servem como uma transição lógica da declaração de Beza da doutrina da predestinação e sua exposição da maneira em que Deus determinou eternamente executar seus decretos. O decreto de Deus da eleição e da reprovação tornou necessário que Ele envolvesse o homem no pecado e na desobediência por causa da justiça e da misericórdia absoluta do decreto. Em sua doutrina de uma queda necessária e de uma imputação necessária do pecado, verificamos o sinal mais evidente de determinismo na *Tabula* [Diagrama]. No entanto, Beza está aquém da conclusão extrema dessa lógica. Ele declara explicitamente que Deus não é o autor do pecado e que apesar de o homem haver pecado por necessidade, ele não pecou por compulsão.[1173]

A predestinação é defendida por Beza como o fundamento da salvação. Ela serve como garantia da soberania de Deus na salvação da raça humana e da eficácia da obra de Cristo.[1174] Embora nesse estágio do desenvolvimento da ortodoxia, a predestinação fosse o objeto de reflexão especulativa, ela não se torna um princípio do qual o sistema inteiro é derivado. Outros conceitos, como a Trindade, a consistência

---

insistência reformada de que, enquanto a causa da reprovação reside na vontade de Deus, a condenação real dos réprobos é causada por seus próprio pecado e, assim, sua punição é justamente merecida. Com essa distinção entre reprovação e condenação, Beza e outros pensadores reformados resistiram fortemente à acusação de que, para eles, Deus arbitrariamente condenaria pessoas à morte [...] Beza compartilhou da ideia reformada comum de que a queda no pecado foi algo desejado por Deus, mas de um modo que Ele não é culpável como o autor do pecado".

[1173] MULLER, *Christ and the Decree*, 81-82.
[1174] MULLER, *Christ and the Decree*, 179; DEN HARTOGH, *Voorzienigheid*, 266.

da vontade de Deus, a salvação somente pela graça Deus como bem e não como autor do pecado, o dom da salvação em Cristo — tudo serve como um tipo de limite para a definição da predestinação, que se torna "mais precisa", porém não "mais rígida" do que antes:[1175]

> Encontramos, para sermos exatos, uma rígida causalidade teocêntrica de salvação, mas ela raramente é mais rígida do que o predestinismo de Calvino e muito mais aberta que Calvino à consideração dos problemas da causalidade secundária envolvendo a permissão divina.[1176]

Weber ressalta que a justiça de Deus é mais ameaçada na doutrina reformada da predestinação. A execução do decreto de reprovação não é realmente injusta? Ele próprio está convencido de que a autodefesa da *Prädestinatianer* (Predestinação) demonstra que se sentiram ameaçados por ela. Eles ficaram ofendidos porque seus oponentes reclamaram sem cessar que sua concepção fez de Deus o autor do pecado. Afinal, isso significaria o fim dela.[1177]

A despeito da formulação mais precisa e menos rígida, na ortodoxia antiga parece haver discussão crescente sobre o problema da fonte do mal. De acordo com Weber, a acusação de Deus como autor do pecado seria como uma proverbial capa vermelha para um touro.[1178] O resultado foram muitas tentativas diferentes para tornar claro que essa acusação não era justificada, e, para esse propósito, fez-se uso dos recursos escolásticos que estavam disponíveis. Aqui devemos pensar particularmente no desenvolvimento de todo tipo de distinção do fraseado, às vezes muito sútil e muito cuidadoso, relativo à reprovação, como "não ter misericórdia de", "abandonar em" e "ignorar".[1179]

[1175] MULLER, *Christ and the Decree*, 171-172; cf. 172-173.178.
[1176] MULLER, *Christ and the Decree*, 181.
[1177] WEBER, *Reformation*, 90-91.
[1178] WEBER, *Reformation*, 92; cf. DEN HARTOGH, *Voorzienigheid*, 93.
[1179] Cf. WEBER, *Reformation*, 90-91.

Zacarias Ursino, que descreve a doutrina da providência como o fundamento de toda religião e piedade, é um bom exemplo. Para ele, a vontade de Deus é a regra de toda justiça, e o resultado dos atos de Deus é sempre mais justo, mesmo se Ele usa o mal e instrumentos pecaminosos. Ursino atentou bastante para a *permissão* de Deus, descreveu o mal como um *defeito*, sugeriu que o pecado é pecado não *por si mesmo*, mas *por acidente* e aplicou muitas distinções, incluindo níveis diferentes de necessidade.[1180]

Entre os reformados, vemos crescente uniformidade na doutrina da predestinação. Isso se tornou particularmente claro com o conflito entre Marbach e Zanchi. Contudo, esse desenvolvimento não impediu ou, talvez, realmente levou à[1181] demissão de Samuel Huber (1547-1624) de Berna em 1586, depois de uma séria confrontação com a predestinação de Beza, como resultado do Colóquio de Montbéliard, e sua mudança para o luteranismo. O luterano Andreae, após uma discussão sobre a eucaristia, a pessoa e a obra de Cristo, o batismo etc. durante o Colóquio de Montbéliard, pressionou um Beza indisposto a se expressar sobre a predestinação.

Beza começou sua exposição com seu *principia*: a sabedoria de Deus leva à conclusão necessária de que ele mesmo, antes da criação, determinou o fim de todas as coisas, bem como a manifestação de sua misericórdia nos eleitos e sua justiça no remanescente. Tudo é deduzido do princípio teológico da *glória de Deus*. Beza situa as causas secundária e intermediária entre o decreto oculto de Deus e sua execução final. Adam explica que sua função real é a resolução dos problemas que surgem no desenvolvimento do pensamento de Beza. A diferenciação é

[1180] DEN HARTOGH, *Voorzienigheid*, 83-87.92-97.100.103; DONNELLY, *Scholasticism*, 187; WEBER, *Reformation*, 91.

[1181] Cf. ADAM, Streit, 18, que é de opinião que "im Zuge der theologischen Verengung und Verhärtung der Positionen ein innerprotestantisches 'Überwechseln' bzw. ein Ausscheidungsprozeß stattfand. Im einen Falle wurde durch die Entwicklung zur Orthodoxie der Konkordienformel hin eine Reihe von Theologen zur reformierten Kirche hinübergdrängt, im andern Fall kamen Elemente Lutherscher oder luthernaher Theologie im Denken Samuel Hubers angesichts der Genfer Orthodoxie zu solcher Ausprägung, daß er nicht mehr in der Schweiz bleiben konnte".

intencionada para tornar possível a Deus, por um lado, ser o único cujos atos são finalmente determinantes sem, por outro lado, ter a culpa da condenação atribuída a ele.[1182]

O protesto de Huber contra a subscrição dos representantes de Berna da exposição de Beza da doutrina reformada da predestinação e outras levou, durante o Colóquio de Berna de 1588, à exoneração de Huber. Quando Huber então continuou a semear confusão, ele foi preso e banido, após o que procurou refúgio em Württemberg.[1183]

O conceito de Huber durante o Colóquio de Berna e a reação de vários teólogos presentes são demasiado interessantes. Huber enfatiza a universalidade da obra de Cristo e do evangelho. Ele protesta contra qualquer formulação que sugira que Deus não teria condenado a humanidade devido ao pecado e "que o agradaria desejar manifestar-lhes o grande poder de sua ira" (*das im also gfallenn hab, dan er wölle na inen beweysenn sin grosse macht, sines zorns*). Deus não é o autor da condenação.[1184] Abraham Musculus afirma que as diferentes consequências que Huber defendeu necessariamente devido a um entendimento particular das promessas simplesmente são "tolice loquaz e inútil" (*lang und unnütz geschwetz*). Ele ataca o conceito de Huber de que os ímpios seriam condenados somente por rejeitarem a salvação que lhes é oferecida. Deus reprovou, como ele o compreende, certo número de pessoas de uma maneira que é totalmente similar à eleição: há um decreto distinto da reprovação de Deus (*es gibt einen ausgesprochenen Verwerfungs-Ratschluß Gottes*). A reprovação de Deus não exclui, mas inclui a condenação por causa da incredulidade e do pecado. A partir do conceito de Huber de que os ímpios são condenados não pela decisão do conselho de Deus, mas somente devido à incredulidade deles, Musculus conclui que Huber, portanto, situa a fé e o arrependimento no livre arbítrio. Ele, assim, considera que Huber é um pelagiano.[1185]

[1182] ADAM, *Streit*, 35-36, cf.: "ne causa huius damnationis Deo tribuatur, quae solius hominis malitiae adscribenda est".

[1183] ADAM, *Streit*, 50-53.

[1184] ADAM, *Streit*, 58-59.62.65.

[1185] ADAM, *Streit*, 70-71.

O diferente ponto de referência para os diferentes grupos é importante. Musculus recorre ao *consenso universal* das igrejas reformadas e, desse modo, sugere que Huber ameaça a unidade das igrejas reformadas. Além disso, os representantes de Zurique recorrem a certo consenso. Eles apontam para o caso Bolsec, o conflito entre Marbach e Zanchi em Estrasburgo e o debate entre Vermigli e Bibliander em Zurique. Em 1588, esses três eventos foram considerados marcos importantes quanto ao que poderia ser considerado uma doutrina reformada da predestinação. Adam ressalta que Huber, por outro lado, recorre ao que ele identifica como um tipo de teologia reformada em contraste com a representada por Beza. Os teólogos a quem Huber recorre têm isso em comum: todos eles promoveram uma variação da teologia reformada que existia antes e além de Calvino e que era, de fato, amplamente independente dele.[1186]

Como resultado de todos esses conflitos, Huber atravessou fronteiras e se juntou aos luteranos. Em seu discurso inaugural de 1592 em Wittenberg, ele tratou do problema da controvérsia teológica intraprotestante.[1187] Teólogos como Grynaeus, Kimendoncius, Pareus, Danaeus, Tossanus, Calvino e Beza foram mencionados. A repriminda mais importante que Huber direcionou contra os calvinistas é que eles tornaram Deus o autor do mal.[1188] Entretanto, não foram apenas os calvinistas que Huber criticou. Além disso, o luterano Aegidius Hunnius (1550-1603), desde 1592 professor em Wittenberg e, portanto, colega de Huber, foi acusado por este de defender um conceito da predestinação que era também próximo ao dos calvinistas.[1189] O que aconteceu depois foi uma repetição virtual dos eventos em Berna. Em 1594, Huber foi demitido e finalmente expulso de Wittenberg porque

---

[1186] ADAM, *Streit*, 72-75.79.84.

[1187] Para Huber e Hunnius, veja e.g. DINGEL/WARTENBERG, *Wittenberg*, 184-187.207.209. 223-225; SÖDERLUND, *Ex Praevisa Fide*, 49.59-69; veja também 153-159.

[1188] ADAM, *Streit*, 105.

[1189] Para Hunnius, veja e.g. MAHLMANN, "Hunnius", 703-707; MATTHIAS, *Theologie und Konfession*, especialmente 137-149.

causou tumulto e disseminou seus conceitos sobre a predestinação entre cidadãos e alunos.[1190]

Adam descreve o ponto de vista de Huber em seu conflito com Hunnius. É importante notá-lo devido aos consideráveis pontos de acordo com o pensamento de Armínio:

> Deus não pode nem jamais poderá ser o autor do mal. Para Huber, conforme demonstra de diferentes maneiras, essa é a principal batalha no tema da eleição. Nem sequer uma sombra de particularismo é permitido se lançar em Deus. Deus não pode, em qualquer caso e em nenhum aspecto ser a causa ou o autor do mal. As pessoas forçam Deus a excluí-las da salvação apenas através da incredulidade. Esse conceito, sem dúvida, implica em uma liberdade humana negativa, isto é, na possibilidade de uma pessoa se afastar da salvação. Contudo, como talvez se espere, a questão da "liberdade da graça" como tal não é mais desenvolvida. As duas formulações concernentes à salvação *respectu Dei* e *respectu hominis* são estabelecidas diametralmente uma contra a outra, porém não se faz qualquer tentativa para␣conciliá-las. A partir disso se torna evidente que o conceito de Huber não é motivado por uma preocupação em proteger a liberdade da vontade humana.[1191]

[1190] ADAM, *Streit*, 108-109.

[1191] ADAM, Streit, 120: "Gott kann und darf nie Urheber des Unheils sein. Dies ist für Huber, wie er verschiedentlich betont, der Hauptstreit in der Erwählungsfrage: kein Schatten des Partikularismus darf auf Gott fallen. Gott darf in keinem Falle und in keiner Hinsicht Ursache oder Verursacher des Unheils sein. Die Menschen zwingen ihn lediglich durch Unglauben dazu, sie vom Heil auszuschließen. Diese Aussage impliziert ohne Zweifel eine negative Freiheit des Menschen, insofern er sich vom Heil abwenden kann. Dennoch wird, wie man vielleicht erwarten könnte, die Frage 'Freiheit und Gnade' als solche nicht weiter thematisiert. Es werden die beiden Aussagereihen über das Heil 'respectu Dei' und 'respectu Hominis' in der schroffen Antithetik einander gegenübergestellt, jedoch wird keinerlei Vermittlung versucht. Damit ist deutlich, daß die Interpretation Hubers sich nicht von der Sorge um die Wahrung der menschlichen Willensfreiheit leiten läßt".

Huber não se ocupou com questões da liberdade da vontade, embora ele fosse acusado de pelagianismo. Em nenhum lugar ele ensina a liberdade da vontade, mas admite a possibilidade de resistir à graça, à Palavra e à obra de Cristo.

> Mas, com isso, Huber não deseja introduzir a liberdade da vontade como qualidade humana, como um atributo antropológico essencial; para ele, tudo centra-se na questão da possibilidade de condenação como uma punição justa de Deus. [...] Isto é, "o livre arbítrio" não é um tema central, mas surge apenas como conclusão da experiência, da realidade. A condenação pode ser uma punição somente se o ser humano for responsável por sua queda. Se a humanidade detém essa responsabilidade, então Deus é inocentado.[1192]

Como último exemplo, chegamos ao conflito que aconteceu na Inglaterra envolvendo o pensamento de Pedro Baro (1534-1599).[1193]

[1192] ADAM, Streit, 120: "Doch damit will Huber nicht die Willensfreiheit als eine menschliche Qualität einführen, als anthropologische Wesensbestimmung, sondern es geht ihm um die Frage der Bedingung der Möglichkeit der Verdammung als eines gerechten Strafaktes Gottes. [...] D.h., der 'freie Wille' ist kein zentrales Thema, sondern ergibt sich erst im Rückschluß von der Erfahrung, von der Wirklichkeit her: Die Verwerfung kann nur dann Strafe sein, wenn der Mensch die Verantwortung für seinen Abfall trägt. Solche Belastung des Menschen meint die Entlastung Gottes"; cf. 162: "Für Huber besteht das entscheidende Kriterium rechter Lehre von der Gnadenwahl darin, daß Gott keine Schuld an der Verwerfung trifft, daß auf Gott auch nicht der geringste Schatten eines Verdachtes oder einer Mitbeteiligung an dem partikularen Ausgang des heilsgeschehens fällt."". Cf. ADAM, Streit, 128-131 para o conceito de Hunnius, que adota uma posição intermediária entre o particularismo do calvinismo e o universalismo de Hubner. De acordo com Hunnius, a eleição não diz respeito à vontade antecedente de Deus (como Calvino e Huber a admitiriam), mas à vontade consequente. Eleição, portanto, acontece com base em ouvir e crer na mensagem apresentada. Hunnius resolve o problema relativo ao modo como algo que ocorre posteriormente (fé) pode constituir a base de algo que acontece anteriormente (eleição), quando diz que todo o tempo, para Deus, é um eterno agora.

[1193] STANGLIN, "Baro", 51-74; veja esse artigo para mais detalhes bibliográficos. Veja também e.g. BOUGHTON, "Supralapsarianism", 88-89, para exemplos do contexto inglês relativo à reflexão sobre a relação de Deus com o mal. Boughton aqui fala a res-

Baro, um refugiado francês, foi designado, em 1574, professor da Cadeira de Teologia Lady Margaret em Cambridge. Problemas acerca dos sentimentos geralmente conhecidos de Baro concernentes à predestinação surgiram primeiramente nos anos 1590. Como resultado, Baro não foi novamente designado a esse posto em 1596. No mesmo ano, Baro escreveu uma carta a Hemmingius na qual expôs os três conceitos distintos sobre a predestinação, que eram prevalecentes no campo reformado. "O primeiro conceito, hoje o mais celebrado, mas não menos combatido" (*Prima valde quidem hodie celebrata, nec minus tamen impugnata*) é esse de Calvino e Beza. Baro explica o conceito deles de maneira que, mais tarde, seria chamada de "supralapsariano". Conforme Baro, o maior problema com esse conceito é que dificilmente, se de alguma forma, é possível compreender como Deus é justo sendo autor tanto do mal quanto do bem, tanto da condenação do homem como de sua salvação.[1194] O segundo conceito, que Baro afirma ter sido defendido pelos correlatos do antigo Agostinho, Sohn de Heidelberg, Zanchi e Bellarmino, é descrito em termos "infralapsarianos". Esse conceito tem em comum com o primeiro o fato de que ambos pressupõem que Deus, desde a eternidade, decidiu eleger um número fixo de pessoas e reprovar outras. Conforme Baro, é muito evidente que ambos os conceitos sujeitam a humanidade a uma necessidade inevitável. As pessoas são necessariamente salvas ou necessariamente perdidas. Baro considera que esses dois conceitos levam a inumeráveis absurdos (*innumera nas-*

---

peito "do conceito de Perkins de Deus como um 'realizador poderoso' do mal, que está totalmente preocupado com a promoção de sua própria glória", e a respeito de Preston, que argumentou que "Deus estava destituído de qualidades como justiça. Ao desejar que as coisas existissem, Deus produziu um padrão de justiça para os homens, mas a natureza desse padrão não estava sujeita a algo na essência ou nos atributos divinos. Consequentemente, Deus não teve interesse na qualidade, extensão, duração do sofrimento humano e não teve prazer na justiça".

[1194] "Licet, hoc posito, vis ac ne vix quidem intelligi posit, quomodo Deus non sit tam mali quam boni, tamque hominum exitii quam salutis autor habendus". BARO, *Summa Trium de Praedestinatione sententiarum*, em: Ep.Ecc. 15, 29-30 (I 92-100).

cuntur absurda).[1195] O motivo mais importante para o terceiro conceito, portanto, está no desejo de Baro de evitar fazer com que Deus pareça ser o autor do pecado e da condenação. Esse conceito, que o próprio Baro defende e atribui a Melâncton, Hemmingius e Snecanus, considera a predestinação como imutável em Deus, mas nega que a predestinação torne a vontade humana inalterável e lhe imponha uma necessidade, "para que, por essas conclusões, Deus não pareça ser o autor do pecado e da perdição dos homens".[1196]

7.3.3. Resumo e conclusão

Isso encerra nossa análise do debate do século XVI a respeito da relação de Deus com o pecado e o mal. Somente as controvérsias mais significativas foram ressaltadas, e muito mais exemplos poderiam ser fornecidos. No fim do século XVI, discussões aconteciam ao mesmo tempo no calvinismo, no luteranismo e no catolicismo romano. A despeito das diferenças, todas concentraram no *decreto absoluto* as consequências de certos conceitos para outras partes da teologia, em particular para a doutrina de Deus.[1197] Com base em sua obra sobre Baro e Armínio, Stanglin escreve que

> havia uma considerável variedade e falta de sistematização nesse período dos primórdios da ortodoxia protestante (ca. 1565-ca. 1640) com respeito à doutrina reformada da predestinação e a chamada questão lapsariana. As controvérsias

---

[1195] "Secunda autem haec sententia cum priori illa in hoc consentit, quod utraque velit, Deum ab aeterno decrevisse certum certorum numerum eligere, reliquos vero reprobare [...]. Unde manifestum est, utramque sententiam inevitabilem himinibus imponere necessitate, unis quidem ut serventur, alteris vero ut pereant. Unde innumera nascuntur absurda." Ep.Ecc. 15, 30 (I 93-95). Cf. o resumo de Baro sobre essas duas posições, Ep.Ecc. 15, 31-32 (I 99).

[1196] Ep.Ecc. 15, 98 (I 98).

[1197] Cf. ADAM, *Streit*, 153.

envolvendo Baro e Armínio ressaltaram a necessidade de maior esclarecimento e ajudaram a moldar a ortodoxia reformada do século XVII.[1198]

A base primária para a defesa de Calvino da justiça de Deus foi o recurso à incognoscibilidade da justiça divina para a capacidade limitada da mente humana; a secundária é seu recurso às várias distinções lógicas. Depois de Calvino, e em medida crescente no escolasticismo reformado e na ortodoxia quando se desenvolveram, as distinções lógicas assumiram a função primária enquanto o recurso à incognoscibilidade de Deus diminui, e isso devido exatamente a esse aspecto de que houve um distanciamento (gradual) do conceito de Calvino. Dentre as distinções usadas, essa, entre muitos tipos de necessidade, é a mais importante. A interpretação de Vermigli do *hekousion* de Aristóteles como espontaneidade, em que espontaneidade serve como a condição suficiente para a responsabilidade humana (veja 2.1.4.), mostra-se muitíssimo influente.

O uso crescente do método escolástico para defender a justiça de Deus na predestinação incondicional foi acompanhado pelo espaço decrescente para interpretações variantes. Isso foi indubitavelmente conectado ao processo de confessionalização, que ocorreu simultaneamente com o advento da ortodoxia antiga e do escolasticismo reformado.[1199] No fim do século XVI, parece que uma minoria, cada vez menor, no campo reformado não se posicionou pela defesa teológica e racional contra acusações de que a predestinação incondicional presumia a autoria de Deus do pecado e do mal. Alguns, como Huber e Baro, começaram a dialogar sobre essas questões com seus colegas, mas o

---

[1198] STANGLIN, "Baro", 52-53.

[1199] Cf. AUGUSTIJN, "Het Nederlandse Protestantisme", 29, a respeito da natureza dos conflitos que aconteceram dentro da igreja reformada holandesa desde a década de 1580: "De tweevoudige aard der conflicten doet men het meest recht door primair te denken aan een proces van uniformering binnen de kerk in calvinistische zin, waarin algemeen gereformeerde theologieën en theologen, teruggaande op Zürich en Heidelberg, allengs werden uitgestoten".

ambiente teológico estava de tal modo que a crítica ao conceito da maioria dificilmente era tolerada e poderia resultar em marginalização.

Foi nesse ambiente teológico que Armínio recebeu sua educação teológica e, como jovem pastor, formulou seus próprios conceitos. Com ele, não há lugar para o recurso "de Calvino" à incognoscibilidade da justiça de Deus que ostensivamente resulta dos limites da compreensão humana; ao mesmo tempo, ele não está convencido da validade das distinções costumeiras, na medida em que elas não têm lugar para a livre escolha "real". O problema da justiça de Deus em relação ao mal, portanto, lhe parece grande e exige que ele pense por si mesmo e apresente sua própria posição.

Armínio parece se posicionar na tradição daqueles que, no século XVI, protestaram contra os resultados de um sistema de causalidade determinista, em que o zelo pela soberania de Deus, a sola gratia e a segurança da fé resultaram, conforme entenderam, na autoria divina do pecado. Ele se distingue pela sua própria abordagem e se une a certas formulações teológicas de sua época. Como seus contemporâneos ortodoxos, Armínio demonstra grande interesse na relação mútua da cristologia e predestinação, mas consistentemente com sua própria ênfase na primazia absoluta da justiça de Deus como fundamento da teologia.[1200]

No século XVI, uma corrente de teologia que pode claramente ser identificada é tipificada por uma preocupação em não dar oportunidade para a acusação de que Deus se torna o autor do pecado e do mal. A ênfase de Armínio na justiça de Deus pode ser a causa de sua

---

[1200] As conclusões de Sinnema sobre a doutrina da reprovação estão totalmente de acordo com isto: "Foi especialmente sua insistência que o pecado é a causa meritória da preterição que estabeleceu sua [de Armínio] posição à parte da tendência dominante no pensamento reformado". SINNEMA, *Reprobation*, 150; cf. 447. Clarke, em "Understanding" (33), está incorreto em argumentar que a ênfase da crítica de Armínio na *Declaração* é "significativamente diferente" de sua posição anterior. "Críticas anteriores, como aquelas que a predestinação se refere ao homem como pecador e que o conceito calvinista torna Deus o autor do pecado e nega o livre arbítrio, reaparecem, mas em posições que indicam que agora elas são consideradas como secundárias. Em geral, o ponto de vista de Armínio se tornou menos lógico e antropocêntrico e mais teológico e cristocêntrico".

própria preocupação com isso ou então seu resultado, ou até mesmo ambos. Seu conceito do conhecimento (ou, antes, da cognoscibilidade) (da justiça) de Deus foi também decisivo. Ao se afastar do argumento de Calvino sobre a inabilidade de compreender e conhecer Deus, e ao criticar a validade de certos argumentos escolásticos usados por seus contemporâneos, Armínio se mostra um teólogo de seu tempo. Dentro dos limites cuidadosamente determinados que ele preparou para a livre escolha, dependente da graça de Deus, uma consequência necessária se torna visível a partir de vários elementos que naturalmente provocaram reações acaloradas dos teólogos de "Calvino e Beza". Essa reação reflete a grande oposição experimentada anteriormente por teólogos que defenderam conceitos similares àqueles de Armínio.

Este capítulo foi introduzido com uma citação do *corollarium* de Gomarus sobre suas teses da predestinação de 1604. Gomarus se limitou a negar "com justiça" (*merito negamus*) que essa doutrina torna Deus o autor do pecado. Com isso, Gomarus parece seguir a tendência mais ampla, e não considera necessário explicar e provar o que para a maioria de seus contemporâneos, era incontestável. Dessa perspectiva, a reação de Armínio ao *corollarium* é mais significativa. Ele estabelece o tom ao enfatizar que o conceito que torna Deus o autor do pecado é a blasfêmia mais séria de todas. Ele, então, admite que não há ninguém que jamais desejaria vomitar essas calúnias sobre nosso bom Deus; até mesmo o pior dos hereges, os maniqueus, criariam outro deus para não atribuir a Deus a autoria do pecado. Nenhum dos doutores das igrejas reformadas pode ser repreendido por explicitamente tornar Deus o autor do pecado. De fato, não se pode senão reconhecer que eles explicitamente o negam e se defenderam esplendidamente dessas acusações. Contudo, alguém pode ensinar algo que, sem seu conhecimento, implica que Deus, devido a esse ensino, se torna o autor do pecado. Se esse é o caso, seus proponentes podem não ser acusados de tornar Deus o autor do pecado, mas devem ser persuadidos a abandonar e rejeitar seu conceito. É dessa forma que Castellio, Coornhert, luteranos e católicos acusaram alguns dos mestres das igrejas reformadas, dizendo que se deve concluir necessariamente que Deus é o autor do pecado a partir do conceito deles sobre a predestinação e providência. Os argumentos usados para provar que essa blasfêmia e resultante deste conceito precisam ser analisado cuidadosamente.

De acordo com Armínio, não é justo atribuir os conceitos de alguns doutores, como Calvino e Beza, à igreja reformada como um todo. Algo se torna e é aceito como doutrina da igreja somente quando é adotado nas confissões. Armínio chama seus contemporâneos para analisar, sem considerar as pessoas envolvidas, se, a partir de um conceito particular, pode se deduzir ou não a justa conclusão de que Deus se torna o autor do pecado.[1201] Gomarus pode bem supor que as igrejas estão unidas nesse ponto, sem controvérsia, mas conforme Armínio, não há poucos ministros do evangelho que consideram que se pode justamente deduzir a autoria divina do pecado a partir do conceito de Calvino e Beza sobre a predestinação e a providência.

Armínio encerra seu *Examen thesium Gomari* (Análise das Teses de Gomarus) com uma confissão pessoal: "Eu, contudo, livre e abertamente afirmo que se pode concluir certamente dessas teses que Deus é o autor do pecado; não apenas isso, mas também que Deus realmente peca, mais que isso, que somente Deus peca, portanto, necessariamente se conclui que o pecado não é pecado porque Deus não pode pecar; isto é, que essa ação que foi cometida pelo homem e que é chamada 'pecado' não é pecado [...] Enquanto isso, professo que odeio de minha alma os dogmas pelagianos". Armínio prossegue para persuadir Gomarus a se defender em face das acusações que Belarmino, o católico contra a Reforma, fez nesse aspecto contra certos mestres reformados. Armínio não hesita em dizer que essa falsa doutrina penetrou nos corações das pessoas boas através da sutileza de Satanás e que elas, embora sem saber e sem intenção, realizaram uma obra para o reino de Satanás.[1202]

O conceito assimétrico de Armínio sobre a causa da salvação e da condenação, em que a salvação é atribuída inteiramente à graça e misericórdia de Deus na expiação de Jesus Cristo, e a condenação à persistente incredulidade, juntamente com a função fundamental que ele confere

---

[1201] ETG 155-156 (III 656).
[1202] ETG 156-158 (III 657-658).

a Jesus Cristo e à oposição radical que ele deduz entre fé e obras, ilustra o caráter reformado[1203] de sua teologia. Entretanto, o fato permanece o fato de que Armínio desenvolveu e perpetuou essa variação na teologia reformada de tal maneira e em tal tempo e contexto que uma significativa corrente não o compreendeu (mais) como uma variação, mas como um desvio e, por essa razão, como se esperava no contexto da ortodoxia, ele enfrentou oposição.

Todo o tipo de fator de natureza pessoal e política impediu a discussão aberta e franca durante a vida de Armínio e especialmente depois, e a desconfiança e a suspeição sufocaram qualquer atitude conciliatória. Tentativas de compreensão mútua eram raras. Como resultado, a condenação de Armínio e uma parte da doutrina remonstrante antiga careciam de discussão aberta e refutações bem argumentadas quanto aos motivos teológicos mais profundos que estão na raiz dessa teologia (cf. Capítulo 6).[1204]

[1203] Cf. seção 5.3 e DEN BOER, "Met onderscheidingsvermogen"; DEN BOER, "Cum delectu".

[1204] Cf. SINNEMA, *Reprobation*, 448, para a análise da reprovação no Sínodo de Dort: muito do ensino básico remonstrante de que Deus reprova incrédulos destinados a perseverar na incredulidade permaneceu intocado. Embora houvesse diferenças genuínas, os dois lados eram mais próximos do que a intensidade dos debates lhes permitia acreditar".

CAPÍTULO 8

Conclusões

Justiça (*iustitia*) não apenas na doutrina de Deus, mas também na estrutura inteira da teologia de Armínio, é o conceito fundamental. Nessa conclusão, gostaria de chamar a atenção uma vez mais para as seguintes ênfases: a essência de Deus é caracterizada por justiça (2.2.1.). As consequências disso para a doutrina de Deus são consistentemente deduzidas (3.1.). a justiça de Deus é de primária importância para levar a pessoa a honrá-lo e adorá-lo (2.2.2.), e recebe no conceito central do *duplo amor de Deus* um lugar e função que refletem essa importância (4). Especialmente quando a relação de Deus com o pecado, o mal, a incredulidade, a reprovação e a condenação desponta, Armínio é muito cuidadoso em proteger a justiça de Deus, de modo que não se duvide dela, sequer por um momento (3.1.2; 3.2.; 3.3.2.; 5.2.1.). Além disso, a mais simples ocasião para a sugestão de que Deus poderia ser o autor do pecado — a pior blasfêmia que se poderia pensar — deve ser zelosamente contestada (e.g. 7.3.). Contrário a muitos de seus contemporâneos, o exemplo de Armínio é extraordinário quando ele se recusa a se contentar com a conclusão lógica (da, dentre outras, doutrina da predestinação incondicional) que implica que Deus é o autor do pecado, é evitada (como fez Calvino) mediante um recurso à limitação do entendimento humano e pecaminoso (2.3.; cf. 7.2). O conceito divergente de Armínio com respeito ao nível de liberdade suficiente para a responsabilidade é também muito significativo. Não a espontaneidade ou ausência de coerção, mas a liberdade de indiferença é o que torna uma pessoa responsável (3.1.1.; 7.3.2-3). Os aspectos controversos da teologia de Armínio se mostraram inseparavelmente ligados à função estrutural, acima mencionada, que a justiça de Deus tem em seu pensamento. A interpretação de Armínio de temas como predestinação, operação da graça, expiação, liberdade da vontade e segurança da fé (5.1.) era consequência de seu conceito sobre a justiça de Deus. A importância e função particularmente fundamentais de Cristo o Mediador, devido à sua satisfação substitutiva da justiça de Deus são dignas de atenção especial (3.3.1.; 5.1.3.). Tudo parece sugerir que os oponentes de Armínio não deram absolutamente nenhum, ou muito pouco, reconhecimento ao contexto inseparável da defesa da justiça de Deus, da qual originaram-se os temas controversos e "heterodoxos" da teologia de Armínio (cf. capítulo 6). Dessa perspectiva, a tempestade de crítica que se desencadeou sobre a teologia de Armínio pode facilmente ser compreendida. As intenções e motivações pessoais por detrás dos conceitos teológicos de Armínio parecem não terem sido reconhecidos nem compreendidos e, como consequência, os elementos controversos foram retirados do contexto e avaliados segundo normas que lhe eram essencialmente estranhas. As doutrinas tipicamente reformadas que foram analisadas em 5.2 têm características que se ajustam à sua teologia como um todo, mas elas se conservam bem no escopo da teologia reformada (cf. capítulo 7).

Com base nessas conclusões, a descrição da teologia em que a vontade humana livre desempenha um grande, e até decisivo, papel na apropriação da salvação como "arminiana" é de uma perspectiva histórica imprópria, pois não faz justiça aos próprios temas teológicos de Armínio. O termo "remonstrante" é, muito provavelmente, o mais apropriado para essa teologia. A ênfase de Armínio na justiça como o fundamento da teologia e da religião, e a crítica que resultou disso quanto às teologias prevalecentes nas quais a ênfase (unilateral, de acordo com Armínio) na soberania de Deus pareceu ter repercussões para a justiça de Deus, podem ser compreendidas como contribuição valiosa para a teologia daquele período. Armínio estava convencido ainda de que, em sua teologia, a soberania e a graça de Deus não foram afetadas de maneira nenhuma. O livre arbítrio tem sua função legítima como característica definidora da humanidade, o que é particularmente importante quando concerne à posição de responsabilidade da humanidade diante de Deus. Mas tão logo se trate da apropriação da graça, parece que a liberdade da vontade em receber o evangelho (*Evangelium*) depende inteiramente da graça libertadora de Deus, enquanto a liberdade da vontade de pecar continua a receber toda ênfase. Em todos os aspectos, a teologia de Armínio se mostra centrada na justiça e na bondade de Deus e na absoluta responsabilidade unilateral dos seres humanos para o pecado e o mal. Com base nisso, eu defendo, de acordo com a pergunta 43 do Catecismo de Heidelberg relativa ao Dia do Senhor, uma terminologia mais refinada, de modo que a pessoa e o nome de Armínio não sejam injustamente associados a todo e qualquer conceito que pareça um erro remonstrante.

No tópico 1.1, notei que, por fim, consideraria se a decisão de não usar os debates ocorridos sob a presidência de Armínio como fonte de material primário foi determinante ou não para os resultados deste estudo. As conclusões seguintes podem ser deduzidas de uma análise dos debates em face das conclusões já inferidas quanto à teologia de Armínio: 1. O conteúdo dos debates, em nenhum contexto, conflita com nossas conclusões; 2. em todos os debates, o tópico da justiça de Deus tem uma função relativamente fértil em comparação com outros escritos de Armínio. No entanto, isso pode ser amplamente atribuído ao fato de que a maioria dos debates lida com tópicos não controversos (cf. 2.2.3.). Quando os debates tratam de tópicos em que Armínio, em seus outros escritos existentes, se conecta com a justiça de Deus, eles consistentemente chegam à mesma conclusão; 3. os debates não sugerem o estabelecimento de uma intenção e tema teológicos distintos dos que foram concluídos acima, no que diz respeito a outros escritos de Armínio; 4. os debates podem, em muitas ocasiões, apenas confirmar a representação que emerge dos outros escritos de Armínio, eles muito evidentemente revelam o padrão dos conceitos de Armínio[1205]; 5. contudo, como a própria observação de Armínio também evidencia, os debates são incompletos quanto aos pontos controversos e, portanto, não são indicativos da visão (total) de Armínio sobre essas ideias. Não há razão para suspeitar que essa incompletude também se aplique a outros escritos de Armínio. Por essa razão, pode-se concluir que o uso primário dos escritos existentes de Armínio, com exceção dos debates e a rejeição dos debates como fonte de material secundário, em nenhum contexto trouxe prejuízo para os resultados do estudo. A concentração nas fontes, sobre as quais se pode crer que elas contenham o conceito de Armínio completa e claramente, de fato, provavelmente, nos permitiu descobrir os temas teológicos de Armínio mais rapidamente e, sem dúvida, com mais certeza.

Por um lado, nossos achados não conflitam com o que foi notado a respeito da teologia de Armínio sobre a justiça de Deus na literatura secundária.[1206] Por outro lado, elas justificam a conclusão de que a justiça de Deus, em geral, e o conceito relacionado ao *duplo amor de Deus*, devem ser conferidos uma função muito mais importante do que já se atribuiu até o momento atual. Discernir o conceito de Armínio da justiça de Deus, bem como a importância e função do conceito de justiça em sua teologia, é absolutamente imperativo para um entendimento claro de sua teologia e de seus temas nos contextos originais. Por essa

---

[1205] As passagens mais "tipicamente arminianas" são as seguintes: PuD VII (II 153-154); VIII (II 161-162); IX (II 163.177); X (II 188-189); XII (II 198); XIV (II 221-122); XVII (II 233); PrD XVII (II 342); XVIII (II 344); XIX (II 346); XX (II 347-348); XXI (II 350.352); XXVII (II 365); XXVIII (II 367); XXX (II 372); XXXII (II 376-377); XXXIII (II 378-379); XXXIX (II 391); XL (II 392-393); XVI (394-395); XLIV (II 401); XLVIII (II 406.408).

[1206] Veja SCHWEIZER, *Centraldogmen II*, 51.55-56.62-63.72.97-98; MULLER, *God, Creation, and Providence*, 113-114.138-139.195 e especialmente 199-202; MULLER, "Integrity", 442.445- 446; DEKKER, *Rijker dan Midas*, 170-171; WITT, *Creation, Redemption and Grace*, 307- 310.622.678-679.690; GRAAFLAND, *Verkiezing*, 92-93.; HOENDERDAAL, "Theologische betekenis", 94; HOENDERDAAL, "Debate about Arminius", 138; HICKS, *Theology of Grace*, 72-73; BANGS, "Arminius and the Reformation", 166; BANGS, "'Arminius as a Reformed Theologian", 221; SINNEMA, *Reprobation*, 149-150. cf. DELL, *Man's Freedom and Bondage*, 152-153.

razão, há mais motivo para renovar ou simplesmente iniciar uma nova investigação dos conflitos remonstrantes e do Sínodo de Dort.

Nesse contexto, uma obra de Roger Olson (2006) é merecedora de nossa atenção. Olson trata dos "mitos e realidades" da teologia arminiana. No capítulo 4, ele lida com o mito de que o núcleo do arminianismo seja o livre arbítrio. A resposta de Olson concorda inteiramente com nossas próprias conclusões sobre a função e importância da justiça de Deus na teologia de Armínio. Ele escreve: "Talvez a calúnia mais deletéria, disseminada pelos críticos contra o arminianismo, que seja ele parte da e seja controlado pela crença na liberdade da vontade. Mesmo alguns arminianos chegaram a crer nisso. Mas é simplesmente errado".[1207] De acordo com Olson, o princípio mais importante da teologia arminiana é "o caráter de Deus". O que ele escreve sobre os arminianos é, pelo menos, verdadeiro para o próprio Armínio:

> Os arminianos creem no livre arbítrio porque o veem presumido em toda a Bíblia e porque ele é necessário para proteger a reputação de Deus. [...] Os arminianos não veem como adotar o determinismo divino (monergismo) e evitar tornar Deus o autor do pecado e do mal. [...] a razão concreta por que os arminianos rejeitam o controle divino de toda escolha e ação humana é que isso tornaria Deus o autor do pecado e do mal. Para os arminianos, isso torna Deus, na melhor das hipóteses, moralmente ambíguo e, na pior das hipóteses, o único pecador.[1208]

[1207] OLSON, *Arminian Theology*, 97.

[1208] OLSON, *Arminian Theology*, 98-99. Interessante também são as observações de Olson sobre os argumentos que os arminianos não usam contra o determinismo, "não porque eles são fas-cinados por algum compromisso moderno com a liberdade humanista [...] não porque eles não creem no poder de ordenação de Deus". Sobre o que Olson escreve acerca da teologia arminiana que está em harmonia com nossas conclusões, veja OLSON, Arminian Theology, 102-105.

BIBLIOGRAFIA

ADAM, G., *Der Streit um die Prädestination im ausgehenden 16. Jahrhundert. Eine Untersuchung zu den Entwürfen von Samuel Huber und Aegidius Hunnius* (Neukirchen-Vluyn: Neukirchener 1970).

AHSMANN, M., *Collegia en colleges. Juridisch onderwijs aan de Leidse universiteit 1575–1630* (Groningen: Wolters-Noordhoff/Egbert Forsten 1990).

AKERBOOM, T.H.M., *Vrije wil en/of genade. Een theologie-historisch onderzoek naar het dispuut tussen Arasmus en Luther over de (on)vrijheid van het menselijke willen* (Nijmegen: Akerboom 1995).

ALTENSTAIG, I., *Lexicon theologicum quo tanquam clave theologae fores aperiuntur* (Cologne: 1619).

ANSELMUS, *De libertate Arbitrii*, ed. ANSELM VON CANTERBURY, *Freiheitsschriften*, Fontes Christiani 13 (Freiburg: Herder 1994).

_____, *De veritate*, in: ANSELMUS VAN CANTERBURY, *Over Waarheid. De Veritate*. Ingeleid, vertaald en geannoteerd door dr. A. VANDERJAGT (Kampen: Kok Agora 1990).

AQUINAS, THOMAS, *Summa Theologiae*.

ARISTOTELES, *Aristoteles opera,* ed. I. BEKKER (Berlin: Reimer 1831).

_____, *Ethica*, ed. C. PANNIER/VERHAEGHE, J. (Groningen: Historische Uitgeverij 1999).

ARMINIUS, *Opera theologica* (Leiden: Godefridus Basson 1629).

_____, *The Works of James Arminius*, The London Edition. Ed. J. NICHOLS/NICHOLS, W., 3 vols. Introduction by C. BANGS (Grand Rapids: Baker 1991).

_____, *Examen thesium D. Francisci Gomari de Praedestinatione* (1645).

_____, *Verklaring van Jacobus Arminius*, ed. G.J. HOENDERDAAL (Lochem: De Tijdstroom 1960).

ASSELT, W.J. VAN e.a. (ed.), *Reformed Thought on Freedom. The Concept of Free Choice in the History of Early-Modern Reformed Theology* (Grand Rapids: Baker [2010]) forthcoming.

_____, 'No Dordt Without Scholasticism: Willem Verboom on the Canons of Dordt', in: *CHRC* 87-2 (2007) 203-210.

_____, 'Protestantse scholastiek. Methodologische kwesties bij de bestudering van haar ontwikkeling', in: *TNK* 4 (2001) 64-69.

AUGUSTIJN, C., 'Het Nederlandse Protestantisme in vogelvlucht', in: *Reformatorica. Teksten uit de geschiedenis van het Nederlandse protestantisme* (Zoetermeer: Meinema 1996) 25-43 (= C.AUGUSTIJN, 'Niederlande', in: *TRE* 24, 477-502).

BAARS, A., *Om Gods verhevenheid en Zijn nabijheid. De Drie-eenheid bij Calvijn* (Kampen: Kok 2004).

BAARSEL, J.J. VAN, *William Perkins. Eene bijdrage tot de kennis der religieuse ontwikkeling in Engeland, ten tijde van Koningin Elisabeth* (Amsterdam: Ton Bolland 1975).

BAKHUIZEN VAN DEN BRINK, J.N., 'Arminius te Leiden', in: *NedThT* 15 (1960-1961) 81-89.

BANGS, 'Arminius as a Reformed Theologian', in: J.H. BRATT (ed.), *The Heritage of John Calvin* (Grand Rapids: Eerdmans 1973).

_____, 'Arminius and the Reformation', in: *ChH* 30 (1961) 155-170.

_____, *Arminius. A study in the Dutch Reformation* (Eugene: Wipf and Stock 1998).

BASCHERA, L., 'Peter Martyr Vermigli on Free Will: The Aristotelian Heritage of Reformed Theology', in: *CTJ* 42 (2007) 325-340.

BECK, A.J., *Gisbertus Voetius (1589-1676). Sein Theologieverständnis und seine Gotteslehre* (Göttingen: Vandenhoeck & Ruprecht 2007).

Biografisch Lexicon voor de Geschiedenis van het Nederlandse Protestantisme, deel 1-6, D. NAUTA et al. (ed.) (Kampen: Kok 1978-2006).

BLACKETER, R.A., 'Arminius' Concept of Covenant in its Historical Context', in: *DRCH* 80.2 (2000) 193-220.

BOER, E.A. DE, 'The "Consensus genevensis" revisited: The Genesis of the Genevan Consensus on Divine Election in 1551', in: E.A. DE BOER/D'ASSONVILLE jr. (ed.), V.E., *Ad Fontes. Historiese, teologiese en wetenskaps-filosofiese studies binne reformatoriese kader*. Fs L.F. Schulze (Acta Theologica, Supplementum 5) (Bloemfontein: Redaksiekantoor van die Universiteit van die Vrystaat 2004).

BOER, W.A. DEN, 'Bullingers briefwisseling met Traheronus over *providentie* en *predestinatie*', in: *ThRef* 48 (2005) 4–26.

_____, 'Cum delectu. Jacob Arminius's Praise For and Critique of Calvin and his Theology', in: A.J. BECK/BOER, W.A. DEN (ed.), *The Reception of Calvin and his Theology in Reformed Orthodoxy*, *CHRC* 91-1 (2011) forthcoming.

_____, 'Defense or Deviation? A Re-examination of Arminius's Motives to Deviate from the "Mainstream" Reformed Theology', in: A. GOUDRIAAN/LIEBURG, F.A. VAN (ed.), *Revisiting the Synod of Dort (1618–1619)* (Leiden: Brill [2010]) forthcoming.

_____, 'Jacobus Arminius: Theologian of God's Twofold Love', in: Th.M. VAN LEEUWEN et al. (ed.), *Arminius, Arminianism and Europe. Jacobus Arminius (1559/60–1609)* (Leiden: Brill 2009) 25–50.

_____, 'Jacobus Arminius: Theoloog van Gods tweevoudige liefde', in: *TNK* 3 (2009) 93–102.

_____, 'Met onderscheidingsvermogen. Arminius' waardering voor en kritiek op Calvijn en diens theologie', in: *ThRef* 52 (2009) 260–273.

_____, *Duplex Amor Dei. Contextuele karakteristiek van de theologie van Jacobus Arminius (1559–1609)* (Apeldoorn: Instituut voor Reformatieonderzoek 2008).

_____, *Nederlandse gereformeerde theologie op weg naar de synode van Dordrecht 1618–1619* (Doctoraalscriptie Theologische Universiteit Apeldoorn 2004).

BORNKAMM, H., 'Iustitia dei in der Scholastik und bei Luther', in: *ARG* 39 (1942) 1–46.

BOSCH, J.W. VAN DEN, *De Ontwikkeling van Bucer's Praedestinatiegedachten vóór het optreden van Calvijn* (Harderwijk: Mooij 1922).

BOUGHTON, L.C., 'Supralapsarianism and the Role of Metaphysics in Sixteenth-century Reformed Theology', in: *WThJ* 48 (1986) 63–96.

BRANTIUS, C., *Historia Vitae Jacobi Arminii* (Brunsvigae: Frid. Guil. Meyeri 1725).

BRINK, G. VAN DEN, 'Armer dan Arminius?', in: *Wapenveld* 45 (januari 1995) 13–19.

_____, 'Wat kunnen remonstranten en reformatorischen van elkaar leren – vroeger en vooral nu? Een reactie op tien stellingen van E.P. Meijering', in: *ThRef* 45 (2002) 35-50.

BROWN, W.K., *An Analysis of Romans 7 with an Evaluation of Arminius' Dissertation on Romans 7* (diss. Bob Jones University, 1984).

BURGER, C., 'Die Entwicklung von Zwinglis Reden über Gottes Güte, Barmherzigkeit und Gerechtigkeit', in: H.A. OBERMAN et al. (ed.), *Reformiertes Erbe* 1, Fs G.W. Locher, Zwing. 19/1 (Zürich: Theologischer Verlag 1992) 71-76.

BURNETT, A.N., 'The Educational Roots of Reformed Scholasticism: Dialectic and Scriptural Exegesis in the Sixteenth Century', in: *DRCH* 84 (2004) 299-317.

BÜSSER, F., 'Zwingli und Laktanz. (Beobachtungen bei der Lektüre von Zwinglis "de providenta Dei")', in: *Wurzeln der Reformation in Zürich. Zum 500. Geburtstag des Reformators Huldrych Zwingli* (Leiden: Brill 1985) 72-93.

CALVIJN, *Ioannis Calvini opera quae supersunt omnia. Ad fidem editionum principum et authenticarum ex parte etiam codicum manu scriptorum, additis prolegomenis literariis, annotationibus criticis, annalibus Calvinianis indicibusque novis et copiosissimis*, 59 delen, W. BAUM et al. (ed.) (Braunschweig 1863-1900).

_____, *De Aeterna Dei Praedestinatione*, ed. W.H. NEUSER (Opera Omnia, Scripta Ecclesiastica I) (Genève: Droz 1998).

CLARKE, F.S., 'Arminius's Understanding of Calvin', in: *EvQ* 54 (1982-1) 25-35.

_____, *The Ground of Election. Jacobus Arminius' Doctrine of the Work and Person of Christ* (Bletchley: Paternoster 2006).

COPINGER, W.A., *A treatise on predestination, election, and grace. Historical, doctrinal and practical; to which is added a bibliography of the subject* (London: Nisbet 1889): CRAIG, W.L., 'Middle Knowledge, a Calvinist-Arminian Rapprochement?', in: C.H. PINNOCK (ed.), *The Grace of God and the Will of Man* (Minneapolis: Bethany House 1995) 141-164.

_____, *The Problem of Divine Foreknowledge and Future Contingents from Aristotle to Suarez* (Leiden: Brill 1988).

DE JONG, *Crisis in the Reformed Churches: Essays in Commemmoration of the Great Synod of Dort, 1618-1619* (Grand Rapids: Reformed Fellowship 1968).

DEKKER, E., 'Was Arminius a Molinist?', in: *SCJ* 27/2 (1996) 337-352.

_____, Review of 'R.A. MULLER, *God, Creation, and Providence in the Thought of Jacob Arminius. Sources and directions of scholastic Protestantism in the era of early orthodoxy* (Grand Rapids: Baker 1991)', in: *KeTh* 44 (1993) 170–171.

_____, *Middle Knowledge* (Studies in Philosophical Theology 20) (Leuven: Peeters 2000).

_____, *Rijker dan Midas. Vrijheid, genade en predestinatie in de theologie van Jacobus Arminius (1559–1609)* (Zoetermeer: Boekencentrum 1993).

DELL, R.T., *Man's Freedom and Bondage in the Thought of Martin Luther and James Arminius* (diss. Boston University 1962).

DINGEL, I./G. WARTENBERG, *Die Theologische Fakultät Wittenberg 1502 bis 1602. Beiträge zur 500. Wiederkehr des Gründungsjahres der Leucorea* (Leipzig: Evangelische Verlagsanstalt 2002).

DONNELLY, J.P., *Calvinism and Scholasticism in Vermigli's Doctrine of Man and Grace* (Leiden: Brill 1976).

DOWEY jr., E.A., *The Knowledge of God in Calvin's Theology* (Grand Rapids: Eerdmans 1994).

ECK, J. VAN, *God, mens, medemens. Humanitas in de theologie van Calvijn* (Franeker: Van Wijnen 1992).

EGLI, E., *Analecta Reformatoria* II (Zürich: Zürcher & Furrer 1901).

ELLIS, M.A., *Simon Episcopius' Doctrine of Original Sin* (New York: Peter Lang 2006).

EPISCOPIUS, 'M. Simonis Episcopii institutiones theologicae, privatis lectionibus Amstelodami traditae', in: *M. Simonis Episcopii s.s. theologiae in Academia Leydensi quondam professoris opera theologica* (Amsterdam: Ex typographico Ioannis Blaeu 1650).

FABER, E-M., *Symphonie von Gott und Mensch. Die responsorische Struktur von Vermittlung in der Theologie Johannes Calvins* (Neukirchen-Vluyn: Neukirchener 1999).

FRANDSEN, H., 'Niels Hemmingsen – arminianismens åndelige fader', in: *DTT* 51 (1988) 18–35.

FREEDMAN, J.S., 'When the Process is Part of the Product: Searching for Latin–Language Writings on Philosophy and the Arts used at Central European Academic Institutions during the Sixteenth and Seventeenth Centuries', in: *www.phil-hum-ren.uni-muenchen. deGermLat/Acta/Freedman.htm* [6 februari 2008].

GODFREY, W.R., *Tensions within international calvinism: The debate on the atonement at the synod of Dort, 1618–1619* (diss. Stanford University 1974).

GOTTSCHALK-STUCKRATH, L., Review of 'K.D. STANGLIN, *Arminius on the Assurance of Salvation. The Context, Roots, and Shape of the Leiden Debate, 1603-1609* (Leiden: Brill 2007)', in: *CHRC* 87 (2007) 415-416.

GOUDRIAAN, A., *Reformed Orthodoxy and Philosophy, 1625-1750. Gisbertus Voetius, Petrus van Mastricht, and Anthonius Driessen* (Leiden: Brill 2006).

GRAAFLAND, C., *Van Calvijn tot Barth. Oorsprong en ontwikkeling van de leer der verkiezing in het Gereformeerd Protestantisme* ('s-Gravenhage: Boekencentrum 1987).

–, *Van Calvijn tot Comrie. Oorsprong en ontwikkeling van de leer van het verbond in het Gereformeerde Protestantisme*, Deel 5 & 6 (Zoetermeer: Boekencentrum 1996).

GROOT, D.J. DE, 'De Conventus praeparatorius van mei 1607', in: *NAKG* 27 (1935) 129-166.

GRÜNDLER, O., *Die Gotteslehre Girolamo Zanchis und ihre Bedeutung für seine Lehre von der Prädestination* (Neukirchen-Vluyn: Neukirchener Verlag 1965).

KOOI, C. VAN DER, *Als in een spiegel. God kennen volgens Calvijn en Barth. Een tweeluik* (Kampen: Kok 2002).

KRISTELLER, P.O., *Renaissance Thought and its Sources* (New York: Columbia UP 1979).

KROON, M. DE, *Martin Bucer en Johannes Calvijn. Reformatorische perspectieven. Teksten en inleiding* (Zoetermeer: Meinema 1991).

LAKE, D.M., 'Jacob Arminius' Contribution to a Theology of Grace', in: C.H. PINNOCK (ed.), *Grace Unlimited* (Eugene: Wipf and Stock Publishers 1999; Minneapolis: Bethany Fellowship 1975) 223-242.

LEEUWEN, Th.M. VAN et al. (ed.), *Arminius, Arminianism and Europe. Jacobus Arminius (1559/60-1609)* (Leiden: Brill 2009).

LIMBORCH, Ph. VAN/HARTSOECKER, Chr. (ed.), *Praestantium ac eruditorum virorum epistolae ecclesiasticae et theologicae* (Amsterdam: Franciscus Halma 1704).

LOONSTRA, B., *Verkiezing – Verzoening – Verbond. Beschrijving en beoordeling van de leer van het pactum salutis in de gereformeerde theologie* ('s-Gravenhave: Boekencentrum 1990).

LORENZ, C., *De constructie van het verleden. Een inleiding in de theorie van de geschiedenis* (Amsterdam/Meppel: Boom 2002).

MACCOVIUS, J., *Distinctiones et regulae theologicae ac philosophicae*, in: W.J. VAN ASSELT et al. (ed.), *Scholastic Discourse. Johannes Maccovius (1588-1644) on Theological and Philosophical Distinctions and Rules* (Apeldoorn: Instituut voor Reformatieonderzoek 2009).

MACINTYRE, A., *Whose Justice? Which Rationality?* (London: Duckworth 1988).

MAHLMANN, T., 'Hunnius, Ägidius', in: *Theologische Realenzyklopädie* 15 (Berlin: De Gruyter 1986) 703–707.

____, 'Prädestination', in: *Historisches Wörterbuch der Philosophie* 7 (Darmstadt: Wissenschafliche Buchgesellschaft 1989).

MALLINSON, J., *Faith, Reason, and Revelation in Theodore Beza (1519–1605)* (Oxford: Oxford UP 2003).

MARONIER, J.H., *Jacobus Arminius. Een biografie* (Amsterdam: Rogge 1905).

MATTHIAS, M., *Theologie und Konfession. Der Beitrag von Ägidius Hunnius (1550–1603) zur Entstehung einer lutherischen Religionskultur* (Leipzig: Evangelische Verlagsanstalt 2004).

MCGRATH, A.E., *Iustitia Dei. A History of the Christian Doctrine of Justification. Third Edition* (Cambridge: Cambridge UP 2005).

____, *The Intellectual Origins of the European Reformation* (Oxford: Blackwell Publishing 2004).

MELLES, G., *Albertus Pighius en zijn strijd met Calvijn over het liberum arbitrium* (Kampen: Kok 1973).

MOLTMANN, J., *Prädestination und Perseveranz. Geschichte und Bedeutung der reformierte Lehre 'de perseverantia sanctorum'* (Neukirchen: Neukirchener Verlag 1961).

MULLER, R.A., Review of 'Ph.C. HOLTROP, *The Bolsec controversy on predestination, from 1551 to 1555: the statements of Jerome Bolsec, and the responses of John Calvin, Theodore Beza, and other reformed theologians*, Vol. 1 and 2 (Lewiston et al.: Mellen 1993)', in: *CTJ* 29 (1994) 588–589.

____, 'Arminius and the Reformed Tradition', in: *WTJ* 70 (2008) 19–48.

____, 'Arminius and the Scholastic Tradition', in: *CTJ* 24/2 (1989) 263–277.

____, 'God, predestination, and the integrity of the created order: a note on patterns in Arminius' theology', in: W.F. GRAHAM (ed.), *Later Calvinism. International perspectives* (Kirksville: Sixteenth Century Essays and Studies 1994) 431–446.

____, 'Grace, Election, and Contingent Choice: Arminius's Gambit and the Reformed Response', in: T.R. SCHREINER/WARE, B.A. (ed.), *The Grace of God, the Bondage of the Will. Volume 2. Historical and Theological Perspectives on Calvinism* (Grand Rapids: Baker 1995) 251–278.

———, 'The Christological Problem in the Thought of Jacobus Arminius', in: *NAKG* 68 (1988) 145–163.

———, 'The Federal Motif in Seventeenth Century Arminian Theology', in: *NAKG* 62 (1982) 102–122.

———, 'The Priority of the Intellect in the Soteriology of Jacob Arminius', in: *WThJ* 55 (1993) 55–72.

———, 'The Use and Abuse of a Document: Beza's *Tabula praedestinationis*, The Bolsec Controversy, and the Origins of Reformed Orthodoxy', in: C.R. TRUEMAN/CLARK, R.S. (ed.), *Protestant Scholasticism. Essasys in Reassessment* (Carlisle: Paternoster 1999) 33–61.

———, *Christ and the Decree. Christology and Predestination in Reformed Theology from Calvin to Perkins* (Grand Rapids: Baker 1988).

———, *Dictionary of Latin and Greek Theological Terms. Drawn Principally from Protestant Scholastic Theology* (Grand Rapids: Baker 1985).

———, *God, Creation, and Providence in the Thought of Jacob Arminius* (Sources and directions of scholastic Protestantism in the era of early orthodoxy) (Grand Rapids: Baker 1991).

———, *Post-Reformation Reformed Dogmatics. The Rise and Development of Reformed Orthodoxy, ca. 1520 to ca. 1725, Volume 3: The Divine Essence and Attributes* (Grand Rapids: Baker 2003).

NAUTA, D., 'De reformatie in Nederland in de historiografie', in: P.A.M. GEURTS/ JANSSEN, A.E.M., *Geschiedschrijving in Nederland. Deel II: Geschiedbeoefening* (Den Haag: Martinus Nijhoff 1981) 206–227.

NESTINGEN, J.A./FORDE, G.O., *The Captivation of the Will. Luther vs. Erasmus on Freedom and Bondage* (Grand Rapids: Eerdmans 2005).

NEUSER, W.H., 'Calvins Kritik an den Basler, Berner und Zürcher Predigern in der Schrift 'De Praedestinatione' 1552', in: H.A. OBERMAN et al. (ed.), *Reformiertes Erbe* 2, Fs G.W. Locher, Zwing. 19/2 (Zürich: Theologischer Verlag 1993) 237–243.

OBERMAN, H.A., *Archbishop Thomas Bradwardine. A fourteenth century Augustinian* (Utrecht: Kemink & Zoon 1958).

———, *Forerunners of the Reformation. The Shape of Late Medieval Thought* (London: Lutterworth 1967).

———, *The Harvest of Medieval Theology* (Grand Rapids: Baker Academic 2000).

OLSON, R.E., *Arminian Theology. Myths and Realities* (Downers Grove: IVP Academic 2006).

OPITZ, P., *Heinrich Bullinger als Theologe. Eine Studie zu den 'Dekaden'* (Zürich: Theologischer Verlag 2004).

OPPENRAAIJ, Th. VAN, *La doctrine de la prédestination dans l'église réformée des Pays--Bas depuis l'origine jusqu'au synode national de Dordrecht en 1618 et 1619* (Leuven: Van Linthout 1906).

OTTERSPEER, W., *Groepsportret met Dame I. Het bolwerk van de vrijheid: de Leidse universiteit 1575–1672* (Amsterdam: Bert Bakker 2000).

PARKER, T.H.L., *Calvin's Doctrine of the Knowledge of God* (Edinburgh: Oliver & Boyd 1969).

PETERSON, R.A./WILLIAMS, M.D., *Why I am not an Arminian* (Downers Grove: InterVarsity Press 2004).

PLATT, J., *Reformed Thought and Scholasticism. The Arguments for the Existence of God in Dutch Theology, 1575–1650* (Brill: Leiden 1982).

POLMAN, A.D.R., 'De leer der verwerping van eeuwigheid op de Haagse conferentie van 1611', in: *Ex auditu verbi*. Fs Berkouwer (Kampen: Kok 1965).

RICHEY, R.E., 'American Methodists on Calvinism and Presbyterianism', in: *The Bulletin of the Institute for Reformed Theology* 6-2 (2006) 1–7.

ROGGE, H.C., *Johannes Wtenbogaert en zijn tijd*, deel I–III (Amsterdam: Rogge 1874–1876).

ROUWENDAL, P.L.,'De leerwijze van de scholen. Middeleeuwse scholastiek', in: W.J. VAN ASSELT/ROUWENDAL, P.L. et al., *Inleiding in de Gereformeerde Scholastiek* (Zoetermeer: Boekencentrum 1998) 54–66.

ROHLS, J., 'Calvinism, Arminianism and Socinianism in the Netherlands until the Synod of Dort', in: M. MULSOW/ROHLS, J. (ed.), *Socinianism and Arminianism. Antitrinitarians, Calvinists and Cultural Exchange in Seventeenth-Century Europe* (Brill: Leiden 2005) 3–48.

SARX, T., *Franciscus Junius d. Ä. Ein reformierter Theologe im Spannungsfeld zwischen späthumanistischer Irenik und reformierter Konfessionalisierung* (Göttingen: Vandenhoeck & Ruprecht 2007).

SCHNEEWIND, J.B., *The Invention of Autonomy. A History of Modern Moral Philosophy* (Cambridge: Cambridge UP 2005).

SCHREINER, S.E., 'Exegesis and Double Justice in Calvin's Sermons on Job', in: *ChH* 58 (1989) 322–338.

Schriftelicke Conferentie, gehovden in s'Gravenhaghe inden Iare 1611, tusschen sommighe Kercken-dienaren: Aengaende de Godlicke Praedestinatie metten aencleven van dien. Ter Ordonnantie vande Ed. Mog. Heeren Staten van Hollandt ende West-Vrieslandt Ghedruckt (s'Graven-Hage: Hillebrandt Jacobsz 1612).

SCHULZE, L.F., *Calvin's Reply to Pighius* (Potchefstroom: Pro Rege Press 1971).

SCHWEIZER, A., *Die protestantischen Centraldogmen in ihrer Entwicklung innerhalb der reformirten Kirche*, 2 delen (Zürich: Orell, Fuessli und Comp. 1854–1856).

SELDERHUIS, H.J. (ed.), *Handboek Nederlandse Kerkgeschiedenis* (Kampen: Kok 2006).

_____, 'Frieden aus Heidelberg. Pfälzer Irenik und melanchthonische Theologie bei den Heidelberger Theologen David Pareus (1548–1622) und Franciscus Junius (1545–1602), in: G. FRANK/MEIER-OESER, S., *Konfrontation und Dialog. Philipp Melanchthons Beitrag zu einer ökumenischen Hermeneutik* (Leipzig: Evangelische Verlagsanstalt 2006) 235–257.

SINNEMA, D.W., 'Beza's View of Predestination in Historical Perspective', in: I. BACKUS (ed.), *Théodore de Bèze (1519–1605)* (Genève: Droz 2007) 219–239.

_____, *The Issue of Reprobation at the Synod of Dort (1618–19) in Light of the Histo y of this Doctrine* (diss. University of St. Michael's College, Toronto 1985).

_____, 'Calvin and Beza: The Role of the Decree-Execution Distinction in their Theologies', in: D.F., WRIGHT et al. (ed.), *Calvinus Evangelii Propugnator. Calvin, Champion of the Gospel* (Grand Rapids: Calvin Studies Society 2006) 191–207.

SIRKS, G.J., *Arminius' pleidooi voor de vrede der kerk* (Lochem: De Tijdstroom 1960).

SLAATTE, H.A., *The Arminian Arm of Theology: The Theologies of John Fletcher, First Methodist theologian, and his precursor, James Arminius* (Washington: UP of America 1977).

SLIEDREGT, C. VAN, *Calvijns opvolger Theodorus Beza. Zijn verkiezingsleer en zijn belijdenis van de drieënige God* (Leiden: Groen 1996).

SÖDERLUND, R., *Ex Praevisa Fide. Zum Verständnis der Prädestinationslehre in der lutherischen Orthodoxie* (Hannover: Lutherisches Verlagshaus 1983).

SPIJKER, W. VAN 't, 'Bucer als Zeuge Zanchis im Straßburger Prädestinationsstreit', in: H.A. OBERMAN et al. (ed.), *Reformiertes Erbe* 2, Fs G.W. Locher, Zwing. 19/2 (Zürich: Theologischer Verlag 1993) 327–342.

_____, 'Enkele aspecten van de theologie van de Nadere Reformatie', in: O.J. DE JONG et al., *Het eigene van de Nederlandse Nadere Reformatie* (Houten: Den Hertog 1992).

_____, 'Prädestination bei Bucer und Calvin. Ihre gegenseitige Beeinflussung und Abhängigkeit', in: W.H. NEUSER (ed.), *Calvinus Theologus. Die Referate des Europäischen Kongresses für Calvinforschung von 16. bis 19. September 1974 in Amsterdam* (Neukirchen--Vluyn: Neukirchener Verlag 1976), 85–111.

STAEDTKE, J., 'Der Zürcher Prädestinationsstreit von 1560', in: *Zwing.* 9 (1953) 536–546.

STANGLIN, K.D., '"Arminius Avant la Lettre": Peter Baro, Jacob Arminius, and the Bond of Predestinarian Polemic', in: *WThJ* 67–1 (2005) 51–74.

_____, *Arminius on the Assurance of Salvation. The Context, Roots, and Shape of the Leiden Debate, 1603–1609* (Leiden: Brill 2007).

_____, /MULLER, R.A., 'Bibliographia Arminiana', in: Th.M. VAN LEEUWEN et al. (ed.), *Arminius, Arminianism and Europe. Jacobus Arminius (1559/60–1609)* (Leiden: Brill 2009) 263–290.

_____, *The Missing Public Disputations of Jacobus Arminius: Introduction, Text and Notes* (Leiden: Brill) forthcoming.

_____, *To Comfort the Afflicted and Upset the Secure: Jacobus Arminius and the Roots of the Leiden Debate over the Assurance of Salvation* (diss. Calvin Theological Seminary Grand Rapids 2006).

STARREVELD, J.C.L., 'Een verslag van de conferentie tussen Gomarus en Arminius op 6 en 7 mei 1603', in: *NAKG* 62 (1982) 65–76.

STEINMETZ, D.C., *Calvin in Context* (New York & Oxford: Oxford UP 1995).

STEPHENS, W.P., *The Holy Spirit in the Theology of Martin Bucer* (Cambridge: Cambridge UP 1970).

_____, 'The Place of Predestination in Zwingli and Bucer', in: H.A. OBERMAN et al. (ed.), *Reformiertes Erbe* 1, Fs G.W. Locher, *Zwing.* 19/1 (Zürich: Theologischer Verlag 1992) 393–410.

STROHM, C., *Ethik im frühen Calvinismus. Humanistische Einflüsse, philosophische, juristische und theologische Argumentationen sowie mentalitätsgeschichtliche Aspekte am Beispiel des Calvin-Schülers Lambertus Danaeus* (Berlin: Walter de Gruyter 1996).

THOMAS, D., *Proclaiming the incomprehensible God: Calvin's teaching on Job* (Ross-shire: Mentor 2004).

TJALSMA, D., *Leven en strijd van Jacobus Arminius* (Lochem: De Tijdstroom 1960).

TRIGLAND, J., *Geessel om uyt te dryven den Arminiaenschen Quel-Gheest*, in: *Opuscula Jacobi Triglandii* (Amsterdam: Marten Janz Brandt 1640) 657–675.

VELDE, R.T. TE, 'Always Free, but not Always Good: Girolamo Zanchi (1516–1590) on Free Will', in: W.J. VAN ASSELT et al. (ed.), *Reformed Thought on Freedom. The Concept of Free Choice in the History of Early-Modern Reformed Theology* (Grand Rapids: Baker [2010]) forthcoming.

VENEMA, C.P., *Heinrich Bullinger and the doctrine of predestination: author of "the other reformed tradition"?* (Grand Rapids: Baker 2002).

VENEMANS, B.A., *Franciscus Junius en zijn Eirenicum de Pace Ecclesiae Catholicae* (Leiden: Elve/Labor Vincit 1977).

VERBOOM, W., *De belijdenis van een gebroken kerk. De Dordtse Leerregels – voorgeschiedenis en theologie* (Zoetermeer: Boekencentrum 2005).

VOS, A. 'Scholasticism and Reformation', in: W.J. VAN ASSELT/DEKKER, E., *Reformation and Scholasticism. An Ecumenical Enterprise* (Grand Rapids: Baker 2001) 99–119.

_____, et al. (ed.), *Duns Scotus on Divine Love. Texts and Commentary on Goodness and Freedom, God and Humans* (Ashgate: Burlington 2003).

WALLS, J.L/DONGELL, J.R., *Why I am not a Calvinist* (Downers Grove: InterVarsity Press 2004).

WEBER, H.E., *Reformation, Orthodoxie und Rationalismus, Erster Teil: Von der Reformation zur Orthodoxie, zweiter Halbband* (Darmstadt: Wissenschaftliche Buchgesellschaft 1966).

WIJMINGA, P.J., *Festus Hommius* (Leiden: Donner 1899).

WITT, W.G., *Creation, Redemption and Grace in the Theology of Jacob Arminius*, 2 vols. (diss. University of Notre Dame 1993).

ZWINGLI, H., *Sämtliche Werke* Band 2, E. EGLI/FINSLER, G. (ed.) (Leipzig: M. Heinsius Nachfolger 1908).

Este livro foi impresso
em papel Pólen 70g/m²
na fonte Nocturne Serif.